本书受到云南省哲学社会科学学术著作出版资助专项经费资助出版

陳乾初哲学研究

——以工夫实践为视阈

汤建荣 著

云南大学出版社

图书在版编目（CIP）数据

陈乾初哲学研究：以工夫实践为视阈/汤建荣著.
—昆明：云南大学出版社，2010
ISBN 978-7-5482-0069-7

Ⅰ.①陈… Ⅱ.①汤… Ⅲ.①陈乾初（1604~1677）
—哲学思想—研究 Ⅳ.①B249.95

中国版本图书馆 CIP 数据核字（2010）第 068685 号

陈乾初哲学研究

——以工夫实践为视阈

汤建荣　著

责任编辑：蔡红华　和六花
封面设计：丁群亚
出版发行：云南大学出版社
印　　装：昆明市五华区教育委员会印刷厂
开　　本：787mm×1092mm　1/16
印　　张：21.25
字　　数：348 千
版　　次：2010 年 5 月第 1 版
印　　次：2010 年 5 月第 1 次印刷
书　　号：ISBN 978-7-5482-0069-7
定　　价：45.00 元

地　　址：云南省昆明市翠湖北路 2 号云南大学英华园内（邮编：650091）
发行电话：0871-5031071　5033244
网　　址：http://www.ynup.com
E-mail：market@ynup.com

吴震序

按照中国史学界的一般看法，明代万历元年（公元1573年）至清代康熙六十一年（公元1722年）乃是晚明清初的历史时期。在这长达一个半世纪的历史时期内，中国社会所发生的变化，可以用“天翻地覆”来加以概括，这是一点也不过分的。所谓“天翻地覆”不仅意指朝代的更替所带来的急剧变化，更是指相对于晚明以前而言，自明末以降中国社会在经济、政治、文化乃至思想等层面所发生的变化同样是异常剧烈的。所以，中国史学界常常用“思想转向”或“学术转型”来概括这一时期在思想文化上所发生的变化，这是完全有理由的。

例如明代中叶以来的阳明心学到了晚明时期，已经招来了不断的严肃批评，入清以后，虽然仍有部分信奉者确守心学而不渝，但是在总体取向上，崇尚辨伪考据、复兴经史传统已经逐渐成为时代的学术风气而不可扭转，因此可以说，自明亡以后，大致上阳明学就再也没有重现昔日之辉煌的机会了。

在明末，作为阳明心学的余续，也只有在阳明的故乡浙江山阴地区仍有部分思想群体还在以心学思想为武器，展开一些讲学活动，例如“证人社”。该讲会组织的发起人也是主要主持者，便是历史上被称为明代思想之“殿军”的人物——刘宗周（世称蕺山先生，1578—1645）。不过，他的思想虽属于心学一系，但是他对阳明后学尤其是晚明以降的心学末流之批评，丝毫不亚于东林党人批评心学末流的严厉程度，而且他的矛头还时常指向阳明本人，认为阳明将“知”字认粗，将“意”字认坏，进而导致了《大学》工夫的次第被整个颠倒。所以，他要以其独特的“慎独诚意”之教来扭转阳明心学所可能引发的偏向，并且通过他至死仍在不断修改撰述的《人谱》一书，力图将儒家的“迁善改过”的道德实践化为一场区域性的思想运动，以作为实现其“慎独诚意”之教的重要途径，最终确立起人之所以为人的“证人”之学。在蕺山一系的思想群体的种种讲会活动中，我们已经可以看到晚明思想正在发生转向的迹象。

在蕺山门下有一大批优秀出色的学生，最为著名者莫过于思想家、史学家黄宗羲，因此，有关黄宗羲的思想研究可谓经久不衰、成果斐然。相比之下，蕺山弟子陈确（字乾初，1604—1677）的思想研究虽在20世纪50年代以后曾有过一段时期受到部分学者的关注，对其思想的评价也甚高，然而由于受时代的局限，这些评价也往往落入了某种格套，在今天看来，是有重新检讨之余地的。总体来看，特别是就近二十年以来的研究现状而言，除了港台地区有些研究成果达到了一定的理论高度外，在内地学界系统地对陈确的哲学思想进行深入全面地研究的其实意外地罕见。

事实上，陈确思想很有特色，他对宋明儒所讲的那套心性之学是有批判意识的，而这种批判既是对蕺山思想的继承，同时又有所超越。其思想的特色主要表现在对儒家的工夫问题特别重视，他不仅重视蕺山的《人谱》传统，甚至断言“知过改过，便是圣学”，而且身体力行，在乡里将族人组织起来，积极推动《人谱》的“改过”实践。因此，他对阳明良知学就有一种崭新的理解，认为良知就是“知过”，致良知就是“改过”。可见，在陈确的观念中，“改过”已经成了儒家思想之精髓，也是所有一切学问之关键。而陈确思想的这一特色表现在哲学上，便使得他对哲学问题的关注点也与明儒尤其是心学一派注重“形上”议论有所不同，例如他对人性问题的观察就较为注重气、情、才、习等对人性构成影响的因素，提出了“人性无不善，于扩充尽才后见之。……不扩充尽才，未可为善”这一独特的观点，将性善落实在“尽才”而非“尽心”的层面来加以审视，凸显出陈确对晚明以来空谈心性之学风的反省与批判。

不过陈确的这种注重实际层面、形下世界的思想特色也导致其理论发生了某种偏向，他不愿接受蕺山的诚意学说，认为诚意仍然不免落空，不如“诚身”更为切实可行，其中的理论是非可以另当别论。重要的是，他甚至由于反对《大学》所说的正心诚意而简单明了地将《大学》定为“伪书”，欲从根本上对宋明儒家心性之学的理论依据来一个兜底反。那么他的这种理论企图与其整个思想系统有何关联，今人又应当作出怎样的定位和评价，这就非常值得我们加以深入研究。而这种研究既要做到对陈确思想的文本作一番细致的梳理，又不能停留在陈确一人身上而落入“只见树木不见森林”的窘地，也就是说，若要对陈确思想有一个全面而又确切的认识，不仅要对蕺山一系的思想系统有一个全盘的了解，也要对整个晚明清初的思想动向乃至对整个宋明儒学的义理方向有一个基本的把握。

汤建荣同志的《陈乾初哲学研究——以工夫实践为视阈》一书，对于改变上述陈确思想之研究尚有不足的现状是有一定贡献的。该书以明清之际思想转向为审视角度，在指出陈确思想对蕺山学说既有继承又有发扬的同时，能深入陈确思想之内部，对其思想的义理脉络作了较为全面的清理，因而他所得出的陈确思想有着强烈的经世关怀以及由“形上之道”转向“形下之器”的思想特色这一考察结论就显得很有说服力。本书还有一个重要的视角，亦即将陈确思想放在工夫实践的视阈中来加以审视，重新梳理了陈确哲学的思想体系，并从“以气见性”、“理在欲中”、“力行实践”等几个层面，对陈确思想展开了多层次的立体分析，提出了一些独到的见解。如作者对以往学界有关陈确哲学的某些评判（如“反理学”、“自然主义”等）提出了自己的不同看法，而且不囿旧说，认为陈确哲学仍有形上关怀，并没有脱离宋明理学的传统，是对理学思想的重要补充与发展。对于陈确思想的这种历史定位与评价基本上是准确的。

当然，本书一旦以白纸黑字的形式公开出版，那么它的学术价值、理论是非也就唯由他人论说。我唯有希望作者在学术道路上再接再厉，更上一层，取得更多更好的研究成果。

2010年3月于复旦大学

目　录

导 论

一、引 言

陈确（1604—1677），字乾初，是明末大儒刘宗周（1578—1645，字起东，号念台，世称蕺山先生）的弟子，他生活在明末清初“天崩地解”的急遽变革时代，面对异族入主中原的亡国之痛和他的老师刘宗周及密友祝开美的相继殉国的巨大悲痛，他与同时代有着强烈担当意识的知识分子（或儒者）一样，对于时代课题“明何以亡”作深入的反思与学术省察。

从外缘因素看，这种反思表现在学术取向上就是反对空疏的学风，弃“虚”蹈“实”，提倡“实理”、“实益”、经世致用；就学术思想史上的“内在理路”① 发展来看，对于程朱理学的泛穷物理和王学末流在明末清初引起的流弊进行批评矫正，是当时的共同任务。

儒家思想的终极关怀，表现为两个不同的境界与领域，即内圣之学与外王之学，“内圣”与“外王”表现在具体的经世致用上，即为道德与政治两个领域，从个人内在德性的修养，推展到治理国家，推动社会进步，使人民过“好的生活”，从而达到“治国平天下”。这本是儒家思想内容中的两个层面，在学理上表现为“形上之道”与“形下之器”，在实行上表现为从理论到实践、从抽象到具体的完整过程，儒家的义理理想最终要表现在

---

① 余英时用“内在理路说”解释清代学术是宋明理学的继承和发展，余氏又提出，仅从“外缘”方面，即“反理学”、“满清压迫”、“市民阶级兴起”来处理清代学术不能让人信服。参见余英时《清代思想史的一个新解释》，载其著《历史与思想》，联经出版社 1979 年版，第 124 页；该文又见其著《中国思想传统的现代诠释》，江苏人民出版社 2004 年版，第 159 页、第 178 页；余英时《论戴震与章学诚》，三联书店 1998 年版，第 322～356 页。

力行上、实践上。明末清初的学术反思对儒学思想的影响就是宋明儒学从形上玄远的心性义理之学转到力行实践的另一个层面，陈乾初对这一层面作了重要的发挥，如提倡学者应以“治生为本”，认为在儒者为学二事中，“治生”比“读书”还要来得迫切。余英时评价陈乾初所提出的原则正是：“士必须先有独立的经济生活才能有独立的人格。而且他强调每一个士都必须把‘仰事俯育’看做自己最低限度的人生义务，而不能‘待养于人’。这确是宋明理学比较忽视的一个层次。因此陈确重视个人道德的物质基础，实可看做儒家伦理的一种最新的发展。”① 余英时先生的这一评价是我们所赞许的。张丽珠认为乾初处在明末清初儒学从“形上之道”向“形下之器”的实践层面转变过程中的思想转捩点上。② 乾初在明末清初儒学从“形上之道”向“形下之器”的实践层面转移作深入的探索，将关注目光由“形上之理”转向“形下之器”，其理论关心由玄思转向践履。乾初怀抱淑世之志，济世救民，力行实践，努力开拓儒学发展的新方向，对儒学向“平实朴素”回归作出了重要贡献。

陈确虽然学出刘门（指刘蕺山），但早期自称“素不喜理学”，从学蕺山，对理学有了体悟后，又对程、朱、陆、王批评甚厉。其学术思想异于传统理学，所著《大学辨》、《瞽言》、《葬书》等著作在当时的学术界震撼一时。并且，其言其学在当时惊世骇俗而遭同门围攻和不相契。③

乾初思想见解与传统理学相异之处正是不被当时人所见谅、同意的地方。然而，正是这些相异处，预示了后来清代学术的发展方向，这些相异处却正是18世纪清代学者不约而同走上的轨辙。如顾亭林痛斥空谈心性，颜习斋深责宋儒无用，以至乾嘉学者戴东原讨论性善、理欲等问题之方式，

---

① 余英时：《中国近世宗教伦理与商人精神》，安徽教育出版社2001年版，第196页。

② 张丽珠把这一思想的转变称为“清代的义理学转型”，强调“实践”传统、具经验取向，发扬道德“经验面”价值，并由此和理学形上取向，强调道德“形上面”价值的“证体”传统迥异的义理新构。而陈确是“清代的义理学转型”过程中的“典范过渡”，即处宋明理学向清代儒学交替的转捩点上。参见张丽珠著《清代的义理学转型》，里仁书局2006年版，第3页、第61页。

③ 指张履祥、刘伯绳、沈甸华、吴仲木等同门不赞成其《大学辨》和《性解》等著作。

皆与乾初有极相似之处，而乾初之思想在此便显现出它的先见和启示性。[①]黄梨洲当时虽驳斥乾初，后来却渐渐认同乾初思想。这一现象，使乾初的思想在明末清初学术史上的地位与价值更值得注意、更显深层意义，表现出乾初思想在明末清初学术转变的过程中的重要意义与价值。

通过对《陈确集》进行文献检索、分疏后，如上所述，我们认为乾初之学应是一种重工夫、重力行的实践哲学，这可以作为乾初哲学的基调和特色，明末清初思想界出现这种从“形上之道”向“形下之器”的实践层面转变的趋势和现象，对于这种趋势，王汎森认为：“因为心性不再作为道德之最高依据，故中国思想有一种‘外转’（turning outward）的倾向。……与明末清初社会政治上面临的挑战有关，人们逐步发现要能不脱离现实，正视社会的失序与危机，必须摆脱形上学的色彩。用朴素平实的思想态度去逼近社会与自然。形上思想之没落使得过去那种把日常生活世界所见到的一切当成另一个更高境界的附属品，并以为世俗的认识事物的方式是靠不住的想法产生变化，也使得过去那种认为只有形上的才是关乎本质的想法产生动摇。”[②] 形上玄远之学没落了，思想确实有“外转”的倾向，但道德之最高依据仍然在心性，明末清初道德劝善运动、道德修养实践蓬勃发展，并非意味着否定了道德背后的依据，而是通过切实的工夫修养实践来呈现心性，这涉及道德心性的客观化问题，这不是本书讨论的重点，在此不赘。中国台湾学者张丽珠把这种思想趋向称为义理学新典范，即是指“清儒以乾嘉新义理学为主轴……握考据利器，根据词意以辨析义理，‘由词通道’地建立起理学外的另一种儒学话语系统、新义理范式”。“清儒树起经验大纛，‘崇实黜虚’地发扬实践传统、强调实证方法论、弘扬实用价值，以发扬实在界视阈、论域的义理新构”，[③] 以取代理学思辨精微的道德形上学。这种“新义理范式”实际上是儒学的另一层面：工夫修养、力

① 古清美：《陈乾初理学思想探讨》，见《明代理学论文集》，大安出版社 1990 年版，第 300 页。

② 王汎森：《清初思想中形上玄远之学的没落》，载《中央研究院历史语言研究所集刊》第六十九本，第三分，1998 年 8 月，第 558 页；王汎森关于“心性之学的衰微”论述见王汎森著《“心即理”说的动摇与明末清初学风之转变》，载《中央研究院历史语言研究所集刊》第六十五本，第二分，1994 年 6 月，第 333～373 页。

③ 张丽珠：《清代的义理学转型》，“前言”，里仁书局 2006 年版，第 1 页。

行实践，即从“形上之道”向“形下之器”的转变，其强烈的实践意图，正是对儒学实践传统之继承与发扬。[1] 虽然张丽珠的“新义理学”这一概念可能还存在诸多需商榷的余地，但其内容包含儒学的道德践履、工夫实践等“形下”经验的层面，这一概念对本书具有参考意义。从工夫实践层面来研究陈乾初哲学，是本书的出发点。

二、综述与问题

最早的有关陈确思想的研究述评也许可从黄宗羲的前后四稿《陈乾初先生墓志铭》[2] 算起，黄宗羲作《陈乾初先生墓志铭》初稿时，由于不满陈确“扩充尽才后见性善”等人性论观点而只记其生平不录其思想。在学术评价上也只概括性地称：“其学无所倚傍，无所瞻顾，凡不合于心者，虽先儒已有成说，亦不肯随声附和，遂多惊世骇俗之论。”然而三年后黄宗羲重撰《陈乾初先生墓志铭》，不仅按《明儒学案》体例大量引述乾初著作，而且对其学术作出较高的评价，“近读陈乾初所著，于先师之学十得之四五，恨交臂而失之也”，“今详玩遗稿，方识指归，有负良友多矣，因理其绪言，以忏前过”。说明黄宗羲对乾初的思想有了一个重新的认识。但黄宗羲此次更改并非定稿，而是在八年后又作了三稿和四稿，将陈确“于先师之学十得之四五”的评价改为“十得二三”；其中四稿更作了较大的修改，删去了二、三稿中“乾初必欲以扩充到底言性善”等批评乾初性论的文字，又新增维护《大学辨》的文字，指出乾初之辨与“二程”、朱子、慈湖的改疑《大学》一样是“各求其心所安而已矣”，这种态度正是黄宗羲晚年学术分殊立场之表现。《陈乾初先生墓志铭》的四次改易不仅使陈确思想被明清学术史记录下来，也使黄宗羲和陈确之间的学术交涉受到后来学者重视，许多研究将陈确作为黄宗羲思想的补充，以证明黄宗羲晚年思想受陈确影响

---

① 张丽珠：《清代的义理学转型》“前言”，里仁书局2006年版，第2页。

② 中华书局1979年出版的《陈确集》收录了一稿和二稿，浙江古籍出版社2005年出版的《黄宗羲全集》第十册收录有一至四稿，方便了今人进行比较研究。

发生了重大转变。[①]

黄宗羲以后对陈确的记述有许三礼的《海宁县志·理学传》、陈元龙的《陈氏理学乾初先生传》、吴骞的《陈乾初先生年谱》[②] 等，以生平记传为主；清乾隆以后，陈确其人其书在思想史上湮没无闻，幸因黄宗羲的文集中收有与其论学之书而在史书中留下记载，如徐世昌编《清儒学案》就将陈确收入《南雷学案》附录。

近世学者中，梁启超在《中国近三百年学术史》中最早提及陈确的思想，梁氏的《中国近三百年学术史》以清儒对晚明学风之"反动"为基论，将陈确归入"清初学海波澜余录"[③] 述之，认为陈确的人性论与颜元、戴震"酷相类"而为"时代精神之先驱者"[④]。对于陈确的《大学辨》，梁氏指出，陈确是"用考证眼光证明《大学》之晚出"和来历不明以及知行"失其伦序"，赞扬陈确辨《大学》敢"冒天下之大不韪"，具有"独立不惧精神"[⑤]；梁启超对陈确的《葬书》加以肯定："立论不徇流俗"而"对于社会问题，常为严正的批评与实践的改革"；梁启超还提到黄宗羲为陈确所作的墓志铭，认为有两篇："第一篇泛泛叙他的庸德而已，第二篇才把他的学术要点摘出。"总的说来，梁启超对陈确给予很高的评价，称其为"一位拔俗学者"[⑥]。

钱穆的《中国近三百年学术史》论黄宗羲思想时亦专附陈确于后。钱氏《中国近三百年学术史》注重清代学术与宋明理学的内在联系，认为康雍、乾嘉之学可"上溯"直至北宋，其间学术理路之衍化"如绳秩然，自

① 如钱穆认为黄宗羲思想转变受陈确的影响，"梨洲晚年思想之转变，固与乾初有关系也"。参见钱穆著《中国近三百年学术史》上册，商务印书馆2005年版，第49页。

② 三文见陈确《陈确集》，中华书局1979年版，第1页、第9页、第821页。《陈确集》一书后文多次出现，图书信息与此同，后文仅注书名和页码。

③ 梁启超：《中国近三百年学术史》，天津古籍出版社2004年版，第175页。

④ 梁启超：《中国近三百年学术史》，天津古籍出版社2004年版，第175页。梁任公认为乾初性论"与颜习斋《存性篇》辨气质性恶之说酷相类"，并认为乾初"'人心本无所谓天理，人欲恰到好处即天理'，与戴东原《孟子字义疏证》顺情养欲之说酷相类。"

⑤ 梁启超：《中国近三百年学术史》，天津古籍出版社2004年版，第176页。

⑥ 梁启超：《中国近三百年学术史》，天津古籍出版社2004年版，第177页。

有条贯"[1]，钱穆先生从整体上消解了考据学的中心地位，认为"有清三百年学术大流，论其精神，仍自沿续宋明理学一派"，乾嘉学术之所得，不过为宋明理学拾遗补缺而已，"学术之事，每转而益进，途穷而必变"[2]，即认为理学之统系并未断绝，至乾嘉之际又得新生，此即钱穆先生关于清代学术史的"每转益进说"。因此，对于陈确在人性论、理欲论和《大学辨》所体现的思想，钱穆仍归为宋明理学的范畴，而认为陈确思想属"孟子—阳明心学"一系，他说："陈乾初论学，渊源蕺山，上溯阳明，而推及孟子。发挥性善之旨，最多创见。""陈乾初辨《大学》正是阳明良知学一极好之助论也。"[3] 同时钱穆细致分析了黄梨洲作《陈乾初先生墓志铭》前后四稿[4]的情况，强调了黄宗羲思想转变所受陈确的影响，认为黄宗羲晚年"盈天地之心，心无本体，工夫所至即是本体"的转变"不得不谓其受乾初之影响者甚深"[5]。对于陈确在明清之际学术转型中的作用，钱穆不同于梁启超"先驱者"和"反动"的评价，而是谨慎地认为乾初的思想在明清之际

---

① 钱穆：《中国近三百年学术史》，商务印书馆2005年版，第21页。

② 钱穆：《〈清儒学案〉序》，参见《中国学术思想史论丛》（八），安徽教育出版社2004年版，第359页。对于梁启超与胡适的"理学反动说"，钱穆先生的"每转益进说"和余英时的"内在理路说"，丘为君曾撰文《清代思想史"研究典范"的形成、特质与义涵》"前言"（载丘学君著《戴震学的形成：知识论述在近代中国的诞生》，新星出版社2006年版），以为这三种学说是20世纪关于清代思想史的研究最具影响，"余氏的学说，在某种意义之下，是在钱穆学说既有的基础上前进的，余氏从宋明儒学本身内部的义理结构与历史的发展，来找出宋明的理学走向明末清初的考证学的'内在理路'，就理论的本质而言，是与钱穆以'继承—发展'为精神的'转进说'相契合的"。梁启超与胡适的"理学反动说"影响相当广泛，此说也确有其价值；不过从长时段来考察中国学术思想的流变，钱穆先生的"每转益进说"及其弟子余英时的"内在理路说"更有高瞻远瞩之气象。

③ 钱穆：《〈清儒学案〉序》，参见《中国学术思想史论丛》（八），安徽教育出版社2004年版，第42页、第54页。钱穆判定乾初思想属心学，其理由是：一、乾初对孟子、阳明及其师蕺山的敬仰。"《年谱》乾初六十岁正月三日，设姚江、山阴两先生像，拜奠呈《性解》两篇，有《祭阳明山阴两先生诗》。又有《子舆篇》云：'子舆称性善，伯安合知行。卓哉二子言，吾道之干城。'可以见其向往矣。"二、黄梨洲在《陈乾初先生墓志铭》中称其不喜理学家言，曰："乾初读书卓荦，不喜理学家言。尝受一遍读之，心弗善也，辄弃去。遂四十年不阅。其后问学于山阴先师，深痛末学之支离，见于辞色。乾初括磨旧习，一隅三反。逮先师梦奠，得其遗书而尽读之，憬然而喻。取其四十年所不阅者重阅之，则又格格不能相入，遂见之论著。同辈为之一哄，不顾也。"

④ 黄梨洲作《陈乾初先生墓志铭》前后四稿，详情将在"附论部分"讨论。

⑤ 钱穆：《中国近三百年学术史》，商务印书馆2005年版，第50页。

只“说明理学将坠未坠时对于学者心理上所生最深刻精微之变化”。[①] 另外，由于钱穆该书对乾初与梨洲思想交涉的分析和较详细列出《大学辨》要旨，使陈确思想开始受学人注意。

对于“反理学”的提法，可以追溯到乾初与同门友人的辩论，乾初的同门挚友张履祥、吴仲木（二人为程朱派学者）认为乾初属于陆王心学一系，是依门户之见而批判程朱理学，[②] 主要原因是乾初批判《大学》、《中庸》，乾初否定《大学》是圣经贤传。胡适在《几个反理学的思想家》一文中提出“反理学”的观点，把中国近世哲学分为两个时期：一是理学时期，自公元1050年至公元1600年，一是反理学时期，自公元1600年至今。[③] 可以说，当时张、吴等程朱理学的拥护者的观点影响了后来学者对乾初哲学思想的反理学定位。

20世纪50年代，侯外庐对陈确思想作了重要的研究和介绍工作，主要是从唯物主义立场对陈确进行肯定，高度赞扬陈确的思想，将其思想归为16—17世纪“反理学”的启蒙思潮的一部分，侯外庐所著《中国早期启蒙思想史》、《中国思想通史》第五卷也将陈确思想作为黄宗羲思想的补充进行专节论述，认为陈确对理学的批判锋芒比黄宗羲更甚，而且与黄宗羲晚年仍崇师“慎独”的持重谨慎不同，是“一往直前不顾利害以推翻理学的宝座者”。二书对陈确《大学辨》和人性论思想进行了详细论述，认为《大学辨》是“将宋儒家当抄没”，而“日生日成”、“扩才以见性全”的观点甚接近王夫之。

侯外庐编《陈确哲学选集》，表述了他对陈确研究的三个观点：第一，反理学，侯外庐认为陈确对《大学》的批判表明他“反理学”的立场：“陈确……是怎样反对宋明的唯心主义者呢？他说：‘《大学》其言似圣，而其旨实窜于禅，其词游而无根，其趋罔而终困。支离虚诞，此游夏之徒所不

---

① 钱穆：《中国近三百年学术史》，商务印书馆2005年版，第56页。

② 这里还得稍作说明，理学有广义、狭义之分，狭义的理学仅指程朱理学，广义的理学包括程朱理学和陆王心学，即道学。如果按张履祥、吴仲木等人的观点，乾初是“反”狭义的理学，不是广义的理学。但这不符合事实，因为乾初对程朱、陆王之学都有批判吸收，后详述。

③ 胡适：《几个反理学的思想家》，见《胡适文集》第四册，北京大学出版社1998年版，第63页。

道，决非秦以前儒者所作可知。’这种‘擒贼先擒王’的战术是明末清初学者所常用的……据而反对宋明理学胡说的唯心主义思想的传统继承，所谓神秘的道统论。依据着唯物主义观点来批判《大学》中的‘止于至善’的唯心主义观点……都是树起坚定的唯物主义的战旗，而和理学的唯心主义阵营相对峙的。”第二，强调“实践”的人性论（或表述为，以“物理”推“人理”的“继善成性”的人性论）。“陈确反对了理学家唯心主义所理解的绝对不变的‘义理之性’，而强调了人性的善恶和植物的生长相似，赖乎后天的培育与锻炼，这是强调实践为第一的唯物主义思想。他主张人性是在实践中日益发展的理论，和王夫之的‘命日降，性日新’的论点近似。”陈确反对宋儒从抽象的“本体”来论“性”，反对天理、人欲二分的主张，提出人欲恰好处即天理。侯外庐认为“这在实质上通过了对神灵的批评，而反映出了对封建的贫困世界的抗议”。侯外庐对陈确人性论的观点显然太谬！认为乾初是人性发展论，与王夫之的“命日降，性日新”的论点近似，说乾初是“实践为第一的唯物主义”，似乎太过牵强。因为乾初肯定性善是先天本有、与生俱来的，在乾初看来性善就是先验的本体，乾初强调扩充尽才的后天工夫实践彰显性善，与性“日生日成”论相似，但不是发展论，人性发展论认为没有先验的性善，人性是在后天的实践中形成的。第三，在世界观上，陈确的思想属于唯物主义的世界观。“在《葬书》中他反对迷信术士择地而葬所列举的理由中，就肯定了天是自然存在的，它不受人类主观意志的支配，因而物质运动是‘自为’的，不能从神秘的外力来加以解释。……陈确在驳斥鬼荫子孙的谬论时所列举的理由，大多是从唯物主义地解释自然出发的。他从‘生死之理不同’的自然现象来证明古代无神论者的神灭论。”最后认为，陈确是“一位卓越的唯物主义思想家，十七世纪启蒙者”①。另外《介绍陈确著书中仅见刊本〈葬书〉的思想》②，将陈确定位为“十七世纪大胆的唯物主义思想家”。乾初的思想绝对不是唯物主义，他承认先验的性善，其思想（甚至包括葬论思想）中并不否认有神秘力量主宰的存在，乾初撰葬论著作，身体力行，积极呼吁，目的在于改良葬俗，拯救世风。

---

① 侯外庐等编：《陈确哲学选集·序》，科学出版社1958年版，第2~4页。

② 此文载《新建设》1957年第6期，第56页。

梁启超、胡适、侯外庐等把明清学术归为“理学反动”思潮。这一研究范式基本影响了我国内地学者的陈确研究，即侧重于陈确思想中辩证、唯物因素和“反理学”、扬“性情”的启蒙意义，并肯定其人性论与王夫之有相合之处。而陈确研究的逐渐丰富，是在1979年中华书局出版了比较完备的《陈确集》之后。辛冠洁主编的《中国古代著名哲学家评传续编》第四册“陈确”一章承袭侯外庐的观点，围绕《葬书》、《大学辨》、《性解》三书论述陈确的“反理学”思想，认为《大学辨》把他推向“反对程朱理学的首领行列”①。研究明清启蒙思想的著作也对陈确进行专门论述，如肖萐父、许苏民的《明清启蒙学术流变》，姜广辉的《走出理学》，前者以“清初新理欲观”、“清初新义利观”界定陈确“气质之性”一元论对人欲的肯定和对“私”、“治生”活动的肯定。姜广辉认为黄宗羲称乾初之学为“理学别传”只是一种委婉的说法，若称之为“反理学”或许更贴切。②《走出理学》第二章详细介绍了陈确的生平和重要思想，特别是陈确对宋儒性论的批评和《大学辨》对理学经典的批判意义。《明清启蒙学术流变》和《走出理学》二书都着重于发掘陈确不同于宋明理学之所在，因而将其归属于“在学术思想上已破除理学樊篱”而以“反理学”为任的早期启蒙思想家。另外，路新生《中国近三百年疑古思潮研究》将陈确《大学辨》列入“理学清算与清初疑古思潮”，因《大学》在宋明理学的重要地位，可见《大学辨》的批判意义，陈确对理学“形上思辨”学风的批判和清算反映了清初学界正在摆脱“形上”缠绕而趋于对“实行”、“实学”的“形下”追求。

衷尔钜《蕺山学派哲学思想》和张学智《明代哲学史》（第二十九章“陈确的哲学思想”）注重陈确与刘宗周、黄宗羲思想的关联，认为陈确思想缺乏“形上”理论建构。衷尔钜说：“‘素不悦理学家言’之陈确，在反

---

① 辛冠洁主编：《中国古代著名哲学家评传续编——陈确》第四册，齐鲁书社1982年，第444页。

② 姜广辉：《陈确思想研究》，载《中国哲学史》1996年第1~2期；此文又见《走出理学》，辽宁教育出版社1997年版，第146页。姜广辉说：“黄宗羲的思想比较开放，但对陈确的激进观点也有微词，称他为‘理学别传’，其言颇堪玩味。所谓‘别传’，是说陈确的思想有别于周张程朱陆王的传统理学，而陈确本人已自言‘素不喜理学’，那所谓‘理学别传’的帽子岂不悬在空中了吗？所以黄宗羲的这句话在当时只表示一种委婉的说法。在今天我们若称之为‘反理学’，或许更为贴切。”

对程朱理学中，对哲学认识论、知行关系、无神论、人性论、理欲论以及社会政治思想方面，都提出了许多精辟的见解。”[①] 2002 年“中国思想家评传丛书”出版了王瑞昌的《陈确评传》，可算内地学者对陈确生平、思想研究最全面的专门论著，在生平部分，从他的家族到求学过程以至晚年困顿流离的生活，都有详尽的介绍。在思想方面，则遍及其对出处问题的态度、葬论、人性论、《大学》之辨等各方面，其中许多的论点都十分精辟。对乾初思想在明清之际思想学术发展中的地位及意义，所论不多。在《陈确评传》一书第九章中，作者认为陈确思想仍属心学一系，但又注重当下工夫和崇实尚质，因此称为“偏霸”形态的心学将乾初思想归属于心学一系，此说对于本文研究乾初思想具有启发性。

专论陈乾初的内地博士学位论文有：申淑华的《素位之学——陈乾初哲学思想研究》博士学位论文，作者揭示了陈乾初“素位之学”的学术主旨，即素位之实和素位之时两个特征。素位之实包括实理、实行、实效(实用)、实学四个层面。素位之时包括性之时与礼之时两个部分。尤其第五章“礼论”部分具有创新性，从理论层面界定“礼之素位”，对礼与道、礼与俗、礼之时、礼之实等作了理论上的论述，对乾初的《道俗论》、《葬书》中的“冠婚丧祭”等习俗在“礼”上的表现作了挖掘。但笔者不同意把“素位”作为乾初学术思想的主旨，因为“素位之学”不足以代表乾初的为学方向与学术性格，应该说“素位”是乾初立身处世的根本依据。[②] 硕士学位论文五篇，阳征的《陈确思想研究：以〈大学辨〉为中心》，陈畅的《性善：指引抑或实体——陈确思想研究》等。

此外，涉及陈确思想综述的论文，有王成福《进步思想家陈确评述》，介绍了陈确批评宋明理学的人性论、批评丧葬迷信的生死观和以农为本的社会史观；辛冠洁《陈确三论——陈确对程朱理学的三次发难》，仍以陈确三部著作考查其与程朱理学相对立的思想；严健羽《陈确的哲学思想》，认

---

① 衷尔钜：《蕺山学派哲学思想》，山东教育出版社 1993 年版，第 290 页。

② “素位”是乾初立身处世的根本依据，可参见王琇瑜硕士学位论文《陈乾初处世思想探析：以素位、葬论思想为中心的讨论》。詹海云也说：“……素位说，不但平实，也给予当时不愿做清朝顺民的遗民一自处之道。于今天看来，它仍可作为吾人立身世上的座右铭。”（詹海云著：《陈乾初大学辨研究——兼论其在明末清初学术史上的意义》，明文书局 1986 年，第 3 页）

为陈确这三方面思想具有唯物主义和辩证法因素；姜广辉《陈确思想研究》，是其《走出理学》一书关于陈确研究的论文形式。关于知行、性解等思想的论文，有弗之《陈确性论三议论》，分析了陈确对“性”的定义、“性全”的追求和“知性”方法，体现了唯物主义因素；任大援《论陈确的性理哲学思想》，认为陈确的理欲统一论具有人本主义因素和明显“反理学”倾向；《论陈确的知行观》，认为陈确以辨知行作为批判程朱的中心内容，其辩证的知行循环观反映了明末思想领域的求实精神；张克伟《从〈大学辨〉看陈确对〈大学〉义理系统的价值重估》、赵世瑜《试论陈确的忠节观》、侯虎虎《简评陈确的丧葬观》等也是对陈确的葬论思想的专论；徐令彦《试析陈确对“人性善”理论的修正和补充》、韩立森《陈确思想的特质》、王俊义《论陈确的学术思想和学术风格》、衷尔钜《论陈确及其哲学思想》、陶清《陈确心性学说的实质和意义》等等，这些研究和评价基本没有超出前人；阳征《陈确研究综述》一文对有关陈确的研究状况截止到2003年作了详尽的介绍，对于陈确的研究很有帮助。

港台及海外对陈确的研究多注重陈确与刘宗周、黄宗羲的思想交涉，从“内在理路”（inner logic）的角度展开论述。如余英时《论戴震与章学诚》论述《大学辨》在明清之际“道问学”思潮中之意义：“《大学辨》所争者仍在义理之是非，而所采用之方法正是考证辨伪。这里清楚地透露了考证学兴起的思想史背景。”刘述先《清初儒学新典范论析》①，从历史学的研究背景对乾初的思想义理作了详细的考据论证与发挥，认为陈确是“清初儒学新典范的首倡者”。古清美的《陈乾初理学思想探讨》，借由乾初与友人之论辩而加以对照、比较，讨论乾初的“性善”、“理与欲”、“大学辨”三个问题，由此显现出乾初思想的特色，对乾初思想有一个较为中肯的定位。这些著作对于乾初的思想研究，均具有相当的参考价值。

郑宗义《明清儒学转型探析》对于乾初的思想义理方面发挥很详细，又因其历史学的研究背景，有更多的论证与考据。重新论述了黄宗羲与陈确的论学因缘，考证出黄宗羲《明儒学案》成书稍前于《陈乾初先生墓志铭》一稿，与《孟子师说》的改订时间相近，因而黄宗羲改写墓志铭时思

① 此文载于《儒家思想意涵之现代阐释论集》，台湾中央研究院文哲研究所筹备处，1995年。

想上已有转向而非受陈确影响。郑书又有专章论述陈确"三辨"之学，即《大学》之辨、性善之辨和天理人欲之辨，论证陈确思想已异于宋明道德"形上"学，而进入了"达情遂欲"的新典范，但认为乾初性善思想中并无超越意义，而且是以欲为首出，乾初思想为下堕的自然主义。① 与乾初性善先验论不符，本书以此作为一个切入点，来探析乾初的人性论思想。

詹海云《陈乾初大学辨研究——兼论其在明末清初学术史上的意义》是迄今为止关于《大学辨》的唯一专著，该书考证资料齐全而翔实，分析亦十分精密，兼论《大学辨》在明末清初学术史上的意义，强调其对宋明理学特别是王学的修正作用，以及复古和经世意图，但认为"乾初对理学不是反叛者，而是琢磨者、修正者"，持论趋于保守。书后附有《与〈大学辨〉有关之陈乾初事迹著述年表》，是研究乾初《大学辨》的重要参考文献。詹海云还有关于乾初研究的一组论文，如《陈确人性论发微》②，深入探讨了乾初的人性论观点，从其论学宗旨、学术渊源与对其人性论之评价，对乾初的人性论有一个全面的展示。

邓立光的专著《陈乾初研究》对乾初的生平、文学思想、乾初对宗教与习俗的批判以及其哲学思想等，都有概括的介绍。侧重研究乾初与其师蕺山之间的承继以及与当时同门的梨洲、张履祥的论辩。就内容方面来说，对乾初的研究涉及层面较广，然对于乾初的思想不能作深入的剖析与探讨。并且，邓立光在《陈乾初研究》中提到黄梨洲剽窃乾初的学说："黄宗羲不只用陈确之说，更甚者则为剽窃！""黄宗羲于陈确学说爱之深，以至于剽窃。"③ 邓立光认为，黄宗羲《孟子师说·五谷者章》中由"《易》言一阴一阳之谓道"至"向非成之则无以见天降之全"，整段文字袭用陈确《性解上》的原文。刘述先也反对邓立光所谓的剽窃之说，剽窃一说有待后文论述。

在硕士学位论文方面，最早是周丽桢的《陈乾初思想之研究》对乾初思想作了较全面的研究，从时代背景到生命历程，再进一步讨论乾初的人性论、《大学辨》以及综论他在现实生命中对于身心的安顿，可作为了解乾

① 郑宗义：《明清儒学转型探析——从刘蕺山到戴东原》第八章《陈乾初的三辨之学：关于〈大学〉、性善与天理人欲之辨》，香港中文大学2000年版，第189～223页、第219页。

② 詹海云著：《清初学术论文集》，文津出版社1992年版。

③ 邓立光：《陈乾初研究》，文津出版社1992年版，第156页、第162页。

初思想的入门。陈熙远的《时代思潮与转折点上的异数——陈确思想试析》，从史学的角度切入，有与他人不同的思维论点，探讨乾初在面对遽变时代中个人生命的抉择，以及他的礼学、《大学辨》与《性解》。刘清泉的《陈确批判传统理学的思想探究》，集中讨论乾初对程朱人性论的批判与新见、《大学辨》的知行关系及其时代意义与对蕺山的师承和友人的辩论三部分，能够由思想的层面去探讨乾初的思想与批判精神。蔡恒海的《陈确思想研究》，则是针对乾初的人性论、理欲观、由《大学辨》所展开的知行观以及从葬论到仪礼的礼制思想这几个方面来研究，对于乾初的思想有精彩的分析与深入的探讨。王琇瑜的《陈乾初处世思想探析：以素位、葬论思想为中心的讨论》一文重点论述乾初立身处世的根本依据——素位思想的含义，乾初强调“素位之学”的原因，以及“素位之学”在日常生活中的具体表现，另外对乾初的生平传略、时代背景、学术渊源及乾初改革葬俗的思想都有详尽的介绍。杨于萱的《陈确人性论研究》，对乾初的人性论作了深入、系统的阐发，该文从实践层面来研究乾初的人性论，这是研究乾初哲学的新方向，这与笔者长期以来的思考不谋而合，如对陈乾初“扩充尽才后见性之全”、“工夫即本体也，无工夫亦无本体矣”、黄梨洲“心无本体，工夫所至，即是本体”等命题的思考。虽然，詹海云的《陈乾初大学辨研究——兼论其在明末清初学术史上的意义》、古清美的《陈乾初理学思想探讨》、王瑞昌的《陈确评传》等论文亦提及乾初哲学“工夫实践”的问题，但零散不成系统，所以杨于萱的《陈确人性论研究》一文对本书研究具有启发性。

综上所述，关于陈确的研究一开始就具有两个重点，一是围绕陈确对宋明理学的批判和对人性的阐扬，论证陈确在明清之际学术发展中作出了独特贡献，是与顾、黄、王、颜等立场一致的启蒙思想家；二是注重陈确对程朱、陆王和刘蕺山理学思想的转承、修正，以证明陈确思想与理学的内在逻辑联系，进而说明明清之际学术转变的“内在理路”。大体而言，内地学者对前者做了很多研究，而港台和海外学者的研究多属后者，但这两者并不矛盾，只在于研究角度的不同。

由于乾初处于明清学术前后交替的时代，其思想必然存在新旧纠缠，其“问题意识”是对于时代课题的反省，是由反思学术蹈空产生的经世关怀以及由此而来的经验强调，对程朱、陆王心性义理之学的质疑而要求人们做力行笃实的工夫。其强烈的实践意图，正是对儒学实践传统的继承与发扬，形成“由虚返实”、“崇实黜虚”的一代学风。在明清学术史的大背景下，不论是梁启超与胡适的“理学反动说”，侯外庐的“早期启蒙说”、“思想解放说”，还是钱穆的“每转益进说”和余英时的“内在理路说”等，借鉴这些研究范式，如何看待乾初哲学与宋明理学隐约而微妙的关系，怎样客观地评价陈确在明清学术史上的地位和所作的贡献，正是本书研究要解决的问题。

三、目的与方法

(一) 目 的

作为当时引起学界震动的思想家，在其殁后，其事迹很少为人所知，其著作长期埋没，其思想更是隐晦数百年无人关注，此一现象值得关注。乾初的思想著述直至近世才重被世人整理论及，使这一从晚明清初理学内部兴起的“异说新论”之重大意义始得到深入研究。在目前的研究中，或是把陈乾初的思想看得太高，如梁启超、侯外庐等人看重乾初的“反理学”思想，把其作为近代“启蒙思想”的一部分。内地学界对于乾初在格致诚正、知行、心性、天理人欲等问题上对程朱理学的批判，从唯物主义角度对于他反对葬师“风水说”等无神论思想都有较高的评价。还认为黄梨洲晚年的思想受了乾初的影响而改变，向乾初靠拢，钱穆、古清美、邓立光等人持此看法，这仍然高扬了乾初思想。乾初与梨洲的学术辩论及梨洲四撰乾初墓志铭涉及对乾初思想的评价与定位问题，仍需再研究。或是把乾初的思想贬得太低，认为其思想无“形上”理论建构，不成体系，甚至把他的人性论等同于告子“生之谓性”的传统，下堕为自然主义，[①] 等等。本

---

① 刘述先和郑宗义的主要观点：认为黄宗羲与陈确二人正当处于明清思想转型之际，故思想有下滑、下堕的倾向。因为宋明理学还能保持性天的超越性，而到了清儒的一些学者，如戴震、陈确等人，连这个超越性也不要了。要之，黄宗羲有内在一元论的倾向，但还能保持一些宋明儒者所言的超越性格，至于陈确的思想，则完全是内在一元论，没有超越性、理想性可言。参见刘述先《黄宗羲心学的定位》，浙江古籍出版社2006年版，第109页。

书欲在先辈前贤研究的基础上对乾初的哲学思想作一个系统、全面的阐发，以期对乾初的哲学思想有较为确切合理的解释，以及较为合理而允当的定位，这是本书研究的动机与目的。

第一，是否有“形上”关怀？

乾初哲学中是否有“形上”关怀？是否像有的学者所说“陈确思想缺乏形上理论建构”，其思想中有没有所谓的“本体”学说（或所谓的“道德形上学”，或所谓“义理学”等等）？其“本体”的含义是什么？与宋明理学家讲的“本体”有何不同？在乾初思想中，“本体”与“天”、“道”、“性”等概念的关系怎样？在“形而上者谓之道，形而下者谓之器”这种思维模式下，乾初思想偏向“形下之器”一边，强调“本体”要靠“工夫”来表现、实现，如性之本体依靠气、情、才来表现，即乾初所谓的“本体”是工夫实践意义上的本体。所以，他反对宋儒以来由“人生而静以上”来讲性善本体，认为那是一种虚置的本体，认为仅仅口诵本体而无实行，是空洞无益的，关键是性善本体应从工夫实践上讲。乾初思想中仍然保持着“形上”本体的关怀，与宋明理学亦有思想的连续性。从思想史看，这种转向好像是思想断裂了，但从学术上看，这是学术典范的转移。因为理论与实践、理想与现实、信仰与生活、“形上”玄思与“形下”建构、本体与工夫之间是相互关联而不分裂的，是一个问题的两个方面，本体与工夫并重，本是儒学应有的。在明末清初一些人高谈心性而无实行的背景下，乾初强调“形下”的工夫实践层面，但并非放弃“形上”的层面。乾初注重道德践履、力行实践的“形下”经验层面，其学说属于什么理论形态？这是本书研究的难点和创新之处。

第二，性善如何实现？

乾初的人性论是先天论（预成论）还是后天发展论？这个问题仍然与“本体”有关。有学者将乾初的人性论归于后天发展论，并以此为根据来衡定或诠释乾初的思想系统，例如蒙文通就称乾初的人性论为“发展论”，并认为这是乾初对儒学的一大贡献，这没错，但乾初的人性论不能归入后天发展论，发展论否认性善是先天的，认为人性是在后天实践中发展而形成的；郑宗义认为乾初思想中并无超越意义，乾初的性善思想是后天发展论，而且是以欲为首出，甚至是下堕的自然主义，等等。这两种观点都忽略了一个问题：保证成就道德的根据，在陈乾初思想那里，仍然是内在的先验的道德本心（即性善）。乾初说："虽圣乎，于人之性曾无毫末之加焉。"乾初认为性为先天本有，人人具足，即使后天修养成就圣贤，于性也不能有所增减。乾初又说："今夫一草一木，谁不曰此天之所生，然滋培长养以全其性者，人之功也。庶民皆天之所生，然教养成就以全其性者，圣人之功也。非滋培长养能有加于草木之性，而非滋培长养，则草木之性不全。"[①] 乾初认为虽然性为先天本有，但这本有的"性"必须由后天的工夫修养扩充，即"全性"，乾初说"盖人性无不善，于扩充而后见之也"。乾初所说的"性全"之"全"，并非指人性本身有所欠缺不足而需后天发展完成，而是指人性经教养成就的实践意义而言，经由工夫而使人之性逐渐展现、呈显而达到至善，如说"非教养成就能有加于生民之性，而非教养成就，则生民之性不全"[②]。再如"人之未至于圣者，犹人之未完者耳。人之未完者且不可谓之人，如器焉，未完者亦必不可谓之器也"。[③] 人之性"不全"、"未完"者，不可谓之"人"[④]，就如一件器物没做成一样，不能称之为器物。应该说后天发展论者看到这一点，值得肯定。乾初的人性论既具"形上"的超越性上又具"形下"的经验性，人性的"形上"的超越性是保证人可能成就道德的根据，人性的"形下"的经验性即工夫实践又是人性展现、实现与完成的途径。关于这一问题，可参考吴震先生所谈"现成良知"问题，"'现成良知'具有两层意思：一是指良知的先天性，一是指良知的显在性"[⑤]。良知"发见流行"就是良知的显在性。"现成良知"既讲良知的先天性，又讲在现实生活当中去作"致良知"的伦理实践。乾初的人性论既承认人性是先验的，又认为人性依靠后天的工夫修养、力行实践得以彰显、展现，这是本书要论证的难点之一。另外，把乾初的性论归结为

① 陈确：《性解下》，见《陈确集》，第450页。

② 陈确：《性解下》，见《陈确集》，第450页。

③ 陈确：《圣人可学而至论》，见《陈确集》，第151页。

④ 这儿的"人"应指理想人格君子，乾初这里有疏漏，现实的人不论怎样努力修行以"全性"可能永远达不到"理想人"，如果因此说都不是人，这是有问题的。但如果换另一角度看，乾初强调扩充尽才以"全性"，是指将人人本有的性善发挥出来，实现性善，这仍然是性善的工夫实践问题，即人尽其能力去实现、呈现性善，也就做到"人"了。相反，不肯为善，任由习行而为恶，还要推诿于"气质"，那就不是"人"。所以，他说"孟子道性善之意……以为善人之性固善，虽恶人之性，亦无不善。不为，非不能也。谓己不能则自贼，谓人不能则贼人"。（《陈确集》，第447页）

⑤ 吴震：《阳明后学研究》，上海人民出版社2003年版，第8页。

“向善论”[1]，这也是不妥当的。

第三，理欲问题的纠缠和破解。

乾初在理论方面反对理学“理”、“欲”对立下的天理、人欲判分为二，以及由此而来的“存理灭欲”的义理主张。乾初强调“人欲正当处，即天理也”。“从人欲中体验天理，则人欲即天理。”[2] 有学者判定乾初理欲观是以“欲”为首出，是下堕的自然主义，此说是错误的。日本学者沟口雄三认为：明末清初思想中对“人欲”、“私”作正面的肯定，但并没有将“天理”放逐到负面坐标上去。[3] 在乾初那里“欲”、“私”应是中立的，他肯定合理的“欲”、“私”。“天理”在乾初那里是理想的、超越的本体，并且乾初所说的“正当处”便是超越性的、理想的境界，或者像《中庸》所说的“中和之境”。乾初并非不谈超越性、理想性的天理，只是认为这超越性、理想性的天理不能离开“气”而言之，所谓“理”在“气”中，即“欲”见“理”，所以乾初强调形而下的气，强调工夫实践去体认天理、实现天理。乾初企图从理论方面建立起道德新标准的根据，使儒学长期以来一直处于对立状态的理欲观，能够从冲突对立而转向和谐一致；既不要过为抑制人欲，也不要违背了道德实践。在理欲问题上，乾初是以“理”为首出。

第四，知行问题重建的可能。

针对“知行相离”、学不切实的弊病，乾初倡导“心知力行”[4] 的工夫实践学说，但他并不否定“知”，强调知与行的紧密联系。在知行问题上，

---

① 中山大学硕士学位论文《性善：指引抑或实体？——陈确思想研究》一文认为：“陈确思想的特色就在于其基于性善论的指引义诠释进路对实体义进路伦理观的批判。”“性善论”的指引义明显就是“向善论”。这种理论的危险性在于，人的向善只是面对环境必须作出的适应罢了，这完全把人的道德行为归结为“义外”（行为对象），而不是“义内”（行为主体）。“性善论”确实包含“向善论”的层面，因为人人都有共同的禀赋“性善”，而“性善”乃是“向善”的根据，孟子虽然举了很多具体常识的例子来说明人的道德行为的抉择，但基本上却是指向一个超越的层面，即其来源于超越的天。关于“向善论”，刘述先曾作过辩驳，可参见其文《孟子心性论的再反思》（刘述先著：《刘述先自选集》，山东教育出版社 2007 年版，第 251 ~ 254 页）

② 《近言集》，参见《陈确集》，第 425 页。

③ 沟口雄三：《中国前近代思想之曲折与展开》，上海人民出版社 1997 年版，第 3 页。

④ 乾初说：“盖所谓闻道者，心知力行，与道无间之称，而非徒知解及之也。”（《答张考夫书》，参见《陈确集》，第 594 页）

乾初服膺于王阳明“知行合一说”，不同意朱子“知先行后”。他认为“言知行合一，天下始有实学”[①]。乾初反对《大学》是孔子、曾子之书，从义理上认为知识是不断发展变化，知必由行来，反对《大学》“知止”、“止于至善”的说法。如果主张“知先行后”，必会“重知轻行”，最后沦于“有知无行”。但是乾初也并不赞成王阳明“良知以外更无知”的观点，而提出“知无穷，行亦无穷；行无穷，知愈无穷”的“知行先后之间，如环无端”的看法。此与王船山“知必以行为功”、“力行而后知之真”[②] 的主张相辉映。他对知行问题重建的途径即是发扬自蕺山而来的改过实践学说。

第五，立身之道。

乾初立身处世的依据是“素其位而行”，“素位”源于《礼记·中庸》：“君子素其位而行，不愿乎其外。素富贵，行乎富贵；素贫贱，行乎贫贱；素夷狄，行乎夷狄；素患难，行乎患难：君子无人而不自得焉。”君子言顾行，行顾言，谨守言行相应而一致，严守本分，思不出其位，故能“素其位而行”。“素，乡也。”“君子素其位而行，不愿乎其外”就是“乡其所居之位，而行其所行之事，不愿行在位外之事”。[③] “素”即“现在”、“素来”、“平昔”之意，引申为平常、原本的意思。[④] 人只要安位尽分，反求诸心，“素富贵，行乎富贵；素贫贱，行乎贫贱；素夷狄，行乎夷狄；素患难，行乎患难”，绝不逾越分际行险贪得、求诸于外，就能达到“上不怨天，下不尤人”、“无入而不自得”的旷达境界。如是，自然可以知足常乐。故“素其位而行”，实乃修身处世最切实之根底工夫，唯有随分而安，反求诸己，才能修善其德，进而由己身推广于家、国、天下，达成兼济天下之可能。所以乾初认为“素位”工夫不仅是人们立身处世的重要基础，亦是齐家、治国、平天下的根本所在，倘若人人尽能贯彻“素位”之旨，正己

① 《圣学》，见《陈确集》，第442页。

② 王夫之：《尚书引义》卷三，《说命》中二，见《船山全书》第二册，岳麓书社1996年版，第314页。

③ 郑玄注，孔颖达疏：《礼记正义》，上海古籍出版社1990年版，第882页。

④ （明）胡广等人撰：《中庸章句大全》，第94页（收录于《中国子学名著集成》第十七册，“珍本初编儒家子部”，台北中国子学名著集成编印基金会印行）、朱熹的解释：“素，犹见在也。”“君子素其位而行，不愿乎其外”意思是“言君子但因见在所居之位而为其所当为，无慕乎其外之心也。”（见朱熹《四书章句集注》，中华书局1983年版，第24页）

无求于人，则家、国、天下何患不安、何由不治？“素位”即为“道”，舍“素位”而言道，则一切尽属空言。总之，“素位”就是立身处世要从自己当下所处的地位、条件、环境等因素出发。乾初“素位”之学即是“随其位而行其道”。“素位”本是极平常的工夫，不离日用伦常，“素位”而行，乾初要人们从日常生活中力行实践，反求本心，用心体验，时时刻刻不放松苟且，自我督促，居静内省，才是“学道养身”最要紧的事。

第六，葬论问题与社会关怀。

乾初隐居乡间，但他并未颓然辟世，而是依然抱持着“居一乡则仁一乡，治一国则仁一国，相天下则仁天下”[①]的淑世之志，体现了“吾非斯人之徒与而谁与”[②]的儒者情怀。对于当时愈演愈烈的葬俗弊端，乾初“深痛世人惑于风水，暴棺不葬，著《葬论》、《丧实论》诸篇，大声疾呼，责人速葬。其言激切诚恳，有裨世教”[③]。他“素其位而行”，积极呼吁，不遗余力，尽其所能，改善世道人心，改革葬埋陋俗等，这些方面具体表现了乾初力行实践哲学的为学精神。

（二）视 野

清代学术研究必须采取新的方法与视角，如果不取径新途径，明清学术思想的研究仍然还在重谈“清学无思想”的老调。在传统的观念中，论者对明清之际的思想界，尤其是乾嘉时期的思想界，基本的判定是“有考据无思想”，可谓是乏善可陈。牟宗三在其名著《中国哲学十九讲》中，更是以非常沉痛的口气说：“我们这个课程只讲到这里。明亡以后，经过乾嘉年间，一直到民国以来的思潮，处处令人丧气，因为中国哲学早已消失

---

① 《送谢浮弟北上序》，《陈确集》，第242页。

② 《论语·微子》。按，乾初在《送谢浮弟北上序》中表达其出处一理之思想：“出处一理，而士或相非，不其陋与：余夙以衰病谢事，不复理经生家言。……吾闻古之君子，有所谓志不在温饱者，有自为秀才即以天下为己任者，有以一夫不被泽为耻者，有人饥己饥，人溺己溺者。古今人不大相远。今之人志于荣贵而荣贵至，古之人志于圣贤而圣贤至。非今人之与圣贤者远，而古人之与圣贤者近也，由志与不志耳。”（《陈确集》，第242页）出之志即所以不出之志，无论出世与否，都应有以斯世斯民为己事的志向，此即一理之意。乾初对葬风、习俗的批判，正贯彻了他自己出处一理、力行实践的为学精神。

③ 《许季觉榿罔极录》，见《陈确集》，第43页。

了。”[①] 侯外庐著《中国思想通史》第五卷，在谈到戴震的哲学时说：“在当时除了章学诚了解外，并未成为支配的学说，没有起着社会影响。”[②] 朱维铮先生也称乾嘉时期的思想界“沉闷也曾达于极致”[③]。钱穆先生的看法可谓与上述几位学者大异其趣，他认为明清之际的思想界也有“较为积极的学者，于研究经史义理之余，直觉地或非直觉地披露了他们潜在的民族意识，或迫于良知，以一吐在喉之鲠为快，为被压迫奴役之平民阶层一抒正义之声，对当道之统治政权，隐约晦昧地提出了批评的主张”[④]。乾初的思想在清代早期开拓了“一片新天地”。

要在清代学术研究领域开拓“一片新天地”，就得取径新方法，首先，余英时提出“基调转换”概念，批评“好像汉学完全不表现出任何思想性（义理）”的偏见，认为如果转换一种方式，“读他们（戴东原和章实斋）两人的著作，则清代儒学发展中所蕴藏的义理脉络固犹分明可见”。指出：“尽管清儒自觉地排斥宋人的‘义理’，然而他们之所以从事于经典考证，以及他们之所以排斥宋儒的‘义理’，却在不知不觉之中受到儒学内部一种新的义理要求的支配。”[⑤] 并且，余英时在讨论清代学术思想之发展时，从中国学术思想史的全程作观察。他指出：把辨析心性理气认作是儒学的主要内涵，此一观点是不甚符合事实的，至少也是以偏概全。重心性修养的内圣之学固然是儒学在宋明时期的独特发展形式，然而在秦汉隋唐，儒学却另有其以通经致用为标的的千年传统。因此，研究清代的儒学思想，必须对儒学采取一种广阔而动态的看法，如果固执地从心性理气的单一儒学思想内涵去衡度清代儒学，只怕是缘木求鱼、南辕北辙了。[⑥] 尽管余氏的论述主要集中于戴震和章学诚，但他的见解无疑为乾嘉学术的研究提供了一种新的视野和方法。

---

① 牟宗三：《中国哲学十九讲》，学生书局 1986 年版，第 448 页。

② 侯外庐：《中国思想通史》第五卷，人民出版社 1956 年版，第 462 页。

③ 朱维铮：《清学史：学者与思想家》，载《光明日报》1999 年 3 月 26 日。

④ 钱穆：《中国学术思想史论丛》卷八，安徽教育出版社 2004 年版，第 1 页。

⑤ 余英时：《论戴震与章学诚》“自序”，三联书店 1998 年版，第 2～3 页。

⑥ 余英时：《论戴震与章学诚》，“自序”，三联书店 1998 年版，第 6～7 页。并参见《从宋明儒学的发展论清代思想史》、《清代思想史的一个新解释》二文。此二文俱见余英时著《论戴震与章学诚》，三联书店 1998 年版，第 290～356 页；又见余英时著《中国思想传统的现代诠释》，江苏人民出版社 2004 年版。

余英时从思想史发展的“内在理路”来解释思想史，不仅仅把清代学术解释为一个“研究法的运动”，可能会更清晰地看到学术史的变化。在余英时看来，朱熹与陆九渊之异即是“道问学”与“尊德性”之异，而王阳明的出现，则把儒家内部反智识主义的传统倾向推拓尽致——正是由于儒学内部的争论使得人们不得不到经典中去寻找根据，即使是王阳明，也为此而重定《大学》古本，遂使宋、明以来儒学中不绝如缕的反智识主义有了发展的机会。而考据学的兴起，恰是明代儒学在反智识主义发展到最高峰时开始向智识主义转变的一种标志——如果没有宋、明儒学中存在的智识主义与反智识主义的对立，就无法从儒家智识主义的兴起看清代学术史的渊源和发展。[①]“内在理路说”作为一种新颖的研究范式，已经受到不少学者的赞誉。然而，余氏的观点也遭到一些人的反对。张汝伦先生虽然同意从学术自身发展的“内在理路”去探寻清代学术思想形成的主要原因，但是却不同意余氏将“智识主义”当做是西方现代意义上的“知识”，而且认为在清代学者那里，并不存在西方现代意义上的“客观知识”，在张氏看来，儒学之中几乎所有的“道问学”也无非是为了“尊德性”，因此他强调，儒家学者对于“学”与“知”及其目标的理解，并未与儒家主流有异。最后，张汝伦先生提到，以现代化叙事方式进行的思想史研究，几乎成了我国近代思想研究的主流规范，无论是以阶级分析为纲，还是着眼于启蒙和资本主义因素的发展，或从科学和民主接轨出发，都不过是这个规范的变种。[②] 另外，“内在理路说”由于突出清学和宋明理学的逻辑联系，而忽略了清学与宋明理学的相异之处，尤其是清儒突破、超越宋明理学的方面，如从“形上玄远”的心性学转到“形下经验”的力行实践，清代学术采取了异于传统理学的话语系统，不能仅仅用由“尊德性”转向“道问学”来概括。这些方面，应该说清代学术与宋明理学既有逻辑上的关联，又有突破创新，故余英时的“内在理路说”就显得没有他老师钱穆先生的“每转益进说”更有高瞻远瞩之气象（见前注）。

其次，张寿安发表其著作《以礼代理——凌廷堪与清中叶儒学思想的

① 余英时：《清代学术思想史重要观念通释》，见余英时著《中国思想传统的现代诠释》，江苏人民出版社 2004 年版，第 179～187 页。

② 张汝伦：《以今度古的诠释——余英时清代思想史研究献疑》，见《中国现代思想研究》“附录”，上海人民出版社 2001 年版，第 529～557 页。

转变》，在这部著作中，作者提出了“乾嘉新义理学”的新概念，并以敏锐的思维、缜密的论证，对“有考据无义理”、“有考据无经世”的关于乾嘉学术的传统定论，作出了颠覆性的发言。[①] 张寿安对“乾嘉新义理学”的研究，深入清代考据学的腹地，对乾嘉时期以考据为论证方式的若干争辩焦点进行了十分细致的清理，发掘出清儒的经学考证后面蕴涵的丰富思想内容，从而以新的眼光发现了考证下面蕴藏的思想性。

再次，继张寿安之后，张丽珠从1999年至2006年连续推出她的“清代新义理学”三书：《清代义理学新貌》、《清代新义理学——传统与现代的交会》与《清代的义理学转型》，为“清代新义理学”研究提供了新的思考和新的视野。其研究有三点值得重视：第一，依据历史与逻辑统一的原则，揭示了“清代新义理学”产生的必要性。张丽珠独辟蹊径，以传统的“道器观”来考察儒学的发展全程，指出无论是理学还是考据学都不足以应对当时经世济民的时代诉求，进而论证了“乾嘉新义理学”应是“被期待的”[②] 这一命题。第二，在《清代义理学新貌》一书中，张丽珠提出了“形上思辨义理学”和“形下经验领域的义理学”两种不同的义理类型说，并辩证剖析了两者的相互关系及其在儒学发展全程上的位置。“形上思辨义理学”以程朱为代表，“形下经验领域的义理学”则指清儒义理学。这两种不同的义理学共同构成儒学丰富的内涵，都只能在其各自的领域范围内加以评判。第三，从理论上揭示了考据学的义理内涵。张寿安的“乾嘉新义理学”与张丽珠的“清代新义理学”，这样的提法虽然还存在诸多商榷的余地，但其内容包含儒学的道德践履、工夫实践等“形下”经验的层面，所以，这一概念有一定的参考意义。

湖北大学周积明教授也是力主以新方法研究“乾嘉新义理学”的倡导者，认为“在方法论上，必须转换视阈，不能以宋明义理学为‘义理’的

---

① 这是周积明的赞语，见周积明、雷平《清代学术研究若干领域的新进展及其述评》，载《清史研究》2005年第3期。

② 张丽珠：《清代新义理学——传统与现代的交会》，里仁书局2005年修订版，第25页。周积明教授认为：张丽珠的理论虽然别开生面，但似乎过于偏重理论建构，其“乾嘉新义理学”的产生应是“被期待的”的论断则具有显然的目的论史学的意味。参见周积明、雷平《清代学术研究若干领域的新进展及其述评》，载《清史研究》2005年第3期。

唯一形态"研究乾嘉学术。[①] 余英时、张寿安、张丽珠、周积明等学者取径新方法研究清代学术思想，已经取得丰硕成果，尤其是张丽珠以宏大的理论建构，揭示"形上思辨义理学"和"形下经验领域的义理学"是儒学两种不同的义理类型，它们构成儒学丰富的内涵，都只能在其各自的领域范围内加以评判。并指出：从宋明理学到清学，儒学从"形上思辨义理学"向"形下经验领域的义理学"转移，这种学术"新典范"对宋明理学来说，是"义理学的革命"，明清之际通过对理学义理的质疑，构建了以经验取向的新义理典范，取代了理学"道德形上学"之旧典范。这种"新典范"强烈的实践意图，正是对儒学实践传统之继承与发扬，清儒强调儒学客观化途径以及"实践"传统的义理理想[②]，从而实现从"理学"向"经世致用之学"的思想转型。

以上学者的研究方法与视角，不再以宋明理学为"义理"的唯一形态，而以更广阔的视野和方法，特别是从"形下经验"层面注重义理理想的工夫实践落实，来研究整个清代学术思想。这些研究方法是值得借鉴的，因为从陈乾初学术思想和学术性格，"素不喜理学家言"，辨《大学》为伪、"言知不言行"，主张废《大学》而黜归《戴记》，主张性由气上见，对"欲"的重视，呼吁改良葬风、改革社会习俗等方面，都强调其思想的工夫实践落实。从这一个角度和方式看，乾初思想学说，并非如一些论者所说"在理论上并无多大创见和贡献"[③]，而是建立了自己的一套理论，虽然在严格意义上，还不能称之为"形下经验领域的义理学"，但乾初是在面对明朝覆亡、异族再度入主中原的"天崩地解"的变局下，以严肃的心态去认真思索造成亡国之因，并力图开创儒学发展的新方向而作出的一系列理论探索与实践，为儒学在明清之际走出困境、思想转向作出一份贡献。

---

① 周积明、雷平：《清代学术研究若干领域的新进展及其述评》，载《清史研究》2005 年第 3 期。

② 参见张丽珠《清代的义理学转型》"前言"，里仁书局 2006 年版，第 2 页。

③ 衷尔钜和张学智认为陈确思想缺乏"形上"理论建构（参见《蕺山学派哲学思想》、《明代哲学史》），王瑞昌说："乾初扩充尽才以见性善之说有其对症下药、救弊补偏的实际功用，但如实而论，其说在理论上并无多大创见和贡献，甚至多有偏颇。"（参见王瑞昌《陈确评传》，南京大学出版社 2002 年版，第 282 页）

（三）方 法

既然乾初哲学是一种重工夫、重力行的实践哲学。首先对哲学的“实践”概念稍作说明。

据张汝伦先生所言，最广义的“实践”概念是指“一般的有生命的东西的行为方式”。[①] 人类的一切行为、行动和活动都可以理解为实践。这样的行为、行动、活动和要求在价值判定上，应该是中性的，如吃饭、穿衣、挣钱或做工等日常生活中的基本的要求和行为，在宋明理学家那里是被肯定的。反之，当明清之际的一些思想家强调“欲”突出“私”时，“欲”、“私”也是中性的，指的也是日常生活中的基本的要求及由此而来的日常行为、行动和活动。这是一个泛化的没有价值导向的“实践”概念。

实践是人自身作为目的的人与人之间的广义的伦理行动和政治行动，这个“实践”概念是有价值导向的。“实践趋向的目的不在自身之外，而就在其自身，其自身就是目的”，“实践最根本的规定有二：一是自身就是目的；二是它不是人维持物质生命的生物活动和生产活动，不是人与自然间的活动，而是人与人之间的广义的伦理行动和政治行动”。[②] 人自身作为目的，在儒家哲学中，人性本善，人由内在德性的修养，可以臻于至善，再由个人的修身推广，领导国家，推动社会进步，使人民过“好的生活”，从而达到“治国平天下”的理想。从个人修身的道德践履到“治国平天下”的理想的实现，就是“伦理行动和政治行动”的实践，这是有价值取向的实践，即人把自身作为目的，在要过“好的生活”的引导下的实践，这是儒家从“内圣”到“外王”的包含了人自身目的和过程的伦理行为和道德行为的实行。[③] 人自身的目的引导着人们去实践，这种以实践为终极目的和

---

① 张汝伦：《作为第一哲学的实践哲学及其实践概念》，载《复旦学报》（社会科学版）2005 年第 5 期，第 158 页。

② 张汝伦：《作为第一哲学的实践哲学及其实践概念》，载《复旦学报》（社会科学版）2005 年第 5 期，第 158 页。

③ 张汝伦：《作为第一哲学的实践哲学及其实践概念》，载《复旦学报》（社会科学版）2005 年第 5 期，第 158 页。张汝伦先生说：亚里士多德的实践概念“与我国传统的‘践履’意义上的‘实践’概念颇为接近。‘践履’或‘践行’从行（道）而来（‘行’既是过程又是目的），一般总是指伦理行为和道德行为的实行，有过程的意义和自身目的的蕴涵”。

价值导向的哲学就是实践哲学，它“不仅指示了哲学的出路，而且还体现了哲学的根本性质”①。

中国古代哲学，包括儒家哲学，“可以说就是一种实践哲学”②。梁启超也说：“儒家的特色，不专在知识，最要在力行，在实践。”③ 儒学包括“内圣”与“外王”两个境界和领域，从个人内在德性的修养，推广到治理国家，推动社会进步，使人民过“好的生活”，从而达到“治国平天下”。这本是儒家思想内容中的两个层面，在学理上表现为“形上之道”与“形下之器”，在实行上表现为从理论到实践、从抽象到具体的完整过程，儒家的义理理想最终要表现在力行上、实践上。

在先秦，儒学从“内圣”的“修己成德”到“外王”的“礼乐教化”和“治国平天下”一气贯通。到北宋初期，儒学呈现多元发展，政治、经学、史学、义理、辞章，无一不新气象。理学家多以天下为己任，兴学校、育人才、从事政治改革，其中尤以范仲淹、王安石为代表。至庆历改革、熙宁变法相继失败后，儒学开始转向，以“心性成德之学”为主的义理学超然兴起，成为儒学发展的主流，数百年间，由朱学到王学，历经宋、元、明时期，儒学始终以“形上价值”取向的心性义理之学为主。④ 宋明理学也讲“教化”、“治平”，但其“形上”价值的导向使其关注于“内圣”的“形上思辨义理学”而遗落儒学“外王”的实践层面。到明末清初，儒学不再以心性义理之学为主流，从偏于“内圣”的“形上思辨义理学”转向“形下”经验层面，强调儒学义理的实践落实而发挥其经世济民的功能，在这一意义上说，明末清初儒学的复古倾向回归孔孟，正是向实践哲学回归。

我们以工夫实践为视阈来审视陈乾初哲学体系。

---

① 张汝伦：《作为第一哲学的实践哲学及其实践概念》，载《复旦学报》（社会科学版）2005年第5期，第158页。张汝伦在这篇文章谈到康德“学院概念（Schulbegriff）的哲学”和“世界概念（Weltbegriff）的哲学”区别时，指出“前者是一个逻辑完美的知识系统，但必须导向世界概念的哲学。世界概念的哲学不是一种理论之知，而是一种实践之能。哲学的终极目的是在世界上行事的人。因此，康德认为哲学归根结底是道德——实践的；实践理性先于理论理性，是其基础，也是这个道理”。

② 张汝伦：《实践哲学：中国古代哲学的基本特质》，载《文汇报》2004年7月25日。

③ 梁启超：《儒家哲学》，天津古籍出版社2003年版，第118页。

④ 参见李纪祥：《明末清初儒学之发展》，文津出版社1992年版，第1页。

在阅读与陈确相关的文献的基础上，客观地解读、分析其文献，力求从文献中寻求陈乾初思想的脉络，通过经典诠释方法，借由哲学思辨的方式，在先辈前贤研究的基础上，进一步发掘乾初思想，来建构乾初实践哲学的体系。

首先，解读与陈确相关的文献。按照乾初哲学思想中的各种观念、问题，而将其从各种材料中抽出后加以拆散，再以各个观念、问题为中心点重新加以结合，以便比较完全地了解他所提出的每一个观念、每一问题，更进一步地把各观念、各问题加以排列，找出它们相互间的关联及其所处的层次与方位，因而发现他是由哪一个基点或中心点（宗旨）出发来展开其思想体系。这种材料的拆散与结合及在再结合中所作的细心考量比较，徐复观先生称之为“笨工夫”①。在文献解读的基础上，以逻辑思维（主观的方式）展现文献的客观意义，建构陈乾初哲学思想体系。这种方法也叫历史与逻辑相统一。

其次，文献解读、文献分析不是孤立的，必须把陈乾初哲学思想放在中国古代哲学尤其是儒学的大背景中进行对比研究，才可能对其哲学思想的生命内涵有真切的理解。当然，限于笔者的学力和研究水平，可能对陈乾初哲学的解释、理解和把握仍然存在不足，但还是冀望能够以文本为据，以文献解读、文献分析的方法，努力做到文献的解读与分析契合文献本身的客观意义——主观的诠释符合文献的客观意义——主观与客观相符合，来阐释乾初哲学思想体系。

---

① 徐复观：《研究中国思想史的方法与态度问题（代序）》，参见《中国思想史论集》，上海书店出版社2004年版，第3页。

第一章　生平、著作与思想背景

一、生　平

陈确（1604—1677）①，浙江海宁人，名道永，字非玄，号确夫，原名箎永，字厚季，号逊肤。明亡后，改名确，字乾初。乾初此次改名时已四十四岁，隐含着深刻的意义②，表示其隐居求志，以遗民终世的气节。

（一）家　世③

乾初先世本姓高，元时赘海宁，遂为海宁陈氏，为海宁望族，海宁陈氏源远流长，可溯至三代之远，据《家谱》④载："唐虞时，我远祖伯夷为四岳，佐禹治水有功，赐姓曰'姜'，赐氏曰'吕'。传所谓'天子建德，赐之姓，命之氏'者是也。厥后太公封于齐。公族以王父字为氏，曰'高'，与齐为终始焉。后汉渤海公官太守，而渤海之高大著。历魏晋北朝隋唐间，望甲天下。宋初盛于卞。南度后盛于临安。迨于元季，我迁祖东园公赘宁，二世而月轩公蒙母姓，曰海宁陈氏。"据《尚书·尧典》，"帝

① 关于乾初年龄，本书从《乾初先生年表》、《乾初先生年谱》，采用了虚岁的计算方式。

② 更名为"确"，更字为"乾初"，取意于《周易·文言》中"乐则行之，忧则退之，确乎其不可拔潜龙也"及《周易·乾卦》初卦中"潜龙"，而以"确"为名，以"乾初"为字，均寓有"潜龙"之意，他直言不讳地说过，其"命子有深意"。参看其诗《为旧字有赠》："昔我字非玄，今子易乾初，其德为潜龙，于名取确乎！命子有深意，愿言至区区。吾愆赖子盖，吾美赖子扶，愿子入深山，愿子多读书。"（《陈确集》，第639页）反映乾初对清朝统治的不满。

③ 乾初"家世"，可参见王瑞昌《陈确评传》"第一章　家世与家况"、邓立光《陈乾初研究》"第一章　陈确的生平"。

④ 《家谱》为乾初族弟陈元龙致仕回乡后所辑。

曰：咨四岳”。据《孔安国传》，“四岳”相传为义和的四子，唐尧的四个大臣，分管四方的诸侯。“伯夷”就是“四岳”之一。海宁陈氏以为，他们的远祖就是这个伯夷。伯夷的后裔吕尚，即曾为文王师的姜太公，自然也是陈氏引以为自豪的祖宗。“公族以王父字为氏，曰‘高’”交代陈氏出自“渤海高氏”的来历。《家谱》卷一则对“渤海高氏”的来龙去脉作了明确交代：

> 陈氏出自高氏，高氏出自姜姓。先祖伯夷尝为四岳，佐禹平水土，虞夏之间封于吕，姓姜氏，吕尚其苗裔也。文王立为师，号太公望，佐武王定天下，封于齐。大公六世孙文公赤，生公子高。高孙傒为齐上卿，与管仲合诸侯，有功。桓公命傒以王父字为氏，食采于庐，谥曰敬仲，世为上卿。敬仲生庄子虎，虎生倾子，倾子生宣子固，固生厚，厚生子丽，子丽生止，奔燕。十世孙量为宋司城，后入楚。十世孙洪，后汉渤海太守，因居渤海蓨县。

姜太公的后代傒在齐国为上卿时，齐桓公命他以他祖父的名字“高”为姓，这才开启了高氏。到东汉时，族中出了个名叫“洪”的，任渤海郡太守，并定居在蓨县，于是就有了“渤海高氏”。到了元代，高氏中有名弓字子张者，自杭迁至仁和黄山里。弓有二子：泗、豫。豫传三代后即绝嗣。泗，字一元，一字鲁卿，号南江。生二子，即谅和让。谅入赘海宁陈氏，遂蒙其姓，谅即陈世在海宁的始祖“东园公”。陈敬璋《乾初先生世系表略》载：“谅，宋武烈王十四世孙，字克贞，号东园。赘海宁东里陈公明谊女。元末，自黄山徙居赵家桥。”①《家谱》有其传记：

> 公讳谅，南江公讳泗之长子也。故家仁和黄山。少从南江公肄业海宁东里。状貌英伟，读书敏悟绝人。陈公明谊无子，见而异之，欲妻以女。南江公卜之龟折，占者曰：不必问休咎矣。南江公投之于河，有老渔攫而视之，曰：“此大吉之兆也！拆文弥布，具太极图形。太极万物之祖，是谓一姓肇兴，奠之与京。光

① 《陈确集》，第15页。

远有耀，异域钟英，君其识之！”南江公知非凡人，问其名居，不告而退。南江公归，遂委禽焉。逮长就婚，明谊公悉以其赀予公。生月轩公荣而蒙其姓。

海宁陈氏始祖东园公有一子，名荣（字世宏，号月轩），“少依母家，始蒙母姓为陈氏。敏达多材”①。生于明洪武壬子（公元1372年），卒于宣德丙午（公元1426年）。此为第二世。荣有三子，长子亮（字文亮，号乐耕）“诚信慷慨，好结客”②。生于洪武甲戌（公元1394年），卒于天顺戊寅（公元1458年）。此为第三世。亮有一子，晃（字宗旸，号宾旸）生于正统癸亥（公元1443年），卒于正德辛巳（公元1521年），年七十九。他是一位乡贤，曾蒙“乡饮大宾”③ 之礼遇，是陈氏引以为自豪的先祖之一，为第四世。晃有五子，长子魁（字士元，号养闲）生于成化丙戌，卒于嘉靖己酉。此为第五世。《家谱》载：养闲公“性倜傥有大志。……博求名师傅训子若弟。受《易》于四明佥宪黄公，而身督之。夜必正衣冠危坐课子弟，诵读过丙夜以为常。其奉师傅隆礼无所不至”。④ 可以看出，养闲公十分重视子弟的教育，为海宁陈氏文化教育奠定了基础。

魁的长子中益（字守褡，号梅冈，即乾初之高祖），廪贡生，江南吴江训导，是一位刻励自修、以理学自任的文人学士，乾初在《先世遗事纪略》中称：梅冈公“高才博学，工诗古文，尤邃理学。世传称其敏惠亢直，少有远志；其学以存心养性为主，属文日数千言，其大概也”。乾初赞曰：“吾家自迁祖来，六世至公，始以文学开荒，而一时诸父昆季遂奕奕竞爽，至于今，簪缨累世矣。开之者，繄谁之力哉！繄谁之力哉！”⑤ 可见，乾初高祖中益在陈氏家史上，是一位出类拔萃的人物。此为第六世。

梅岗公有三子，次子公廷（字曰胪，号鸣梧）为乾初曾祖父，居凤冈坝河北，生于正德戊寅（公元1518年），卒于万历癸未（公元1583年）。鸣梧公是邑庠生，为人倜傥不羁，是一个不事生产但喜豪饮的落魄秀才。

---

① 陈敬璋：《乾初先生世系表略》，见《陈确集》，第15页。
② 陈敬璋：《乾初先生世系表略》，见《陈确集》，第15页。
③ 陈敬璋：《乾初先生世系表略》，见《陈确集》，第15页。
④ 陈元龙：《家谱》卷十五，家传二。
⑤ 《先世遗事纪略》，见《陈确集》，第525～526页。

乾初在《先世遗事纪略》中称：鸣梧公“德性至厚，疏财好义，顾独喜饮，益喜与人饮。……以豪饮落拓，不问家人产。虽其性相近，亦习使然矣。时又苦役累，于是先世之重产，欲尽去之为快，闻有售即喜。虽有售矣，而稍迂缓之，即怒。以故，未中身而遗产略尽，公曾不以屑意也。”① 此为第七世。

鸣梧公有二子，长子俟佐（字维相，号理川），邑廪生，为乾初之祖父，生于嘉靖己亥（公元1539年），卒万历癸卯（公元1603年）。理川公才学出众，是个束修自好、锐意理学的乡塾师，一生专意举业而终不获售而不得其志的秀才。晚年家产荡然，只能把全部希望寄托在后代身上，悉心督导，希望有成。有时管教似乎太过严厉，此从乾初的《先世遗事纪略》中更可看出，“吾祖教子过严，吾父与伯父虽皆已昏，犹不离夏楚，少不当意，即怒挞，或时畏匿，即毁扉发壁，破釜竈，以为常。……吾父与伯父每试出，吾祖立使背诵试艺，不容缓顷刻。至论策文，微失旨，即怒挞不已，虽在客坐，不少忍俟。”② 乾初早年目睹前辈深受举业之害，对举业已厌弃。乾初对其祖父的遭遇深感痛惜：“吾祖以绩学，试辄冠军，独艰一第。廪于庠三十余年，贡单已出矣，竟不及待而卒。天生其才而故厄之至此，痛哉！”③ 此为第八世。

理川公有四子，次子颖伯（字师端，号觉菴）为乾初之父，邑庠生，也是一位秀才，生于嘉靖甲子（公元1564年），卒于崇祯庚午（公元1630年）。由于乾初祖父理川公教子极严，必使《性理》、《通鉴》成诵而不失一字方罢手，所以乾初之父也能背诵这两部书。善为文，在海宁县县学里，颇有声誉。他的德行和才干，更为突出。其为人相当宽容随和，“性宏直，能急人之困……器量优裕，临事未尝见其张皇，汎然若无事者。然规略徐定，终无败谋，故戚友皆服其能。有知人之鉴，其所评骘，初皆谓未必然，④ 后无不验者。其诸论事理，亦然”。⑤ 在教育子女问题上，与理川公的严格相比较，觉菴公就显得十分宽厚随和：“吾祖待吾父洎吾伯叔父，皆至

① 陈确：《先世遗事纪略》，见《陈确集》，第526页。
② 陈确：《先世遗事纪略》，见《陈确集》，第528页。
③ 陈确：《先世遗事纪略》，见《陈确集》，第530页。
④ 原书注：本作“尔”。
⑤ 陈确：《先世遗事纪略》，见《陈确集》，第533页。

严，而吾父待确兄弟至宽。确馆于外，岁时归省，惟叙家人之情，绝不问及程课。即无论夏楚，虽呵责之言，未始一闻之也。一日，从容谓确曰：'儿熟《通鉴》否?'确谢未能也。父曰：'读书不熟《性理》、《通鉴》，则生平所读何书？吾于《性理》、《通鉴》，至今能成诵，不失一字。即失一字，尔祖向且谴死我矣。'生平督责之言，仅闻此，犹莞尔而语之。因授《性理集要》一书，确终不能读也。确之怠弃先命，类此。"[①] 以此可见，乾初幼年的成长环境是相当宽松的，这对乾初处世态度和学术性格产生了很大的影响。此为第九世。

到乾初这一代为第十世，乾初家世从东汉时的渤海太守洪至元末的东园公之父泗，共历四十一代（不含洪这一代）。东园公为海宁陈氏迁祖第一代，第十代即乾初这一代。如此，乾初当为后汉渤海太守洪高氏之第五十一代孙。若再向上推，则乾初就是姜太公之第八十七世孙。[②] 海宁陈氏从第五世养闲公开始重视家庭文化教育，这种家学传统为乾初后来的学问之路奠定了扎实的基础。

然而，从上我们可以看到，乾初先世虽为望族，但到其曾祖父鸣梧公时，家道逐渐衰落，其祖父理川公，才学甚高，但乡试中一直未能获隽，怀才不遇，困场屋三十年，郁郁而逝。自此以后，家计日渐下滑凋敝，到乾初父觉庵公，困顿益甚。这种困境可从乾初之母叶氏对乾初的述说来看，"自吾至而家三月，即推自食，指授田一亩七分[③]外，萧然无办矣。釜灶皆我自作，又时为尔祖所破。吾昼夜勤织纺以佐食，不逮，则尽典衣珥继之。"[④] 乾初成家以后仍然继续这种贫困生活，"啖糠粥、豆糟饭，或并日食，即如是以为常"。[⑤] 一生山居乡间，从事著述，过着贫寒的生活。

---

① 陈确：《先世遗事纪略》，见《陈确集》，第534页。
② 参见王瑞昌《陈确评传》，南京大学出版社2002年版，第5页。
③ 原注：谓先指拨某田，未始实授也。
④ 陈确：《先世遗事纪略》，见《陈确集》，第531页。
⑤ 《妇王氏传》，见《陈确集》，第280页。

（二）生　平[①]

1. 四十岁之前

四十岁之前的陈乾初基本上是个文士和气节之士的形象。[②]

乾初幼年聪颖活泼，“幼颖异，见解不凡。五六岁时，食肉必正方，数必五，其有不正者，必请易，有余则反之。常从群儿游戏，闻有訑诋王父母者，揜耳疾趋”。[③] 由于家贫，无力延师，遂以兄长为师，刻苦自学，父兄特器重。[④] 乾初七岁“始入小学，与姊氏同在家塾”[⑤]。乾初在《俞母徐硕人传》中提到他的授业老师是金跃渊，“吾友俞元修……我业师金跃渊先生之外孙也。故元修之言行不苟、敦笃乐善似其祖，而敏举、工文章似其外祖诸舅”[⑥]。十二岁，从伯兄问学。十六岁，从伯兄学于园花祝晋武家。[⑦]

十六岁，应童子试即“小有文名”[⑧]。乾初之才华，甚得乡先辈许令典

---

① 乾初“生平”，可参见王瑞昌《陈确评传》“第二章　自‘俗学’走向‘道学’”；邓立光《陈乾初研究》“第一章　陈确的生平”。

② 王瑞昌：《陈确评传》，南京大学出版社2002年版，第35页。

③ 陈翼：《乾初府君行略》，见《陈确集》首卷，第11页。

④ 陈元龙《理学乾初先生传》载：“先生弱而才，父兄特器重之，从伯兄授经。乡贤许同生先生目为小友，且指示子弟曰：‘若曹虽与陈生同学，不日即当师事之矣。’其见重于前辈如此。读书不屑屑章句，毅然期至于古之立言者。”（见《陈确集》首卷，第9页）

⑤ 《乾初先生年表》，见《陈确集》首卷，第20页。乾初七岁和姐姐一同在私塾读书，据《陈氏家谱》记载：“觉庵公有女适彭墩陆氏，早寡，守节甚苦，与同怀弟乾初幼同学，故其志行绝相似。”（见《陈确集·年谱》，第824页）

⑥ 《陈确集》，第298～299页。

⑦ 关于乾初十六岁从伯兄问学，吴骞《年谱》及陈敬璋《年表》的记载有出入。《年谱》的记载为：十六岁从伯兄问学于祝晋武家。《年表》的记载为：十五岁，从仲兄学于祝晋武家。乾初在《先世遗事纪略·祖理川公》注曰：“确十六七岁时，从仲氏学于祝晋武叔家。晋武，仁山公仲子也。”（见《陈确集》，第527页）据此，《年表》记录，误。应从《年谱》。

⑧ 陈翼《乾初府君行略》载：“家贫不能延师，间从伯父腹贞公、孝章公出游学，讲解略过耳，即能领其要，命题课艺，卓绝等辈，两公绝赏爱之。甫就童子试，即大有文名。”（见《陈确集》首卷，第12页）《年谱》“十六岁条”载：“《记昔》：某十六七岁，小有文名，与叔氏我旋兄同就童子试，县府皆僭居前，甚愧之。及道试出，伯氏索卷观之，甚喜；已观叔氏卷，更不快。某惧无所容，至不成寐。及发案，叔氏先售，某为之狂喜，亦不成寐。此亦孩心之未汩者。”

的赏识，目之为小友。[①] 十八岁，娶海盐诸生王廷荣长女为妻。十九岁，在灵泉山从长兄读书。二十岁，在审山之阴从仲兄读书。其后两位兄长讲学于菩提寺，陈确亦至此学习。二十岁前，乾初皆对举业"许以有成"。二十岁后，屡次应试，皆未得手，始违两兄教，颓放无成，[②] 厌薄举业，无意仕进。[③] 而将心思精力寄托于"放浪山水，恣情声律，韵管谱琴"，常与一二知交"吟风弄月，超然远寄，有点游舞雩之致。间以双陆围棋，篆刻临池，得心应手，无不穷极其妙。视帖括操觚，绝不经意，偶一为之，更尔超脱不羁，以是为适志之具已耳"[④]。乾初在《韵絃老人传》中，回忆描述其青年时代的举止说："犹忆二十年前，孟秋之望，月明如水，老人与余坐西湖之断桥，老人发歌，而余吹洞箫和之。时桥上下游者数百人，杭俗士大夫喜醉歌，尝纷沓哗嚣于柳桥之下，然闻余两人和歌，而醉歌者皆止，肃然拱听。踰止而歌毕数百人同称善。余两人勿为谢，竟起，联袂以归。旁若无人者。"[⑤] 这是乾初二十二岁时的事。在明末社会，多数士子孜孜以求的莫非功名利禄。乾初则超脱不羁，"不知功名为何物"，[⑥] 对于"纷沓哗嚣"的俗士大夫竟不屑一顾，这些举止显示了乾初对旧传统的叛逆精神。

---

① 许三礼《海宁县志理学传》载：乾初"蚤岁见知于乡贤许同生先生合典，目为任道之器。"（见《陈确集》首卷，第1页），另参见陈元龙《陈氏理学乾初先生传》（参见《陈确集》首卷，第9页）

② 据《年谱》"十九岁"条，见《陈确集》，第826页。

③ "厌薄举业"，在乾初参加童子试"不录，乃大喜"已露端倪。此可参见《乾初府君行略》："与伯父我旋公道试归，伯父腹贞公阅试卷，谓叔卷不若季，先君子大局促，心怦怦然，惟恐其先得隽；及案出，伯父我旋公竟列名，先君子遗不录，乃大喜。"（见《陈确集》首卷，第12页）此事还可从乾初"不喜理学家言"来看，"素不喜理学家言，尝受一编读之，心弗善也，则弃去，遂四十年不阅"。（黄宗羲：《陈乾初墓志铭二》，见《陈确集》首卷，第8页。《陈乾初墓志铭二》又收入《南雷文定后集》卷三，见《黄宗羲全集》卷十，第367页）

④ 陈翼：《乾初府君行略》，见《陈确集》首卷，第12页。

⑤ 《韵絃老人传》作于顺治三年丙戌，乾初四十三岁，参见《陈确集》，第273～274页。《断桥感怀》［乾初三十四岁作于崇祯十年丁丑（公元1637年）］记录了乾初当年超脱不羁的性格："十二年前坐断桥，清风明月夜吹箫。调高和寡意常得，船故湖空兴独饶。白发故人头上满，红颜昔日梦中遥。如今又让他年少，画舫笙歌醉彻宵。"（《陈确集》，第737页）

⑥ 陈翼：《乾初府君行略》，见《陈确集》首卷，第12页。

二十七岁时，乾初廪于庠，为邑庠生，[1] 遭父（觉庵公）丧。二十八岁，始与祝渊[2]（字开美，1614—1645）孝廉定交，陈确称祝子之不凡，祝开美亦赞陈子有道义。[3] 乾初自幼不喜举业，只是为了不致父兄太过失望，才勉强为之，自从丧父后已放弃功名之念。到三十岁，因兄长之勉强才应考，因文章受赏识，结果中试第三名，[4] 补博士弟子。三十七岁，又见重于主考官许豸侯，“食饩于庠”——升为优等庠生“廪生”。[5] 乾初虽入学为廪生，依然鄙视“帖括操觚”，仍一味属意辞章，曾与“友人结社黄山许氏之枕涛庄，唱和尤密”。他于诗“主陶性灵，不以雕饰为”[6]。现存诗作六百余首，大多感物咏怀，感情真挚，流露出乾初对社会现实和下层民众生活的关注，如其《苍天七章》等诗，便深刻反映了他对农夫苦难的同情。[7] 对苍天的不公、社会的不平，抒发呐喊与控诉！乾初不满于各级官吏的横征暴敛、残酷虐民，并敢于伸张正义，为民请命。三十九岁（崇祯十五年壬午，公元1642年），当时海宁有吏员残民自肥，乾初联同一班义士声讨该吏员的所为。当事者包庇吏员，并想加害乾初，面临被问罪，被剥夺参加乡试的困境，乾初对此则临危不惧，大义凛然地表示：“捐吾生以救一县之

---

① 陈元龙：《陈氏理学乾初先生传》：先生尝受知学使者黎、许两公，举茂才，廪于庠。（《陈确集》首卷，第12页。《年谱》案：黎公名元宽，南昌人，许公名豸侯，崇正初，并以按察使佥事兼提学道。《陈确集》，第828页）

② 祝渊，字开美，海宁人。崇祯十六年举于乡。清兵南下，杭州失守，投缳自尽，年三十三。（详见《陈确集》，第56页，《祝月隐先生》注）

③ 《祝子开美传》载：“开美束书假馆于东坨，始识开美，一见意洽，谓开美非世俗士也。开美亦时时窃归告其尊人，称陈子之义。”（见《陈确集》，第275页）

④ 陈翼《乾初府君行略》载：“年二十六岁，遭伯父我旋公之变，阅岁，王父觉庵公又见背。悲愤激中，欲绝意进取事。至癸酉岁，伯父腹贞公强之甚，不得已勉一赴，博庵黎公赏其文，拔第三，补弟子员，非其好也。”（见《陈确集》首卷，第12页）

⑤ 陈翼《乾初府君行略》载：“庚辰之岁，又遇知学宪许公，廪于庠。”（见《陈确集》首卷，第12页）按：吴骞《陈乾初先生年谱》系“食饩于庠”于二十七岁条下，盖误。据《乾初先生年表》载：“食饩于庠。学使许公名豸，福建侯官人。”（见《陈确集》首卷，第26页）

⑥ 吴骞：《陈乾初先生年谱》“三十二岁”条，见《陈确集》，第829页。

⑦ 陈确《苍天七章》载：“呜呼苍天！农民何罪！赤日中田，焦发裂背。渴不得饮，饥不得食，闵其将死，不敢云瘁。天复不念，降此大戾。……呜乎苍天！吾农民之伤！而不知者，谓民已康。有丝满箱，而不得以为裳；有谷满仓，而不得以为粮。岂曰无获，为他人忙。呜呼苍天！吾农民之伤！”（见《陈确集》，第628页）

民，亦何足惜，一乡试何足道哉！”[1] 后寻太府刘雪涛拯救，乾初才免于难。此事传至京师，当事者与吏员皆遭贬斥，乾初未因此而喜形于色[2]。乾初敢于坚持正义、敢于斗争的思想性格，奠定了他后来在学术辩论中敢于坚持真理、不盲从不附和的学术性格。

乾初这一“义举”，其子陈翼在《乾初府君行略》中有过评论：“先君子至此而学凡三变：始崇尚夫风流，继绚烂夫词章，继又矜厉夫气节，自后一变至道。”[3]“一变至道”指的就是拜师蕺山、从事暗然慎独之学以后的事。自此而后，乾初违背了父兄指望他能在科场中成就功名，实现祖辈梦寐以求的愿望，他更加鄙薄举业，甲申鼎革之后，完全拒绝应试，已经不把世俗举业放在眼里。

2. 四十岁以后

乾初四十岁拜蕺山为师，是他一生中最重大的事件。自此以后，乾初的生命方向便发生转折。四十岁之前是一位“崇尚夫风流”、“绚烂夫词章”的文士，是一个好刚使气、一触即发的气节之士，之后逐渐成为一位“克己复礼”、“素位而行”的好修君子，一意弘道、“为往圣继绝学”的学人。[4]

崇祯十六年癸未（公元1643年）秋，祝开美率乾初“谒念台师于蕺山”，拜刘宗周为师，蕺山授之以《古易抄义》，晓以“圣人可为”之旨，给乾初指点为学的新方向，临别时勉励乾初以“千秋大业”的“圣学”为

---

① 陈翼：《乾初府君行略》，见《陈确集》，第13页。

② 陈元龙《陈氏理学乾初先生传》载：“明季有骫法吏，先生唱义，声籥当事。当事庇其人，欲中先生以法，先生色不为动。寻太府刘公雪涛棣免，事闻辇毂，当事舆吏俱坐黜，先生亦不色喜。”（《陈确集》首卷，第10页）

③ 《陈确集》首卷，第13页。

④ 这种转变，可参见许三礼《海宁县志理学传》的叙述和评价：乾初“后与孝廉祝渊游蕺山先生门，奉慎独之教，用功于见善必迁、知过必改，求无歉于所独知，兼动静，合人己，无往而非独，无往而非慎；已而践履卓然，矫立风尘之表。幼以孝友称，长以文学著，器韵拔俗，诗文清真大雅，寄托深远，其论学明理，尤多心得。为人刚直，尚气节，遇公正，发愤为乡邑去害，不挠于势位。自幼寄兴潇洒，书法得晋人遗意，抚琴吹箫，时奏于山巅水涯，篆刻博弈诸好无不工。自奉教蕺山，一切陶写性情之技，视为害道而屏绝之；其勇于见义，遇不平而辄发者，亦视为任气而不复蹈。惟皇皇克己内省，黜伪存诚，他不暇顾也。”（《陈确集》首卷，第1页）乾初好友张元岵说：乾初“少年时，遇事任性，衣食言动不能尽戢；游蕺山之门而归，为之一变，安静和好，能以其学教其子弟。”（张元岵：《竹窗解颐杂录》，见《陈确集》首卷，第43页）

己任,[①] 从此以后对圣学从“学何以不惑”向“学何以不颓”转变[②]。乾初从“不喜理学”到“琢磨程朱理学”经历了漫长的过程，在从学刘宗周前确实“不喜理学家言”，但主要原因是厌薄举业，不喜读科举考试之类的书，如《四书》，对理学没有深入的了解。即使受教刘宗周之初，他也不熟悉理学，不理解其内部纷争，乾初说：“开美自言‘吾学本象山、阳明’，而谓程、朱之说非是，确时不甚为然，开美则频举先生之言为证，确亦不甚为然。……既从蕺山游，先生开美亦时理前说，确犹未深省。”对于孰是孰非，乾初沿袭他说，认为“良知之学之近禅，而程、朱之言久为儒者所宗，必有取尔”[③]。当乾初对理学有所研究，遍读蕺山遗著并参与遗集编订，同时也开始研究陆、王著作[④]，在他五十一岁时《大学辨》成书以后，才真正进入理学。

顺治二年乙酉（公元 1645 年），乾初四十二岁，是年春正月，复与祝

① 参见《秋游记》：“勉余与祝子千秋大业，期无负于一时相与之意，言谆谆焉。”（《陈确集》，第 204 页）乾初作谢别诗《平水东岳庙谢别先生》：“千秋大业真吾事，临别叮咛不敢忘。”（《陈确集》，第 742 页）

② 乾初拜师返家后赋《江水汩汩》：“江水汩汩，云山屼屼，仲秋而出，学何以不惑！江水潆洄，云山崔巍；秋尽而归，学何以不颓！”（《陈确集》，第 626 页）

③ 《辑祝子遗书序》，见《陈确集》，第 239 页。按，从《秋游记》中一段话，也可看出乾初仍是从旁观者的角度来看待理学内部纷争之是非的，（文太长，不具引。《秋游记》，见《陈确集》，第 204 页）

④ 乾初说：“弟向未尝读象山、阳明书，是夏始从舍侄处借《象山集》，从许欲尔借阳明《传习录》略读之。”（《与吴裒仲书》，见《陈确集》，第 579 页）

开美至山阴，谒刘先生。这是乾初最后一次面见刘宗周。① 四月，同张考夫、朱韫斯诸人至澉浦，送吴公麟徵②葬。六月，祝渊死难前，曾将刘宗周的遗著交付乾初曰："此皆刘先生所示手书，与某居平侍先生时所记录也。吾死，无长物，唯此不能忘，惧失之，敬以遗兄。"③ 乾初泣受而藏之。乾初于五月间已闻其师自尽，至七月初，有讹传刘宗周率师抗清。弘光帝于五月间被执，次年被杀，从此乾初成为遗民。

师友的殉难与嘱托，更加坚定了乾初继承刘宗周思想品节的信念。他师事刘宗周的时间虽然不长，所受影响却极深，如同梨洲所谓："受业蕺山刘夫子之门，潜心力行，以求实得……故虽事夫子之日浅，而屈指刘门高第，众口遥集。"④ 从此以后，乾初在乡间过着十分清苦的遗民生活，隐居山乡，躬耕田里，读书治学，"学益邃，识益卓"⑤。同时，乾初有一种复杂的心态和压力，师友殉国，而自己活着，使他感到惭愧，故云"晚死惭师友"⑥。但是，乾初矢志不与清朝合作。对于清朝的剃发令，乾初抱着至死

① 这是乾初第三次问学刘宗周，此次问学情况与第二次（在1644年）问学情况，现有资料均难详考。有关第二次问学，祝开美《与陈子乾初书》载："新正初七八，渠必过我，约有渡江之役。计尔时，兄已得闲否?"据陈敬璋案："乾初公女于甲申冬适董子世琮，则此书当在是年。"（《陈确集》，第58页）可知甲申年正月乾初与开美有约，渡江见刘先生，并且具体时间是定在"新正初七八"。《和韩子有诗韵》一诗之引言中有记录"甲申春正，再渡江"，此诗作于甲申年乾初"四十一岁"。这两条资料可证，甲申正月乾初在四十一岁时确有山阴之役，曾第二次问学刘宗周。吴骞辑《年谱》"四十一岁"条记载："春正月，复与吴仲木渡江至山阴，谒刘先生。"陈敬璋《乾初先生年表》从之，吴骞辑录《渡江日记》也记录此次行程，盖误（详见《陈确评传》，第54～55页）。以下是王瑞昌的考证：吴仲木《哭山阴先师文》述及从师经过（《祗欠庵集》卷六），从中可以考见，甲申正月，仲木并未渡江谒师。《渡江日记》不是乾初亲撰，而只是吴骞辑录，《渡江日记》所记行止及其日期与乾初《春游记》所记行止及其日期几乎完全一致。可以肯定：《渡江日记》与《春游记》所记载的是同一次出行。《渡江日记》不明渡江年份，而《春游记》则言之甚明：其所记者乃丁酉正月的山阴之行，其时已是顺治十四年，乾初已五十四岁，而蕺山殉节业已十二年了。可见，吴氏将乾初五十四岁时的山阴之行误认作是甲申年乾初四十一岁时的山阴之行了。

② 吴麟徵，字圣生。浙江海盐人。明天启二年（公元1622年）进士。官至太常少卿。李自成农民起义军攻打北京，吴麟徵值守西直门，城破自杀而死。

③ 《祝子开美传》，见《陈确集》，第277页。

④ 黄宗羲：《陈乾初先生墓志铭·一》，见《陈确集》首卷，第3页。

⑤ 陈翼《乾初府君行略》，见《陈确集》首卷，第13页。

⑥ 《邨居》载："邨居无一事，胡马日纵横。晚死惭师友，宵征戚母兄。愁心风雨恶，病骨露霜轻。不学丛多咎，无眠叹五更。"见《陈确集》，第703页。

不屈的态度，“身体发肤，受之父母，不敢毁伤。……故薙发则亏体，亏体则辱亲，亏体辱亲，又何以为人，去秋新令：不薙发者以违制论斩。令发后，吏调不薙发者至军门，朝至朝斩，夕至夕斩”。又说：“确生无益于时，正忧不得死所，而以不薙发死，确其无忝所生者!”① 顺治四年丁亥（公元1647年），乾初四十四岁，具呈本学，求削儒籍，以示其不“向异类乞活”之志，“犬马犹恋旧主，而况人乎！革命以来，即思告退，以不忍写弘光后年号”②。

顺治六年己丑（公元1649年），四十六岁。八月，乾初到黄山了解“省过之社”的实际情形，并替社员写了《省过录序》。顺治七年庚寅（公元1650年），四十七岁。三月，妻室王氏病逝，由于持有强烈的排佛思想，故拒绝妻子终后做佛事的要求。③ 顺治十年癸巳（公元1653年），乾初五十岁。正月，同吴仲木至山阴古小学，校对其师刘宗周的遗著，并与同门春祭刘宗周。九月二十九日，受桐乡张履祥（字考夫，1611—1674）之延请主“葬亲社会”于清风里。顺治十一年甲午（公元1654年），乾初五十一岁，写成《大学辨》，是年冬，葬祝开美于管山。十二年乙未（公元1655年），乾初五十二岁，辑《山阴先生语录》、《先世遗事纪略》。由于《大学辨》不为同门所接受，在《告山阴先生文》中以《大学辨》事质之师灵，希望先师之灵的明示，“《大学》非经，确也辟之，不遑敢宁。……俾是圣学，遽底廓清，若大路然，既康且平。师之厚德，永世其馨。敢陈告词，激切屏营!”④《大学辨》不为同门所理解的孤立无援、知音难觅的苦闷心情，这种寻求支持理解的心情在《送祝开美葬管山祭文》中也表现出来了：“今年六月，又妄作《大学辨》一篇，同人皆以为罪。兄之明知，虽死犹生，必能为弟精别是非。若确言诬罔，其上告我山阴先生，立赐幽谴，以正无知妄作、谤古惑众之罪。此孔门鸣鼓之义，于兄所必不能辞者。若犹有愚夫之一得，其亦大启我后死诸贤毋俾世迷，使圣学复大明于世，兄之

① 《告先府君文》，见《陈确集》，第310页。

② 《告先府君文》，见《陈确集》，第311页。

③ 《祭妇文》载：“子病将死，欲我请女姑于榻前念佛，既不汝从；又嘱我欲死后入木作道场，五七拜忏，七断诵经，我皆不从。非我子吝，礼所不许。”（《陈确集》，第314页）

④ 《告山阴先生文》，见《陈确集》，第310页。

惠也。兄昔在师门，任道甚勇……并辨书数篇，焚灵辆之侧。明明开美，勉垂昭鉴！”① 冬十月，张考夫复举葬社于甑山，延请先生为宾，乾初并辞不赴。

顺治十四年丁酉（公元1657年），乾初五十四岁，春正月，往山阴探望刘汋②（字伯绳，1613—1664），伯绳留乾初订刘宗周遗集，并往古小学拜刘宗周神主。同年完成著作《性解》、《禅障》，在陆丽京《新妇谱归》基础上，补订数条，作《家约》。十五年戊戌，乾初五十五岁，迁往其姊在迴龙桥畔之寓所居住，作《瞽言》。夏天，祝开美长子辑其父遗集，再交乾初审订，乾初删汰了其中的十分之七，刊行其余的十分之三，目的是发明心学。③ 五十六岁，正月，乾初仲兄去世；八月，其母又逝。居丧期间，手写《孝经》百余篇以示哀痛，戚友争宝藏之。④ 九月初，葬母后因悲伤过度而发病。

康熙元年壬寅（公元1662年），乾初五十九岁，春，里中缺粮，乾初约同志为食以赈之，或向富人贷粟，或劝族人捐输。⑤ 乾初自己尚且还要伐园为薪，⑥ 支吾度日的贫寒寠士，却仍能发挥人饥己饥，人溺己溺之心博施济众，此种爱心，实诚可贵。乾初十分关注下层民众疾苦，除了上文提到的《苍天》诗七章外，不妨在此再提一下他作于康熙元年八月的《投当事揭》，提到：“自顺治十八年大旱，至康熙元年二年，无岁不旱，高乡尤极危苦，穷民游饥，流离满道。”乾初对这种状况忧心如焚，他对地方官言及

① 《送祝开美葬管山祭文》，可知此篇祭文写作时间与《大学辨》同一年，即1654年6月。（《陈确集》，第331页）

② 刘汋，字伯绳，刘宗周之子。宗周死后，伯绳绝交息游，纂辑遗书，毕其一生。

③ 《辑祝子遗书序》载：“戊戌夏，开美之长子凤师手辑其先集，并所传述（刘宗周）先生之言见示，确削其十七，为凤师家藏，而梓其十三以问世，期以发明心学而止……”（《陈确集》，第241页）

④ 陈元龙：《陈氏理学乾初先生传》，见《陈确集》首卷，第10页。

⑤ 张履祥《见闻录》载：“辛丑，三吴旱，濒海高乡禾尽槁。来春乏食，陈乾初贷粟米于富室，以食里中之饥者。不足，又劝族人与乡之富者出粟济之，且约曰：‘乡党之贫者得食陈氏粟，陈氏之贫不得食乡邻粟。’人咸义之。”［（清）张履祥：《杨园先生全集》，中华书局2002年版，第930页；又见《陈确集》首卷，第42页］

⑥ 《伐园》诗：“贫士沮饥寒，麈釜绝吹嘘。所苦非一端，宁惟困麋虚！市米未云贵，灵鬼犹莫输；薪值况腾涌，何由及老迂！狡焉启故园，攒斧伐其枯，坎坎林声悲，丛枝忽以疎。罏灰得复燃，拥之观残书，虽非终岁针，旦夕聊支吾。”（《陈确集》，第663页）

海宁县水利之治，并述及葬俗问题，[①] 乞请当政者体恤民生疾苦，解民于困厄。在他身上，反映了儒者的济世用民情怀。同年四月，参加永安湖之万苍山楼集会，这是乾初最后一次参加集会讲学。[②]

康熙二年癸卯（公元1663年），六十岁，春正月三日，乾初设置王阳明、刘宗周的画像，拜奠并呈《性解》二篇。连续两年大旱，乾初家中食用匮乏，而且年关又到，"敝里又遭奇荒，终岁之计茫然"[③]。乾初在此年不幸患风疾，半身偏瘫，且日趋加重，久治不愈，"不下绳床者十五年"[④]。风疾使乾初行动不便，右手右足颤抖，故七月间曾到硖山接受针灸治疗，唯病情未见好转，痛苦不堪[⑤]。乾初虽为病魔所困，但仍保持向道之心，不为病魔冻馁意志，在《与吴仲木书》中说："弟尝欲于《素位章》更添一语，曰'素疾病行乎疾病'。此亦是道，不可忽也。"在另一封《与吴仲木书》中云："弟前语以'病至宜忘病，病去不宜忘病'。平时既受忘之之过，今又恐受不忘之过，医药全不足恃，非惟不足恃，且又有误。吾辈不幸有病，又不能以己意消息调剂，而以遗体委之他人，此极可怖事。确尝写此痛于同人，而鲜克有悟也。未知吾兄近复自验若何耶？养身即是道，道又岂有

① 《投当事揭》，见《陈确集》，第363页。我们还可从下面诗文看到乾初对下层民众的关注，《久旱》："久旱怜兹夏，奇荒怨昔年。人如重病後，家异屡丰前。还忆冬春雪，空犁早晚田。只应惩老劣，稽首谢皇天。"《又咏》："赤子宜无罪，皇天讵不知？连年还旱酷，濒海更艰危。衰病难为道，灾荒竟莫支。一身如可赎，万死又何辞！"（《陈确集》，第725页）乾初祈求上天降甘霖。

② 见《会永安湖楼序》之按语："本集卷十四《悼钱厚菴文》：'辛丑春，尝同蔡子养吾一叩先生之庐，先生偶伏枕，未出见……其明年四月，南湖之会，先生又以疾沮。'（《陈确集》，第346页）南湖即永安湖。此文所称湖楼之会，主其事者为厚菴之侄云士，时间亦在四月，情事皆相合，疑所指即为一事。辛丑为顺治十八年，明年即康熙元年壬寅，时乾初五十九岁。是会为乾初最后一次参加集会讲学之事，所集人士又最多，吴骞所作《年谱》漏记此会，因考定其年月于此。"（《陈确集》，第232页）

③ 《寄张考夫书》，见《陈确集》，第130页。

④ 黄宗羲：《陈乾初先生墓志铭》，见《陈确集》首卷，第3页。

⑤ 《病夫前篇》载："病夫无一能，惟恃眠与坐。岂知久而变，眠坐俱不可。我欲外形骸，形骸不外我。两臂若受伏，举体如关锁。起倒极艰烦，要之无一妥。一死有何难，难于历坎坷。"（《陈确集》，第676页）

急于养身者邪？舍此言道，即为务外。”[①] 可见，乾初心志如此坚定，“素疾病行乎疾病”、“病至宜忘病，病去不宜忘病”，这种境界是对孟子“寿夭不贰，修身以俟”的很好表达，非经一番真切修养工夫所能达到。

乾初“素位而行”，可以从他对私修《明史》之文字之祸的态度看：“又荒旱以来，亲知穷困者十居三四，莫能存恤，或罹酷祸，尽室幽囚。若吴下潘、李诸公，虽未识面，亦旧德著闻，夙所敬慕，而身隐用文，五族至碎。余猥以愚劣，获老衡门，实为厚幸。”[②] 上年归安知县吴之荣罢官，告发庄廷钱私修《明史》。清廷追查其事，至本年结案，戮庄廷钱䥶，杀其弟廷锻。凡作序及参阅者皆凌迟处死。刻工、刷匠、眷贾、藏书者斩。受连而死者达七十多人，而妇女则发配边疆。对此等惨祸，乾初认为在清朝高压统治下，应以遗民自处，“素位而行”保全自己。

康熙三年甲辰（公元1664年），乾初六十一岁，书《孝经》一百册始毕。五年丙午（公元1666年），乾初六十三岁，风疾寖加，但要郊游，只得由儿子扶持入山看花。[③] 春正月，重葺杨桥室成，招诸杨氏及宗族同落之。刘伯绳病逝，黄宗羲和陆冰修探访乾初，告知刘伯绳将葬。乾初异常悲痛：“吾不能执绋引路，有负良友。”涕泪俱下。黄宗羲在乾初寓所住宿了两日夜。康熙七年戊申（公元1668年），乾初六十五岁，闻彭观民之棺归葬海盐故里，不禁潸然泪下，说：“先生之节……又何忝乎！”[④] 八年己酉（公元1669年），乾初六十六岁，风疾加重，坐卧皆不适，动止常需人扶掖。子翼昼夜侍奉，不离左右。以后的日子，都是和病魔搏斗。至康熙十

---

① 《与吴仲木书》，见《陈确集》，第142页、第144页。我们还可以从《病夫后篇》看到乾初对这种境界的表达：“病夫计无之，委身受百苦，非能外形骸，内之故未可。不外不内间，意者道之所。忽然欲忘生，去留岂由我！恶死诚乃愚，欲远亦奚补！将以顺天命，聊用安艰阻。讵敢云任真，庶几称久假。”（《陈确集》，第677页）

② 《居杨桥记》，见《陈确集》，第223页。

③ 《恕说》载：“时陈子病颤五年矣，足不能踰户限，手不能执匕箸，颓然废甚，复不自恕，扶而入山，候十余日，花尚未开。”（《陈确集》，第259页）

④ 《彭观民先生归骨记》按：“彭期生字观民，海盐人，亦刘宗周门人。万历四十四年进士，崇祯十六年任湖西兵备佥事，驻吉安。隆武二年，吉安城破，走赣州；赣州破，冠带自缢死。”（《陈确集》，第226页）

五年丙辰（公元1676年），乾初已届七十三岁高龄，黄梨洲有来书论学，[①]谈及《性解》、《禅障》等篇的义理问题。乾初作答书时已七十四岁（丁巳，公元1677年），由于“病困万状”，对黄梨洲提出的问题，“未能一一作答”，只写了一封简短的答书，对于思想义理部分未多作回辩，故书信内容，只有一些短短的问候语，书中言：“仁兄以硕德宏才，扩无类之教，唤醒群迷，吾道幸甚。弟病废十有五年，困苦万状，尚赊一死，不知何故，惟有冥心待尽而已。弟愚人也，何敢言学。惟是世儒习气，敢于诬孔、孟，必不敢倍程、朱，时为之痛心。《性解》数篇呈教，据褊见所及如此。是非一听天下之公，弟何敢强辨，重蒙驳正，感极涕零。病极，未能一一作答，惟有痛自刻责已耳。空玷山阴之门，不能设诚制行，即一二知己，未能相喻，何况其他。为学原不在多言，顾力行何如耳。即弟所答刘世兄书，极为辞费，自以通家骨肉，直抒胸臆如此，已深悔其渎矣。”[②] 两人本相约翌年（丁巳，公元1677年）再见，然乾初已先谢世。

正如全祖望说：“乾初，畸士也，说经尤谔谔。”朱彝尊说：乾初“不失为躬行君子也”。黄梨洲说：“其学无所依傍，无所瞻顾，凡不合于心者，虽先儒已有成说，亦不肯随声附和，遂多惊世骇俗之论。”[③] 乾初具有独立不羁的性格，对现实社会和明末清初空疏的学风进行批判，对下层民众生活给予关注，呼吁改良葬俗，倡导经世致用，乾初“人品学问文章之真，

---

① 黄宗羲的《与陈乾初论学书》作于康熙十五年丙辰（公元1676年），按语：“黄宗羲与陈确书今所见者只此一通，载《黄梨洲文集》中。”（《与陈乾初论学书》附于乾初的答书《与黄太冲书》之后，见《陈确集》，第148页）

② 《与黄太冲书》末尾有陈敬璋按语：“此书疑尚未完。”（《陈确集》，第147～148页。）依乾初辨学性格和为学精神来看，在《与陈乾初论学书》中，首先，黄宗羲认为乾初“扩充尽才始能知性善”违背了孟子性善论，乾初“言性善反得半而失半矣”，认为乾初不知性善；其次，不赞成乾初“人欲恰好处，即天理也”的命题，认为此“必从人欲恰好处求天理……恐是人欲之改头换面耳”；最后，黄宗羲认为乾初有反对未发、反对本体的倾向，他说：“老兄不喜言未发，故于宋儒所言近于未发者，一切抹去，以为禅障……未发中和之体不可谓之禅，而老兄之一切从事为立脚者，反是佛家作用见性之旨也。”这些问题涉及乾初哲学的核心，乾初不可能不辨。但是，此答书确实没有写完，原因是“病极，未能一一作答”，乾初的健康状况已经使他不能写完这封书信。所以乾初在信中只说到“世儒习气，敢于诬孔、孟，必不敢倍程、朱，时为之痛心”。已暗含批评梨洲的意思。

③ 全祖望《子刘子祠堂配享碑》、朱彝尊《经义考》、黄宗羲《陈乾初先生墓志铭·一》见《陈确集》首卷，第44页、第42页、第3页。

气象之光明正大"①。"道德、经济、文章"② 无一不践履儒学（圣学）理念，形成了自己鲜明的学术思想和独特的学术风格。

二、主要哲学著作

根据《陈确集》"点校说明"，陈乾初的著作，由其孙（克鬯）手录藏于家中，乾隆年间，其同乡吴骞（1733—1813，清代藏书大家，世称吴兔床先生，他的拜经楼藏书，至今受人称道，积有名刻善本45 000余卷）很留心访求他的著作，但只得到残本三册。后来陈确的族玄孙陈敬璋（1759—1813）又从陈确六世族孙陈锦手里得到残本七册，与吴骞的三册正好合成全璧。据陈敬璋说，这两种残本"钞录本出一手"，陈敬璋根据这些残本和从陈锦处得到的另外几册陈确的原稿，"凡积六七寒暑"，最后在嘉庆三年（公元1798年）编订成了《陈乾初先生遗集》四十九卷，但并没有付梓。陈敬璋、吴骞对于陈确遗集的搜集、编订作出了重大贡献。清咸丰四年（公元1854年），他的《葬书》由无名氏初次刊行，另有附录一卷，系由蒋光焴辑录陈确文集中论葬的文章八篇而成。清光绪十三年（公元1887年）海昌羊复礼在他所编的《海昌丛载》中刊入了《乾初先生文钞》二卷、《诗钞》一卷，但全集则始终没有刊印。上海图书馆和南京图书馆藏有《陈乾初先生遗集》③ 钞本，南京图书馆藏的是惜道味斋录本，旧藏杭州丁氏八千卷楼。上海图书馆所藏的，不知录自谁手，旧藏海宁吴昂驹家，后又曾由杭州王氏九峯收藏。1979年版中华书局点校本《陈确集》即根据上海图书馆藏《陈乾初先生遗集》和南京图书馆所藏《陈乾初先生遗集》两个钞本整理而成。但《陈确集》仍然有缺憾，《女训》、《山阴语钞》、《瞽言》初集，此三部著作似已佚。

---

① 陈翼《乾初府君行略》说："先君子人品学问文章，一真焉尽之。盖划削于名利者尽，故其所得于性天者，具有一种光明正大气象，流行于语言、动静、笔墨、文字、疾病、生死之间，盖无往而不存者也。"（《陈确集》，第15页）

② 《与吴仲木书》，乾初认为"士人立身，一道德，二经济，三文章……只是一事"。（《陈确集》，第74页）

③ 《陈乾初先生遗集》，原名为《乾初先生遗集四十七卷、首一卷、外编一卷》，现存于《续修四库全书·集部》第1394、1395册，影印上海图书馆藏清餐霞轩钞本。

(一) 佚 书

1.《女训》

《陈确集·别集》卷十收录的是《补新妇谱》，陈敬璋加了按语："王晫《檀几丛书》载是谱，接陆圻（即陆丽京）《新妇谱》后，作《新妇谱补》。"其目录为：《绝尼姑》、《不看剧》、《听言》、《劝夫孝》、《夫妻相礼》、《和妯娌》、《待婢妾》、《抱子》、《责仆婢》、《失物》、《勤俭》、《有料理有收拾》共十二条，如果加上《小引》，即十三条，《小引》说明写作目的，从家教讲忠孝之理，并点出在陆丽京《新妇谱》上"补一二则"，乾初说："至哉子言！岂惟新妇，即旧妇，宜亟读之。岂惟为妇，即幼女，宜蚤读之。岂惟妇女，即男子，宜共读之。苟知其意，则忠孝油然而生。虽曰此《子臣弟友谱》，奚不可！……确亦不自揣，窃以己意更补一二则，续貂尾，附不朽焉。"[①]《春游记》记曰："读丽京《新妇谱》，韪之，袖以归。"《补新妇谱》作于顺治十四年（公元1657年），乾初五十四岁，《乾初先生年表》载：乾初"以陆丽京《新妇谱》归，补订数条"。陆丽京《新妇谱》见于《檀几丛书》卷二十七《康熙间霞举堂刊本》，其引言中有曰："今丙申七月，仓卒遣女，萧然无办，因作《新妇谱》赠之。"[②] 此可知陆丽京《新妇谱》成于顺治十三年（公元1656年）。陆丽京家把《女训》奉为"金科玉律"，或许陆丽京看了乾初的《女训》后仿作的《新妇谱》。据《陈确乾初先生著述目》，《补新妇谱》"见《渤海著录》，云存，有自序，凡十二条，补陆丽京《新妇谱》所未备。邑士查石丈又作谱，补四条附于后"。[③] 可知《补新妇谱》，现存。

那么，可以判定，《补新妇谱》（又作《新妇谱补》）并非《女训》。

《海昌备志·艺文·五》所载的《陈确乾初先生著述目》云："《女训》一卷"和"《补新妇谱》一卷"，以此来看，这是两部书。《女训》为乾初

---

① 《陈确集》，第518页。

② 转引自王瑞昌《陈确评传》，南京大学出版社2002年版，第469页。王瑞昌和邓立光对《补新妇谱》作过小考。

③ 《陈确乾初先生著述目》，见《陈确集》首卷，第47页。

四十七岁时所作[①]（庚寅，公元1650年），比《补新妇谱》早七年。黄宗羲《余闻》云："余庚寅（公元1650年）至杭，从陆丽京案头见《女训》而叹嗟。丽京曰：'此海宁陈乾初先生所著也，余家奉为[②]玉律。'"[③] 但陈敬璋在此加了按语："公所著无《女训》之目，疑即是《补新妇谱》一卷，今已刊入《檀几丛书》。"此与《陈确乾初先生著述目》所录不符，可能有误。由此推测，乾初著作《女训》可能佚亡。但从三部书的成书时间，似可这样推断：《女训》（公元1650年）→《新妇谱》（公元1656年）→《补新妇谱》（公元1657年），《补新妇谱》包含了《女训》的思想，因为陆丽京家把《女训》奉为"金科玉律"，或许陆丽京看了乾初的《女训》后仿作的《新妇谱》，乾初又在《新妇谱》的基础上补订十二条，而成《补新妇谱》一书。所以，《女训》虽佚，但《新妇谱》、《补新妇谱》这两部书可能包含了其思想。

2.《山阴语抄》、《蕺山先生语录》

《海昌备志·艺文二十一》所载的《陈确乾初先生著述目、补目》云："《蕺山先生语录》，见《余闻》，后附《禅障》、《性解》。""《山阴语钞》，与澉湖吴氏蕃昌合辑，有《书后》。"[④] 陈敬璋《乾初先生年表》"五十二岁"条下注云："辑山阴先生语录。"[⑤] 吴骞《陈乾初先生年谱》"五十二岁"条下云："辑《山阴先生语录》。"[⑥]

乾初四十九岁（壬辰，公元1652年）"受先生遗集以归"，[⑦] 五十岁时在《记梦》中谈及《山阴先生语录》，曰："'天下无直友，庶几求憎口。憎口攻我深，爱者忘我丑。'此亦檃括《山阴先生语录》中及予前记'爱我

---

① 吴骞《陈乾初先生年谱》"四十七岁"条载："作《女训》。"并按：《女训》今不可得见。考钱塘王晫《檀几丛书》中，有陆丽京《新妇谱》，后接陈乾初先生《新妇谱补》。结论是"岂所谓《女训》者即《新妇谱补》乎？当更考之"。吴骞认为《女训》不是《补新妇谱》。（《陈确集》，第842页）

② 《南雷文案》下有"金科"二字，即"金科玉律"。（《陈确集》首卷，第3页）

③ 黄宗羲：《陈乾初先生墓志铭·一》，见《陈确集》首卷，第3页。

④ 《陈确集》首卷，第47页、第48页。

⑤ 《陈确集》，第32页。

⑥ 《陈确集》，第850页。

⑦ 《书山阴语抄后》载："岁壬辰二月，确与澉湖吴蕃（昌?）同受先生遗集以归。"见《陈确集》，第396页。

者之言’一段语意也。”① 乾初五十一岁时（甲午，公元1654年），在《寄刘伯绳世兄书》中又谈及《山阴先生语录》：“《易抄》、《语录》、《会语》，俱送考夫兄处，未返。确于先生语录，亦略有参订，欲私质之吾兄，非面晤不能。”② 同年，在《寄刘伯绳书》中第三次谈及《山阴先生语录》：“去春归家录《年谱》，秋间录《易抄》，今春录《语录》、《会语》。手抄之后，辄复茫然……仲木有意任删润《年谱》之事，而弟亦窃欲妄辑先生语录，择其说之最中吾膏肓者，另写一本，奉为私书。此去倘无事扰，则一年之中，此书断然可成，要归于愚者之自用而已，他日当携以请教也。”③

乾初在五十三岁（丙申，公元1656年）完成辑录工作，即《山阴语抄》辑录是在乾初思想成熟之际。有《书山阴语抄后》一文，记载成书经过：“已而确尝致书伯绳，谓蕃（仲木）尝有意任删润年谱之事，而确亦妄辑师语之最中我膏肓者，另写一本，奉为私书，而亦逡巡而未敢也。每欲言者数矣，而辄止，或且已书，且书成帙矣，而又废之而复书，而卒未有成也。而今年正月二十五日，蕃竞以毁死，不遂前志，而确复何忍独辑先生之语录矣乎！无已，则且收理前昔之所谓书而废，废而复书而未成者，而姑留之以俟异日，可夫？”④ 从与刘伯绳来往的书信看，乾初对伯绳编订其父遗书有不满之处，伯绳始终反对乾初怀疑《大学》。乾初希望从先师蕺山遗书中辑录一些对自己修身养性有用的语录，即“择其说之最中吾膏肓者”，另录一本，奉为私书。

由上可知，《山阴语抄》即《蕺山先生语录》。而《山阴语抄》是陈确独自辑订的，吴仲木没有参与，《陈确乾初先生著述补目》记录“与澉湖吴氏蕃昌合辑”，有误。乾初去取师说的标准亦载于《书山阴语抄后》，“或曰：‘先生言《大学》心、意、知、物，暨《中庸》喜、怒、哀、乐、已未发之旨甚详，而《私抄》阙然，何也？’确盖有所心疑焉，而未敢笔也，非疑先生之言，疑《学》、《庸》之言也。”⑤

由此可知《山阴语抄》不辑蕺山论心、意、知、物之论，以及《中庸》

① 《记梦》，见《陈确集》，第403页。
② 《寄刘伯绳世兄书》，见《陈确集》，第88页。
③ 《寄刘伯绳书》，见《陈确集》，第616页。
④ 《书山阴语抄后》，见《陈确集》，第396页。
⑤ 《书山阴语抄后》，见《陈确集》，第396页。

有关未发、已发等“形上”言论，即与乾初学说不符者皆不辑录。通过此书有可能了解到乾初对先师蕺山思想的取舍和看法，以及乾初与刘门弟子争辩的问题。

3.《瞽言》初集

另外亡佚的可能还有“《瞽言》初集”。现存《瞽言》（四卷）就是“《瞽言》续集”。《陈确乾初先生著述目》载：“《胜览》云：《瞽言》初集二卷，发挥圣学，今失传。”①《辰夏杂言》说“《瞽言》续集诸书……”②既然乾初提到“《瞽言》续集”，这是否意味着乾初著作中还有“《瞽言》初集”？已佚？

（二）主要哲学著作

乾初著述大约45万字，可谓卷帙浩繁，他在《示儿帖》这篇遗言里表达了对自己著作的态度，也反映了一个正直学者的学术良知、自知、自信和严肃的社会责任感。他说：“吾生不辰，怀抱未展，遂同草木俱腐。生平笔札纷纷，了无足取。唯论葬与世俗异，论性，《大学》与诸儒异。要为不失孔、孟之旨，圣人复起，不易吾言，当勤收辑，多录副本，以待后学……其他诗文，无益于世者，切勿多辑，以误后人。”③ 他认为最有价值、足以传世的著作，也正是他所说的《瞽言》、《葬书》、《大学辨》三部著作，其学术思想也较为集中地反映在这几部主要论著中。另外，一些书信、杂言也包含其哲学思想，详见后面各章论述。下面简略介绍这三部著作。

1.《瞽言》四卷

《瞽言》写于顺治十二年乙未（公元1655年），乾初五十二岁，主要包括《近言集》、《佛道》、《素行》、《圣学》、《知性》、《禅障》、《性解上》、《性解下》、《气情才辨》、《气禀清浊说》、《原教》、《子曰性相近也二章》、《性习图》、《侮圣言》、《无欲作圣辨》、《学解》、《学谱》、《与刘伯绳书》、《答朱康流书》、《书后》等篇。《性解》、《禅障》、《气情才辨》等篇，以立为主，突破性地以孟子性善论为本而以日生日成论人性，以及持“气质之

① 《陈确乾初先生著述目》，见《陈确集》，第46页。
② 《辰夏杂言·小引》，见《陈确集》，第413页。
③ 《示儿帖》，见《陈确集》，第390页。

性”一元论对人欲之“私”进行肯定，从“形下经验”的层面消解宋儒论学的超越意义。乾初认为性善应从工夫实践上讲，求证于一个虚置的本体是空洞无益的，又认为宋儒使天理和人欲相对立，并提倡“无欲”是错误的，天理当从人欲无过不及处求，扩自爱自利即能爱人利人。表现出陈乾初对宋明理学之心性论、理欲论等的整合。这些著作主要论性，对其师刘宗周的性论有深刻阐发。反对一些理学家空口道性善（本体），而不从事道德践履，力主回复到孔孟性善之本旨。在明末清初，要实现儒家这一为学宗旨，乾初认为应下猛药。“吾闻孔、孟之言以医天下万世。……昔孔子之圣，依病立方，故问同答异，如洞见人五藏，犹未能悉起七十子之疾而康安之。……《瞽言》续集诸书，尤医学之指南。”①《瞽言序》说：“《瞽言》则奚以集？国有饮狂药者，未饮则了然东西白黑之辨，饮之则必以东为西，白为黑，他颠倒皆类是。国人莫不饮者，一人独弗饮，而日切切然与国人争东西白黑也，一国皆以为狂而相耻笑之；一人亦弗能忍而终饮之，于是与国人同游混沌之天。今《葬书》、《大学》之为狂药久矣，予向亦尝饮之而狂者也，今暂而醒耳，又安必其弗终饮乎！亦姑为切切之争而已矣。”他的《葬书》、《大学辨》即为治世之“狂药”。

《瞽言》这组文章主要讨论以下几个问题：

（1）性善“本体”。（2）以工夫实践实现性善“本体”，即以“人道”成就“天道”。“继善成性”以工夫言。“扩充尽才”始见性之全。（3）气情才皆善，以气善论性善。（4）本体之性与气质之性。（5）“恶”的根源，不以“气质”为“恶”，“恶”源于“习”，所以要“慎习复性”。（6）理与欲，无欲与寡欲，“人欲正当处，即天理也”。

乾初认为性善人人本有，性善本于天道，即承认性善本体的超越性，此虽然与宋儒一致，但反对程朱讲的“人生而静以上”的本体，他认为那是一个虚置的本体，他强调性善本体的实践意义，认为超越的性善本体必须靠“人道”去实现，即乾初的理论重心在于人的现实生命活动中的道德践履，强调依靠人的工夫修养实践、实现性善，使超越的性善真正体现出来。性善本体虽是当下本有，后天不能有所增损，然而必须经由实践方可契入，并非空口谈论即可知性，故乾初强调性善要通过“扩充尽才”的工

① 《辰夏杂言·小引》，见《陈确集》，第413页。

夫修养，于气上“见之”，这使性善能够具体的呈现出来，而性善本体亦在此工夫实践下被证实。理欲观强调“人欲正当处，即天理也”。下面把论述这些问题的主要文章和话语列于下：

《与刘伯绳书》，此是乾初讨论性善本体、理欲问题最重要的文章，查整部《陈确集》，乾初有42处论述性善“本体”，此封长信就有21处。此将在第二章论述。

《圣学》，乾初反对虚置的本体。“……论本体之性，全堕佛老。……孟子明言气情才皆善，以证性无不善。诸子反之，昌言气情才皆有不善，而另悬静虚一境莫可名言者于形质未具之前，谓是性之本体，为孟子道性善所自本。孟子能受否？援儒入释，实自宋儒，圣学遂大泯丧，人心世道之术，从此始不可振救也。”甚至把是否真正做工夫实践来呈现“性善”本体作为标准，划分圣学与异学、圣学与邪说，“圣学异学之分，邪与正而已。邪正之分，是与非而已。是非之辨，何容淆乱！孔、孟而后，学者无真是非，是者非之，非者是之，世衰道微，邪说并作”。

另外《陈确集》中的《别刘伯绳序》曰：“其言学也，大抵如孔子之言仁，不循一指，或言本体，或言工夫，而要之未始不合，期以开示来学，发明道要而止。”① 仁兼具本体与工夫而言。《辑祝子遗书序》曰：“于此时而犹然与学者说本体，说作用，说未发已发，动静显微，转增幻惑。”承接上文“学失教衰，无人不昧其本心，无事不丧其本心，而犹覆之以义理之言，玄之以性命之旨，若可跨孔、孟而上之”。② 在明朝覆亡、学失教衰的背景下，一些理学家仍然空口谈性善（本体），而不从事道德践履，“无人昧其本心，无事不丧其本心”，空口“说本体，说作用”，于事何补？这样高谈本体越是“转增幻惑”。《诗集》卷四中《湖中十日歌》：“西湖本体自幽寂，奢俗相夸失其质。”③ 本体“失其质”是由于“奢俗相夸”，即空口言谈而不实行。

2. 《大学辨》四卷

《大学辨》正文作于甲午六月三日（顺治十一年，公元1654年），乾初

---

① 《陈确集》，第237页。
② 《陈确集》，第240页。
③ 《陈确集》，第683页。

五十一岁。《大学辨》[1] 正文4 500字左右，卷一还包括《书大学辨后》、《答格致诚正问》、《答唯问》、《辨迹补》、《翠薄山房帖》等6篇文章。《大学辨》卷二包括《答查石丈书》、《答吴仲木书》、《答吴仲木第二书》、《答沈朗思书》、《与刘伯绳书》、《与吴裒仲书》等6封书信。《大学辨》卷三包括《与张考夫书》、《答张考夫书》、《答张考夫第二书》、《答张考夫第三书》（此书后附录张履祥的《与陈乾初书》）、《答恽仲升书》、《书大学辨后》等6封书信。《大学辨》卷四包括《与陆丽京书》、《答萧山来成夫书》、《再与来成夫书》、《寄刘伯绳书》、《答张考夫书》、《答张考夫第二书》、《与刘伯绳书》等7封书信，附录朱型的《大学辨跋（一）》、《大学辨跋（二）》，查旦的《大学阙疑》，朱奇龄的《与陈敬之书》等4篇文章。

乾初认为："《大学》首章，非圣经也；其传十章，非贤传也。"主张废《大学》，黜归《戴记》。认为与其坐而言格物致知之学，不如起而行修己利人之道。《书大学辨后》述说辨《大学》的目的，"窃欲还《学》、《庸》于《戴记》，删性理之支言，琢磨程、朱，光复孔、孟，出学人于重围之内，收良心于久锢之余，庶无忝于所生，差有辞于后死云耳。"《大学辨》出，乾初遂成众矢之的，不断受到同门友人的疑诟责难，"闻者皆骇，桐乡张履祥考夫、山阴刘汋伯绳、仁和沈兰先甸华、海盐吴蕃昌仲木，交移书争之"。[2] 乾初"止沸者，抽其薪"，废弃《大学》，他试图彻底瓦解宋明理学诸派立论相争之根基，也否定宋明以来有关《大学》的诠释。黄梨洲认为乾初言之过当，"以《大学》层累之学，不出于孔子，为学者所哗，不知慈湖已有是言。古人力行所至，自信其心，不须沿门乞火。即以《图书》为怪妄，《大学》为别传，言之过当，亦不相妨，与剿袭成说者相去远矣"。[3] 要之，乾初认为《大学》"言知不言行"，即其理论重心在"知"，于"行"处根本不见得力工夫。陈乾初注重儒学"下学与上达"的联系，从注重工夫实践的"下学"讲起，使"上达"之学奠基于坚实的现实基础上。

《大学辨》主要讨论以下几个问题：

（1）从考据（迹）上，辨《大学》非圣经，为孔、曾雪累世之冤，为

---

① 陈确：《大学辨》正文一卷，见《续修四库全书·经部·四书类》，第159册，影印国家图书馆藏清钞本。

② 朱彝尊：《经义考》，见《陈确集》首卷，第42页。

③ 黄宗羲：《思旧录》，见《陈确集》首卷，第42页。

后学开荡平之路。"'止沸者，抽其薪'，此探本之论也。"

（2）从义理上认为天下知识无尽，"善之中又有善焉，至善之中又有至善焉"，驳斥程、朱"知止"之说，坚持真知需以力行为要，力行是实现真知的重要手段。这一问题在人性论中即是本体与工夫，在认识论中即是知与行的问题。"君子于道，学之不已。""学者用功，知行并进。故知无穷，行亦无穷；行无穷，知愈无穷。先后之间，如环无端，故足贵也。""惟《大学》单言知，谓一知已无余事，详观文义，情旨立见者。"

（3）格、致、诚、正。

工夫次第为正、诚、格、致，如果"格"、"致"在"诚"、"正"前，即是本末颠倒、"倒持太阿"，"后正心而先格致，则驰外而荒"。"正心之于格致，则正心为指南之针，格致乃辨方之盘，针摇不定，虽盘星灿然，度分刻画又安所取正乎？故学莫先定志，志为圣贤，而后有圣贤之学问可言。格物致知，犹言乎学问而云耳。""自《大学》之教行，而学者皆舍坐下工夫，争言格致，其卑者流为训诂支离之习，高者窜于佛老虚玄之学，道术分崩，圣教衰息，五百余年于此矣。"

第一，对"心"的理解，"求放心"，强调"心"在工夫实践中的地位和作用，同时又涉及认知之心。

"正心"即是"敬心"。"正亦可释为'敬'，《易》'君子敬以直内'是也。心惟敬，故致知而无不致，格物而无不格。"

"先生每云'无心外之性，无心外之理，无心外之学'，而归其功于慎独，可谓破末学之藩篱。"（《与刘伯绳书》）

第二，对"意"的理解，合"意"于"心"，将"诚意"改为"诚身"，统诚于身，"诚身"而兼内外言。

"吾之先正与诚也，盖欲合意于心，而统诚于身焉耳。分意于心，则支甚矣；先诚于正，则舛甚矣。""欲诚其身者，先正其心。"

（4）"明德"、"新民"、"至善"本是一体。"新民即在明德之中，至善又即在明亲之中。"《大学》用三个"在"字将其并列为三件事，是虚妄和夸大之言，结果要么"逃于虚"，要么违背君子非有所亲疏于民之道。乾初反对宋儒那种"精微"的"明德"本体，坚持"明德"只能从工夫实践上说。

（5）大学与小学、下学与上达。"夫道，一而已矣，古《易》称蒙养即圣功。古人为学，自少至老，只是一路，所以有成。今乃别之为大学，而若将有所待也，则亦终于有待而已矣。”

3.《葬书》二卷

卷一《葬书上》包括《葬书自序》、《葬论》、《与同社书》、《与张元岵前辈书》等4篇。卷二《葬书下》包括《甚次》、《族葬五善》、《利害》、《赵季明族葬图说》、《深葬说上》、《深葬说下》、《六字葬法》、《地脉论》、《俭葬说》、《避五患论》、《砖灰椁解惑说》、《葬经》、《木板图》、《富葬图》、《贫葬图》、《葬社启》、《葬约》等17篇。另外，收入其他文集中的《死节论》、《养生送死论》、《异端论》、《投当事揭》等也包含乾初的论葬思想。

《葬书》分上、下二卷。陈敬璋最初编辑，把《葬书》分成四卷，《海昌备志》中的《陈确乾初先生著述目》录：“《葬书》四卷，存，有自序。《金志》仅载《葬论》，无卷。许氏楹云：乾初先生著《葬论》、《丧实论》诸篇，其言激切诚恳，有稗世教。钱氏馥曰：《葬论》已刻入《葬社约》。管氏凤苞曰：余家藏有确夫先生《葬书》二册，后附《先世葬事》一卷，其言皆恳恻，慎终之意尽矣。”①《陈确集》点校者认为，《葬书》完整，理由是：南京本的总目上原来也标明“《葬书》四卷”，后来又涂去“四”字，改成“二”字。大概陈敬璋最初是把《葬书》分成四卷，这样算起来《别集》就有十九卷，后来又改分成两卷，而忘记把《序文》和《例言》中所说的十九卷改成十七卷了。或者，《葬书》的分卷是后来人改的也未可知。“无卷”、“二册”、“四卷”这些不同说法，有待考。另外，《丧实论》不见于《陈确集》中，可能已佚，《年谱》“四十七岁”条（公元1650年）云：“辑《丧实论》、《葬论》。”《年表》从之。乾初学生的儿子许楹（字季觉）《罔极录》云：“陈乾初先生，先君子之授业师也。先生品行文章，推重一时，深痛世人惑于风水，暴棺不葬，著《葬论》、《丧实论》诸篇，大声疾呼，责人速葬，其言激切诚恳，有稗世教。”② 可证，乾初著有《丧实论》，今不见。

---

①《陈确乾初先生著述目》，见《陈确集》首卷，第46页。
②《陈确集》首卷，第43页。

《葬论》完稿于乾初四十七岁时，即顺治七年庚寅（公元1650年），[①]《葬论》在完稿当年即得以刊行，[②]其他论葬著作则未能付梓。陈确说："《瞽言》尚未敢轻刻，惟有《族葬图说》数篇，欲急刻以救世。"[③]又说："欲并前《族葬图说》合刻之，以呼世之昏昏醉梦者，而力未能也。"[④]顺治十三年丙申（公元1656年），乾初在《答张考夫书》中说："东归即欲刷《族葬论》，以《葬经》一篇尚未刻，欲俟刻成并刷之。"[⑤]《陈确集》中不见《族葬论》，或指《族葬五善》，待考。可知，《族葬图说》、《族葬论》、《葬经》三部著作约在1656年后印刷。

《葬书》是乾初针对当时社会风气而发，对时人丧葬之风的不满而提出的。在《葬书自序》提出论葬纲领，他说："'及时、族葬，深埋、实筑'八字，尤是某言葬纲领。知乎此而推之日用，事事求实理实益，不苟徇虚名，即违道不远矣，岂惟葬然哉！"[⑥]乾初呼吁改革葬俗，经世济民。把其为学宗旨贯彻到葬论思想中，推之日用，不苟徇虚名，而事事求实理实益，所以"违道不远矣"。

《葬书》主要讨论以下三个问题：

（1）天道自然，万物生长变化本于地、地气。反对"风水说"，反对葬师"葬地可决定人生祸福"的说法。他从理论上来驳斥风水之说，认为人是无法窥透上天如何确定人之福祸寿夭，"人所当为者只是尽其在我，修身以俟之罢了"[⑦]。

"天无私覆，故雨露之施不择物。物之材不材，自为枯荣焉，非天有意枯荣之也。""草木本乎地，非得土气则不生，故不无瘠美之地之异焉。人本乎亲，故善人常生善，不善人常生不善，地安能为！""地之气，本于天

① 陈敬璋：《陈乾初先生年表》"四十七岁"条，见《陈确集》首卷，第29页。

② 在1654年乾初《答萧山来成夫书》说："《葬论》一篇，已刻于四年前者。"（《陈确集》，第612页）张履祥在顺治十一年（公元1654年）的《答吴仲木》（甲午四月）中亦提及《葬论》，他说："《葬论》中，亦有一二语气之失当处，惜其已镂板，不及改也。"[（清）张履祥：《杨园先生全集》，中华书局2002年版，第64页]

③ 《与老友董东隐书》，见《陈确集》第86页。

④ 《与吴仲木书》，见《陈确集》，第83页。

⑤ 《陈确集》，第618页。

⑥ 《陈确集》，第476页。

⑦ 参见王瑞昌《陈确评传》，南京大学出版社2002年版，第269页。

而演于水者也。本于天，故有升降，此地之变于寒暑者然也。本于天，故异阴阳，此地气之限于南朔者然也。演于水，故亦有衰旺，故干竭而枯，淫溢而灾，近山而刚，近水而柔，近海而咸，近河而淡。大抵疏达者肥美，壅滞者瘠卤，则民居之利疾，草木之菀枯应之。”(《葬论》、《地脉论》)

(2) 重视人道，以人道实现天道。天人不相及，祸福在人不在天地，择葬地不若自择。天地是一个客观的自然存在，只是人的生存条件之一。地气（地脉、龙脉）不是决定人祸福的主要条件，只有人自己才是掌握自己的祸福的主要条件，“人自为祸福”。

“然而不得不之传于舜、禹者，朱、均之自为之也。非天意也，理也，势也。理与势定，虽天其孰能违之！故曰：天下，势而已矣。又曰：天者，理而已矣。犹尧、舜之爱其子也，亦百于舜、禹也，然而不得不传舜、禹者，非尧、舜之心也，理也，势也。尧、舜之所以为尧、舜，即天之所以为天，故曰圣人也。由是观之，我而不肖，则不肖矣，虽有圣父，不能为之庇焉，朱、均是已。我而圣人，则圣人矣，虽有凶父，不能为之累焉，舜、禹是已。故父母也，天地也，君师也，一也，其心皆欲子、臣、弟之为善者也。然而非父母、天地、君师之所能为也，在我而已矣。我之心定，即天之心亦定矣。若瞽瞍、伯鮌之为父万万矣，夫何益！故择天地不若自择。”(《葬论》)

(3) 改革葬俗之道的具体办法。他更进一步地提出一套具体的改革葬俗的方法：“葬法有六要：曰时，曰近，曰合，曰深，曰实，曰俭。时不出三月，近不出乡，合谓族葬，深入地至丈以外，实谓棺外椁内以灰沙实筑之，不留罅隙，俭谓不事虚文。盖俭则必时，合则必近，深则必实。总之，不惑形家言，乌有稽误时代而不葬，播越乡郡而远葬，拥培穴土而高葬者？故欲全六字葬法，尤以痛绝葬师为本。”[①] 时葬（及时下葬，不出三月），近葬（就近而葬，不迁徙远葬）、合葬（聚族而葬）、深葬（深入地底一丈之外）、实葬（于内棺外椁间以灰沙实筑，不留罅隙）、俭葬（不事虚文，称财量力）。六字葬法又可简约为：俭葬、族葬、深葬。乾初呼吁当时江浙一带的名人替自己呐喊，希图借此来改良葬风。他在给张元岵的信中说：“苟吾言（按，指其葬法）不谬，便望大声疾呼，遍告同志……仆人微言轻，

---

① 陈确：《六字葬法》，见《陈确集》，第494~495页。

不足取信，得先生一言，胜仆千言万言。”① 在给查封娄的信中也说：“以吾兄夙有圣师之誉，人之听兄必百于弟……而又进望吾兄为族葬之师也。”② 乾初的努力呼吁对匡正世风、启迪民众具有一定的意义。

三、思想背景

陈乾初生活在明末清初“天崩地解”的鼎革时代，面对异族的统治和师友相继殉国的巨大悲痛，一方面，对“明何以亡”这一时代课题作反思，另一方面，对明末空疏的学风和王学末流作深入反思和学术省察，继承传统儒学（尤其是孔孟之学）和宋明理学，而形成自己独特的重视力行、工夫实践的哲学思想。其学术渊源我们主要从两方面来谈：学术背景和师承。

（一）背　景

乾初学术思想的形成与发展离不开宋明理学这一大背景，如钱穆先生认为乾初哲学思想是在明清之际“理学将坠未坠时对于学者心理上所生最深刻精微之变化”③。钱穆认为清代学术与宋明理学有内在联系，认为康雍、乾嘉之学可“上溯”直至北宋，其间“学术理路”之衍化“如绳秩然，自有条贯”④。即认为理学之统系并未断绝，至乾嘉之际又得新生，此即他关于清代学术史的“每转益进说”。所以他认为治近代学术者如“不知宋学”，则“无以平汉宋之是非”，故“不识宋学，则无以识近代也”⑤。强调了传统儒学、宋明理学、清代学术乃至近代学术之间的内在联系，从学术史的整体来看，这是不错的。陈乾初对孔孟哲学和程朱、陆王哲学都有继承发展。

宋初，儒学呈现多元发展的趋势，政治、经学、史学、义理、辞章，

---

① 陈确：《与张元岵前辈书》，见《陈确集》，第488页。

② 陈确：《与同社书》，见《陈确集》，第486页。（按：《与同社书》疑即与查封娄旦者。详《陈确集·文集》卷一《致查静生书》校注：静生一作敬生，名继穆，乃石丈之族叔，而年幼于石丈者六岁。生平不详，只见于《查氏宗谱》）

③ 钱穆：《中国近三百年学术史》上册，商务印书馆2005年版，第56页。

④ 钱穆：《中国近三百年学术史》上册，商务印书馆2005年版，第21页。

⑤ 钱穆：《中国近三百年学术史》上册，商务印书馆2005年版，第1页。

无一不具有新气象。理学家们多以天下为己任，兴学校、育人才、从事政治改革，其中尤以范仲淹、王安石为代表。但庆历改革、熙宁变法相继失败，儒学始转向，心性义理之学超然拔起，成为当下儒学发展的主流。① 理学步上“形上思辨”方法论，建立起道德形上学还有另外的原因，宋儒在面对“席卷中土的佛学，如何振兴儒学”这一时代课题时，增添了和佛学比较而儒学所缺乏的因素，“入乎其中”，儒学向佛学汲取养分，而“又出乎其外”地建立起儒学的心性义理之学（道德形上学），并进而取代之。②此道德形上学至南宋朱熹始建构完成，达到顶峰。然而此道德形上学基于“内圣”开“外王”的乐观假设（也包括阳明心学），在这样的思维模式下，虽然他们也重视“百姓日用即道”的事上磨炼，但其理论重心往往偏落“形上”性理的一面，而“默坐澄心”以澄思静虑的工夫进路，又相对消解了儒者的外向关注。特别是朱熹理学在南宋理宗时被认可，至元代上升为国家意识形态，程朱理学大有“一统天下”之势，③“四书”被确立为科考取士的标准答案，程朱理学作为儒生获取功名的敲门砖越来越僵化，“泛穷物理”的弊端越来越突出。

明初理学仍然是“彼亦一述朱，此亦一述朱”的状况。然而此一时期，一些理学家对朱熹的一些观点有所批评，④ 他们强调在日常生活中推行道德实践，特别重视工夫层面的问题，强调了力行实践的重要性。明代中期，针对程朱理学本体上“析心与理为二”、工夫上“向外逐物”之弊端，王阳明提出了“心即是理”，强调“吾性自足”，人的本心（心体）就是道德行为的根据，即人的价值和意义就在于每个人的心灵世界当中，因此只要“返心求理”就能实现心性的道德意义。王阳明提倡的“良知”乃是即体即

---

① 参见李纪祥《明末清初儒学之发展》，文津出版社 1992 年版，第 1 页。

② 参见张丽珠《清代的义理学转型》，里仁书局 2006 年版，第 5～7 页。

③ 《滋溪文稿》卷五《伊洛渊源录序》载：“（元朝）专以周、程、朱子之说为主，定为国是，而曲学异说，悉罢黜之。”（转引自复旦大学哲学系中国哲学教研室编《中国古代哲学史》下，上海古籍出版社 2006 年版，第 624 页）

④ 对朱熹的批评，如曹端在“理动不动”的问题上，薛瑄在“理在气先”的问题上，吴与弼、胡居仁则不关心理气问题等。（参复旦大学哲学系中国哲学教研室编《中国古代哲学史》下，上海古籍出版社 2006 年版，第 626 页）

用、即知即行、即本体即工夫，是“圆而神者”[①]，即作为能明辨是非的道德本心良知是人人“先天具足”、“现成圆满”而毫无亏欠的，因此人们只要“循其良知”力行实践就能成就圣人。或者说，人们不能止步（满足）于“见成良知”，阳明强调的是，“必须在目前当下，去致良知”[②]。阳明心学倡导“致良知”教，因其简易直接而得以迅速传播，“门徒遍天下，流传逾百年”。

然而，到晚明，阳明学派出现了严重的分化，一味强调良知本体的先天性、现成性，而忽略在事物上“致其良知”的切实工夫，强调只要“一任本心”便“当下即是”，从而认为“格致诚正修”等一套“复性功夫”已不重要，甚至可以“不消说矣”。[③] 晚明这种“束书不观”、“空谈玄论”的空疏学风，史称“王学末流”，这种学风造成的社会后果是，人们罔顾礼法，肆行己意，几近狂禅。晚明社会在情肆而荡的风气下，心口不一、背离道德的“假道学”现象大行其道。针对“王学末流”之种种弊端，东林学派采朱学以补王学，刘蕺山融合了宋儒之说提出“诚意说”和“慎独说”来弥补阳明心学和矫正“王学末流”。蕺山之学作为宋明理学的殿军，他使良知之学说更精密而圆熟，也使宋、元、明数百年以来的心性义理之学达到宏密而又精辟入微之境。然而，明朝还是灭亡了，蕺山之学也不能挽狂澜于既倒。面对巨大变局的反思，最直观的判定是“理学误国”、“讲学亡国”、“空谈亡国”等。学界往往将明末清初的学术反思化约为“反理学”（也含反王学），或归结于“满清压迫”、“市民阶级兴起”等，这是不全面的，这一点余英时已经作出说明。[④]

种种对于晚明“王学末流”的指责使王学背负了过多的罪责，事实上，

---

① 牟宗三说：“良知之妙用是圆而神者。……圆而神者即于人伦日用，随机流行，而一现全现也。”（《从陆象山到刘蕺山》，上海古籍出版社2001年版，第314页）

② 吴震：《阳明后学研究》，上海人民出版社2003年版，第5页。

③ 参见复旦大学哲学系中国哲学教研室编《中国古代哲学史》下，上海古籍出版社2006年版，第628页。

④ 余英时认为仅从“外缘”方面，即“反理学”、“满清压迫”、“市民阶级兴起”来处理清代学术不能让人信服，进而提出“内在理路说”，解释清代学术是宋明理学的继承和发展。（参见《清代思想史的一个新解释》，载余英时著《中国思想传统的现代诠释》，江苏人民出版社2004年版，第159页、第178页。该文又见余英时著《论戴震与章学诚》，三联书店1998年版，第322～356页）

在清初“崇朱抑王”的氛围下，阳明心学基本上退出了思想舞台，而朱熹理学虽然作为官方的正统学说“勉强得以保持威严”，但是，“朱熹理学业已成为僵化了的工具，其思想活力已呈衰竭之势”①。仅靠“反理学”是反不出清初思想的“一片新天地”的。而明末清初理学的没落集中表现在王学危机上，我们应该从深层次来思考和解释明末清初的学术思潮和儒学的发展。

在清初学术界，在蕺山后学者那里，他们对程朱、陆王心性义理之学来了个180度的扭转，转向重视“形下经验”界的工夫实践落实，其价值重心转向对“经验面”价值的重视，从“形上之道”转向“形下之器”，其强烈的实践意图，正是对儒学实践传统的继承与发扬。形成“由虚返实”、“崇实黜虚”的一代学风，并开启了后世考据学的学术发展方向。他们的“问题意识”、“时代课题”是由反思学术蹈空产生的经世关怀以及由此而来的经验强调，对程朱、陆王心性义理之学的质疑。虽然宋明心性义理之学也强调事上磨炼，未尝偏废实践（王阳明还有盖世的“事功”），然而心性义理之学以“形上思辨”为门径，其理论自然偏落在与“道”、“器”相对的“形而上者谓之道”之“形上”一面。其思维模式并非着眼于现实层面，它是以此世之“形上”层面、道德的普遍性与超越性为重点、归依，是以超越现实的普遍且永恒真理作为价值归趋。所以理学反对以历史的成败对道德是非判断的凌驾（朱熹与陈亮的事功之辨可证）。

数百年间，由朱学到王学，历经宋、元、明，儒学始终以内化格局的心性义理之学为主。任何一种哲学思想所以成为“时代精神”，它必须是与时俱进、贴近社会生活的，儒学、儒者的中心关怀，仍然在人的现实生活世界。一种学说若是处在“与某人关系之外”，对他来说可能是无意义的。理学“反身而诚”、“主静立人极”的“证体”工夫，虽然能够拔本塞源、澄源正本地除灭人欲，彰显道德普遍、超越的价值及崇高境界；但是对于为衣食奔忙的芸芸众生来说，“半日读书，半日静坐”岂皆能够？投身于红尘扰攘的下层百姓，他很难有闲暇澄思静虑以审视自我，或观照内在道德

① 参见吴震著《十六世纪中国儒学思想的近代意涵——以日本学者岛田虔次、沟口雄三的相关讨论为中心》，载《台湾东亚文明研究学刊》2004年第1卷第2期，第203页。[该文曾在台湾大学主办的“跨文化研究与诠释问题研讨会”（2003年12月）上宣读]

本体以集义养气。这样一来，讲求逆觉体证、主观存养的理学工夫论，遂很容易流于与众人的不相干或不切实际，道德高调与人们的现实生活不相干，儒家必失去引导人们道德生活的力量。① 此外，于道德涵养的结果，便是理学道德形上学的境界虽高，却很难维系驰心骛外的人心，于是道德理性很难发挥实际阻止人心下滑的力量。这正是清初学者所试图要解决的儒学困境。因此陈乾初另辟蹊径，转从日用伦常要求，重视“形下经验”界的工夫实践落实，发扬儒学“实践”传统，以德性在经验现实的落实实践作为理论重心。② 乾初与其他思想家一样，为儒学在明末清初的发展开创了一条新道路。

（二）师　承

在“生平”部分，我们已经简略介绍了乾初三次从学蕺山的基本情况，在这里主要介绍乾初继承蕺山的思想。乾初三次问学虽然很短暂，但是，受蕺山光风霁月般的人品的感染，使乾初性情大大改变，而“一变至道”。由“不喜理学”转向“琢磨程朱”理学，立志要“光复孔孟”。许三礼曾作这样的描述：“自奉教蕺山，一切陶写性情之技，视为害道而屏绝之；其勇于见义，遇不平而辄发者，亦视为任气而不复蹈。惟皇皇克己内省，黜

---

① 王汎森：《明末清初的一种道德严格主义》，参见《晚明清初思想十论》，复旦大学出版社2004年版，第92页。

② 王汎森也认为：当宋儒的形上、玄远之学衰落后，中国思想有一种“外转”（turning outward）的倾向。要正视社会的失序与危机，必须摆脱形上学的色彩，用朴素平实的思想态度去逼近社会与自然。王汎森的观点正好与此“德性在经验现实的落实实践”相呼应。参见台湾学者王汎森论文《清初思想中形上玄远之学的没落》，载《中央研究院历史语言研究所集刊》，第六十九本，1998年9月出版。论文指出：“明末清初的儒者们不再静坐冥想、不再求本体，同时也发现在静中培养出的本体常常会在行动时出差错；他们关照现实的社会人生，不再以形上玄远的追求为最高目标。他们并非不再谈理，但却不好谈形上的天理。正因为眼光是从超越形上的世界重新放在现实的社会人生，而现实的社会人生是包罗万象的，所以他们不再一味追求宰制一切的理，而将注意力放在“万殊”的世界，直面正视现实人生的实践，著重日用常行。因为他们不再带着形上的眼镜去看这个世界，所以在对自然，对事物的观察与理解上，都有新的发展。”

伪存诚，他不暇顾也。”① 而对乾初最重要的事是，蕺山勉励他“圣人可为”，叮嘱他以“千秋大业”的“圣学”为己任。② 这两句话深深地影响了乾初的一生，成为他生命中不可磨灭的信念。蕺山对乾初的影响是巨大的，他说：“惟吾夫子（指蕺山）之道，广大神化，虽死犹生。其大启我后，俾不迷失：闇者使通，懦者使力，竞者使恬，浮者使实。虽确之顽鄙，犹可鼓舞而变化之。”③

蕺山之学乃为修正反省“王学末流”空疏近禅、轻佻疏狂之病而发，兼采朱、王之说，以“慎独诚意”弥缝“良知”说可能衍发的疏漏弊端，④重新强调贞定工夫的重要性。认为“今天下争言良知矣，及其弊也，猖狂者参之以情识，而一是皆良；超洁者荡之以玄虚，而夷良于贼，亦用知者

---

① 许三礼：《海宁县志理学传》，见《陈确集》首卷，第1页。陈翼《乾初府君行略》也有几乎相同的叙述：“奉先生慎独之教，益从事于暗然之学，而操其功于知善必迁，知过必改，以无歉其所独知，兼动静，合人己，无往而非独，即无往而非慎。已而学益邃，识益卓，则见其胸怀恬旷而践履真笃，议论切实而理致精微。”（《陈确集》首卷，第11页）

② 乾初见蕺山之经过，详见《秋游记》（《陈确集》，第200页）。关于蕺山勉励乾初“千秋大业，期无负于一时相与之意，言谆谆焉”（《陈确集》，第204页）。乾初作诗谢道：“千秋大业真吾事，临别丁宁不敢忘。”（《平水东岳庙谢别先生》，见《陈确集》，第742页）

③ 《祭山阴先生文》，见《陈确集》，第309页。

④ 牟宗三认为“王学末流”所衍生的流弊起于人为因素，并非阳明的良知教有何疏漏。“盖王学者显教也。凡心学皆显教。若无真实工夫以贞定得住，稍有偏差，便流于此人病。良知之妙用是圆而神者。……圆而神者即于人伦日用，随机流行，而一现全现也。良知为一圆莹之纯动用，而无所谓隐曲者，此即所谓‘显’。其随机流行，如珠走盘，而无方所，然而又能泛应曲当，而无滞碍，此即所谓圆而神，而亦是‘显’义也。顺‘本心即理’而行，直方大，不习无不利，沛然莫之能御，实事实理坦然明白，自应如此。……但人亦有感性之杂。所谓‘即于人伦日用，随机流行，而一现全现’，其一现全现者岂真是良知之天理乎？得无情识之杂乎？混情识为良知而不自觉者多矣。此即所谓‘猖狂者参之以情识，而一是皆良’也。此流弊大体见之于泰州派。至于专讲那圆而神以为本体，而不知切于人伦日用，通过笃行，以成己成物，则乃所谓‘超洁者荡之以玄虚，而夷良于贼’也。此流弊大抵是顺王龙溪而来。然流弊自是流弊，教法自是教法。言本心即理，言良知，这只是如象山所谓先辨端绪得失。并非一言本心即理，一言良知，便保你能‘沛然莫之能御’也。故进一步须言‘致良知’，而象山亦言‘迁善改过，切己自反’，须时时有赖于‘博学、审问、谨思、明辨、笃行’也。若真能依四句教从事‘致良知’之笃行工夫，则亦可无此流弊。猖狂者自是猖狂，混杂者自是混杂，何与于良知教耶？故云是人病，非法病也。”（《从陆象山到刘蕺山》，上海古籍出版社2001年版，第314～315页）所以，此处所言的疏漏弊端并非指阳明良知之学而言。

之过也。夫阳明之良知，本以救晚近之支离，姑借《大学》以明之，未必尽《大学》之旨也。而后人专以言《大学》，使《大学》之旨晦，又借以通佛氏之玄觉，使阳明之旨复晦，又何怪其说愈详而言愈庞，卒无以救辞章训诂之锢习而反之正乎？"[①] 蕺山学说的宗旨是"慎独诚意"，林宏星先生认为蕺山"言诚意必归于慎独，言慎独必归于诚意"，认为"诚意论和慎独论乃是蕺山为学规模中最显特色的部分"[②]。蕺山门人黄梨洲、乾初也认为蕺山为学宗旨在"慎独"[③]。蕺山反复说："孔门相传心法，一则曰慎独，再则曰慎独。"[④] "《大学》言慎独，《中庸》亦言慎独，慎独之外，别无学矣。"[⑤] 蕺山声称："学问吃紧工夫全在慎独。人能慎独，便为天地间完人。"[⑥] 蕺山视"慎独"为儒学中最重要的思想内容。蕺山的"慎独"学说对乾初大有启发，而其中道德践履、工夫实践被乾初继承而发扬光大。

为避免"以知为先"可能出现的"参以情识"、"荡以玄虚"，蕺山赋予"良知"以道德意义的诠释，非常强调内敛精神、意志的"诚意"工夫。"意"为心之所存，是"意根"、"独体"，是生命价值的指针、罗盘，是道德实践的内在依据，是人为善的内在动力源泉，是"好善恶恶"的根源性价值判断意志，是"心最初之机，惟微之体也"[⑦]。蕺山注重"诚意"与

① 刘宗周：《证学杂解·二十五》，见《刘宗周全集》第二册，浙江古籍出版社2007年版，第278页。

② 东方朔：《刘蕺山哲学研究》，上海人民出版社1997年版，第271页。

③ 参见黄宗羲"先生宗旨为慎独。"（《子刘子行状》，见《刘宗周全集》第六册，第39页）陈确："蕺山先生以慎独为学。"（《辑祝子遗书序》，见《陈确集》，第240页）

④ 《人谱续编一·证人要旨》，见《刘宗周全集》第二册，浙江古籍出版社2007年版，第5页。

⑤ 《大学古记约义·慎独》，见《刘宗周全集》第一册，浙江古籍出版社2007年版，第650页。

⑥ 《学言下》，见《刘宗周全集》第二册，浙江古籍出版社2007年版，第457页。

⑦ 刘宗周说："意者，心之所存，非所发也。朱子以所发训意，非是。《传》曰'如恶恶臭，如好好色'，言自中之好恶一于善而不二于恶。一于善而不二于恶，正见此心之存主有善而无恶也，恶得以所发言乎？如意为心之所发，将孰为所存乎？如心为所存，意为所发，是所发先于所存。岂《大学》知本之旨乎？意为心之所存，则至静者莫如意。乃阳明子曰'有善有恶者意之动'，何也？意无所为善恶，但好善恶恶而已。好恶者，此心最初之机，惟微之体也。"（《学言上》，见《刘宗周全集》第二册，浙江古籍出版社2007年版，第390页）"心之主宰曰意，故意为心本，不是以意生心，故曰'本'。犹身里言心，心为身本也。邓定宇曰：'心是天，意是帝。'"（《学言下》，见《刘宗周全集》第二册，浙江古籍出版社2007年版，第447页）

“慎独”的工夫修持，因此，即心言性、“归显于密”，心体之客观与超越的内涵得以显现。蕺山指出为学之要在“慎独”，蕺山说：“慎独是学问第一义。言慎独，而身、心、意、知、家、国、天下一齐俱到。故在《大学》为格物下手处，在《中庸》为上达天德统宗，彻上彻下之道也。”① 黄宗羲总结先师为学宗旨说：“先生（指蕺山）宗旨为慎独。始从主敬入门，中年专用慎独工夫。慎则敬，敬则诚。晚年愈精微，愈平实。本体只是些子，工夫只是些子，仍不分此为本体，彼为工夫，亦并无些子可指，合于无声无臭之本然。从严毅清苦中发为光风霁月，消息动静，步步实历而见。故发先儒之所未发者。”② 蕺山使儒学的道德实践工夫得以强化而更周密，其具体内容就是涵养与省察，以静存统摄动察，他说：“从来学问只有一个工夫，凡分内分外，分动分静，说有说无，辟成两下，总属支离。”③ 故动静无二，只要在未发时凝定专一，使意根独体保持清明诚正，则心体已发之情感必能如理流行，一归于善，纵使情所发出受外物感诱逾轨偏行，道德本心也能当下照察，导之入正轨。所以，蕺山强调“圣学之要，只在慎独。独者，静之神，动之机也。动而无妄曰静，慎之至也，是谓主静立极”④。

自从受学蕺山，接受“慎独诚意之教”，乾初就把它作为自己的为学宗旨。许三礼对乾初为学宗旨有一个总结性的描述：“与孝廉祝渊游蕺山先生门，奉慎独之教，用功于见善必迁、知过必改，求无歉于所独知，兼动静，合人己，无往而非独，无往而非慎；已而践履卓然，矫立风尘之表。”⑤

乾初继承其师“慎独”学说，一生孜孜于“见善必迁、知过必改”的圣学道德实践，践履圣学理念，把宋明理学超越的性体拉到工夫实践层面讲，以力行去实现性善，呈现性体。实现这个目标的途径就是“知过必

① 《学言上》，见《刘宗周全集》第二册，浙江古籍出版社2007年版，第396页。

② 黄宗羲：《子刘子行状》，见《刘宗周全集》第六册，浙江古籍出版社2007年版，第39页。刘汋也说过相近的话：“先君子学圣人之诚者也。始致力于主敬，中操功于慎独，而晚归本于诚意。诚繇敬入。”（《蕺山刘子年谱》“顺治五年戊子冬十二月丁酉，葬先生于下将之原”条。《刘宗周全集》第六册，浙江古籍出版社2007年版，第173页）

③ 刘汋：《蕺山刘子年谱》“崇祯十六年十二月”条。（《刘宗周全集》第六册，浙江古籍出版社2007年版，第147页）

④ 《学言上》，见《刘宗周全集》第二册，浙江古籍出版社2007年版，第361页。

⑤ 《海宁县志理学传》，见《陈确集》首卷，第1页。

改”、“慎习复性”。他经过长期、艰苦的探索实践形成了独特的学术思想。

乾初对先师“慎独诚意”之学的体悟至少经历了十年左右的时间。公元1646年，乾初在《祭山阴刘先生文》中表达对老师的哀思之情，并述说找不到“千秋大业”的“圣学”之入门的苦恼。

> 呜呼！确之登师门最后，得事吾师之日浅，年已逾于强仕，学未及乎童蒙，日用之间，举步滋疚，圣贤之道，窅乎未闻。方期与渊结庐云门、若邪之中，朝夕函丈，订数年之游，究千秋之业，而时移事违，天崩地坼，执友见背，明师云殂，宇宙茫茫，向谁吐语！①

《哭祝子开美》记曰：

> 闻山阴临逝属致祝开美者三，殆属兄以千秋大业耶！而兄竟先期俟先生于地下矣！

从作于公元1645年的《哭祝子开美》和作于公元1651年的《辛卯长至后十月集南湖宝纶阁》两首诗可以看出，公元1645年先师和好友去世之后，乾初一直寻找“圣学”的入门途径，直到四十八岁（公元1651年）仍然为未能寻到“千秋大业”之端绪而苦恼，乾初说他有负蕺山之教。所以他说：“何计觅君凭细语？千秋大业渺难穷。”②

在《辞陈季雎序》中他解释为何不愿收季雎为徒，表达了他深负先生之教，而不敢为人师也。

> 吾非独于子而拒之深也。自吾之受业山阴先生，窃不敏，深负先生之教。又先生死国难，会乱，未尝一拜宿草。深惧不能为人弟，而敢为人师乎哉！③

即使在同门面前他亦承认于师门无所得，在《寄张奠夫刘伯绳两兄书》

---

① 《祭山阴刘先生文》，见《陈确集》首卷，第307～308页。

② 《哭祝子开美》作于乙酉（公元1645年，乾初四十二岁），《辛卯长至后十月集南湖宝纶阁》作于辛卯（公元1651年，乾初四十八岁），两诗分别见《陈确集》，第745页、第806页。

③ 《辞陈季雎序》作于庚寅，时年乾初四十七岁。见《陈确集》，第234页。

中说：

> 自与仲木受书西归，分部校读，愧未有分毫之得。《古易抄义》，曾于癸未年秋蒙先生授读解吟轩中；甫十许年，遂茫然一无所记忆，开卷如读所未见书，弟之不能专心致志于先生之学也如是。[①]

此信作于顺治十年癸巳（公元1653年），乾初五十岁，仍然觉得自己对先师之学一无所得。十年的沉潜、体悟，对先师之学一无所得？这是不是一种谦辞？我们认为不是，或许乾初觉得要真正领悟先师"千秋大业"学说——"慎独诚意"学说，必须躬行实践，以严肃的态度去力行，真知需要力行相辅，只有著力实践，有所体会，才是真得，而自己到此时还一无所成，从这一意义上我们就可以理解乾初为何说自己对先师之学一无所得了。他在《答张考夫第二书》提出一个可以代表自己为学主张的观点："学固不可不讲，然毋徒以口讲，而以心讲，亦毋徒以心讲，而以身讲，乃得也。"[②] 以心讲学，以口讲学，以身讲学，身体力行，这本是儒家道德学说的重要传统，乾初主张回到这一传统，所以，他非常欣赏阳明的"知行合一"，称赞它"可与孟子道性善同功"。所以，我们不同意这种观点，认为乾初不懂师说"有其心灵本不相应的根本原因"[③]，郑宗义认为蕺山《人谱》强调改过乃是为了安复那未尝泯息的本体之明，即重在独体（或诚体）、意根的觉悟，独体方是改过迁善所以可能的超越根据，而乾初思想中无此超越性。乾初确实不同意蕺山的"诚意说"，解"诚意"为"诚身"，此将在《大学辨》中讨论，但不能因为乾初不谈"诚意"，就否认其思想中有超越性，以及他不懂师说。

乾初确实不忘先师的叮咛，以"圣学"为己任，接受"慎独之教"，依然继续实践先师的"慎独"学说，如在黄山、南湖两地，依蕺山《证人社

---

① 《寄张奠夫刘伯绳两兄书》，见《陈确集》，第76页。

② 《答张考夫第二书》，在这封书信中对这一观点的相近表述有好几条，如："《易》言穷理尽性，可见未穷之理不可以为理，未尽之性不可以为性。"（见《陈确集》，第592页）

③ 郑宗义：《明清儒学转型探析——从刘蕺山到戴东原》，香港中文大学出版社2000年版，第190页。

约》及《人谱》之教诲，恪行知过改过之学。

吴骞《陈乾初先生年谱》“四十六岁”条载：

先生侄爰立集同志八人于东坨，为省过之社，大要本诸证人修身立行之法，为之薄录戒约，相与砥砺廉隅。先生（乾初）自泥桥至黄山，与诸子欢相晤，为《省过录序》。《省过录序》……此吾向者山阴先生之教也。予小子不克举行，而诸子能力行之，先生其为未死乎！吾与有荣施焉。[①]

乾初按先师《人谱》实践其“慎独”学说，还关心帮助后学们的“省过”实践，为参加八人小组“省过会”，乾初“自泥桥疾走二十里视之”。真正力行“省过改过”学说。乾初还修订“证人社约”，作于四十六岁的《与韩子有书》提到此事，帮助他“修证人社约”[②]的是许全可（字欲尔，号悔斋）。形成两个社约，即《南湖宝纶阁社约》和《南湖义社约》。《南湖宝纶阁社约》曰：

圣人亦人。如其非人，则是禽兽。先师证人社约具在，非予小子所能损益也。愿我同人时时省察，本之以无欺，进之以深造。

《南湖义社约》曰：

尤谆谆于证人社约者，吾先夫子之指也。[③]

《祭山阴先生文》曰：

生固已至愚极驽，不任驱策，而聪明强力之士，尚不乏于吾党。或旧在门墙，或转相私淑，无不兢兢于证人社约，罔敢失坠。[④]

把蕺山的“慎独诚意”之教理解为“知过改过”之学，身体力行《人

---

① 《陈确集》，第840页。

② 《与韩子有书》曰：“许全可……从乾初修证人社约。”（《陈确集》，第65页）

③ 《南湖宝纶阁社约》、《南湖义社约》，分别作于乾初四十八岁和五十岁时。（详见《陈确集》，第399页）陈敬璋《乾初先生年表》“四十八岁”条说：“冬，长至后一日，同人集南湖宝纶阁。”（《陈确集》，第30页）

④ 《祭山阴先生文》，见《陈确集》，第309页。

谱》"知过改过"学说，乾初逐渐体悟到蕺山朴实践履的精神。公元1652年（壬辰），乾初四十九岁，往拜蕺山之子刘伯绳，始获睹蕺山全部遗稿，[①]并接受伯绳邀请，参与整理编辑蕺山遗稿的工作。阅读到先师遗著，这使他对"圣学"有深一层次理解的机会，根据自己的体会，辑录《山阴语抄》。次年，乾初与同门四十人在蕺山当年讲学的古小学，举行规模盛大的春祭。祭毕，大家共同切磋师门宗旨并商量如何整理蕺山遗稿，以发扬师门之学。

乾初最终把"圣学"理解为道德践履学说、工夫实践哲学，[②]标志着他此时已经找到了"圣学"的入门之途，而这一标志性的学术成果就是他在五十一岁写成《大学辨》一文，该文引发了同门的热烈争辩，在此不赘，详见后文。这是对先师"慎独"学说的发扬。

除了其师刘宗周对乾初学术产生影响外，还有刘门弟子刘汋（刘宗周之子）、祝渊、黄宗羲、张履祥、恽日初、吴蕃昌、吴裒仲、查嗣琪、蔡养吾、沈昀、耒成未、朱康流等，对乾初论学产生影响。他们与乾初同学之谊颇深，私人交往甚厚，然而论学却与乾初多有不合，尤其不满《大学辨》的"异端"思想，甚至对他冷嘲热讽，进行人身攻击。陈确的学术思想也正是在和他们的反复辩难中，更加坚定，同时也磨砺了其坚忍不拔的学术风格。

---

① 《书山阴语抄后》："岁壬辰二月，确与溆湖吴蕃（昌?）同受先生遗集以归。"见《陈确集》，第396页。

② 乾初认为这本是孔孟哲学的宗旨，内在的道德心性与外在行为合一，知行合一。在这一意义上，他反对程朱理学"人生而静以上"的性体，他认为那是一个虚置的性善本体，空口言"知性"，而无实行，其实并未真正"知性"。

第二章 以气见性

自先秦以来，人性问题始终是中国哲学讨论的重要论题之一，对于人性的善恶问题的关注，以儒家哲学为最。至孟子时，“性”之问题正式成立，告子顺“性者生也”之说法而言“生之谓性”，而孟子则将存有问题之“性”提升至超越面而由道德的本心言之。① 孟子试图以孺子入井而出手相救的类比来说明人有“不忍人之心”，有“四端”之情，这些内在于人心的情感（道德情感）是善的，从而论证“性善”。性善与生俱来内在于每个人的心中，“非由外铄我也，我固有之也，弗思耳矣”②。孟子以道德情感直接证明人性至善，未能对道德情感与道德理性作出严格规定，以情善来证明性善，不能说没有理论上的缺陷。③ 陈乾初承接了自孟子以来的性善论传统，从人性的实践义、彰显义、完成义来证明性善、肯定性善，反对荀子、告子等论人性有不善之说。

乾初性善论源于孔、孟性善之旨，继承宋明理学中人性的先天本有，即孟子所说的“天之所与我者”，认为性善人人本有，性善本于天（道），即承认性善本体的超越性，此与宋儒一致。但他强调性善本体的实践义，认为超越的性善本体必须靠“人道”去实现，即乾初的理论重心在于人的现实生命活动中的道德践履，强调依靠人的工夫修养实践实现性善，使超越的性体真正彰显、展现，在这个意义上，义理之性与气质之性合一，“气质即义理”。乾初认为性善本体虽是当下本有，后天不能有所增损，然而必须经过工夫践履方可契入，并非空口谈论即可知性，故乾初强调性善要通过“扩充尽才”的工夫修养始见性之“全”，并于气上“见之”，这使性善

① 参见牟宗三《心体与性体》（上），上海古籍出版社1999年版，第22页。
② 《孟子·告子上》。
③ 吴震：《阳明后学研究》，上海人民出版社2003年版，第17页。

能够在工夫实践中实现而具体地彰显，而性善本体亦在此工夫实践下实现、完成。

乾初的人性论是其思想中颇有特色的，这一特色就是以气见性。近代学者蒙文通（1894—1968）认为陈确论性之旨深有合于孟子，陈确的思想中，以其人性论最为独到，并以此为乾初对儒学的一大贡献，“孟子言养气是重视发展，孔子言性近习远，也是说有待于发展。自宋儒以后，明末清初的陈乾初还讲得好些，他讲性善时发挥了发展论的理论，比宋、明儒者所讲人性的理论要深刻得多”①。蒙文通的说法值得肯定，然而用“发展论”来表达乾初继承孟子言“养气”、“扩充”以彰显、实现性善，在表述上是不太准确的，乾初所讲的实现性善的方式与后天“发展论”有相似之处，但“发展论”不设定先验的性善，而认为人性是在后天的发展中不断形成的，这与承认先验性善的陈乾初是不同的（这一点在“导论、目的与方法”中也作了说明），乾初“以气见性”的思想应该是先验论基础上强调工夫实践去彰显性善本体的理论。乾初是为纠正宋明理学之弊端，如在朱子学方面则为“泛穷物理”，在阳明后学方面则有“见成良知”，猖狂恣肆，如乾初所谓“号称名贤，行若禽兽”② 者。他在性善论前提下强调以工夫实践显现性善、实现性善，为挽救理学空谈心性、学不切实之弊，而其工夫论对前儒之说也是一种发扬、补充以及强调，于此看来不无功绩。③

一、性善本体

毋庸赘言，孟子用以批驳告子、论证性善的方式，在某种意义上说，具有一定的说服力。然而“性”与“情”属于不同层次上的概念，用宋儒的观念来说：性是本体，情属发用；性无不善，而情则有善有恶。显而易见，“情善”并不能直接证明“性善”。换言之，孺子入井之喻，并不能成为人性皆善的普遍论据。④ 阳明认为“孟子性善，是从本原上说”，同时又

---

① 蒙文通：《〈治学杂语〉论先秦诸子与理学》，收于蒙文通著《先秦诸子与理学》，广西师范大学出版社2006年版，第332页。

② 陈确：《丧实议》，见《陈确集》，中华书局1979年版，第177页。

③ 参见王瑞昌《陈确评传》，南京大学出版社2002年版，第281页。

④ 吴震：《阳明后学研究》，上海人民出版社2003年版，第47页。

用“气”这一概念来指称“恻隐”等，其曰：“恻隐、羞恶、辞让、是非，即是气。”[①] 朱子则指出，孟子只说得“情”，而未能说得“性之本体”是如何。[②] 显然，阳明“性之本体”是指道德本心，朱子“性之本体”是指“人生而静以上”的未发之性，乾初如何看待“性之本体”？

“本体”是指原质、根基、本原、本根、根据、本质、本性、原因等，本体是产生宇宙万象（包括物质和精神现象）的实体，熊十力说：“宇宙实体，简称体。实体变动，遂成宇宙万象，是为实体之功用，简称用。此中宇宙万象一词，为物质和精神现象之通称。”[③] 中国哲学的“本体”概念与西方哲学的“本体”概念的内涵是有相通之处的。但是，中国哲学具有自己的独特形态，不同于西方的“本体论”中现象世界与逻辑世界两离的现象，而是逻辑世界、原理世界与经验世界、现象世界不可分割地融为一体，即本体与现象的合一。用中国哲学固有的概念来表述，即“道不离器”、“理在气中”，超越的“形而上”的本体（理）与现实的经验世界是紧密相关的。

乾初反对宋儒在“人生而静以上”论“性之本体”，他认为宋儒空谈本体而使性体成为一个虚置的“性之本体”。

> 孟子明言气情才皆善，以证性无不善。诸子反之，昌言气情才皆有不善，而另悬静虚一境莫可名言者于形质未具之前，谓是性之本体，为孟子道性善所自本。孟子能受否？援儒入释，实自宋儒，圣学遂大泯丧，人心世道之术，从此始不可振救也。[④]

可见，乾初反对宋儒所谈的“静虚一境”的“性之本体”，学界也由此认为乾初不谈“本体”。然而，乾初认为，宋儒以气、情、才为“形而下”，故才另举一静虚之境而不可说于未发之时，以此为“性之本体”，而此本体作为孟子言性善之根据，这种说法是援儒入释，非孔孟圣学之旨，“孟子能

---

① 《传习录》，参见陈荣捷《王阳明传习录详注集评》，第150条，学生书局1998年版，第210页。

② 朱熹：《朱子语类》卷五十九，《朱子全书》第十六册，上海古籍出版社、安徽教育出版社2002年版，第1881页。

③ 熊十力：《体用论》，中国人民大学出版社2006年版，第6页。

④ 《圣学》，见《陈确集》，第442页。

受否”？乾初认为因为宋儒口谈那虚置的“性之本体”，口颂“本体”并未著力践履，故“圣学遂大泯丧，人心世道之术，从此始不可振救也”。乾初强调，所谓“复性”并非如理学家静坐澄心以观未发之中，强调复性的工夫必须在本体上著力，而是要努力实践，“践形即是复性，养气即是养性，尽心、尽才即是尽性”，工夫与本体“非有二也”，否则“要识本体之性，便是蒲团上语”，实是“孔、孟未之尝言也”①。下面我们就“本体”问题展开论述。

乾初所论的“性之本体”是什么？在《与刘伯绳书》这封长信中他提出了对本体的看法。即：

性即是体，善即是性体。

乾初首先肯定，“性即是体，善即是性体”。此“性体”是人人生而本有、先天具足的，即使人们修养达到圣人之境，对此性体也未增加一丝一毫，“虽圣乎，于人之性曾无毫末之加焉”②。反之，恶人之性同样是本于此“性善之体”，即恶人也不因其作恶而使此性体减损一丝一毫。

孟子之意，以为善人之性固善，虽恶人之性，亦无不善。不为，非不能也。③

善者不自善也，自善焉，必不善矣。故恶者亦不自恶也，自恶焉，必不恶矣。故恶不自恶，恶必极；善不自善，善必至。至善焉而圣矣。④

善和恶的区别只在于“恶不自恶，恶必极；善不自善，善必至”。善、恶都在一体之“性”中，乾初这一观点与程明道的“善为性”、“恶亦不得不为性”以及“善恶皆天理”之类的观点是相近的，或者说源于宋明理学

---

① 《气情才辨》，见《陈确集》，第454页。
② 《圣人可学而至论》，见《陈确集》，第151页。
③ 《性解下》，见《陈确集》，第451页。
④ 《圣人可学而至论》，见《陈确集》，第152页。

家的看法。[①] “恶人”之所以为“恶”，是因为“自暴自弃”[②] 放弃“性善”，并且，最为严重的是此种人还为自己或他人诿过，乾初痛斥此种人“谓己不能则自贼，谓人不能则贼人”[③]，高谈“性之本体”而未著力实现此本体，一旦有不善的情况，就“贼己贼人”[④] 归咎于气质。乾初继承了宋明理学那个先天具足、人人本有的“性之本体”，而且这个“本体”就是“性善”，是“善端”，但乾初不像宋明理学家那样空谈而把“本体”置于一玄妙之境，“望洋兴叹”而止步于“本体”，未有一丝一毫的切实工夫来彰显本体、实现本体的价值与意义，乾初认为本体不仅仅靠口诵言论即可得，“格物穷理”、“体悟”等把握“本体”的工夫当然是必要的，但还得有真切笃实的实践工夫才可能真正把握“本体”，如刘蕺山说“工夫愈精密，则本体愈昭荧”，即尽心才能知性。

其次，性本于天，性体的超越性。

---

① 此观点，阳明也讲过“善恶只是一物”，阳明认为，心之本体是至善的，本体上才有“过当些子”即是恶，并不是心体上先有一善，而后又有一恶来与之相对。[《传习录》下，见（明）王阳明《王阳明全集》，上海古籍出版社 1992 年版，第 97 页。参见陈荣捷《王阳明传习录详注集评》，第 228 条、第 101 条，学生书局 1998 年版，第 305 页、第 123 页]

② “自暴自弃”，出自《孟子·离娄上》，“孟子曰：‘自暴者，不可与有言也；自弃者，不可与有为也。言非礼义，谓之自暴也；吾身不能居仁由义，谓之自弃也。仁，人之安宅也；义，人之正路也。旷安宅而弗居，舍正路而不由，哀哉！’”乾初至少七次使用“自暴自弃”一词，如“孟子道性善，为自暴自弃一辈而发。阳明子合知行，为知而不行者一辈而发”。（《答张考夫第二书》，见《陈确集》，第 591 页）“宋儒以有不善诬情、才，又以诬气，是广为自暴弃者开方便之门也，是不以揠苗尤宋人，而谓苗之气有不善也。”（《讲义二·其为气也四节》，见《陈确集》，第 546 页）“孟子兢兢不敢言性有不善，并不敢言气、情、才有不善，非有他意，直欲四路把截，使自暴自弃一辈无可藉口。”（《气情才辨》，见《陈确集》，第 452 页）孟子并非空空道性善，而是要人践履性善，实践道德，乾初正是在此一意义上理解孟子道性善的本旨，所以说“孔、孟绝口不言本体，而无言非本体”，性善本体不是空口言说就可得而至，必须有笃实的工夫实践才可得而知，宋儒高谈“本体”，而且还归罪“气质”，是为“自暴自弃”者开脱。

③ 《性解下》，见《陈确集》，第 451 页。

④ 对于此情况，乾初说“自谓不能者，自贼者也，谓人不能者，贼人者也。”（《恕说》，见《陈确集》，第 259 页）“谓己不可，自诬也；谓人不可，诬人也。吾既未免于自诬矣，而又敢以诬人乎哉！”（《圣人可学而至论》，见《陈确集》，第 152 页）“情、才、气有不善，则性之有不善，不待言矣。是阴为邪说者立帜也，而可乎？无论诬人诬天，畔孔、孟而党荀、告，为万万不通之论，就使其说皆当，要於性教奚补？只多开门径，为下愚得自便耳。”（《气情才辨》，见《陈确集》，第 452 页）

> 古有谓性为天所命者，非推高之词也，正欲合言之而使学者反求诸幽独之地焉耳。而时士不察，遂谓学不知性，则无以明吾心之体量；不知天，则无以见吾性之本原。①

这是我们判定乾初论“性善”的超越性之根据，即性善之根源在天，性为天所命也，不知天，则无以知性。就是说陈乾初的人性论仍然坚持传统儒家的对人性的基本思路，即人性之“善”是先天的，即作为性善的根据的“天”之超越性，有了此超越的根据，才能确立性善是可以超越现实生命（经验）的限制而作为人们成德成圣的主宰，以及人不学而能、不虑而知的“良知良能”，非需经过后天发展而内在于心，即“仁义内在”。我们知道，孔子虽然很少谈性，② 但孟子就是根据其思想睿识，发挥其论旨，提出性善论，象山对此性善思想脉络之发展有恰当的评说，他说：“夫子以仁发明斯道，其言浑无罅隙。孟子十字架开，更无隐遁，盖时不同也。”③“性体”是先天本有，与生俱来，能不能认可告子“生之谓性”，把人一生下来就有的东西当做“性善”的内容呢？不能，因为这样根本就无法讲人禽之别。

虽然我们承认“食、色，性也”，“生”、“性”互训，即认可与生俱来的是“性”的内容之一，但此方面的内容不是根本性、决定性的，不能作为性之本体，不能作为人之为人的根据，即不能作为人与禽兽区别的那点“几希”，此正是“天之所与我者”、“我固有之”、“非由外铄”的内在于心的“性体”，此为人共同的本性，表现出来为仁、义、礼、智。④ 程明道在论性时，借用了告子“生之谓性”的说法，来说明“人生而静以上”之性

---

① 《尽心章》，见《陈确集》，第550页。

② 子贡说：“夫子之言性与天道，不可得而闻也。”（《论语·公冶长第五》）孔子说“性相近也，习相远也”、“唯上智与下愚不移”等，这些经验层面的观察使人认为孔子论性与宋儒所谓的“气质之性”无别，实际上，孔子强调仁义就含有“人性是善”之意思。他相信把人本有的潜能发挥出来，就能成就道德、成为君子而能为社会作贡献，所以，他提倡为己之学，“君子求诸己，小人求诸人”，重视教育，因材施教，教弟子做“克己复礼”的工夫，提倡“为仁由己，而由人乎哉”、“己欲立而立人，己欲达而达人”等，这些观点的前提是仁义内在，人性本善，而“性善”论的明确提出，是孟子。

③ （南宋）陆九渊：《语录上》，见《陆九渊集》卷三十四，中华书局1980年版，第398页。

④ 参见《孟子·告子上》。

本善，而“以下”的气禀之性有善恶。“‘生之谓性’，性即气，气即性，生之谓也。人生气禀，理有善恶，然不是性中元有此两物相对而生也。有自幼而善，有自幼而恶，是气禀有然也。善固性也，然恶亦不可不谓之性也。”① “二程”又说：“告子云‘生之谓性’则可。凡天地所生之物，须是谓之性。皆谓之性则可，于中却须分别牛之性、马之性。是他便只道一般，如释氏说蠢动含灵，皆有佛性，如此则不可。”② 即要区分物性与人性、性之普遍性与特殊性，即“牛之性、马之性”和人之性。承认告子说“生之谓性”则“可”，就是指肯定了凡生物均有“性”的原则，这是“性”之普遍、一般。但还要追究到“性”之个别性、特殊性，牛性、马性以及人性即是指个别性。每一个个体虽享有自天地所生而来的一般本性（《中庸》言“天命之谓性”），但同时又具有因不同气化“流行”而生成的个别差异。告子由于不分羽、雪、玉之白而导致混同犬、牛、人之性，以致被孟子置于荒谬之地。所以，仅仅停留于众生之共有本性是不够的，必须要深入不同个体之特殊本质，故论“性”必须是二者兼顾，才能作人、禽之别。

孟子就通过心性在天、人之间建立了一道桥梁，即性善只是“向善”的根据和可能，其根源在超越的天。在儒家的传统中，主张天人合一、天道性命相贯通，性善之超越根据即为天道，也就是说作为一切存在的超越根据的天道，即是人性之善，人是以天道为性，故是绝对至善的。在孔子、孟子即表明仁、心性与天为一，由孔子的践仁知天、孟子的尽心知性知天，皆可看出仁、心性与天必有内容意义上的相同之处。③ 乾初论人性是对儒家这一传统的发扬。

宋明理学建立起作为道德实践依据的道德形上学，其理论的精微可以说胜过先秦儒学。然而，儒家身心性命之学的建立是为了躬行实践，以成就理想人格为目的，讲论道理，并非只是止步于对客观对象的知解上。只是空谈学问，而没有切实践履，这是与儒家精神相悖的。乾初正是秉持着孔孟儒学精神，强调道德践履的工夫实践，认为根源于天的“性善本体”

---

① 《河南程氏遗书·二先生语一》卷一，见（宋）程颢、程颐《二程集》，中华书局1981年版，第10页。

② 《河南程氏遗书·二先生语二》卷二上，见（宋）程颢、程颐《二程集》，中华书局1981年版，第29页。

③ 参见牟宗三《心体与性体》（上），上海古籍出版社1999年版，第20~25页。

仅仅是为善的根据与可能而已，必须发扬孟子的“尽心”、“求放心”、“扩而充之”等工夫来彰显性善，此“性善本体”是“求则得之，舍则失之”的。所以，他说：“古有谓性为天所命者，非推高之词也，正欲合言之而使学者反求诸幽独之地焉耳。”一方面，乾初并没有否定天道的存在，而且对于天道是有超越意识的，认为性本于天，故贞定了“性”的绝对至善与成德成圣的保证；另一方面，天道的具体内容则需要由人的道德实践来彰显。绝对至善的性体能够贞定、保证成德成圣工夫的方向，乾初更多地关注在人道上，认为天道需在人道上见。

> 成之也者，诚之也；诚之也者，人道也，而天道于斯乎见矣，故曰性也。凡经文言忍性、养性、尽性、成性，皆责重人道，以复天道。盖人道不修，而天道亦几乎息矣。①

乾初认为“未知人，焉知天”②，重视人的工夫实践，关联到天道问题，即为“道”的主观性（或主动性）。“道”的客观性就如同荀子《天论篇》所云：“天行有常，不为尧存，不为桀亡。”不管人是否表现“道”，“道”都是永恒不变地存在。“道”的客观性固然重要，但乾初更重视的是“道”的主观性，以人的主观性体现客观性的“道”。“道”表现在人的生命活动中，其本身的具体内容需经由道德实践的生命主体而使其得以彰显而明朗，③ 故曰“盖非人而天亦无由见也”④。

天理虽为一个“形而上”的实体，是一切事物超越的根据，但其内容需落于人事上言，例如孔子的《春秋》以历史讲理、《易》以象言理，皆是借由个人的种种生命活动来呈现出超越的天理之实义。《中庸》：“诚者，天之道也；诚之者，人之道也。”《中庸》视“诚”为天之道，即自然而然之道，自然是诚体流行。而“诚之”的修养工夫，则是“人之道”，即由“诚之”之工夫以求恢复天所赋予自己的“诚”之本体或本性，⑤ 而天道也于人之工夫实践后，其具体内容才能展现出来。相反的，若没有于人道上经过

---

① 《性解下》，见《陈确集》，第450页。
② 《近言集》，见《陈确集》，第429页。
③ 参见牟宗三《中国哲学的特质》，学生书局1974年版，第59～69页。
④ 《性解下》，见《陈确集》，第448页。
⑤ 参见牟宗三《中国哲学的特质》，学生书局1974年版，第52～53页。

“忍性、养性、尽性、成性”等工夫修养，对天道就无法有真切的了解。这样的说法与刘蕺山“天非人不尽，性非心不体”[1] 相同，天道需要人来尽心“扩而充之”来实现，即人的践仁履德，便是天道的形著。由以上乾初对于天道的态度来看，皆可看出他并没有抹杀超越的天道实体之意，少言天道之事，只是因为在明末清初空谈心性的学风下，一些儒者高谈“性之本体”，却不肯尽心实践，这是乾初所反对的。因此，乾初责重人道，天道需在人道上见，认为唯有践德尽性，方能复天道（性）。这就表示乾初没有否认天道的存在，亦没有否认天道可知，其思路为：“尽心→知性→知天”。乾初重视道德实践的思想特色是对孔孟学说精神的极好贯彻。我们还可看下面资料：

> 孟子曰：“尽其心者，知其性也。”孔子之圣，五十始知天命，子贡之贤，终身不闻性天，何若是其难哉！彼其所谓闻之而知之者，实以身尽之至之之谓也。世儒不善理会，见《中庸》首言天命之性，便谓学者莫先知性知命知天，终日说鬼说梦，穷玄极渺，虽虞廷之精一，几无以过之，至考其日用戒惧，调节喜怒之功，则又置而不讲，是犹适京师者，不登程而自谓已至也，可乎？[2]

天道为一个超越的存在，其内容神秘而奥妙，即使如孔子之圣、子贡之贤，对天道也非知识闻见（格物穷理）所能尽。圣贤之所以可能知天命，是由于他们与其空言天道，不如归于德行，躬行于道德的实践，“以身尽之至之”，而天道便在践仁尽心中彰显，故不必言天道，而天道尽在其中，“孔、孟绝口不言本体，而无言非本体”。所以，乾初批评“世儒不善理会”孔、孟这一为学宗旨，“世儒”即指空谈“本体”的儒者，他用了一个形象的比喻：“犹适京师者，不登程而自谓已至也，可乎？”讽刺那些口诵“性之本体”而不见道德实行的道学家。

针对友人批评他“详于人伦，略于天道”时，乾初说：

> 又云弟详于人伦，略于天道，详于践履，略于讨论，则弟何

① 《易衍·第八章》，《刘宗周全集》第二册，浙江古籍出版社 2007 年版，第 138 页。

② 《答朱康流书》，见《陈确集》，第 473 页。

能详于人伦而详于践履乎！若夫略于天道，非略之也，不敢妄言天道也。略于讨论者，非略之也，不敢泛然讨论也。①

乾初少言“形上”的天道，并不是因为他否定了天道的超越存在，亦不是有意识忽略它。而是对于超越而客观之天道的崇敬之情，不敢轻易妄言之，故小心谨慎，“不敢泛然讨论”。态度如此谨慎，由此可见他对天道具有的超越的意识。同样，乾初并非不知精微而超越的天命，亦没有否定之。他强调的是，唯有通过实践才能对于天道有真切了解的可能，若无实践，单思辨地去理解天道，是空谈而无意义的。“孔子五十而知天命，似不如是，其得力正在下学也。”② 孔子是通过“下学”的历程，践仁尽性，才能与天道相感通，而达到“知天命”的境界。孔子即便是“知天命”，甚至达到从心所欲不逾矩之化境，“已浑身是天道，即浑身是易道”，却仍是“犹不敢自谓已能”，所以乾初认为“道岂易言乎！易岂易言乎！”③ 超越之天道的内容岂是一般言语概念所能穷尽的，但唯有透过人的道德实践才能彰显出天道的具体内容，故孔子言“下学而上达”，孟子言“尽其心者，知其性也。知其性，则知天矣”。此正是乾初所坚持和强调的。

再次，乾初论“性善本体”的超越性正是继承其师蕺山“独体”，“深求独体，最是山阴先生第一要义，而力行工夫自不可阙”④。蕺山“独体”，即：

从性体看来，则曰：莫见莫显。是思虑未起，鬼神莫知时也。从心体看来，则曰：十目十手。是思虑既起，吾心独知时也。然性体即在心体中看出。⑤

维天之命，於穆不已，盖曰天之所以为天也。是故君子戒慎乎其所不睹，恐惧乎其所不闻。此慎独之说也。至哉独子！隐乎！

① 《答朱康流书》，见《陈确集》，第474页。

② 《与刘伯绳书》，见《陈确集》，第471页。

③ 乾初说：“夫子已浑身是天道，即浑身是易道，犹不敢自谓已能，而必待学以寡过者，道固无穷，虽圣人不苟自是也。然则道岂易言乎！易岂易言乎！”（《学易章疏》，见《陈确集》，第539～540页）

④ 《与吴仲木书》，见《陈确集》，第73页。

⑤ 《学言》上，见《刘宗周全集》第二册，浙江古籍出版社2007年版，第381页。

微乎！穆穆乎！不已者乎！盖曰心之所以为心也。则心一天也。①

可见，心体与性体指的都是“独体”（意根），它们也可以说是“独体”的两个方面，性体就是天，就是那不可睹闻、幽隐微妙而又“於穆不已”的独体。“性”也是不可离开心而说的，它是心之所以为心，作为天的心体其实就是性体了。②

> 君子俯察于地，而得后天之易焉。夫性，本天者也。心，本人者也。天非人不尽，性非心不体也。心也者，觉而已矣。觉故能照，照心尝寂而尝感，感之可以喜而喜，感之可以怒而怒，其大端也。喜之变为欲、为爱，怒之变为恶、为哀，而惧则立于四者之中，喜得之而不至于淫，怒得之而不至于伤者。合而观之，即人心之七政也。七者皆照心所发也，而发则驰矣。众人溺焉，惟君子时发而时止，时返其照心而不逐预感，得易之逆数焉。此之谓后天而奉天时，盖慎独之实功也。③

天必须透过人的道德实践以彻尽其奥蕴，否则天不成其为天，性亦必须透过心之自觉以体证之，否则性不成其为性，然而天与人、心与性终究不能直接等同。如果人的道德实践未能纯乎其纯，而达到极致，也就是未能真正立人之极，此时人便不能配同于天，而是后于天，所谓“后天而奉天时”。同样的，此时人的心亦不能是无限的宇宙心或“形而上”的实体，它是有限的，只能为道德界的主宰，却不能是存在界的根源。当然，这个有限的心并不表示它就是经验的、感性的。心是觉心，此觉心与经验心不同，然而并非意谓觉心即完全独立于经验心之外。就如性体在心体中看出，觉心也是在经验心中看出。借用蕺山自己的话，觉心是照心。所谓“寂然不动，感而遂通”（《易传》语），此照心是寂而常感的，感而为喜、怒、哀、乐，乃至变而为喜、怒、哀、惧、爱、恶、欲之人心之七情或七政；照心也是感而常寂的，即常照于七情而不逐于感，使复返于喜怒哀乐之性

---

① 《易衍·第八章》，见《刘宗周全集》第二册，浙江古籍出版社2007年版，第138页。

② 黄敏浩：《刘宗周及其慎独哲学》，学生书局2001年版，第85页。

③ 《易衍·第八章》，见《刘宗周全集》第二册，浙江古籍出版社2007年版，第139页。

情之正。众人溺于七情之发，此时的心便是经验心。君子则照于七情而不溺于驰逐，是以通过此慎独之实功，七情复合于四情之本，此时的心便是照心。心之为经验的与否端赖觉或不觉。在自觉的状态下，心便是照心或超越的本心了。于是，我们可以总结谓宗周心宗的心是照心，是一个超越的心体。①

最后，"本体即工夫"。我们先看《与刘伯绳书》这一段话：

> 既云"道性善"，又云"不言性善之体"，岂非骑驴觅驴乎！"本体"二字，不见经传，此宋儒从佛氏脱胎来者。兄谓《商书》"维皇降衷"②、《中庸》"天命之性"皆指本体言，此诬之甚也。皇降、天命，特推本之词，犹言人身则必本之亲生云耳。其实孕育时，此亲生之身，而少而壮而老，亦莫非亲生之身，何尝指此为本体，而过此以往，即属气质，非本体乎？以词害意，便动成隔碍。宋儒惟误以此为言本体，故曰"人生而静以上不容说，才说性，便已不是性"③，则所谓性而容说者，恰好在何处耶？较佛氏之说，更加玄幻矣。此言体之大惑也。《乐记》"人生而静，天

---

① 参见黄敏浩《刘宗周及其慎独哲学》，学生书局2001年版，第87~88页。

② 《伪古文尚书·汤诰》曰："惟皇上帝，降衷于下民，若有恒性。"

③ 程明道语，乾初认为"更不解是何语"。（《性解上》，见《陈确集》，第449页）以他的观点来看，言性善是为了要教化世俗大众，使人无所推诿，云："君子立言，务使贤者益劝于善，而不肖者咸悔其恶，斯可耳。……孟子道性善，正为象、虎一辈言之，直是大不得已。向使普天下无一不善人，孟子何故又道性善，何不晓人意也！"（《性解下》，见《陈确集》，第451页）故乾初反对明道此语，认为其"较佛氏之说，更加玄幻"，若言"才说性便不是性"，则性之容说处于何？然而牟宗三认为明道此语之意是指有生以上无性之名与实可言，一说性时，便在有生之后，便是落于气质之中，因气禀之不齐与拘蔽而成之不同的表现，这便已不是性体之本然而粹然。所谓的"不容说"并非言语道断、不可思议之意。[《心体与性体》（中），上海古籍出版社1999年版，第141页] 若由此义，则乾初对于明道此语或未有真切的理解。对于明道这句话，还可参考，如朱熹说："人生而静以上，未有形气，理未有所受，安得谓之性"（《朱子语类》九十五，郑可学录）；如陈来认为：所谓"人生而静以上"是指个体人物尚未产生。人物未生时是"继之者善"，理尚无一定的安顿，只有到了"成之者性"即"人生而静以下"的阶段，理安顿于一定形质之中才能转化为人物之性。所以"人生而静以上"无性可言，只是到"人生而静以下"才能谈到性。……人物未生时天地之理不能叫性，理顿放于一定形气之后始可谓性。但理一旦进入形气体质就不可避免地受到气质的"污染"，从而使一切现实的、直接的人性都不是性的本来面目（性之本体）了。（《朱子哲学研究》，华东师范大学出版社2000年版，第204~205页）

> 之性也”二语，本是禅宗。其书大半本《荀子》，曾何足凭！不意遂为性学渊源，后之言性体者必本之，此大怪异事，正弟所欲亟辨者。后儒口口说本体，而无一是本体，孔、孟绝口不言本体，而无言非本体。子曰“性相近”，则“近”是性之本体；孟子道性善，则善是性之本体。而此本体固无时不在，不止于人生而静之时也。如曰“人皆有不忍人之心”，乍见孺子之心，以至四端人皆有之心，皆指本体言也。曰“平旦之气”，则虽梏亡之后而吾性之本体亦未尝不在也。曰“乞人不屑，行道之人弗受”，则虽下流行乞之徒，而吾性之本体亦未始不在也。则亦何时何处而非天命皇降之体乎？学者惟时时存察此心，即时时是本体用事，工夫始有着落。今不思切实反求，而欲悬空想个“人生而静”之时，所谓天命而性之体段，愈求而愈远矣。[①]

对于刘伯绳质疑他“不言性善之体”，乾初先对“本体”一词提出质疑，认为“本体”二字是宋儒由佛教脱胎而来，以“维皇降衷”、“天命之性”来指本体是有问题的，因为“维皇降衷”、“天命之性”只是推本求源之意，即是在说明某物之来源处，此是事物的起源、开始之意，如说“人身则必本之亲生”。若是像宋儒之以“人生而静以上”方是“性之本体”，过此以往便已落入气质之中，此说便是离人求体，[②]落于虚玄。乾初以亲生来譬喻宋儒之言“本体”：“若咬定‘亲生’二字，终日呆想受胎之时若何受气，若何受形，如此痴况，虽剖母腹而观之，恐见不明白，虽见得明白，要于人子身上何益乎！今人咬定‘天命’、‘皇降’四字，终日悬想人生而静以上体段者，何以异此?”[③]只是去悬想一个离人而虚谈的本体，苦思其本源、生化，即使由此建构出一套“形上”理论，却没有真正地在人事中去实践道德，如此对于人之修养成德又有何益？乾初认为“性之本体”应如同人本双亲所生的特质一样是随时随处而在的，人所该做的是“夙兴夜

① 《与刘伯绳书》，见《陈确集》，第466~467页。

② 参见古清美《陈乾初理学思想探讨》，见《明代理学论文集》，大安出版社1990年版，第309页。

③ 《答朱康流书》，见《陈确集》，第473页。

寐、无忝所生，便是体受归全之孝”①。就乾初看来，此亲生之身非但只是在孕育之时，而少而壮而老亦为此亲生之身，就如同本体并非只在“人生而静以上”，即在气质之中亦无非本体。他认为性即是体，不需于性之外另置一个本体，而善即是“性之本体”，此本体是无时不在的，并非另有一个性善之体在人生而静以上。此本体亦即是“本心”，是不忍人之心、乍见孺子之心、四端人皆有之心，孟子言“平旦之气”、“乞人不屑，行道之人弗受”，即是言即使是放其良心梏亡之后，或是行乞之徒，其“性之本体”皆未尝不在，故何时何处而非天命皇降之体？其实宋儒所言的本体（或天命、天理、天道），并非离人而在，不但不离，且也正需人努力体现，以贯彻、彰显其意义。乾初所不满的是宋儒偏落于那玄妙的“本体”而忽略外向工夫实践，使本体独立于工夫之外。虽然在理论上，本体具有独立意义，但实际上，本体需在工夫中来彰显、实现，故“性在气中”、“以气见性”、“理在气中”就成了乾初论性善之特色，这必然导向重工夫实践。所以，力揭宋儒之言性是“离人尊天，不惟诬人，并诬天矣，盖非人而天亦无由见也”。② 离人道以求天道，不唯诬人，并诬天矣，性善本体是保证成就道德的根据，但性善本体必须靠人的努力实践来实现。“性善之本体”虽然是“天之所与我者”，内在于人心中，但只是端倪，要实现此“性善之本体”还得“责人”，即尽力实践，因此，乾初说“孔、孟之言性，本天而责人”，③ 只要能够当下致力于此人之自觉即可把握的本心，并加以省察存养此心，则时时便是本体用事，那么工夫才始有着落。

可见，乾初所说的“性之本体”是重视工夫实践的本体，认为“工夫即本体也，无工夫亦无本体”④，经由工夫的实践而显现善性之本体，从平旦之气、行道乞人之心、孩少赤子之心、四端之心等切实处就可以知道此“性之本体”是人人皆有的，只要反求诸已而自觉践履之，并将此“性之本体”尽心尽力加以扩充，则人人皆可成圣。相反的，若是求一个悬置于外的本体，空口言性而不去做切实的实践工夫，非在工夫实践中求此本体，只会“愈求而愈远”。

---

① 《答朱康流书》，见《陈确集》，第473页。
② 《性解上》，见《陈确集》，第448页。
③ 《性解上》，见《陈确集》，第448页。
④ 《与刘伯绳书》，见《陈确集》，第467页。

乾初的“本体即工夫”思想来源于其师刘蕺山，刘蕺山说：

> 学者只有工夫可说，其本体处直是着不得一语。才着一语，便是工夫边事。然言工夫，而本体在其中矣。大抵学者肯用工夫处，即是本体流露处；其善用工夫处，即是本体正当处。若工夫之外别有本体，可以两相凑泊，则亦外物而非道矣。①

蕺山认为本体并非挂空于一个不可思议之外境，而是落于日用平常中，② 故只要肯用工夫，在具体的工夫实践之下即可体认到善性之本体，“不识本体，果如何下工夫？但既识本体，即须认定本体用工夫。工夫愈精密，则本体愈昭荧”③，唯有工夫用得越精密，本体的光明也随之更加地显现。如果说工夫之外另有一个本体，则此本体只是一外物而非真正的道体。乾初对宋儒言说“本体”的批评并非表示其否定有一性善之本体，而是反对宋儒空谈本体而无道德践履，他主张工夫即本体，以工夫契入本体，本体虽是先天本有的，但必须经由力行实践而证成，非以口说言谈即可获得。要之，在乾初，“性之本体”是强调工夫实践义的“本体”。为何乾初要强调工夫实践义的“本体”？下面讨论宋明理学家对这个问题的观点，以寻求一个答案。

自“二程”提出“天者，理也”④。“性即理也，所谓理，性是也。天下之理，原其所自，未有不善。”⑤ 把“理”提升到“天”的高度而具有本体的地位，体现了本体的超越性，“天理”不仅仅是创生宇宙万物的本体，而且还是现实世界人类社会的普遍法则、根据的伦理本体，伦理本体（性）

---

① 刘宗周：《答履思二》，见《刘宗周全集》第三册，浙江古籍出版社 2007 年版，第 309 页。

② 黄宗羲《子刘子行状》载：“先生曰：‘识认终属想象边事，即偶有所得，亦一时恍惚之见，不可据以为了彻也。其本体只在日用常行之中，若舍日用常行，以为别有一物可以两相凑泊，无乃索吾道于虚无影响之间乎？’”见《刘宗周全集》第六册，浙江古籍出版社 2007 年版，第 42 ~ 43 页。

③ 刘宗周：《会录》，见《刘宗周全集》第二册，浙江古籍出版社 2007 年版，第 507 页。

④ 《明道先生语一·师训》，见《二程集·河南程氏遗书》卷十一，中华书局 2004 年版，第 132 页。

⑤ 《伊川先生语八上·伊川杂录》，见《二程集·河南程氏遗书》卷二十二上，中华书局 2004 年版，第 292 页。

与宇宙本体（理）相通。此本体超越于万事万物又显在万事万物中，程伊川首揭“体用一源，显微无间”①，认为：理无形不可见，故曰“微”，为体；象有形而可见，故曰“显”或“著”，为用。本体与现象、本体与作用，虽有显微之别，但二者之间却是“一源”和“无间”的关系。体是用的根据，用是体的显现。有体必有用，有用必有体。体和用并生共存，二者并无时间上的先后之分，此即所谓“体用一源，显微无间”。伊川本是就易卦之理象论事物之“本”与“迹”，用以说明事物本体和现象的关系，现象乃本体自身的显现，本体又同现象融为一体，不相分离。易理为本，卦象为迹，理象一体，显微从出，有其体必有其用，道器不得相离。根据“体用一源”这一根本宗旨，程颐进一步探讨了理事关系问题，认为：任何事物都有理和事两个方面，理为一事一物之所以然，事乃表现于外的形迹。理为本，事为末，但不可以截然分为两段，也就是说，理为体，事为用，理为微，事为显，二者融合在一起，不能分离。此即“事理一致，微显一源”②，照这种说法，宇宙万象一切有形有象的事物，都是其理的显现或具体化，其理又存于万事万物之中，即理象合一、理事合一，但理为根本，故称理为体，事象为用；用不能脱离体，有体方有用，所以又说“有理而后有象”。自“体用一源”、“事理一致”等命题提出以后，中国哲学史上关于世界本原问题的辩论，便从宇宙论转向了本体论（尤其是“伦理本体论”）。从而依此建立起理学本体论的哲学体系。③ 宇宙万物与人间伦常秩序都是“天理”本体的发用流行、创生和表现。而在人性上，纯粹至善的“性体”与“天理”本体完全同一，即“性善本体”与宇宙原理完全同

---

① 伊川说：“至微者，理也。至著者，象也。体用一源，显微无间。”伊川，即程颐，正叔学者称伊川先生。（《伊川易传·序》，见《二程集》，中华书局2004年版，第689页）

② 伊川说：“至显者莫如事，至微者莫如理。而事理一致，微显一源。古之君子所谓善学者，以其能通于此而已。”（《河南程氏遗书》卷二十五，见《二程集》，中华书局1981年版，第323页）伊川又说：“天下物皆可以理照，有物必有则，一物须有一理。”（《伊川先生语四》，见《二程集·河南程氏遗书》卷二十五，中华书局1981年版，第193页）又说：“凡物有本末，不可分本末为两段事。洒扫应对是其然，必有其所以然。”（《伊川先生语一》，见《二程集·河南程氏遗书》卷十五，中华书局1981年版，第148页）

③ 参见拙文《朱熹“体用一源”思想论析》，载《兰州学刊》2008年第7期。

一。[①] 由纯粹至善"性之本体"所发出的道德行为就能保持"中正"而不偏不倚，人们只要格物穷理去把握此"性善本体"，循"本体"而行事，一切行为都会合乎社会道德秩序和伦理规范，理学家也是以此种教法去教化民众。这也是我们在前文提及的儒家的"内圣开外王"的乐观假设，这有点俗语"良好的开端等于成功的一半"之意。

朱熹继承发展程伊川的"体用一源"论，集体用学说之大成[②]而建立理本论哲学体系。如对于"形而上"和"形而下"两类不同的本体观，作了十分明确的论述。"性，本体也，其用情也；心则统性情，该动静而为之主宰也，故程子曰心一也。有指体而言者，有指用而言者，盖谓此也。今直以性为本体，而心为之用，则情为无所用者，而心亦偏于动矣。且性之为体，正以仁义礼智之未发者而言，不但为视听作用之本而已也，明乎此，则吾之所谓性者。"[③]"若以形而上者言之，则冲漠者固为体，而其发于事物之间者为之用；若以形而下者言之，则事物又为体，而其理之发见者为之用。"[④] 如对"理一分殊"解释说："只是此一个理，万物分之以为体，万物之中又各具一理。"[⑤]"分"不是剖分，而是万物各自禀有规定的自身之一

① 可参见陈来《朱子哲学研究》，华东师范大学出版社2000年版，第6页。

② 陈荣捷认为，朱子论体用，兼及理气、道器、心性、动静等，既有"形而上"的发挥，也有"形而下"的解释，双路并进，蕴涵广博。陈荣捷归纳出朱子体用关系的六种模式：一是体用有别，二是体用不离，三是体用一源，四是自有体用，五是体用无定，六是同体异用。（详见陈荣捷著《朱子言体用》，见《朱子新探索》，学生书局1988年版，第268～279页）钱穆曾列举了朱子论"体用"的六个方面：有以实体与功能的关系而言者，如"耳便是体，听便是用；目是体，见是用"。有以潜能和现实的关系而言者，如"心有体用，未发之前是心之体，已发之际乃心之用"。有从本末而言者，如"礼仪三百，威仪三千，须是仁做始得，凡言体，便是做他那骨子"。有从主次而言者，如"性是体，情是用"。有就问题的不同层面而言者，如"看文字须活着意思，不可局定。知对仁言则仁是体，知是用；只就知言，则知又自订体用"。有就本体意义上的理事二端而言者，如"体是这个道理，用是他用处"，"不是本体中原来有此，如何用处发得此物出来"。（详见陈荣捷著《朱子论体用》，见《朱子新学案》第一册，三民书局1982年版，第429～440页）

③ 《孟子纲领》，《晦庵先生朱文公文集》卷七十四，见《朱子全书》第24册，上海古籍出版社、安徽教育出版社2002年版，第3584页。

④ 《答吕子约》，《晦庵先生朱文公文集》卷四十八，见《朱子全书》第22册，上海古籍出版社、安徽教育出版社2002年版，第2226页。

⑤ 《朱子语类》卷九十四，见《朱子全书》第17册，上海古籍出版社、安徽教育出版社2002年版，第3126页。

理，“分”既表明物物之性“未尝不殊”，但又统之以天下之“理未尝不一”[①]，在“分”中体现“理”的广大精微。认为“理一”就是体，而“分殊”是用。朱熹依据体用说明“理一分殊”就是互动的关系。朱熹说：“盖至诚无息者，道之体也。万殊之所以一本也。万物各得其所者，道之用也，一本之所以万殊也。”[②] 朱熹认为道之体就是“分殊”之所以为“一本”的根据，道之用就是“一本”之所以为“万殊”的根据。“分殊”以“理一”为前提根据，“理一”以“分殊”为前提条件，通过这解说，可以知道，“理一”就是“分殊”，“分殊”就是“理一”，“理一”与“分殊”的关系是一种处于相互对立的关系之下相摄相涵的关系。“理一分殊”是“体用一源，显微无间”的，“正所谓体用一源，体虽无迹，中已有用”[③]。体和用虽有分殊，但体因用显，用因体彰，所以能于“分殊”中见“理一”，所以朱熹说：“月印万川”，“万个是一个，一个是万个”[④]。认为太极之理统摄人物“分殊”之理。“人物之生，天赋之以此理，未尝不同，但人物之禀受自有异耳，如一江水，你将勺去取，只得一勺；将碗去取，只得一碗；至于一桶一缸，各自随器量不同，故理亦随以异。”[⑤] 人物所禀受之理为一，但由于分量不同，即所具体禀受之理又不一，所以人和物因天命之性在己之份不同而各不同。从“形而上”和“形而下”之体用来说，“体用一源”并不排斥“理一分殊”的区分，如果只能按“体用一源”来说，“理一”和“分殊”不过是同一事物的不同名称，体就是用，用就是体，“理一”就是“分殊”，“分殊”就是“理一”。

总之，朱子论体用十分庞大复杂，这不是本书讨论的重点。其论体用，义无定所，而比较多地展现了这对范畴在方法论上的意义，其理本论构成

---

① 朱子曰：“盖在天在人，虽有性命之分，而其理未尝不一；在人在物，虽有气禀之异，而其理则未尝不同，此吾之性，所以纯粹至善。”（《中庸或问》，见《朱子全书》第6册，上海古籍出版社、安徽教育出版社2002年版，第550页）

② 《论语集注·里仁篇》，见《四书章句集注》，中华书局1983年版，第72页。

③ 朱熹：《朱子语类》卷六十七，见《朱子全书》第16册，上海古籍出版社、安徽教育出版社2002年版，第2221页。

④ 朱熹：《朱子语类》卷九十四，见《朱子全书》第17册，上海古籍出版社、安徽教育出版社2002年版，第3167页。

⑤ 朱熹：《朱子语类》卷四，见《朱子全书》第14册，上海古籍出版社、安徽教育出版社2002年版，第185页。

整个理学思想的基础，对于宇宙本体（天地万物生成发展的根源及其统一基础）的理论设定构成了理学探讨人的本性本质以及天人关系的逻辑前提，而且其本体论本身就构成了一种思想方法，一种思考自然、社会、人生的思维模式。分别从思想目标和思想方法两个方面展现出体、用的范畴和体、用的关系对于理学思想发展的核心意义。① 然而朱熹析心与理为二，不承认“心即是理”，“理”外在于心，仍然是通过“泛穷物理”去体认“天理”，去恢复“性之本体”，这样求此“本体”，正如陈乾初批评的，只会“愈求而愈远”。

在朱熹那里，“性之本体”是在“未发时”的“人生而静以上”，是禀受天理而来的，是超越于形气之外的一种抽象的形上存在，它堕于形气之中而“不全是性之本体”，他说：

> “人生而静”是未发时，“以上”即人物未生时，不可谓性，才谓之性便是人生以后，此理堕在形气之中，不全是性之本体矣。然其本体又未尝外此，要人即此而见得其不杂于此者耳。②

此本体在“人生而静以上”是纯净无染的，但它必须与形气结合，其意义才能得以彰显，当此本体（理）与形气结合后才成为性，不免受其影响而污染，致使现实中的人之性不是性的本体而成为气质之性，所以，不能称之为“性”或“性之本体”，即“才说性便已不是性”，按牟宗三的意思，即是指有生以上无性之名与实可言，一说性时，便在有生之后，便是落于气质之中，因气禀之不齐与拘蔽而成之不同的表现，这便已不是性体之本然而粹然。③ 因此，既然“性之本体”必须“挂搭”、“附著”于形气，而此本体“堕在形气之中，不全是性之本体矣”，所以，朱子要人“即此而见得其不杂于此者”。要之，“性之本体”已杂于形气而不再本然而粹然，人们要做格物穷理的工夫去竭力变化气质，去恢复“性体”的本然而粹然之状态，体悟本体、察识本体、涵养本体。因为此本体是万事万物的源泉，他生生不已，具有创生一切的能力，是万物之所以产生的依据，所以，此

---

① 参见拙文《朱熹“体用一源”思想论析》，载《兰州学刊》2008 年第 7 期。

② 《答严时亨》，《晦庵先生朱文公文集》卷六十一，见《朱子全书》第 23 册，上海古籍出版社、安徽教育出版社 2002 年版，第 2961 页。

③ 牟宗三：《心体与性体》（中），上海古籍出版社 1999 年版，第 141 页。

中内在的心性修养既能乐观地开出外在的现实生命活动中的道德践履及道德行为和平治天下的“外王”事业，这是程朱理学的共识。这当然是不错的！然而他们所强调的于事事物物上磨炼的一切工夫修养实践去复其“本体”，在阳明心学那里遭到质疑。

针对朱子学于事事物物上泛穷物理去把握“至善”本体的方法，王阳明指出：“于事事物物上求至善，却是义外也。至善是心之本体。”[①] 阳明指出良知是“心之本体”，认为作为既是先天存在又是现实存在的良知是“至善”的，“良知本体”作为伦理道德原理就在人“心”中，不可能存在于外部事物，否则就会犯“义外”的错误。阳明提出的“心之本体”相当于孟子所说的“本心”概念，它是一切道德行为的根源，此“心体”是一种道德知觉，是指具有能够“知是知非”的道德判断能力。

> 所谓汝心，亦不专是那一团血肉。若是那一团血肉，如今已死的人，那一团血肉还在，缘何不能视听言动？所谓汝心，却是那能视听言动的，这个便是性，便是天理。有这个性，才能生这性之生理，便谓之仁……这心之本体，原只是个天理，原无非礼，这个便是汝之真己。这个真己是躯壳的主宰。若无真己，便无躯壳。真是有之即生，无之即死。[②]

此“心体”之所以有这种道德判断能力，就是根据内在于人心中的“性”和“理”。阳明认为“心即理”，即承认心、性、理相即不离、浑然合一，心与理是本质的同一，就是说良知作为“心之本体”，是道德实践的主体存在，同时良知又是判断是非之则，即道德主体与道德法则在“良知”中得到了自我同一。[③] 所以说，无理便无此心，无心便无此理，“有之即生，无之即死”。

在阳明看来，良知本体是现成的、自然而然的。他说：

> 知是心之本体，心自然会知。见父自然知孝，见兄自然知弟，

---

① 《传习录上》第2条，参见陈荣捷《王阳明传习录详注集评》，学生书局1998年版，第29页。

② 《传习录上》第122条，参见陈荣捷《王阳明传习录详注集评》，学生书局1998年版，第146页。

③ 吴震：《阳明后学研究》，上海人民出版社2003年版，第8页。

见孺子入井，自然知恻隐。此便是良知，不假外求。若良知之发，更无私意障碍。即所谓“充其恻隐之心，而仁不可胜用矣”。[①]

良知“自然会知”、“自然知孝”、“自然知弟”、“自然知恻隐”，强调的就是良知本体及其致良知工夫的本然性和现成性。[②] 吴震先生指出：阳明虽然没直接提出“现成良知”的概念，但从“今日良知见在如此”的表述，可以转换出（或许应当说已经包含在内了）“良知见在”或“见在良知”这层意思。[③] 接着又说：“与‘现成良知’说有关，就工夫论层面而言，还有一个‘见在工夫’的问题。……‘见在工夫’之说，无非就是主张在现实生活（比如‘著衣吃饭’）当中去作‘致良知’的伦理实践。”[④] 在“良知本体”现成性的基础上，阳明强调“致良知”，“良知无前后，只知得见在的几，便是一了百了”[⑤]。此处所说的“见在”，显然是与过去、未来相并列的时间性概念。阳明强调的是，过去或未来之事，无论怎样去冥思苦想，也得不到任何现实的效果，必须在目前、在当下去致良知。[⑥] 即在“即刻当下”、“随时就事上”去“致其良知”。对本体与工夫的关系，阳明认为必须作统一的把握，[⑦] 强调“本体工夫合一”，此可从天泉证道来看，王龙溪和钱绪山在本体与工夫问题上各有偏重，阳明指出：“汝中须用德洪工夫，德洪须透汝中本体。二君相取为益，吾学更无遗念矣。”[⑧] 总之，阳明心学强调“即本体便是工夫”与“即工夫便是本体”的“知行合一”学说，“即本体便是工夫”是讲：工夫并非是毫无目的之工夫而应当是在良知本体的“主宰”之下的工夫；“即工夫便是本体”的意思是：良知本体必须在致良知工夫的过程之中得以展现。可见，两者所强调的侧重点虽有不同，但其

---

① 《传习录上》第 8 条，参见陈荣捷《王阳明传习录详注集评》，学生书局 1998 年版，第 40 页。

② 吴震：《阳明后学研究》，上海人民出版社 2003 年版，第 15 页。

③ 吴震：《阳明后学研究》，上海人民出版社 2003 年版，第 5 页。

④ 吴震：《阳明后学研究》，上海人民出版社 2003 年版，第 10～11 页。

⑤ 《传习录下》第 281 条，参见陈荣捷《王阳明传习录详注集评》，学生书局 1998 年版，第 336 页。

⑥ 吴震：《阳明后学研究》，上海人民出版社 2003 年版，第 5 页。

⑦ 吴震：《阳明后学研究》，上海人民出版社 2003 年版，第 89 页。

⑧ 《阳明年谱》“嘉靖六年九月”条，见《王阳明全集》卷三十五，上海古籍出版社 1992 年版，第 1306 页。

最终的落脚点则是工夫而不是本体，[①]“形而上”之本体毕竟只能在“形而下”的工夫实践中才能彰显其意义和价值。阳明的“良知”和“致良知”学说克服了程朱理学在本体与工夫问题上偏重本体而遗落工夫的弊端。陈乾初也正是在此意义上赞赏阳明的“知行合一”学说。

然而，正如吴震先生指出：现成良知说“落在具体的工夫论问题上，其中也内含着某种‘危险’倾向，因为从‘率性自然’到‘放纵自然’，只有一步之遥”[②]。现成良知说在阳明后学那里由于良知学说的潜在因素而衍生了“王学末流”的种种流弊，这种流弊如刘蕺山所说：“今天下争言良知矣，及其弊也，猖狂者参之以情识，而一是皆良；超洁者荡之以玄虚，而夷良于贼，亦用知者之过也。”[③] 牟宗三认为王学流弊并非阳明的良知教有何疏漏，而是起于人为因素：“盖王学者显教也。凡心学皆显教。若无真实工夫以贞定得住，稍有偏差，便流于此人病。……若真能依四句教从事‘致良知’之笃行工夫，则亦可无此流弊。猖狂者自是猖狂，混杂者自是混杂，何与于良知教耶？故云是人病，非法病也。”[④] 对阳明后学这种“人病”的流弊，顾宪成、刘蕺山等人都作出批判矫正，在本书第一章“师承”部分已论述，在此不赘。

要之，宋明理学“本体论”发展到明末清初，就转向了注重工夫修养的力行实践层面，但并不意味着他们否定、忽略超越的“形上”本体，此性体乃是贞定工夫的主宰。

二、性相近

我们首先对“性相近”的诠释历史作一个回顾。

孔子提出“性相近也，习相远也”[⑤]，认为人性本来都是相似的、接近的，只是因为习染不同而有了不同，使人与人之间有了很大差别。对于

① 吴震：《阳明后学研究》，上海人民出版社 2003 年版，第 90 页。

② 吴震：《阳明后学研究》，上海人民出版社 2003 年版，第 15 页。

③ 刘宗周：《证学杂解》二十五，见《刘宗周全集》第二册，浙江古籍出版社 2007 年版，第 278 页。

④ 牟宗三：《从陆象山到刘蕺山》，上海古籍出版社 2001 年版，第 314 ~ 315 页。

⑤ 《论语·阳货》。

“性相近”的诠释主要沿着四个方向发展[①]：

一是以孟子为代表，提出“性善说”。孟子从人人皆有的四端之心即仁、义、礼、智四种道德的发端，来阐述“性相近”为性相似或相近。孟子说：“凡同类者，举相似也，何独至于人而疑之，圣人与我同类者。”而人心虽固有善端，但未必能成善人，尚有待于后天的尽心、存养、扩而充之。如果得不到存养、扩充，善端就会放失，人就可能趋于恶。此即孟子所谓“求则得之，舍则失之。或相倍蓰而无算者，不能尽其才者也”[②]。说的正是“习相远”。孟子以性善论解释孔子的“性相近”说。

二是以告子为代表，提出了“生之谓性说”，即是说凡人生而有的欲望便是性，他说“食、色，性也”[③]。人的这些欲望是不能否定的，故告子认为人性是无善无恶的，又说：“性犹湍水也，决诸东方则东流，决诸西方则西流。”即认为性之善恶相远，皆由于引导、习染的结果。荀子从“生之所以然者谓之性”出发，提出了性恶论。荀子所谓的“生之所以然”与告子的“生之谓性”之“生”皆指人生具有的生理欲望，但荀子比告子说得更详尽。“生之所以然”的基本内容就是“目好色，耳好声，口好味，心好利，骨体肤理好愉佚”[④]。告子、荀子等人提出的人生而所共有的生理、心理欲求，这可以说是对孔子“性相近”丰富内涵的揭示。“生之所以然”的自然趋向必然导致种种恶弊，即“顺是”则有“争夺”、“残贼”、“淫乱”，荀子正是由此得出了人性恶的结论，而所谓的善则是“化性起伪”、“注错习俗”的结果，这可以说是对孔子“习相远”的说明。另外，以“生之所以然”界定人性，也就是把人性视为人生的根据、本原，视为属于天道的层次，所以荀子又说“性者，天之就也”[⑤]。在性与天的关系上直接与孔子的“性与天道”相合拍。王弼《论语释疑·阳货》释“性相近”云：“今云近者，有同有异，取其共是，无善无恶则同也，有浓有薄则异也。虽异而未相远，故曰近也。”王弼承继老、庄“道”论，以自然之道为万物之宗主，人性皆是自然之道的体现，同属无善无恶。叶适以“正”释“性相

① 参见史向前《“性相近”说的衍变》，载《孔子研究》1998年第3期。
② 《孟子·告子上》。
③ 《孟子·告子上》。
④ 《荀子·性恶》。
⑤ 《荀子·性恶》。

近”，他说：“孔子性近习远，乃言性之正，非止善字所能弘通。”（《习学记言序目》卷十四）“性之正”指人生而有的自然欲望是中正无邪的，故无所谓善恶；善恶的形成在于习染的不同。叶适此说是针对孟子的人性善，其基本观点则倾向于告子的性无善无恶。①

三是孔子的再传弟子世硕（还包括孔门弟子宓子贱、漆雕开及再传弟子公孙尼子）认为人性有善有恶。《世子》今已不存，根据王充《论衡·本性》引用：“人性有善有恶，举人之善性，养而致之则善长；性恶，养而致之则恶长。如此，则性各有阴阳，善恶在所养焉。”② 人性中善恶未分之时，表现为善恶兼有、共存，此即“性相近”；已分之后，则相远，此即“习相远”。由于后天习养的不同，才走向了或善或恶两个极端。每个人身上同时兼有善恶两种因素，看到了人的两面性，人或为善或为恶，这就得加强“习”，通过教育、学习，走向善这一端。《性自命出》曰：“养性者，习也。习也者，有以习其性也。”

四是董仲舒“性三品说”和张载“性二重论”。“性三品说”依据于孔子“唯上智与下愚不移”把人性分成圣人之性、中民之性和斗筲之性“三品”，圣人之性和斗筲之性分别属于“不移”的上智和下愚，分别是纯善和纯恶的，唯中民之性是善恶混杂可移。而现实中纯善和纯恶的人性几乎没有，故善恶混杂的中民之性才称得上真正的人性。张载认为人有天命之性和气质之性之分。天命之性是纯善无恶的，气质之性则善恶兼有。由于人禀于气，气有刚柔清浊，所以人性兼有善恶。他解释孔子的“性近习远”说：“性则宽褊昏明名不得，是性莫不同也；至于习之异斯远矣。”③“宽褊昏明”就是善恶兼有不纯的气象。董仲舒和张载的观点实际上可归入第三类性有善有恶论。

程、朱沿着张载“性二重论”阐述“性相近”，程伊川在解释孔、孟言性的不同时说：“‘性相近也’，此言所禀之性，不是言性之本。孟子所言，便正言性之本。”“孟子言性之善，是性之本，孔子言性相近，谓其禀受处

---

① 以上参见史向前《“性相近”说的衍变》，载《孔子研究》1998年第3期。

② 王充：《本性第十三》，见《论衡》卷三，上海人民出版社1974年版，第43页。

③ 《张子语录》下，见《张载集》，中华书局1978年版，第330页。

之不相远也。"[①]"禀受处"即是有善有恶处。朱熹对"性相近"说得更清楚，他说："此所谓性，兼气质而言者也。气质之性固有善恶之不同，然以其初而言，则皆不甚相远也。但习于善则善，习于恶则恶，于是始相远耳。程子曰：'此言气质之性。非言性之本也。若言其本，则性即是理，理无不善，孟子之言性善是也。何相近之有哉?'"[②]说明了孔子所谓"性相近"中的人性就是气质之性，正是有善有恶的现实人性，伊川也说过"'性相近也'，生质之性"[③]。程、朱都把"相近之性"解为气质之性，气质之性是天命之性落在"气"中而形成的现实人性，那么，作为本体的天命之性都是一样的了！朱子认为孟子"性善说"的最大弊病在于未能认识到人性中有"气质之性"这一层面，并对此表示了不满。朱子说："'论性不论气不备，论气不论性不明。'孟子终是未备，所以不能杜绝荀、杨之口。"[④]第二、三、四种诠释也在一定程度上看到了"气质之性"这一层面。

然而，刘蕺山非常反对分义理、气质来言性，对"气质之性"一词颇有微词，他说"道心即人心之本心，义理之性即气质之本性"[⑤]。又说"心只有人心，而道心者，人之所以为心也。性只有气质之性，而义理之性者，气质之所以为性也"。[⑥]牟宗三认为此处"人心之本心"、"气质之本性"其"本"是一个超越意义的"本"，并非现象意义的"本"。同样，"人之所以为心"、"气质之所以为性"之"所以"是一个超越的"所以"，而非内在的、实然的现象的"所以"。因此蕺山是承认超越的道心及义理之性。[⑦]故蕺山强调义理之性，在于强调性善之旨，实现本体与工夫的合一。蕺山的

---

① 《伊川先生语五》、《伊川先生语八上》，见（宋）程颢、程颐《二程集》，《河南程氏遗书》卷十九、卷二十二上，中华书局 1981 年版，第 252、291 页。

② 朱熹：《论语集注·阳货第十七》，见《四书章句集注》，中华书局 1983 年版，第 175 ~ 176 页。

③ 《二先生语八》，见（宋）程颢、程颐《二程集》，《河南程氏遗书》卷八，中华书局 1981 年版，第 102 页。

④ 《朱子语类》卷五十九，见《朱子全书》第 16 册，上海古籍出版社、安徽教育出版社 2002 年版，第 1388 页。

⑤ 黄宗羲：《子刘子行状》，见《刘宗周全集》第六册，浙江古籍出版社 2007 年版，第 42 页。

⑥ 刘宗周：《会录》，见《刘宗周全集》第二册，浙江古籍出版社 2007 年版，第 520 页。

⑦ 参见牟宗三《心体与性体》（上），上海古籍出版社 1999 年版，第 342 ~ 343 页。

重要弟子陈乾初就是承继其师的学说精神和孟子性善之旨，认为“性相近”其实就是讲人性善：性无不善，但必须通过“扩充”才能得以展现，人心本无所谓天理，天理需从人欲中见。

下面对这一问题作分析。

乾初认为孔子“性相近也，习相远也”中所言“性相近”即为孟子性善之意：

> 孔子言“性相近”，亦正为善不善之相远者而言，即孟子道性善之意。孟子之意，以为善人之性固善，虽恶人之性，亦无不善。不为，非不能也。谓己不能则自贼，谓人不能则贼人。使皆尽心为善，虽人人尧、舜可矣，此孟子之旨也。[①]

乾初认为此“相近”即是“从善边说”[②]，因为为善之人的性固然是善的，但是为恶之人的性也是善的，二者之间的差别在于为恶之人放弃了心中本有的“性善”，即道德本心。如果能够尽心为善，则人人皆可为尧、舜。由此可想到孔子之“性相近”与孟子所说“其好恶与人相近也者几希”[③]之“相近”同义，孟子在此所说的“相近”是指“本心”之好恶所呈露而言，即从“本心”所呈现出来的“性”是不无差别的，是故“相近”即相同。[④]乾初的老师刘蕺山亦有此意，曰：“‘性相近’，以生而善者为主；‘习相远’，以习于不善者为主。”[⑤]又曰：“‘性相近’犹云相同，言性善也。”[⑥]乾初进一步举孔子之语来说明孔子的“性相近”即为性善之意：“子曰‘我欲仁，斯仁至矣’，曰‘有能一日用其力于仁矣乎，吾未见力不足者’，是性近断案。”[⑦]这是乾初对“性相近”的独特解释。

道德本心（仁心、性善本体）内在于每个人心中，人人具足，只要一

---

① 陈确：《性解下》，见《陈确集》，第451页。

② 陈确：《性解上》，见《陈确集》，第447页。

③ 《孟子·告子上》。

④ 参见牟宗三《心体与性体》（上），上海古籍出版社1999年版，第21页。

⑤ 刘宗周：《学言下》，见《刘宗周全集》第二册，浙江古籍出版社2007年版，第464页。

⑥ 刘宗周：《论语学案四·阳货第十七》，见《刘宗周全集》第一册，浙江古籍出版社2007年版，第513页。

⑦ 陈确：《答朱康流书》，见《陈确集》，第474页。

念自觉，反求诸己，即可当下呈现。欲仁而仁至，说明了仁是内在本有，所以当反求于己，就能够“欲仁”、“用其力于仁”，无须外求，即可呈现。人人只要愿意去实践之，就可以让本有之道德本心呈现，由此而言人性之相近，亦即性善之意，故乾初云：“孔子曰‘性相近’，孟子又道性善，论自此大定，学者可不复语性矣。”① 只要“凛凛慎习，孳孳为善”② 就可以了。

“性善之言，千古不易也”，“所以有善有不善之相远者，习也，非性也”③。这是进一步对性善进行肯定，至于“有善有不善之相远者”出现，那是由于“习”，而非由于“性”，性善就是人人可以为善的根据，有“不善”出现是由于“习”，由于人不尽心、不努力而放失了“性善”，故要“慎习”，参看“慎习复性”部分。

乾初又从恻隐、羞恶、辞让、是非四端之心而肯定性善，认为四端是展示性善具体存在的。

> 恻隐之心人皆有之，能尽恻隐之心，然后知吾性之无不仁。羞恶之心人皆有之，能尽羞恶之心，然后知吾性之无不义。辞让是非之心，莫不皆然。④

乾初肯定了人皆有恻隐、羞恶、辞让、是非之心，人能在尽此恻隐之心的活动中便可证知自己是可以实践“仁”的，而实践“仁”的活动即是人的本性活动，其他的羞恶、辞让、是非之心皆是相同的道理，能够尽其心，便可以知其本性是仁、义、礼、智的道德之性，而此道德之性即为善。性善由尽心显其义理，恻隐等四端之心便即是仁、义、礼、智的呈现，故由此四端之心即可明人之性善。

---

① 陈确：《性解上》，见《陈确集》，第447页。

② 陈确：《知性》，见《陈确集》，第443页。

③ 《答张考夫第二书》、《子曰性相近也二章》，见《陈确集》，第592页、第458页。

④ 《知性》，见《陈确集》，第443页。

三、实践能力

乾初从性善的实践义来肯定人性中那普遍而内在的道德性。认为性善是一种道德实践能力，这种能力是人人所本有，而内在于人的本心的，是人们自觉为善便能实践之的。认为人若不善，只是因为其不肯为。

> 孟子道性善，初非谬为是言，以姑诱人于为善而无其实者。性善自是实理，毫无可疑。今人只是不肯为善，未有为善而不能者。惟其为善而无不能，此以知其性之无不善也。①

就如同孟子说“是不为也，非不能也”②，即内在于人本心的性善是一种道德实践能力，只要人人都能够尽其所为，就可“为善而无不能”，这不是“挟泰山以超北海”，而是与“为长者折枝”③ 一样容易。为善或是为恶，都是行为主体自由意志的选择，这也是“人之所以异于禽于兽者”的那点“几希”，尽心尽力把内在于人的本心的道德实践能力发挥出来，就可为善而成就“君子”人格，即“尽其心者知其性也”，这也是乾初论性经常引用孟子的这句话，并认为此是孟子道性善之本旨。④ 而为恶，即是放弃内在于人的本心的道德实践能力而受物欲的迁诱，随波逐流，成了自暴自弃者，即他们“只是不肯为善”。所以说“性善自是实理”。

所以，乾初认为承认性善，可以使为恶之人无借口诿过。

> 言性善，则天下将无弃人；言知行合一，则天下始有实学。……孟子道性善，具有至意，告子不知，横争无已，使天下之为不善皆得诿之于性，岂非万世罪人邪?⑤

性善虽然人人本有，人之不为善只是不为之，而非不能，这是他的自由选择，咎由自取。然而，为恶之人还寻找借口掩蔽过错，归罪于天生的

---

① 《原教》，见《陈确集》，第456页。

② 《孟子·梁惠王上》。

③ 《孟子·梁惠王上》。

④ 《性解上》，见《陈确集》，第447页。相同的说法，如“‘尽其心者，知其性也’，是性善断案。”（《答朱康流书》，见《陈确集》，第474页）

⑤ 《圣学》，见《陈确集》，第442页。

不济，如“生之谓性”（告子）、“气质之性”（宋儒）。他们横争无已，却是替不善诿过，岂不是助纣为虐吗？现实生活中人虽然依其本心则必为善，但人却常常受到感性欲望的束缚牵制而作行为抉择，为善或为恶？是人的自由选择，并为自己的抉择负责。如果停留在“生之谓性”，或者把为恶归咎于“气质之性”，那么作恶之人就可以说他们为满足自己的自然本能欲望的需求，或者说由于天生“气质”不备而为恶，便有所推卸，人便不用为自己的抉择负责任，将为不善之责归咎于人之天性本如此。所以，孟子道性善，“则天下将无弃人”、“具有至意”，为善之根据就在每个人心中，人人都有为善的可能性。把为善的可能性转化为现实性，就是知与行的合一，就是真正地“知性”。并非如当时（明末清初）一些理学家口诵“性善”而不付诸实行，这种言行不一致现象，就是“知性善，而又不力于善，即是未知性善”。[①] 乾初对此现象痛下针砭，从而对阳明“知行合一”大加赞赏，“阳明言格致，发明知行合一之理，有功于天下后世甚大，与孟子道性善同功”[②]。而孟子肯定性善，乾初认为是“更斩截言之，使自暴自弃一辈更无处躲闪”[③]。肯定人之能为善，自暴自弃者就不能推诿其责说天生如此而不能为善。故乾初赞孟子是“有功于孔门最大，功不在禹下者”[④]，让人皆能努力为善而无所推诿，其教化世俗之功实不下于大禹治水，使百姓安居乐业之功。

乾初在多个地方引用孟子“尽其心者知其性也”这句话，孟子说尽心知性，乾初则说“未有不尽心而能知性者”[⑤]，在“尽心知性”这一关系表述中可看出：乾初强调的焦点在“尽心”，即强调道德践履、力行实践，所以说“学者果若此其尽心，则性善复何疑哉”[⑥]。那么，“尽心”之“心”是什么含义？乾初说：“所谓尽心，扩而充之是也。”[⑦]

---

① 《圣学》，见《陈确集》，第442页。
② 《瞽言四·书后》，见《陈确集》，第475页。
③ 《性解上》，见《陈确集》，第447页。
④ 《气情才辨》，见《陈确集》，第452页。
⑤ 《与张考夫书》，见《陈确集》，第583页。
⑥ 《性解上》，见《陈确集》，第447页。
⑦ 《瞽言二·知性》，见《陈确集》，第443页。

又说：

> “本心者，道心也”，“良知非他，即吾所谓本心是也。”“致良知非他，即吾所谓兢兢无负其本心是也。”①
>
> “致良知犹言尽心。”②

在乾初这一系列的表述中，“尽心”的“心”即本心，而本心即是良知，但“良知未可谓知，必实致其良知于行，然后可谓之知，此知行合一之说也”③。只言本心、良知仍然不够，必须致良知，即必须力行实践。

在乾初强调性善的实践义立场上，他提出了“知性”与否的标准，即在于尽心，以实行完成性善、体现性善，达到知与行的合一，才算真正知性，真知须以力行辅。换言之，内在于人心的性善只是潜在的，必须依赖道德践履的工夫修养来实现完成。而“性”本于天，知性便能知天矣。在《知性》这篇短文中，乾初将“未尽心不能知性”的观点和盘托出。

> 今学者皆空口言性，人人自谓知性，至迁善改过工夫，全不见得力，所谓性善何在，恐自谓知性，非孟子之所谓知性者也。孟子本知性于尽心，正为时人言性终日纷争，总无着落。谓性有不善，固是极诬，即谓性无不善，亦恐未是实见，不若相忘无言，各人去尽心于善。尽心于善，自知性善，此最是反本之言，解纷息争之妙诀也。④

“尽心于善，自知性善”，乾初仍然是从实践意义上来强调性善，性善在何处见，在人尽心尽力处、在工夫修养处见。乾初认为此为探本之论，可惜时人纷纷吵嚷，言“性有不善”，言“性无不善”，而无一丝一毫工夫实践，并且还以为“知性”。其实，这种所谓的“知性”并非“孟子之所谓知性者也”。所以乾初痛切地指出他们“空口言性，人人自谓知性，至迁善改过工夫，全不见得力，所谓性善何在?”这是对孟子“尽其心者知其性也”的思想观点的发展。

---

① 《辑祝子遗书序》，见《陈确集》，第239页。
② 《与张考夫书》，见《陈确集》，第600页。
③ 《与张考夫书》，见《陈确集》，第599页。
④ 《知性》，见《陈确集》，第443页。

乾初所认同的“尽心于善，自知性善”，前提是“性善”内在于“心”。只要孜孜以求，尽其所当为，努力实践，就能“知性”。“尽心”的过程就是“求”的过程，就是工夫修养的过程。“尽心于善”就是“求则得之”，不“尽心于善”就是“舍则失之”，就是自暴自弃。“尽心于善”就是知性，知性就达到了圣学，而尽心以“求”的过程同时也是“学”成“圣贤”的过程，所以乾初的结论是“圣人可学而至”。

“求则得之，舍则失之，是求有益于得也，求在我者也”，圣学之谓也。夫求富贵而不得，犹不失为贫贱也，然且人人知求之，求之不得而不敢或惰焉。若夫不为圣人，直为非人而已，而人顾莫之学。学之可必至，而犹弗之学也，是必下愚而已矣。①

所以“若夫不为圣人”，那就是“直为非人而已”。性善内在于“心”，学之不已，求之不已，就是做到“人”了，强调尽心尽性以成圣。这有点东林党人顾宪成的弟子史玉池所说的“人心有见成的良知，天下无见成的圣人”② 的味道，乾初的老师蕺山也有类似的观点。③ 可见，乾初受其师之影响。在乾初论性善的文字中，表达这一观点的很多，如“尽心、尽才即是尽性”④，“学者果若此其尽心，则性善复何疑哉！”“尽心为善，自知性善”，“尽心为善，虽人人尧、舜可矣”⑤。“家庭日用，处处有尽心功夫，即处处是尽性功夫，吾辈只是当面错过耳。”⑥ 成就“圣人”工夫应从身边家庭日用、从日常生活的小节处着手，家庭日用处处体现尽心功夫，尽心功夫即是尽性功夫。

在谈论“尽心知性”的关系中，乾初还认为必须言及“天”，因为

---

① 《圣人可学而至论》，见《陈确集》，第152页。

② 《当下绎·过去未来》。转引自吴震《阳明后学研究》，上海人民出版社2003年版，第2页。

③ 参见吴震《阳明后学研究》，上海人民出版社2003年版，第2页。蕺山一方面肯定“良知本是见成”（《重刻王阳明先生传习录序》，见《刘宗周全集》第四册，浙江古籍出版社2007年版，第31页），另一方面又强调指出：“自古无现成的圣人。”（《人谱·证人要旨》，《刘宗周全集》第二册，《刘宗周全集》第四册，浙江古籍出版社2007年版，第9页）

④ 《气情才辨》，见《陈确集》，第454页。

⑤ 《性解下》，见《陈确集》，第451页。

⑥ 《与刘伯绳书》，见《陈确集》，第621页。

"天"是性之本原、根据，"不知天，则无以见吾性之本原"。其基本的思路是：由尽心而知性，由知性而知天，他说：

> 观大贤详言尽心之功，而学者可以反求矣。盖存养不二，尽心之全功也，而天、命、性在其中，学者何外驰哉！古有谓性为天所命者，非推高之词也，正欲合言之而使学者反求诸幽独之地焉耳。而时士不察，遂谓学不知性，则无以明吾心之体量；不知天，则无以见吾性之本原。于是言性者纷纷，曰天者亦纷纷，而诋何从定哉！吾他日亦尝言天矣，曰"物必有则"，而世犹疑。他日又尝言性矣，曰"人无不善"，而世念疑。呜呼！其亦弗思而已矣。……天下而无尽其心者也，天下而有尽其心者，岂复疑吾性善之说乎哉！而又何疑生蒸民之天已哉！故穹然而高者，非吾之所为天也，反之吾心与性，而天在矣。皇然而对者，非吾之所为事天也，密之存心养性，而事至矣。然亦有无可如何者。①

"天"是"性善"之超越根据，在此不赘，详见"本体"部分。在此我们要说的是：在"尽心—知性—知天"模式下，乾初找到了"为学"以成"圣"的路径，即从日用伦常处做尽心工夫。乾初认为只要"尽心"，则天、命、性即在其中，换言之，天道性命的具体内容由人的工夫修养实践来体现，天道性命由人道彰显展现。儒家说性是天之所命，并非将性推高虚悬于一个远离人的不可名状之境，而是为了使人在"无声无臭"、"不睹不闻"处也能够戒慎恐惧，即为了体现"性"、"天"的庄严性，使人对"性"、"天"存有敬畏之心，然后通过人尽心尽力践仁履德之工夫修养，反求天命于纯粹至善的人性之中。因为性既是由超越的天命所直贯下来而为一个超越的实体，又是内在于为每个人心中而为每个人所本有，它能够超越现实感性的生命，人们只要反求诸己便可以得之，"反之吾心与性，而天在矣"。乾初更进一步以"物必有则"言天道，是指天地万物都有实现其存在的规律，一切事物都有其所以然之理，这便是使万物得以生生不已的高深莫测的"形而上"的天道实体。此所以然之理，即是一个宇宙生化的秩序。这是就客观的存在来讲天道，它并非仅仅局限于人类世界，而是涉及

① 《尽心章》，见《陈确集》，第550页。

整个宇宙万物的存在界。然而，从人通过践仁履德的工夫修养实践可使天道之实义彰显而明朗，我们可以了解到，此宇宙的秩序实则为一个道德的秩序，即为天地万物的生化是道德意义的创造，而引发人道德实践的根据，即是使天地万物得以存在之根据。于是人的道德心性就不只是关涉于个体的自觉，而是通过道德实践的活动，与使一切存在都能够存在的天道相通，进而感受到天地万物的存在亦在此时才是真实的，故孟子曰："万物皆备于我。"这就是孟子所说的"尽心、知性、知天"也，用乾初的话表示即"本天而责人"、"责重人道，以复天道"。而诸儒言性是"离人尊天"，所以乾初批评时人"言性者纷纷，曰天者亦纷纷"，他对包括张载在内的先儒也有所批评：

> 张子尝云"学者求知人而不欲知天，求为贤人而不求为圣人，此秦汉以来学者大蔽"，不知正是张子蔽处。知人之尽，即是知天，贤人之尽，即是圣人，非有二也。①

乾初认为张载之言，使天、人分离，圣、贤隔断，乾初用一个"尽"字沟通天人与圣贤，认为"尽"就是孜孜为善从事道德践履，以力行以履仁，以至于尽善则自然由贤入圣；知人亦然，尽心知性自然知天，无有限隔。所以乾初认为张载的《正蒙》虽言天言圣，但说得玄深，未必可躬行实践。"《正蒙》大半是言天圣事，不若孔、孟之切实远矣。"② 尽心、知性、知天一气贯通，方可达到"圣域"。所以乾初仍然以"尽心—知性—知天"的模式强调"性善"的实践义。

以上我们从"实践义"讨论乾初所肯定的性善的含义，可以得到以下几点结论：(1) 对性善的肯定，性善人人本有。(2) 性善并非空口谈论即可"知"，"知性"与否在于力行以践仁而实现了性善，即尽心以知性，"未尽心不能知性"。(3) 圣人可学而至，由"尽心""知性"而"知天"一气贯通，最终可达到"圣人之域"。(4) 针对秦汉以来，性有不善说、性无善无恶说、性有善有恶说、性善恶混说、性分三品说等，"言性者纷纷"的状况，乾初认为最根本的解决办法是力行实践以践仁，著力于道德践履，"尽

---

① 《近言集》，见《陈确集》，第428页。
② 《近言集》，见《陈确集》，第428页。

心—知性—知天”。最后我们以这句话结束本内容讨论：“尽心于善，自知性善，此最是反本之言，解纷息争之妙诀也。”

四、“义理之性”与“气质之性”

从明代中叶，罗钦顺、王廷相就对“气”加以重视，到明末，气学的发展更盛，如蕺山云：“盈天地间一气也，气即理也。”[①] 到了清代，这种思想对乾初、梨洲有一定程度的影响，王夫之、戴震都主张求义理于气中，逐渐地把思维重心从“形上”转向“形下”经验世界，这种从“形上”到“形下”气化的视阈转移，在乾初那里，“气”在其人性论上，便是反对宋儒气质与性、“气质之性”与“义理之性”二元分裂、对立关系，而是强调气是性善的表现，“气质即义理”。需要指出的是，乾初主张义理之性与气质之性合一，但并不意味着其性论等同于荀子、告子偏就“食、色，性也”的“生之谓性”，以自然生命、生理欲求的经验而论性，不能以此而将乾初人性论归于下堕的自然主义。

宋明儒者把“性”区别为“义理之性”与“气质之性”，一方面承认“气质之性”为“义理之性”得以呈现的载体，所谓“论性不论气，不备”[②]，另一方面强调道德善恶的奠基，人生方向的贞定，仍只能在“义理之性”，即所谓“论气不论性，不明”[③]。从孟子“大体”、“小体”的区分便可隐约窥见“义理之性”、“气质之性”二分的影子，[④]“小体”指耳目之官，是形躯之体；“大体”指以仁、义、礼、智为内容的本心，是天之所予我之性，两者的关系是“以志帅气”和“先立其大者，则其小者弗能夺也”。“义理之性”与“气质之性”的分说始于张横渠：“形而后有‘气质

---

① 刘宗周：《学言中》，见《刘宗周全集》第二册，浙江古籍出版社2007年版，第408页。

② （宋）程颢、程颐《二程集》，中华书局1981年版，第81页。

③ （宋）程颢、程颐《二程集》，中华书局1981年版，第81页。

④《孟子·告子上》：“公都子问曰：‘钧是人也，或为大人，或为小人，何也?’孟子曰：‘从其大体为大人，从其小体为小人。’曰：‘钧是人也，或从其大体，或从其小体，何也?’曰：‘耳目之官不思，而蔽于物，物交物，则引之而已矣。心之官则思，思则得之，不思则不得也。此天之所与我者，先立乎其大者，则其小者弗能夺也。此为大人而已矣。’”

之性’。善反之，则天地之性存焉。故‘气质之性’，君子有弗性者焉。”[①]“气质之性”是随着形躯所产生，属于自然生命，“天地之性”则是指人的道德生命。横渠将人在自然生命中所表现出来的特殊性称之为“气质之性”。“天地之性”即为后来朱子所说的“本然之性”或“天命之性”，这是就人之道德创造的根源处所说的性，亦即是孔子所说的“仁”及孟子所谓“性善”。此外，人是有限的存有，不免有形体的限制与气质的偏杂，因此在人的自然生命处又可以说另一种性，一种不同于“义理之性”却又不能轻易抹杀的“气质之性”，此即是告子“生之谓性”以至汉儒所说的气性、才性。“气质之性”与“义理之性”的提出，是要正视人在道德实践过程中所可能遇到的困难与阻碍，因为“义理之性”固然是人人所本有，在实践的过程中却往往会受到“气质之性”的限制而无法呈现，故“义理之性”必须要不断地去克服变化“气质之性”。横渠接着说：“德不胜气，性命于气，德胜其气，性命于德。”[②] 朱子说得更明白：“人之为学却是要变化气禀，然极难变化。”[③] 不过即使“义理之性”能完全变化“气质之性”，它的具体表现仍离不开个体的生命，亦即“义理之性”要在“气质之性”的流行中表现，故横渠说“气质之性”“善反之，则天地之性存焉”。人之道德创造的具体表现虽不离“气质之性”，但是“气质之性”是要以“义理之性”为主宰，方能具体表现为道德创造。

朱子对于“气质之性”的理解，与横渠、伊川迥异。在横渠、伊川看来，“气质之性”与“天地之性”是两个互相独立的概念，但在朱子看来，“气质之性”并非与“天地之性”不同的另一种“性”，而是指“天地之性”堕于气质之中，与气质相杂，则称为“气质之性”，是“本然之性堕落于气质之中”，性在气中，故受到气的限制。即“气质之性”是“在气质中之性”的意思，此“性”仍是指超越的天命之性，不是就气质本身的刚柔清浊而说的一种“性”。横渠云：“形而后有‘气质之性’，善反之则天地之性存焉。故‘气质之性’，君子有弗性者焉。”又说：“人之刚柔、缓急，有

① （宋）张载：《正蒙·诚明篇》，见《张载集》，中华书局1978年版，第23页。
② （宋）张载：《正蒙·诚明篇》，见《张载集》，中华书局1978年版，第23页。
③ （宋）朱熹：《朱子语类》卷四，《朱子全书》第十四册，上海古籍出版社、安徽教育出版社2002年版，第198页。

才与不才，气之偏也。”① 横渠所谓“气质之性”，很明显的即是由气之参差不齐处而言之。然而大体来说，对于“气质之性”的理解，基本上都针对人在现实生命中道德实践的限制与阻碍。“气质之性”的分立，不但解决了在人的现实生活中何以有不善的质疑，使人与物之间的形质相异或是人与人之间的善恶相别等现象，都有合理的解释。在“气质之性”与“义理之性”的二分的体系下，确立“形上”的“义理之性”绝对的超越性与崇高性。在工夫上便是以体现这种超越而内在的“义理”为归依，并且对“治”作为道德实践中阻碍“义理之性”的气质人欲，以恢复人的“义理之性”的纯粹至善。

乾初反对宋儒这种“气质之性”与“义理之性”二分的人性论结构，其曰：

> 荀、扬语性，已是下愚不移。宋儒又强分个天地之性、“气质之性”，谓气情才皆非本性，皆有不善，另有性善之本体，在“人生而静”以上，奚啻西来幻指！一唱百和，学者靡然宗之，如通国皆醉，共说醉话，使醒人何处置喙其间？噫！可痛也。②

荀子的性恶论、告子的性自然论、扬雄的性善恶混论，宋儒分“义理之性”与“气质之性”都把“不善”归结于“自然本然”、天生的“气禀”，即归于“气质之性”，这是为“作恶”之人开脱。并且把“气、情、才”归于气质（恶的根源），在“人生而静以上”寻求玄虚的性善本体，于是，贬斥和否定了人力行实践的努力和现世道德修养工夫，故乾初认为是“通国皆醉，共说醉话”。其意旨相当明确：“气质之性”与“义理之性”合一。

> 诸儒言“气质之性”，既本荀、告，论本体之性，全堕佛老。如“性通极于无”等语，皆指本体言，尤罔世之甚者。性岂有本体、气质之殊耶？孟子明言气情才皆善，以证性无不善。诸子反之，昌言气情才皆有不善，而另悬静虚一境莫可名言者于形质未具之前，谓是性之本体，为孟子道性善所自本。孟子能受否？援

① （宋）张载：《正蒙·诚明篇》，见《张载集》，中华书局1978年版，第23页。
② 《性解下》，见《陈确集》，第451页。

儒入释，实自宋儒，圣学遂大泯丧，人心世道之术，从此始不可振救也。[①]

乾初接着探讨两个问题，一是认为分言“气质之性”的理论源头是荀子、告子。我们对此略作分析，“气质之性”的说法看到人在现实中是有形体限制的存在，人的气、情、才（包括性格、爱好、脾气等）是气质禀赋特殊性，就是人的自然生命中的种种特征，正如牟宗三所说的，这些自然禀赋是不能将其忽视与抹杀，故不得不就之而说一种“性”，此即“人的自然”之性。[②] 但这不是决定性的，起决定作用的是规定人之所以为人、能够实施道德创造的性善之本体（道德本心），即“义理之性”。乾初认为这些气质禀赋（气、情、才）不能被视为“恶”的根源，而是表现性善本体的才质，如果确实要把这种“自然之性”称为“气质之性”，而把性善本体称为“义理之性”，那么，“义理之性”就必须靠“气质之性”来表现。在理论（逻辑）上说，“气质之性”与“义理之性”合一，从实践上说，本体就在工夫中，本体是贞定工夫的，工夫是表现、实现本体的。二是指出宋儒“本体说”之弊病，是释家的“空”、道家的“无”，即宋儒所言本体之性是“另悬静虚一境莫可名言者于形质未具之前”，是虚置之本体，还说是来自孟子性善之本体。乾初认为这样虚谈本体是“圣学大泯”的原因。在这儿我们无意于否定“本体”的抽象性、超越性，本体是超越现象的实体，但本体与现象是相即不离的。乾初强调“气质之性”与“义理之性”合一、“气质”即“义理”，必然可以推出这样的结论：本体即工夫，“义理之性”即“气质之性”，性善本体通过“扩充尽才”（力行实践）来实现。乾初接着论述为何要反对“气质之性”与“义理之性”之分：

子言相近，则皆善可知，有不善则远矣。但孔子却说得浑融，不若孟子之直捷耳。要其指归，则一而已。后儒无识，罔欲调停孟、告之间，就中分出“气质之性”，以谢告子；分出本体之性，以谢孟子。不知离却气质，复何本体之可言耶？又曰“既发谓之

---

① 《圣学》，见《陈确集》，第442页。

② 参见牟宗三《心体与性体》（上），上海古籍出版社1999年版，第435~436页。

情"，曰"才出于气，故皆有善不善"。不知舍情、才之善，又何以明性之善耶？皆矛盾之说也。①

宋儒分本体、气质以言性，何得不支离决裂乎？性即是本体，又欲于性中觅本体，那得不禅！其曰"气质之性"者，是为荀、告下脚注也；曰"本体之性"者，是为老、佛传衣钵也。②

乾初仍然是肯定"性相近"即孟子性善之意，虽然孔子没有孟子说得直接，但却是一个意思。后儒却欲调停孟、告之间，解"性相近"为"气质之性"，又把孟子性善本体悬于"虚静无可名状之境"，既诬孔子又诬孟子，又诬气、情、才不善，一是为"荀、告下脚注"，二是为"老、佛传衣钵"。如上所述，"离却气质，复何本体之可言?"乾初认为，宋明诸儒把"义理之性"与"气质之性"对立起来，从而把性与气、情、才对立起来，这是支离；虚构一个独立存在着的性善本体，这是近于佛老之说，这种思想倾向就是他们贬斥工夫、直追本体的根源。

乾初认为孟、告的人性之辨是完全不同的，孟子是以"气情才皆善"来证明性无不善，告子则是以"食、色，性也"、"生之谓性"而言性无善无不善，因此，乾初肯定孟子的说法而反对告子的说法，"告子止说一性有不善，孟子犹深辟之"③。依乾初坚持孟子"性善说"的立场，如果按宋儒所说，分"气质之性"，以谢告子，分"义理之性"，以谢孟子。就会产生"两是"、"两非"之说，要么肯定孟子、告子，要么否定孟子、告子的悖论，这与乾初"是孟非告"的立场就不相符。此外，以"气质之性"来解说"性相近"，又将告子之说归于"气质之性"，那岂不是意指告子的学说近于孔子，而有"是告非孟"之意，这对主张"孔子之旨，得孟子而益明"④ 的乾初而言，自然更是要大力抨击之。因此他认为将性分为气质与义理，是取消了孟子性善之旨，亦违背孔子"性相近"之意，宋儒的说法实是背离孔、孟之旨。为解决"两是"、"两非"的矛盾，再看：

五百年来，学者皆知有本然之性、"气质之性"之分矣。其言

① 《气情才辨》，见《陈确集》，第452~453页。
② 《与刘伯绳书》，见《陈确集》，第620页。
③ 《气情才辨》，见《陈确集》，第454页。
④ 《性解上》，见《陈确集》，第447页。

本然之性，则佛氏所谓父母未生前是也。其言“气质之性”，则告子所谓生之谓性是也。而孔、孟之性学，于是不复明于后世矣。①

即如孟、告之辨性，决无两是之理，亦决无两非之理。宋儒言“孟子道性善，是谓本然之性，本然之性，原无不善，孟子之说是也；告子生之谓性，是言‘气质之性’，‘气质之性’，原有善有不善，告子之说亦是也”，则两是矣。“但告子只说得‘气质之性’，遗却本然之性，孟子亦说得本然之性，遗却‘气质之性’，未若张、程之说为全”，又两非矣，而可乎？且以孔子言相近，是指“气质之性”言，隐然跻告于孔，有是告非孟之意，非特两是而已。此说之至怪者也，而学者奉之为圣书，确甚惧焉。②

就“气质之性”与“义理之性”本身的思想内容来看，乾初认为性是绝对至善的，故不能认同宋儒将性划分为二，然后以“本然之性”为善，“气质之性”为恶，如此岂不变成性有善有恶之说。更重要的是，将人之恶归咎于“气质之性”的说法，便意味着“恶”是先天的、不可移（变）的，这将会使人产生诿过的借口，人们就可以将自己的过恶推卸在“气质之性”的差异而自暴自弃，从而放弃改过实践。因此若是言恶，便“不当以‘气质之性’四字成文”③；相反，若是以“气质”属“性”，那么气质便不该是恶。④ 因为乾初认为性是善的，宋儒以“气质之性”为恶，就等于是指性中有恶，这自然是他所反对的。此外，乾初认为宋儒所谓的“义理之性”言其“未发”、“人生而静以上”，是佛老之说，是在人之外或是形质未具之前虚悬一个性之本体，以此言性是有问题的。因此，他主张性是即工夫、即本体的，性是一，而且是绝对至善的。⑤

然而，乾初把“气质之性”与“义理之性”收归为一，并不意味着他取消了性体（天理）对于人的限制，也没有取消人的差异性。在把“气质之性”与“义理之性”收归为一的性善论前提下，乾初思想中表现了对道

---

① 《答朱康流书》，见《陈确集》，第473页。

② 《圣学》，见《陈确集》，第441页。

③ 《与刘伯绳书》，见《陈确集》，第466页。

④ 《与刘伯绳书》载：“既以气质属性，何得又以不善诬之？”（见《陈确集》，第466页）

⑤ 可参见杨于萱《陈确人性论研究》，2008年国立中央大学硕士论文，第61页。

德修养、成就道德、追求圣贤之境界时的高度道德紧张性，性善论已经包含着严格的道德修炼之意，如“人之为圣人也，直不为禽兽已矣”。“人之未完者且不可谓之人，如器焉，未完者亦必不可谓之器也。”因为乾初认为性善是人人可以为善，如果出现不善，是因为人不肯为善，而非不能为善，[①]取消了人诿过的借口，乾初认为“习于善则善，习于恶则恶”，故“习”不可不慎，主张“慎习复性”[②]来达到至善。从他的《圣人可学而至论》便可参看：

> 圣人非人耶？亦人也。使圣而非人也则可，圣亦人也，则人亦尽圣也，何为不可至哉！虽圣乎，于人之性曾无毫末之加焉；则人之未至于圣者，犹人之未完者耳。人之未完者且不可谓之人，如器焉，未完者亦必不可谓之器也。然则以非人为人则安之，以是人为人则疑之，是何异齐人而疑其不能齐语乎？夫齐人之为齐语也，直不学楚语已矣。人之为圣人也，直不为禽兽已矣。以齐人而学楚语尚可，以齐人而学齐语反不可，其谁信之？以人而入于非人尚可，以人而完其为人反不可，又谁信之？以为有生质之限乎？吾未见参之鲁遂有过于赐之达、求之艺也。纣之强敏辩智，远出箕、微、周、武诸人下也。然参不害为贤，而纣无救于暴，则何生质之足恃哉！[③]

所谓的圣人，只是人完成自我内在的道德本性，其性跟凡人之性是一样的，并不会因为成圣之后，于性就会有丝毫之加。然而人有“生质”上的差异，如以曾子之鲁钝不若子贡之通达事理、冉有之多艺，纣王的强敏辩智远超过周公、武王等人，但是决定人之为君子还是小人，是在“求则得之，舍则失之”的道德本性实践与否，故生质之鲁无碍于其为贤，生质

① 《原教》载：“孟子道性善，初非谬为是言，以姑诱人于为善而无其实者。性善自是实理，毫无可疑。今人只是不肯为善，未有为善而不能者。惟其为善而无不能，此以知其性之无不善也。”（见《陈确集》，第456页）

② 《气禀清浊说》载：“善恶之分，习使然也，於性何有哉！故无论气清气浊，习于善则善，习于恶则恶矣。故习不可不慎也。‘习相远’一语，子只欲人慎习，慎习则可以复性矣，斯立言之旨也。……《中庸》有云：‘人一己百，人十己千，虽愚与柔，必明必强。’非即吾子慎习复性之说乎！”（见《陈确集》，第455页）

③ 《圣人可学而至论》，见《陈确集》，第152页。

之美亦无改于其暴。从这里可以看出人的存在有两个面向：决定人之所以为人的内在道德性，即乾初所谓的“圣凡皆同之性”，以及不足以决定人存在的价值意义之外在的、自然的属性，即此处所举的生质之异。[①]

五、以气见性

乾初认为性不可见，需要借由气、情、才来具体表现人之性善，气、情、才是性之良能，而人性有善无恶，故气、情、才亦有善无恶。他一再强调“性”由“气”来表现。

> 一性也，推本言之曰天命，推广言之曰气、情、才，岂有二哉！由性之流露而言谓之情，由性之运用而言谓之才，由性之充周而言谓之气，一而已矣。性之善不可见，分见于气、情、才。情、才与气，皆性之良能也。天命有善而无恶，故人性亦有善而无恶；人性有善而无恶，故气、情、才亦有善而无恶。……《中庸》以喜怒哀乐明性之中和，《孟子》以恻隐、羞恶、辞让、是非明性之善，皆就气、情、才言之。气、情、才皆善，而性之无不善，乃可知也。孟子曰“形色天性也”，而况才、情、气质乎！气、情、才而云非性，则所谓性，竟是何物？[②]

在乾初看来，“气”是指“性之充周”，是性善之所以能够表达，为人所知、所见的媒介，性善虽是人人所本有，是普遍的、必然的、绝对的、超越的，却不知如何把握，唯有透过“形而下”的气、情、才来呈现此“形上”的性，使人的道德性善可以具体表现于个人的种种生命活动中。气、情、才都是人生而具有的能力，它们可成为性善本体的具体表现之资质，没有气、情、才，人之性善便无从落实而呈现出来，从而道德性善便失去了真实的意义。故《中庸》、《孟子》透过喜怒哀乐、恻隐、羞恶、辞让、是非等论性善，气、情、才的具体呈现为善，而能使人体证到性亦是

① 参见王瑞昌《陈确评传》，南京大学出版社2002年版，第291~292页。
② 《气情才辨》，见《陈确集》，第451~454页。

善的。从另一方面来说，性本于天，[①] 是有善无恶的，故性体落实到人的生命活动中而表现出来的气、情、才亦是有善无恶的，在这一意义上可说气、情、才皆善，乾初是在这样的思维下而不以“气”为恶，因为“气”是表现性体的资质，如果视“气”为恶，就等于承认人性亦为恶。所以乾初主张，作为体现性善的气、情、才是善的，而把人性之恶归之于“习”。要之，以气善、情善论性善。

乾初以气见性善的观点是受到他的老师刘蕺山的影响。蕺山认为喜、怒、哀、乐四气之流行即是仁、义、礼、智，此四气之流行，既然等同于四德，自是属于纯善的，亦即是性。蕺山是即气而言性，就是说，不可离气言性。蕺山认为性不可见，而是要即心见之，心是气，故性要在气上见，应该说乾初的“以气见性”之观点和他的老师“性要在气上见”的观点是相同的。乾初对于蕺山的“气质之性”发表看法：

> 先生所谓“人只有气质之性”。谓气质亦无不善者，指性中之气言。性中之气，更何有不善耶？阳明亦云：“性之善端在气上见，恻隐、羞恶、辞让、是非即是气。”如是，则虽曰“气质即义理”，亦无不可，犹云“性即理”也。弟实未尝有气质即义理之说，因兄屡提驳此语，故复为拈出。盖孟子言心言情言才言气，皆是言性，分之无可分。程子曰“性即气，气即性”，是也，而其所以言性气，则非也。宋儒之言，处处为告子洗发，真是千秋知己。以不善诬情才，兄既不能为宋儒解矣，尚复何疑于气质耶？盖指习气言，即不当以“气质之性”四字成文；既以气质属性，何得又以不善诬之？此等处极易分晓，而宋儒茫然，前无孔、孟，后无来学，任臆胡说，是可痛恨耳。诬气即是诬性，是明助告子

---

① 在乾初那里，强调性善本体的工夫实践义，并不意味着他否定了性之本体，更没有否定性之本体的超越根据——天道的存在。他所重视的是道德的实践，也即注重“人道”的问题。一方面，性体为先天本有，承认性本于天，承认性善本体的超越性、确定性的绝对至善与成圣的保证。另一方面，天道的具体内容则需要由人的道德实践来彰显、实现，即由气、情、才来具体呈现性善，其“天理正从人欲中见”、“从人欲中体验天理”、“必从人欲恰好处求天理”等，即是由“人道”彰显“天道”，由气、情、才呈现性善之本体。

攻孟子，不敢不力辨也。[1]

乾初认为蕺山“人只有气质之性”的“气”并非是就物质意义上的气而言，而是指“性中之气”，是由性之具体呈现处来谈气，通过气的呈现而可以使人体认到性之善端，因为恻隐、羞恶、辞让、是非等性的善端都是属于气，它们是人的道德善性的具体呈现，故“气”是善的，就气质是作为义理的载体，而具体呈现出义理来说，可以说“气质即义理”。乾初认为孟子在谈论气、情、才时，都是就性而言，因此作为“性之流露”的“情”、“性之运用”的“才”、“性之充周”的“气”并非是恶的，相反，对于性体之善正是要从这些道德本性的具体活动中体悟，从道德实践之具体活动的气、情、才之善，以见性之无有不善，因此乾初说：以气、情、才为恶，此“诬气即是诬性”，不可不辨之。然而，乾初在面对刘伯绳屡次反驳“气质即义理”一语，他却说“弟实未尝有气质即义理之说”，此是何解？这段是乾初针对刘伯绳“止就气质言，便万有不齐，安得遽谓之善”的批评所作出的回应，从此处看，刘伯绳应是依循着宋明儒义理与气质二分的说法来反对乾初，他认为气质是万有不齐，是“形而下”的气化活动，有善的倾向，亦会有恶的倾向，而人之性善是就一超越的道德创造之根源处言之，是纯然至善的，故“形上”之义理与“形下”之气质的对立是必然的。从乾初否认自己有气质即义理之说来看，他并不认同刘伯绳对自己的批评，亦即是他认为自己的主张并非是如刘伯绳所批评的，是将超越意义的“义理之性”给抹杀，把“形上”之性归于“形下”之气质。从上面的分析来看，乾初是在“性之善端在气上见”的前提下说“虽曰‘气质即义理’，亦无不可”，就气质是性善的具体呈现处而言“气质即义理”，也不是不可以。当然，乾初是在“性之善端在气上见”的前提下而说“气质即义理”。

气质是就道德实践的工夫义，而义理则是超越的本体义，即体即用，当透过人的践履而使性善呈现时，便是“工夫即本体也，无工夫亦无本体矣”。[2] 但义理（性）仍有其独立性，虽须透过气质来呈现，却不会因为人

① 《与刘伯绳书》，见《陈确集》，第466页。
② 《与刘伯绳书》，见《陈确集》，第467页。

的实践与否而有所增减，[1] 要之，乾初强调气无不善，性善要于气上“见”，并不意味着他抹杀了宋儒所建构的“形而上”的性善本体，从而把性善本体下堕为“形而下”的自然主义。相反，乾初是在性善本体的前提下，强调通过气、情、才来表现性善本体。

六、扩充尽才始见性之全

乾初认为性善本体是人人具有，而后天不能有所增减之本体，此本体并非空口言谈所能契入，而是需要工夫的修养、实践才能实现本体。“盖人性无不善，于扩充尽才后见之也。如五谷之性，不艺植，不耘不耔，何以知其种之美耶?”[2]

乾初强调超越的性善本体需要“扩充尽才”的工夫实践，否则只能是“脱空杜撰”，唯有通过尽心的工夫实践才能够知性之善，性善本体需于“扩充尽才”后才能使其在工夫实践中才得以证成，就如同谷种要经过种植耕耘后才能知道其良种之美。

> 薅蓘勤而后嘉谷之性全，怠勤异获，而曰麰麦之性之有美恶，必不然矣。涵养熟而后君子之性全，敬肆殊功，而曰生民之性有善恶，必不然矣。[3]

虽然谷物需要勤于锄草培养后，才能使嘉谷之性全，然不勤于种植并无碍于种子本身之美性，不可因怠惰不耕与辛勤耕作之别而说麰麦之性有好坏之分。孟子亦曾以谷种为例，强调人性虽善，但仍须经过工夫修养实践才能成就性善，不能只是停留在开端的状态，其曰：“五穀者，种之美者也；苟为不熟，不如荑稗。夫仁亦在乎熟之而已矣。”[4] 孟子认为品种良好的谷物若不成熟，反而不及作为家畜饲料的荑稗，说明性善是要经过工夫修养实践才能“全性”。

---

① 《答朱康流书》载：“要虽仁至义尽，岂于天命之性有加毫末耶?”（见《陈确集》，第473页）

② 《性解上》，见《陈确集》，第447页。

③ 《性解上》，见《陈确集》，第448页。

④ 《孟子·告子上》。

对于乾初所说的“性全”之“全”，并非指性体本身有所欠缺不足而需后天发展完成，而是指人性经教养成就的实践意义而言，经由工夫而使人之性逐渐发展至善，如说“非教养成就能有加于生民之性，而非教养成就，则生民之性不全”①。性善本体是后天工夫修养所不能有丝毫增减的，故此处之“全”应理解为性善需要不断努力奋发实践、扩充，才能够呈现出来，由此而言“性全”，乾初强调“扩充尽才”的工夫以使性体能时时呈现。其云：

然爱亲敬长，犹性而未全，必须学问；恻隐、羞恶、辞让、是非之心，亦性而未至，必须扩充。要虽仁至义尽，岂于天命之性有加毫末耶？②

孟子言及四端时说：“凡有是四端于我者，知皆扩而充之矣，若火之始然，泉之始达。苟能充之，足以保四海，苟不充之，不足以事父母。”③ 恻隐之心是仁心呈现之端绪、四端是仁义礼智的初生开始，一旦能够逆觉之，不使其滑转流失，又扩而充之，便可以生发种种道德行为，而足以保四海、安天下。四端虽需“扩充之”而不使其滑转流失，能时时存养于本心中而不梏失，但不可将性体理解为其本身先天不足，需经发展培养而后方可完成之意。④ 由此来看乾初之言，恻隐、羞恶、辞让、是非之心，若无扩充之工夫实践，性善之实现便不能完全，要经过不断的工夫修养达到一定的程度，性善便能完全地呈现出来，由此言“性之至”。

同样地，爱亲敬长亦是性善本体落实在日用伦常的具体表现，并非只是经由知识的学习后才会爱亲敬长，而是说，知识学问有助于爱亲敬长的道德行为的工夫实践在日用伦常的现实生命活动中顺利展开，即后天的知识学问使爱亲敬长之心能够践仁履德实践性善，如此而言“性之全”。要

① 《性解下》，见《陈确集》，第450页。
② 《答朱康流书》，见《陈确集》，第473页。
③ 《孟子·公孙丑上》。
④ 此可参见杨泽波先生：“人初生即有善端，扩而充之，即成圣贤，这种情况同草木之初即有参天的潜能，充其发展，即可成为参天之木是一样的。如果人不能成为圣贤，原因并不在初生之质不好，没有这方面的才能，只在于这种初生之质，这种潜在的才能没有得到充分的发展。”（《孟子性善论研究》，中国社会科学出版社1995年版，第32页。相关论述还可参看本书，第42～45页）

之，乾初强调性善本体要在“扩充尽才”后见“性之全”。

爱亲敬长、四端之心虽需要修养、扩充后以致性之全，然而乾初随即又说：“要虽仁至义尽，岂于天命之性有加毫末耶?”此也是我们判定乾初论性善具有超越性之根据，前文已述，在此不赘。可见，“性之全”之意并非指性体本身有所不足而需后天发展完成，而是就实践意义上的性善之呈现。乾初更直言“未穷之理不可以为理，未尽之性不可以为性”[1]，人之性未“全”、“未完”者，不可谓之“人”，就如一件器物没做成一样，不能称之为器物。他以中庸的“至诚尽性”来说诚有未至，即性有未尽，故不可以未尽之性为性，此亦是就工夫实践而言之，诚之未至犹性之未尽，没有诚之工夫实践就无法使“性”完全地实现而呈现出来。乾初进一步指出：

> 无论人生而静之时，黝然穆然，吾心之灵明毫未间发，未可言性；即所谓赤子之心，孩提之爱，稍长之敬，亦萌而未达，偏而未全，未可语性之全体。必自知学后，实以吾心密体之日用，极扩充尽才之功，仁无不仁，义无不义，而后可语性之全体。故曰“成之者性也”，曰“尽其心者，知其性也”。[2]

乾初反对宋儒在“人生而静、心之未发”时“另悬静虚一境莫可名言者”[3]为性，他曾言：“孝弟而非性，将悖逆反是性乎？孩提知爱，少长知敬，不学虑之知能反不是性，更指何者为性?”[4]即认为：赤子之心、孩提之爱、稍长之敬等皆只是性之萌发，偏而未全，故不可说此为性之全体，而要在实践与扩充后使“仁无不仁，义无不义”，才能说是性之全体。这并非意味着乾初不承认赤子之心、孩提之爱、稍长之敬不是性。而是，有了这些善端，再以工夫实践来加以扩充，就如孟子所说：“苟能充之，足以保四海；苟不充之，不足以事父母。”

虽然性体是粹然至善的，借由本心的发用而可以使之随时呈现，但这

---

① 《答张考夫第二书》，见《陈确集》，第592页。相关的论述还有：“非教养成就能有加于生民之性，而非教养成就，则生民之性不全。”（《性解下》，见《陈确集》，第450页）再如“人之未至于圣者，犹人之未完者耳。人之未完者且不可谓之人，如器焉，未完者亦必不可谓之器也。”（《圣人可学而至论》，见《陈确集》，第151页）

② 《与刘伯绳书》，见《陈确集》，第467页。

③ 《圣学》，见《陈确集》，第442页。

④ 《学而第一疏略》，见《陈确集》，第539页。

只是基于道德理性的假设，至善的性体能否在人的现实生命活动中发挥道德创造表现出道德的行为，这取决于人尽心尽力地“扩而充之”。因为，人受后天环境的影响及私欲的障蔽而表现为“人心”，与“人心”对应的是“道心”（道德理性）。在“人心”的包围中，性体只是偶然乍现，未必能产生真正的道德行为。在“道心”与“人心”的搏斗中，道德理性能否阻止不断滑落的“人心”，取决于人的主观能动性，即尽心尽力地“扩充”性体，能有恒久不已、坚持不懈的工夫修养实践，贞定“本心”、彰显性善之体，践仁履德而最终表现出道德行为。为了防止人在现实生活中随波逐流放失本心而成为“自暴自弃者”，乾初强调人必须透过工夫的修养扩充才能，使性体时时呈现并实践之，唯此才可称得上“性之全体”，此并非是说性有不足而需后天发展完善，而是指在坚持不懈的工夫实践下，性体不断地全面彰显出来。乾初云：

> 如人皆有不忍人之心，却不肯扩充。故不充，则惟乍见时有此恻隐之心，而止见吾仁之一；充之，则满腔子皆恻隐之心，而有以见吾仁之全体矣。①

乾初在此更清楚地表达了此意，此“不忍人之心”若不加以扩充，便只是“吾仁之一”，偏而未全，要经过扩充工夫，使满腔皆是此恻隐之心，则此即为“吾仁之全体”。他认为“无念非恻隐，无念非羞恶、辞让、是非之心，而时出靡穷焉，斯善矣”②。通过工夫修养的实践使四端之心能够扩充至“无念非恻隐，无念非羞恶、辞让、是非之心”，并且无时无刻皆使“本心”发用、呈现，每个念头都是发自道德本心，如此才可言知性，这已是修养成德后之境界，需要尽心尽力、坚持不懈的努力来锻炼人的意志，使每一个念头皆能符合于道德本心，并且能时时呈现，如此才是乾初所谓“至善”的境界。

---

① 《与张考夫书》，见《陈确集》，第583～584页。

② 《性解上》，见《陈确集》，第448页。

乾初通过对《易传》“继善成性”[①] 独特的解释来发展其强调工夫实践义的人性论。

> 《易》“继善成性”。皆体道之全功，正对下仁知之偏而言，而解者深求之，几同梦说也。一阴一阳之道，天道也，《易》道也，即圣人之道也。道不离阴阳，故知不离仁，仁不能离知，中焉而已。故曰“一阴一阳之谓道”。即《中庸》中节之和，天下之达道也。继之，即须臾不离，戒惧慎独之事；成之，即中和位育之能。在孟子，则“居仁由义”、“有事勿忘”者，继之之功；“反身而诚”、“万物咸备”者，成之之候。继之者，继此一阴一阳之道也，则刚柔不偏而粹然至善矣。如曰：“恻隐之心，仁之端也。”虽然，未可以为善也。[②] 从而继之，有恻隐，随有羞恶有辞让有是非之心焉。且无念非恻隐，无念非羞恶、辞让、是非之心，而时出靡穷焉，斯善矣。成之者，成此继之之功，即《中庸》“成己仁也，成物知也，性之德也”之谓。向非成之，则无以见天赋之全，而所性或几乎灭矣。故曰：成之谓性。故曰：言体道之全功。[③]

乾初认为“继善成性”是讲工夫的，即所谓“体道之全功”，然而从“工夫即本体也，无工夫亦无本体矣”[④] 看，“虽谓‘继善成性是本体’亦

---

① “继善成性”出于《易传·系辞上》第五章：“一阴一阳之谓道，继之者善也，成之者性也。仁者见之谓之仁，知者见之谓之知，百姓日用而不知，故君子之道鲜矣。”詹海云认为：“继善成性”是理学家言人性论与本体论的重要根据。（参见詹海云著《陈确人性论发微》，见《清初学术论文集》，文津出版社1992年版，第215页）王瑞昌认为：乾初对“继善成性”的独特解释反映着乾初的思想倾向。（参见王瑞昌著《陈确评传》，南京大学出版社2002年版，第277页）

② 乾初并非不知四端之心即是善，此处说四端“未可以为善”只是为了强调必须有“继之”、“成之”的工夫实践来彰显人的性善本体，使其能时时呈现，否则“无以见天赋之全，而所性或几乎灭矣”。因为乾初说过：“孟子以恻隐、羞恶、辞让、是非明性之善”（《气情才辨》，见《陈确集》，第453页）、“恻隐之心人皆有之，能尽恻隐之心，然后知吾性之无不仁。羞恶之心人皆有之，能尽羞恶之心，然后知吾性之无不义。辞让是非之心，莫不皆然”，（《知性》，见《陈确集》，第443页）这些都是以四端之心来证明人性之善。

③ 《性解上》，见《陈确集》，第447～448页。

④ 《与刘伯绳书》，见《陈确集》，第467页。

得”[1]。乾初以“道不离阴阳”来说“道之全功”，无法兼具阴与阳便不是道之全，就如同“仁”与“智”，偏于一隅皆是未臻于“中节之和”[2]。“继善成性”，所继者即是刚柔不偏、粹然至善之天道，而继之即是“须臾不离，戒惧慎独之事”。乾初认为恻隐之心只是仁之端，需要有“居仁由义”、“有事勿忘”等继之的工夫实践，使此恻隐之心扩充至无念非恻隐、羞恶、辞让、是非之心，且能“时出靡穷”，如此才可为善。此处王瑞昌认为乾初言恻隐之心未可以为善，有所偏颇，因为就孟子来看，四端之心虽只是性所呈露出的善端，不稳定，易梏亡，但其性质即已是“善”，故孟子说“恻隐之心，仁也”[3]。然而由前文可知，乾初于此只是强调要将性体呈现出来的工夫修养，唯有在工夫实践中始能证成人性之善，故要以须臾不离、戒惧慎独、居仁由义、有事勿忘等工夫实践来成之，否则“无以见天赋之全，而所性或几乎灭矣”。“性或几乎灭矣”并非指性体本身存有之消灭，而是，假若没有实践性善而使之呈现，性体在人身上便失去了其真实的意义，故言“性或几乎灭矣”。

乾初又以《易经·乾卦》来说明“继善成性”之意，进一步强调工夫实践对于“全性”之意义：

> 资始、流形，言天之生物也；各正、葆合，言天之成物也。物成然后性正，人成然后性全。物之成以气，人之成以学。人物之性，岂可同哉！且《大象》何不言“万物资始，各正性命”，而必系之“乾道变化”之下？又何不曰“元亨者性情也”，而必系之“利贞”之下乎？非元始时无性而收藏时方有性也，谓性至是始足耳。注：“收敛归藏，乃见性情之实。”[4] 此其解也。今老农收种，必待受霜之后，以为非经霜则谷性不全。此物理也，可以推人理

---

① 《与刘伯绳书》，见《陈确集》，第467页。

② 王瑞昌认为乾初以仁智与阴阳相配是本于朱子之说，朱子在《周易本义》中注《系辞》时有“仁阳知阴，各得是道之一隅”之说，与乾初“道不离阴阳，故知不能离仁，仁不能离知”以仁智与阴阳相配有相同之意。(《陈确评传》，南京大学出版社2002年版，第277页)

③ 参见王瑞昌《陈确评传》，南京大学出版社2002年版，第284~285页。

④ 元注。此注出于朱熹《周易本义》，《周易文言传》卷七，见《朱子全书》第1册，上海古籍出版社、安徽教育出版社2002年版，第149页。

矣。君子语性，不当智出老农下也。是故资始、流形之时，性非不具也，而必于各正、葆合见生物之性之全。孩提少长之时，性非不良也，而必于仁至义尽见生人之性之全。继善成性，又何疑乎?[①]

《易经·乾卦·彖》曰："大哉乾元，万物资始，乃统天。云行雨施，品物流行。大明终始，六位时成，时乘六龙以御天。乾道变化，各正性命。保合太和，乃利贞。首出庶物，万国咸宁。"又《文言》曰："《乾》元'亨'者，始而亨者也；利贞者，性情也。"乾道的变化过程为元、亨、利、贞四个阶段，万物之具有"元亨利贞"四德，并非从一开始便是全有的，而是在"乾道变化"过程中逐渐形成的。[②] 从利、贞处说性情即是从个体之成处说"各正性命"。从利、贞处见个体之成，即见性情之实，亦即见性命之正。[③] 故若就个体之成处言，于收敛归藏而见性情之实，当然此并非意味着"元"始之时人就无此性，需到收藏后方能有性，而是要经过"扩而充之"的工夫修养实践后，性善本体方能完全表现出来。乾初从天道生物成物的历程来看，资始流行之时便已具性，此是就性体之存有而言，然仍需待各正、葆合，使此性体能够全幅彰显，这乃是就性体的实践意义而言。人在孩提之时，其性与常人都是一样善，即便是圣人之性与孩提之性、凡人之性都是无差别的，[④] 然而受到感性生命的影响，性体需要仁、至、义、尽等工夫修养实践才能使其呈现、实现出来，如此才可说"性全"，才可说知性。

由乾初对"继善成性"的理解可看出其重视工夫实践的思想特色，故其"扩充尽才始见性之全"并非指性体本身有所欠缺而需后天发展完成，而是指人性经教养成就的实践意义而言，经由工夫而使人之性逐渐发展至善。唯有通过工夫修养实践，才能使性体具体地呈现，而人亦在道德实践中真正体证到此刚柔不偏而粹然至善的性体。

---

① 《性解下》，见《陈确集》，第449~450页。

② 参见詹海云《陈确人性论发微》，见《清初学术论文集》，文津出版社1992年版，第216~217页。

③ 参见牟宗三《心体与性体》(上)，上海古籍出版社1999年版，第33页。

④ "虽圣乎，于人之性曾无毫末之加焉。"(《圣人可学而至论》，见《陈确集》，第151页)

以上我们谈了性体先天俱足，需要经过工夫修养实践，“扩充尽才始见性之全”。蒙文通把乾初的“扩充”显现性善之理论称为“发展论”，认为这是宋明理学新的进步或发展。他说：

> 弟于五十以后，始深有所觉，乃独有契于陈乾初。明清之交，必以此公为巨擘。盖当程朱与陆王皆有弊，唯斯人能烛其隐微而矫之。仅王船山略与乾初有接近处，戴东原、焦理堂辈似亦欲挽宋明之弊，惜所得不深。……梨洲初不惬于乾初之学，乃益晚而益契之，其序《学案》似已有得于陈氏。陈氏《性解》诸篇，纯由发展论以言性，深有合于孟子之旨。宋明儒者虽持论各别，然其囿于先天论则一耳；则清初之学，实有鉴于前世之弊，不得不起而挽之。①
>
> 宋明人大致可说多少都有先天论（预成论）的错误，明末清初诸儒对此多少有些怀疑，终是把这个问题解决不了。依我看，是陈乾初（确庵）解决得深些，其次是王船山，但已不及陈了，顾、黄更不及陈。黄梨洲为陈作了三次墓铭，文章改了两次，他在三次中对陈氏学术的认识一次比一次深，但终未深了解陈学。陈是以发展论来补救宋明人的先天论来讲性善论的，也是宋明理学新的进步（发展）。②

关于人性“发展论”，我们在本章开头已作过讨论，在此不赘。蒙文通看到乾初发挥孟子以来“扩充尽才”的思想价值，无疑是睿见，但不能把乾初归结到人性“发展论”。陈来很重视从王船山到戴震这一条人性“发展论”学术脉络，认为清初思想家们的“哲学问题意识或哲学思考的范式仍来自理学……反佛、崇经、重气、致用是他们共享的思想基调”。他们重“实行”、重“经世”和严肃的道德实践。③ 乾初说人性是“非教养成就能

---

① 蒙文通：《致郦衡叔书》，收于蒙文通著《先秦诸子与理学》，广西师范大学出版社2006年版，第320页。

② 蒙文通：《答洪廷彦》，收于蒙文通著《先秦诸子与理学》，广西师范大学出版社2006年版，第324页。此文又见《古学甄微》，巴蜀书社1987年版，第163页。

③ 陈来：《诠释与重建：王船山的哲学精神》“绪言”，北京大学出版社2004年版，第16页。

有加于生民之性"[1] 的，"要虽仁至义尽，岂于天命之性有加毫末耶?"[2] 性本于天，先天俱足，性为天之所命而具有超越性，这是保证人道德践履成圣成德的根据，这根据就是天命。"天命有善而无恶，故人性亦有善而无恶。"[3] 人性之善不是经验层面上相对的善，而是具有超越性、绝对性、普遍性的至善。[4] 于此，我们不妨看《性解上》中，乾初对于"继善成性"的再解释："继之者，继此一阴一阳之道也，则刚柔不偏而粹然至善矣。""一阴一阳之道，天道也，易道也，即圣人之道也。"[5] 他清楚地指出天道是刚柔不偏而为粹然至善的，以此为根据的性善本体也是至善的。由于人性本于天命，才能贞定住其可超脱出感性生命而为善，保障了人人皆能成圣，圣凡之别并非本质上的差异，[6] 关键只在于能否尽心尽力做工夫实践，"扩充"性善。

正如陈来所说，清初思想家们的"哲学问题意识或哲学思考的范式仍来自理学"。在乾初人性论中，其问题意识仍然来自理学，性善本体就是先验的、超越的、纯粹至善的抽象实体，这一点与宋儒谈本体的方式是一致的。此性善本体是人人具足，是人成德入圣的根据和保证，道德实践的方向要由此性体贞定。这是乾初人性论中的先天论。但不像宋儒那样认为"人生而静以上"、"未发"之性体下堕在"气"中。乾初认为此超越的性体就在"气"中，"性"由"气"上见之，从这一观点可推出：人性无不善，但必须通过"扩充"才能得以展现，必须通过力行实践，人的性善才

---

① 《性解下》，见《陈确集》，第450页。

② 《答朱康流书》，见《陈确集》，第473页。

③ 《气情才辨》，见《陈确集》，第452页。

④ "善之中又有善焉，至善之中又有至善焉。"使人认为乾初似乎是从经验层面上言相对的恶与善，但他在此的意思是指为善去恶是没有止境的，即从工夫实践上说。若是预期有一至善之地，认为只要达到于此即止步，那么人的道德实践就会像是有个终点，然如《论语》之"任重道远，死而后已"，以文王之圣却仍"望道而未见"，可见道德实践是永无止境的，必须要不断地努力，不能懈怠，故乾初说："君子之于学也，终身焉而已。则其于知也，亦终身焉而已。故今日有今日之至善，明日又有明日之至善，非吾能素知之也，又非可以一概而知也，又非吾之聪明知识可以臆而尽之也。……是故以尧、舜之神焉而犹病，文王之圣焉而'视民如伤，望道而未之见。'"（《大学辨》，见《陈确集》，第554页）

⑤ 《性解上》，见《陈确集》，第448页。

⑥ 乾初说："虽圣乎，于人之性曾无毫末之加焉。"（《圣人可学而至论》，见《陈确集》，第151页）

能得以实现，人心本无所谓天理，天理须从人欲中见，“气质之性”即“义理之性”。“扩充尽才”、力行实践，这方面即是后天的工夫修养论，而与人性“发展论”有别，要之，乾初的人性论是先天论与后天工夫论的统一。“以气见性”的思想还可进一步推出：本体与工夫的统一，如他所说“工夫即本体也，无工夫亦无本体矣”。故乾初的人性论是以“理”（性体）为首出，通过力行实践、工夫修养去彰显性善本体的，不是下堕的自然主义人性论。

第三章 理欲论

陈乾初力图打破天理、人欲相对立的观念。作为一种新理欲观，乾初偏重强调道德价值之“经验面”所呈现的经验取向，以及他绾合理、欲，而认为“欲即是人心生意，百善皆从此生”[①] 等，其主要作用在于对明清新义理思想有发端之功，乾初及同时代的思想家开创的这一方向，到乾嘉时期戴震那里得到了义理深化。而从乾初到戴东原的新理欲观，已经能够在理论方面对于宋明理学的“存理灭欲说”作出有力突破了。黄宗羲对陈乾初新理欲观有“其于圣学，已见头脑”的评论，肯定陈确在某些方面是“深中诸儒之病者有之”，但同时对陈确又有所批评，“或主张太过，不善会诸儒之意者亦有之”[②]。为什么会产生既肯定又否定的评价？可从黄宗羲为陈确所撰写的墓志铭来看，在《陈乾初先生墓志铭》中，他归纳出陈确最重要的论点，即：

> 常人之所欲，亦即圣人之所欲也。
>
> 人心本无天理；天理正从人欲中见，人欲恰好处，即天理也。向无人欲，则亦并无天理之可言矣！[③]

乾初最能突破宋明理学义理的地方，在于其《大学辨》，他在理论方面反对理学理、欲对立下的天理、人欲判分为二以及由此而来的“存理灭欲”的义理主张。陈确强调“人欲正当处，即天理也”。“从人欲中体验天理，则人欲即天理。”[④] 日本学者沟口雄三认为：明末清初思想中对“人欲”、

---

① 《无欲作圣辨》，见《陈确集》，第461页。

② 黄宗羲：《陈乾初先生墓志铭》二，见《陈确集》首卷，第7页。

③ 《无欲作圣辨》，见《陈确集》，第461页。又见黄宗羲《陈乾初先生墓志铭》二，《陈确集》首卷，第7页。

④ 陈确：《近言集》，见《陈确集》，第425页。

“私”作正面的肯定，但并没有将“天理”放逐到负面坐标上去。[①]乾初企图从理论方面建立起道德新标准的根据，使儒学长期以来一直处于对立状态的理欲观，能够从冲突对立而转向和谐一致；既不要过多抑遏人欲，也不要违背了道德实践。

一、对天理的态度

（一）天的超越义

“天”在中国古代哲学中含义甚丰富，至少有“自然之天”、“天帝（主宰）之天”、“命运之天”和“价值之天”等含义。殷商人心目中的最高主宰者是“帝”，西周人心目中的最高主宰者为“天”，此即“天帝之天”，是人格神色彩的“天”。及至春秋时期，“天”的主宰地位遭到了怀疑，其人格神色彩日渐淡化，郑国大夫子产说：“天道远，人道尔，非所及也。”[②]孔子说：“不知命，无以为君子也。”[③]即是“命运之天”，是一种盲目的、偶然性的、外在的东西，即“时命”，由时势、时运决定的“命”。孔子说“天生德于予”[④]，孟子说“天之所与我者”[⑤]，这里的“天”即是指“价值之天”，即“天命”，是道德价值的终极来源，能凸显道德价值的终极意义，当“命”、“天命”被赋予了道德的、价值的品格时，“天命”即是“天道”、“理”、“性”。“天道”是公正的，其终极的支配地位不可逆转。“天命”不同于“时命”，“时命”是盲目的，“天命”却是有目的指向的；“时命”构成人的一种外在限制，“天命”却成为人的价值信念的终极源头。孔子之后的儒家学者大多视“天命”为价值的源头，故讲“天命之谓性”。

1. 自然之天

孔子说：“天何言哉？四时行焉，百物生焉、天何言哉。”[⑥]荀子所说：

① 参见沟口雄三《中国前近代思想之曲折与展开》，上海人民出版社1997年版，第3页。

② 《左传·昭公十八年》。

③ 《论语·尧曰》。

④ 《论语·述而》。

⑤ 《孟子·告子上》。

⑥ 《论语·阳货》。

"天行有常，不为尧存，不为桀亡。应之以治则吉，应之以乱则凶。"[①] 老子说："天地不仁，以万物为刍狗。"即是指"自然之天"，指客观世界的存在与变动状况。

乾初说：

> 天无私覆，故雨露之施不择物。物之材不材，自为枯荣焉，非天有意枯荣之也。地承天使，亦犹是耳。人之善不善，自为祸福焉，非天与地能祸福之也。何不善地之有！藉日有之，于草木则有之。草木本乎地，非得土气则不生，故不无瘠美之地之异焉。人本乎亲，故善人常生善，不善人常生不善，地安能为！[②]

这里，乾初所说的"天"就是指自然之天，即"自然界"。天没有意志，它只是自然的存在，能下雨、降露、滋润万物，是没有什么神秘性的。天地对万物毫无偏私之情，一律平等，天地对万物没有什么仁不仁可言，一切都是自自然然的。"草木本乎地"、"人本乎亲"，这些都是自然而然的，但乾初认为像草木这样的自然物是没有意志的，完全受制于自然界；人则有意志，有主观能动性，有是非善恶观念。人子之为"善"是父母的教育和他自己努力的结果，相反，就为"不善"。人之为"善"还是为"恶"，并不是天地所能左右，而是"自为祸福"。乾初仍然强调"人性之善"要靠环境的熏陶和他自己努力扩充才能完成。

地也没有什么神秘性。天地之广大无衺，天地和地气等只是万物生长演化的根本条件，天地之生生不已是自然界万事万物运动变化的根源。

> 今夫地之厚，吾不知其几何道里；其横亘也，益不知其几何道里。起自足下，以至九夷八蛮，无弗连属也，于何有间？四海之广深，皆载于土。[③]
>
> 地之气，本于天而演于水者也。本于天，故有升降，此地之变于寒暑者然也。本于天，故异阴阳，此地气之限于南朔者然也。演于水，故亦有衰旺，故旱竭而枯，淫溢而灾，近山而刚，近水

---

① 《荀子·天论》。
② 《葬论》，见《陈确集》，第477页。
③ 《地脉论》，见《陈确集》，第495页。

而柔，近海而咸，近河而淡。大抵疏达者肥美，壅滞者瘠卤，则民居之利疾，草木之菀枯应之。①

气之聚散运动变化是本于天、地的升降变化，气之聚散变化使自然界万物呈现出各种差异。四时寒暑有常，“天承地施”，土地的“肥美”、“瘠卤”，决定着草木的菀、枯和良莠、嘉秀。此自然之天没有哲学意义，只是万事万物生长演化的条件。

2. 命运之天

乾初说：

故尧、舜之于子，非不爱也，后夔之教，非不善也，然而朱、均皆不肖焉，故曰天也。故天之所制，虽尧、舜之为生父而不能善其子。②

尧、舜皆是修道有德、令人景仰的君子，尧、舜并非不爱其子，并非不教育其子，然而朱、均皆不肖，“尧、舜之为生父而不能善其子”，乾初认为这皆是由于“天之所制”，是由于“时命”不济。“时命”即指孟子所说的“求之有道，得之有命”之“命”，儒家承认“时命”是人之外的一种外在限制力量，正如上文所述，源于孔子。孔子承认“时命”，常叹息自己时命不济的状况，如说“道之将行也与，命也；道之将废也与，命也。公伯寮其如命何!”③ 孔子认为自己主张的“道”能否实现，既不取决于自己，也不取决于公伯寮，而是取决于“命”。孔子认为自己正确的主张没有实现，是由于“命”对自己正确的主张没有同情感、认同感。孔子和后来的儒家学者都承认“时命”的存在，承认有“时命”不济的状况。孔子所面对的就是这种状况，故孔子不时有不遇之叹。如周游列国在魏国未被重用，渡河去晋国欲有所为未成，孔子即叹：“美哉水，洋洋夫！丘之不济此，命也夫!”④ 晚年更常叹：“凤鸟不至，河不出图，吾已矣夫。”⑤“甚矣

① 《地脉论》，见《陈确集》，第496页。
② 《葬论》，见《陈确集》，第478页。
③ 《论语·宪问》。
④ 《史记·孔子世家》
⑤ 《论语·子罕》。

吾衰也，久矣吾不复梦见周公!”[①] 这种叹息透露了孔子面对时命不济状况的悲怆感。然而，孔子认为时命不济的状况只是暂时的、偶然的，他坚信天道是公正的，所以，他没有消极等待，放弃努力，孔子甚至是要“知其不可为而为之”。在孔子看来，生活在时命不济的年代，是不可以不承认、不接受外在条件的限制的，这是一种理智的态度，即“不知命，无以为君子也”。乾初“命运之天”思想中是一种盲目的、非人之主观努力可以左右的偶然性的“时命”，如乾初对人生祸福的看法：

> 若乃家运之有兴废，谋为之有成败，寿命之有短长，息胤之有繁耗，或由人事，或由天命，祸福之机，何可深论![②]

这是说，家运之兴废、谋事之有成败、寿命之短长、息胤之繁耗等人生福祸遭际之奥，幽冥难测，谁也讲不清其究竟，不可深论。人所能做的是“将以顺天命，聊以安艰阻”[③]，从容中道，“素位而行”，即在自己的生命活动中，承认“时命”，同时又不放弃个人努力。在沦为遗民、“苟且偷生”的矛盾生活中，在贫困潦倒、病痛困扰的晚年生活中，乾初是安“命”、知“命”而不放弃自己的努力的，“素位而行”，从而也是知“性”的。乾初曾说：“达者直委之天命，徒委之天命亦未得……盖天不可过信，亦不容不信。……苟吾心之天定，则贫贱患难，疾病死丧，皆安之若素矣。”[④] 这不是宿命论，也不是简单的“认命”，而是一种“不知命，无以为君子也”的儒者风范和气度，因为乾初认为虽然有时外在环境非人力所能改变，但并不把自己能做得主的委之于天，尤其是一己之德性生命，可以由己不由人，“夭寿不贰”，昂然挺立，积极努力，事事循理去做。乾初自己是如此做的，他曾勉吴裒仲说：“忧伤无益，只事事循理，而以不可知者听之于天，此外盖别无可萦吾怀者。”[⑤]

3. 天帝之天

乾初不否认冥冥之中有上帝般的存在在无声无息地主持着正道。[⑥] 他认

---

① 《论语·述而》。
② 《与同社书》，见《陈确集》，第485页。
③ 《病夫后篇》，见《陈确集》，第677页。
④ 《书蔡伯蜚便面》，见《陈确集》，第408页。
⑤ 《与吴裒仲书》，见《陈确集》，第107页。
⑥ 王瑞昌：《陈确评传》，南京大学出版社2002年版，第268页。

为悖德必遭天谴、遭“天罚”、受“天刑”。他说：

凡百葬师，天罚必重，非及身流落，则子孙灭绝，万无一全。①

作俑无后，故天罚之加，独惨于葬师，诚不可不惧。②

葬师必无后，历有明验。此损地伤稼，分离人骨肉，而重其罚也。苟反是而行之，必有百世之庆。③

至于葬师，虽百千万亿中，未有能善其后者。此百千万亿中，岂无一人明通诚悫，洞阴阳而尽忠计者，而天胡罚之若此之必也？盖居心虽净，而操术已乖，信妖人之伪书，废族葬之良法，以无为有，以是为非，隔绝天伦，广废耕地，下乱人纪，上干天刑，理之必然，何足深怪！④

群盗日富厚，识赏娱春夕。天罚岂得加，所加此穷赤！⑤

乾初认为葬师罪大恶极，必无善报。对于作恶之盗贼，乾初也认为“天罚岂得加”，可见，乾初承认天帝的存在。此还可从乾初曾做过“祷雨”活动来看：“老夫忘却跛，远道故迟回。既向龙潭祷，还从岳庙来。炎风胡乃甚，纤雨亦云才。天意浑难测，微诚讵（诅）可回！”⑥ 乾初确实希望冥冥之中的天帝能够为民主持公道。然而，乾初又认为，上天究竟如何主持公道，怎样惩罚恶人，如何确定人之福祸寿夭，此种“祸福之机”是人不能完全窥透的。并且从现实看，好人不一定得善报，恶人不一定遭天谴，德与福并非完全一致。乾初认为既然上天赏罚之机不可知，那么人所能做的是尽心尽力于自己“能知”、“能为”之事了，乾初说：“故君子之所能为者，人事也；所不可知者，天道也。”⑦ 所以，人要孜孜为善，进德修行，就能达到“苟吾心之天定，则贫贱患难，疾病死丧，皆安之若素矣，何不

① 《投当事揭》，见《陈确集》，第367页。
② 《与同社书》，见《陈确集》，第484页。
③ 《与张元岵前辈书》，见《陈确集》，第488页。
④ 《与同社书》，见《陈确集》，第483页。
⑤ 《丁亥正月二十日雪》，见《陈确集》，第638页。
⑥ 《祷雨未应感赋用前韵》，见《陈确集》下册，第722页。
⑦ 《避无患论》，见《陈确集》，第497页。

可知之有”[①] 的境地。

4. 价值之天——义理之天

在中国古代哲学中，当“天”被赋予了道德的、价值的品格时，“天”就是道德价值的终极来源，具有道德价值的终极意义，即是“天”、“道”、“性”、“命”相贯通。在乾初“天命”观中，同样承接这一思想线索而使其保持超越性，以天为性的根源，性则为天之真实意义的展现。乾初说：

> 一性也，推本言之曰天命[②]，推广言之曰气、情、才，岂有二哉！[③]

这是乾初明言“性”以“天”为根据的说法，性本于天道，性为天所命，“推本言之”即推上去说，推到事物的源头上言之。乾初明确地指出性是根源于天命，而此天命必是超越的。

就传统儒家来说，天道与性的关系大体可分为两路：一路是以《易传》、《中庸》为代表的“天命之谓性”，另一路则是由孟子所代表的“尽心知性知天”。前者是指天命（道）下贯于人而为性，亦即此性是根源于天。后者则是指天道须从“天命之性”（道德性）了解、印证和贞定，唯有充分实践道德心性，才能证实、体悟到天的具体内容。[④]“於穆不已”的天命实体生化、创造万物，而“天命”为万物存在之根据，其下贯于个体而具于个体即是性，个体虽各有不同，其性皆是源自于“天命”实体的创造真机，因此它是具有普遍性的。以此创造之真机为性，这便是一种超越意义、价值意义的性，此即是具有道德创造的性之本体，这才是《中庸》所说的“天命之谓性”。即便是如孟子从道德自觉上实践地说性，他亦有言大

---

① 《书蔡伯蜚便面》，见《陈确集》，第408页。

② 乾初此言显然来源于其师刘蕺山：“性本天者也，心本人者也。天非人不尽，性非心不体也。”（《易衍·第八章》，见《刘宗周全集》第二册，浙江古籍出版社2007年版，第138页）

③ 《气情才辨》，见《陈确集》，第451页。

④ 参见牟宗三《中国哲学的特质》，学生书局1974年版，第73~93页。（上海古籍出版社2007年版，第四讲、第五讲、第八讲、第九讲，第19~30页、第50~64页）

体（心之官——道德本心）是“天之所与我者”①，明确地指出了心性之“形而上”的根源。孔子的“天生德于予”②，这也是就道德价值和道德行为的根源上讲，此即儒家的价值之天——义理之天。“天命”即在现实人的人性中，在人的现实生命活动之中，这也就是孔子所说的“不怨天，不尤人。下学而上达，知我者，其天乎”③。

乾初在其《葬书》中也有阐述“义理之天”的思想：

> 必谓之不妄乎，则在“大孝”之卒章矣，曰：“大德必受命。”夫德莫大于孝亲。……推今人之用心，若可以播越其亲而利其身与其子孙，亦无辞为之。是天之所甚怒而欲祸之者也，何福之能生！④

虽然乾初否认了葬地会影响祸福，但并不否认大孝之仁可以感格于天，不否认“大德必受命”之说。又说，如果因播越其亲、图利无所不用其极而陷于不仁，则将招致天降之祸。乾初此中所言之“天”显然不是“自然之天”，而是具有道德意蕴的义理之天，甚至带有“天帝之天”的色彩。总之，自然之天不能祸福人，而义理之天、天帝之天未必不能祸福人。如欲得福免祸，不当求之“地气”、“地脉”，当求之道义之天。⑤ 如何求？不是去顶礼膜拜，而是尽其仁孝之心。再看另一段话：

> “尧、舜之圣，不能违天，天若是定乎？”
>
> 曰：“善哉，吾子之问！非天定也。天之于斯民也，犹父母之于子，无弗爱也，况天之于尧、舜之子也！使其克肖，天之祚之，必百于舜、禹焉可知也。然而不得不之于舜、禹者，朱、均之自为之也。非天意也，理也，势也。理与势定，虽天其孰能违之！故曰：天下，势而已矣。又曰：天者，理而已矣。犹尧、舜之爱

① 《孟子·告子上》：“耳目之官不思，而蔽于物，物交物，则引之而已矣。心之官则思，思则得之，不思则不得也。此天之所与我者，先立乎其大者，则其小者弗能夺也。此为大人而已矣。”

② 《论语·述而》。

③ 《论语·宪问》。

④ 《葬书上》，见《陈确集》，第481～482页。

⑤ 王瑞昌：《陈确评传》，南京大学出版社2002年版，第265页。

其子也，亦百于舜、禹也，然而不得不传舜、禹者，非尧、舜之心也，理也，势也。尧、舜之所以为尧、舜，即天之所以为天，故曰圣人也。由是观之，我而不肖，则不肖矣，虽有圣父，不能为之庇焉，朱、均是已。我而圣人，则圣人矣，虽有凶父，不能为之累焉，舜、禹是已。故父母也，天地也，君师也，一也，其心皆欲子、臣、弟之为善者也。然而非父母天地君师之所能为也，在我而已矣。我之心定，即天之心亦定矣。舍我而求诸天地，日必黄道，地必钤记，辟之必择尧、舜以为吾父，无论尧、舜之父不可必得，即幸而得之，而已不若瞽瞍、伯鲧之为父万万矣，夫何益！故择天地不若自择。《中庸》曰'择善而固执之'，可谓审所择者矣。"①

这段话中的"天"是指义理之天，而非自然之天。"使其克肖，天之祚之，必百于舜、禹焉可知也"及"尧、舜之所以为尧、舜，即天之所以为天，故曰圣人也"两句是其明证。孔子曰："人能弘道，非道弘人。"② 孟子曰："尽其心者，知其性也。知其性，则知天矣。存其心，养其性，所以事天也。"③ 按儒家的义理，天虽然有其"於穆不已"之超越性，但同时"天命之性"赋予人而内在于人之生命活动中，表现为心、性，不是与人隔离的。要成就自己的德性，不能把天推之于外，然后再去顶礼膜拜之。尽其心、尽其性即是上达天德，此即"下学上达"之意。从根本上讲，心、性与天本是"合一"的，所以明道说"只心便是天，尽之便知性，知性便知天，当处便认取，更不可外求"④。乾初认为作为真正的儒者应像孔子那样认命、知天命，信奉"大德必受命"，这才是君子之态度，这是无妄之天理所决定的，是"不得不然"的"理"、"势"所决定的，无人能违背。但认命，并不是在"不得不然"的"理"、"势"面前消极被动，而是积极有为

① 《葬书上》，见《陈确集》，第482~483页。

② 《论语·卫灵公》。

③ 《孟子·尽心上》。

④ 此为明道语。(《河南程氏遗书》卷第二上，见程颢、程颐《二程集》第一册，中华书局1981年版，第15页) 王瑞昌指出："记录者未注谁语，《宋元学案·明道学案》中列有此条，当系明道语。"(参见王瑞昌《陈确评传》，南京大学出版社2002年版，第267页，注2)

地践仁履德。尧、舜之所以为尧、舜，是修德以事天之故，不是私心自用之故。所以他们不能违天而私其子孙。其子孙欲受命，必尽己以成就大德方可。尧、舜不能违天，“父母、天地、君师”当然也不能违天。[①]“天”之内在意蕴是“天理”、“仁义”，天当然不违背自我，所以，甚至可以说“理与势定，虽天其孰能违之”。无论何人，如欲得福，都需以德为本，这是天理所“定”。但由于修德之途径在于自己“择善而固执之”，所以与其说是天定，毋宁说是自定，“我之心定，则天之心亦定矣”。

以上论述已经说明乾初人性论思想中的超越性。但有论者却持相反的观点，如刘述先和郑宗义认为陈确的思想完全是内在一元论，没有超越性可言。

> 明末清初的思想，由泰州学派转手，像陈确一类的人开始肯定“欲”，以之为首出的观念，根本脱离了心性之学的规模，梨洲已无法力挽狂澜。……黄宗羲与二人正当处于转型之际，故思想有下滑、下堕的倾向。因为宋明理学还能保持性天的超越性，而到了清儒的一些学者，如戴震、陈确等人，连这个超越性也不要了。要之，黄宗羲有内在一元论的倾向，但还能保持一些宋明儒者所言的超越性格，至于陈确的思想，则完全是内在一元论，没有超越性、理想性可言。[②]

乾初本于孔、孟以来的天道思想论性善，对于天道是有超越意识的，虽然他的理论的重心在于道德实践，在于工夫修养，而少论天道。但并不意味着乾初抹杀天道之存在，抹去性体的超越根据。刘述先和郑宗义从宋儒心性论角度来看待乾初的人性论思想，这当然是没错的。但又是有失公允的，首先，乾初大量论述“天”、“道”、“性”、“命”的资料，我们已经列举了很多，在此不赘。其次，乾初为恢复圣学、成德成圣，强调工夫实

---

① 这儿的“天”指价值（义理）之天，而“天地”指自然界的“自然之天”。引文中乾初所说“理与势定，虽天其孰能违之”，当然指价值（义理）之天，“天理”、“仁义”是宇宙中最光明正大、公而无私的“大道”，任何人包括“天地”自己都不能违背之。按：王瑞昌认为乾初此说，不是要把“天”与“理”分开，此说只是“天即理”的一种强化说法和修辞手段。（可参见王瑞昌《陈确评传》，南京大学出版社 2002 年版，第 267 页，注 6）

② 刘述先：《黄宗羲心学的定位》，浙江古籍出版社 2006 年版，第 109 页。

践。成德成圣的保证，贞定工夫方向的就是绝对至善的性体，而性本于天。就这一方面来说，乾初与孔、孟以来的儒家传统是一致的，即以超越性的天道为成德的根据和道德创生之源。再次，乾初强调“形而上”的本体要通过“形下”经验界的工夫实践落实，这是乾初之学有异于宋儒的地方。众所周知，中国哲学的特征之一是“道不离器”、“理在气中”，超越的“形而上”的本体（理）与现实的经验世界是紧密相关的。虽然宋儒也讲“理在气中”，“形上之道”寓于“形下之器”中，表现在道德实践上，即本体通过工夫来展现、实现。宋明理学家并没有偏废或者贬斥了工夫实践，他们也非常重视“百姓日用即道”的事上磨炼。如朱熹“吾儒万理皆实”，“著实做工夫”；陆九渊“在人情、事势、物理上做些工夫”，“圣人教人，只是就人日用处开端”。陈白沙强调“勿忘勿助”、“鸢飞鱼跃”的生命美感，也仍不忘涵养之功地说：“若无孟子工夫，骤而语之以曾点见趣，一似说梦。”① 而理学家对于心性、道、理等儒学核心概念与道德价值，采取的是“形上”的立论立场，这种“形上”取向使其理论焦点注重于“内圣”之“心性义理之学”而遗落儒学“外王”的经世实践层面。乾初强调工夫实践，其理论重心、价值重心在于对“经验”层面的重视，其强烈的实践意图，正是对儒学实践传统的继承与发扬。要之，我们坚持乾初的思想不但是内在一元论，而且是有超越性可言的。

刘述先还认为乾初“本蕺山‘气质之性’外无‘义理之性’”，强调气、情、才皆善，性善要靠气、情、才来表现、证成，“人欲正当处，即天理也”，人欲之外无天理，等等，认为乾初这些思想无超越性可言，而且是以人欲为首出，对于“宋明心性之学，全无相应之理解”。如说：

> 孟子必由超越立场严分人禽之别，始能证成性善，经验层次本善恶混杂，焉能单提性善。乾初之说，本蕺山“气质之性”外无“义理之性”转手而来，但蕺山立独体，故超越之义还可以保住，乾初乃整个塌下去，于宋明心性之学，全无相应之理解。

---

① 以上分别见朱熹《朱子语类》卷124、卷34，中华书局1986年版，第2976页、第881页；陆九渊《语录》（上、下），见《陆九渊集》，中华书局1980年版，第400页、第432页；黄宗羲《白沙学案》，见《明儒学案》卷五，载《黄宗羲全集》第七册、第八册，浙江古籍出版社2005年版，第82页、第86页。

> 梨洲还可以守住心性之学的阵脚，不至于完全走样……乾初虽受业于蕺山，已完全由这一条线索脱略了开去，由蕺山“气质之性”外无“义理之性”，滑落到以人欲之外无天理，表面上看是一个很自然的发展，事实上是差之毫厘，谬以千里。①

“孟子必由超越立场……证成性善”，然而，孟子也讲“扩充”、“养气”，性善由气、情、才表现。乾初以“气善”论性善，可以说是源于孟子，对于此，阳明有言“孟子性善，是从本原上说。然性善之端，须在气上始见得，若无气亦无可见矣。恻隐、羞恶、辞让、是非即是气”②。阳明此处所说的气，是就良知本心的“活动义”而言。③ 刘蕺山云：“凡言性者，皆指气质而言也。或曰：‘有气质之性，有义理之性。’亦非也。盈天地间止有‘气质之性’，更无‘义理之性’。如曰气质之理即是，岂可曰义理之理乎?”④ 孟子、阳明、蕺山皆以气言性，认为离开“气质之性”无“义理之性”，即程明道曰：“论性不论气，不备，论气不论性，不明。”他们以气论性，性由气上见，其思想能保持超越性。而乾初强调性由气、情、才上见，强调工夫实践，就被认为是没有超越性，而且还被认为以欲为首出，下堕为自然主义。这未免有失公允，我们认为乾初继承孟子、阳明、蕺山以气论性的思路，他是以理（或性善本体）为首出的注重工夫实践显现“性体”的思想。

又如：

---

① 刘述先：《黄宗羲心学的定位》，浙江古籍出版社 2006 年版，第 110 页、第 112 页。

② 《启问道通书》，《传习录》中，见（明）王阳明：《王阳明全集》，上海古籍出版社 1992 年版，第 61 页。乾初引阳明之语曰：“性中之气，更何有不善耶？阳明亦云：‘性之善端在气上见，恻隐、羞恶、辞让、是非即是气。’”（《与刘伯绳书》，见《陈确集》，第 466 页）

③ 阳明有时亦从良知的“活动义”说气，如：“夫良知一也，以其妙用而言谓之神，以其流行而言谓之气。”[《答陆原静书》，《传习录》中，见（明）王阳明《王阳明全集》，上海古籍出版社 1992 年版，第 62 页）杨祖汉认为“以恻隐、羞恶、辞让、是非为气，是就善性之活动义言”。（参见杨祖汉著《儒家的心学传统》，文津出版社 1992 年版，第 101 页，注 53]

④ 《学言》中，见（明）刘宗周《刘宗周全集》第二册，浙江古籍出版社 2007 年版，第 418 页。

梨洲继承蕺山内在一元之倾向，虽超越义减杀，但还了解，性善为行善之本体论之根据，不可只在扩充尽才（人为）上言。至“天理人欲”之说，儒家从来不讲绝欲，故与释氏异，无欲者，无不当之人欲也，是为纯乎天理。守住这个分限，才可以真正做修养工夫。以天理为首出，则正当的欲望自可以化而为纯乎天理。但以人欲为首出，则人欲固横流矣；虽曰寡而不纵，所根据的原则出在什么地方？如果是外来的标准，则必流于荀学；如果是内在的标准，则不可以反对宋明儒超越的心性论。①

刘述先先生的观点是我们不能认同的。乾初继承“孟子一路”讲“天”、“道”、“性”、“命”，人性本于天，性由天所命，但超越的天道必须从道德实践入手，其具体内容才能得到了解和证实，即以人道尽天道，这就是孟子的“尽心知性知天”思路。乾初讲“天命”超越性的还有：

是以上究天命之微，下览时物之变赜。②

“天命之微”，指天命“於穆不已”，深奥、幽远而精微。又如：

天命精微，今学者之所熟讲，虽弟之愚，亦得窃闻一二。正如“京师”二字，人人知之，只未尝一至之耳。孔子五十而知天命，似不如是，其得力正在下学也。愿兄益致力于庸，毋徒为纸上夸言所误，吾道幸甚！③

人人熟讲“天命精微”，人人口颂“性之本体”，但却未“至之”，即未著力实践，这正如“京师”二字，人人知道，却没有一个人到达，只是知道（闻道）而已。对于“天”、“道”、“性”、“命”，除了口谈讲颂、闻道，最关键是身体力行、践履道德，才可能“知天”、“知命”、“知性”、“知道”，所以，“孔子五十而知天命，其得力正在下学也”。乾初告诫人“毋徒为纸上夸言所误”。

总之，乾初天命思想是自然性与超越性相杂的混合体，承认“天帝之

① 刘述先：《黄宗羲心学的定位》，浙江古籍出版社2006年版，第111～112页。
② 《许令瑜韵史序》，见《陈确集》，第244页。
③ 《与刘伯绳书》，见《陈确集》，第471页。

天”的神秘主宰力量，说明此方面思想不是无神论，更不是唯物论。重要的是其“天”、“道”、“性”、“命”思想中具有的超越性特质，即价值之天（义理之天）仍然是乾初论学和道德践履、立身处世的根据。乾初很明白地指出性是根源于天命，而此天命必是超越的，他也没有抹杀超越的天道之存在，其所重视的是道德的实践，也就是“人道”的问题。

（二）本天而责人

以上我们讨论了乾初的“天命”思想，既承认自然而然的“天”，又有对“时命”对外在环境之限制的认可的“命运之天”，这主要表现在其立身处世的“素位之学”上，这方面的思想又夹杂着冥冥之中有一种无形的力量主持着人间公道，这种主宰力量能够赏善罚恶，此即“天帝之天”，此种力量隐而未显，其玄机是人未能窥透的，既然如此，人所能做的只有尽其所能，修身以俟，以人爵俟天爵，以人道尽天道。以人道尽天道是乾初哲学思想的纲领，用他的一句话来表示就是“本天而责人”。

故性一也，孟子实言之，而诸家皆虚言之。言其虚，则恍惚易遁，彼下愚者流皆得分过于天；言其实，则亲切不诬，自大贤以下无所辞罪于己。二说之相去，关系世道人心不小，其敢久置而勿讲欤！盖孔、孟之言性，本天而责人；诸家之言性，离人而尊天。离人尊天，不惟诬人，并诬天矣，盖非人而天亦无由见也。是故蘪蓑勤而后嘉谷之性全，怠勤异获，而曰麰麦之性之有美恶，必不然矣。涵养熟而后君子之性全，敬肆殊功，而曰生民之性有善恶，必不然矣。人爵君命之，天爵天命之，一也。自一命再命以至九命，皆君命也。指下位之士，而曰君之命止于此，则蔽矣。自有恒以至善人、君子、圣人，皆天命也。指一节之士，而曰天之命止于此，则漏矣。日严只敬，而后君宠日隆，虽君命也，犹吾自命之耳，故曰：所以立命也。此孟子尽心知性之旨也。[1]

成之也者，诚之也；诚之也者，人道也，而天道于斯乎见矣，故曰性也。凡经文言忍性、养性、尽性、成性，皆责重人道，以

① 《性解上》，见《陈确集》，第448～449页。

复天道。盖人道不修，而天道亦几乎息矣。①

第一，乾初主张的“本天而责人”是指由人的道德实践以彰显天理的具体内容与意义，“天”即是超越的天命实体，人性根源于天命，超越的性善本体必须在现实的人的生命活动中的工夫修养实践来展现和证成，以此去体悟天道的蕴涵。我们知道，孔子五十而知天命，七十从心所欲不逾矩，正是从“下学”、从工夫实践入，孟子讲尽心知性知天，也沿着孔子“下学而上达”的思路去体证性之本体，从而达到“知天”。虽然“天命”、“天意”、“天机”仍不可测、不可窥透，如以孔子之德行，却不得其位，但不论是孔子还是孟子都相信人只要尽其努力，修身以俟，命运必会降临，最终必然体证天道，这无疑是有极深的宗教情怀的。② 所以，乾初认为孔、孟是从“实”处言性，是“本天而责人”，即“责重人道，以复天道”，必须以人道尽天道，即“非人而天亦无由见也”、“人道不修，而天道亦几乎息矣”。从这一立场出发，乾初认为宋儒言性是“离人尊天”，宋儒的心性义理确实是具有超越性的，但却远离人道、轻视人道，而难以复天道。乾初认为宋儒诸家言性皆是虚言之，这种“离人而尊天”的心性理论“不惟诬人，并诬天矣”。

第二，以“实”还是以“虚”言性。虚实之间，关系到儒学之为学精神、理论重心、价值导向等核心问题，正因为如此，乾初辨性、辨学“关系世道人心不小，其敢久置而勿讲欤！”乾初认为宋儒心性义理之学虽然精微，但“如龙肝凤髓，却不得下咽也”③。而乾初“言虽粗俗，如草蔬麦饭，却可疗饥”④。我们绝对不能以此得出乾初之理论很粗俗的结论！乾初认为宋儒心性义理之学的重心在“形而上”之本体，多“虚”而少“实”。换言之，即其理论的价值导向是引导人们去追求“人生而静以上”的性体，做工夫去追求那虚置的本体，越求越远，不切实际。这种理论如龙肝凤髓而不能下咽，已经偏离了儒学之实践传统和方向。而乾初之学正是为挽救

① 《性解下》，见《陈确集》，第 450 页。

② 参见刘述先《“两行之理”与安身立命》，见《刘述先自选集》，山东教育出版社 2007 年版，第 368 ~ 369 页。

③ 《近言集》，见《陈确集》，第 429 页。

④ 《近言集》，见《陈确集》，第 429 页。

这种学不切实的空疏学风而发，尤其是“儒门淡泊、收拾不住”的局面下，乾初力主回复到孔、孟，回复到儒家的实践传统，强调人道，重视以工夫修养实践，责重人道，以复天道。其理论“实”多于“虚”，但并没有抹去天道，更没有否定性体的超越性。

第三，“事天”与“立命”。通过责人道以复尽天道，人在其生命活动中就能“下学而上达”，“尽心知性知天”，从而“立命”。

> 穹然而高者，非吾之所为天也，反之吾心与性，而天在矣。皇然而对者，非吾之所为事天也，密之存心养性，而事至矣。然亦有无可如何者。死生穷达，天之所命，弗能强也。是故孔、周同道不同位，舜、颜同学不同年，自疑者窘步，达观者怠修。而尽心以修身者则不然。存心则存之尽，养性则养之尽，殀寿不贰，况穷达乎！知天者不言天，知命者不言命，修身以俟，所以立命，而岂任命者哉！则岂任天者哉！而不惟然也，且不敢任性，不敢任心。不任心者，能尽心者也。呜呼！至矣！①

乾初此处的“天”不是“穹然而高”的自然之天，而是儒家的价值之天，需反求于我们的心与性。牟宗三先生认为儒家的天是道德的创造性之真性，在人实践此道德的创造性之真性后，来证知天之所以为天的意义，此证知是由实践而来的。我们之所以能够知道此天超越的实体之存在，完全是由我们的心性而体证其如此，而不是思辨理性所成的知解知识之一对象。② 乾初的“事天”，并非皇然面对，而是存心养性，此可从牟宗三先生那里得到理解，即“事天”不是像对着人格神的天，对于不可知者的恐惧，认为天不可测，故对其加以祈祷崇拜，完全被动地听其吩咐。而是当我们存住本心不放失，养住道德创造之性而不凿丧，能够实践并显现出此天所予与的道德创造性，从而体证到此道德的创造性，亦即是天道之创造性，这便是对天于绝对价值上尊奉之。③ 因为人是有局限性的，人在现实生命活动中既可为善亦可能为恶的，所以，人必须戒慎恐惧，由此便可凸显出天

① 《尽心章》，见《陈确集》，第551页。
② 牟宗三：《圆善论》，学生书局1985年版，第132～134页。
③ 牟宗三：《圆善论》，学生书局1985年版，第136～137页。

道的庄严。故存心养性而事天，并不是因为通过天和人的对比而感到天不可测，因而敬畏之，而是由践仁履德而产生敬畏。杨祖汉认为在养心存性下产生对天道之敬畏，不只是敬畏之，而是要保此心性，不敢懈怠，此方为真正的敬天之道。[①] 乾初说“死生穷达”，即指“时命”，就是现实外在环境对人的限制，这是属于气化的事情，不是人所能决定、勉强的，乾初认为这或许会造成一种消极的宿命论，即“自疑者窘步，达观者怠修”。但是儒家对于践履道德的工夫实践，人生修养，是求则得之、舍则失之的，即“人能弘道，非道弘人”，换言之，人不能因为命运的限制而动摇放弃道德践履，即使“知命”了，也要像孔子那样坚持，甚至是“知其不可而为之”，这才是“君子”的态度。如同孟子所说：“仁之于父子也，义之于君臣也，礼之于宾主也，智之于贤者也，圣人之于天道也，命也，有性焉，君子不谓命。”[②] 故乾初说“尽心以修身者则不然”，所注重的是性分之不容已，故在修德勉行中以俟殀寿祸福之至，这才是面对命运正确的做法（立命），而不是消极地任随命运的安排而自暴自弃。如乾初所说“存心则存之尽，养性则养之尽，殀寿不贰，况穷达乎!”以下乾初说“知天而不言天”与“任天”的“天”，皆是前面所言“天之所命”之“天”，与“命”字实有相同之意义，而非前面“反之吾心与性，而天在矣”的天之超越的实体意义。但天命本该就理、气两个方面来说，天命固是正面同于心性之以理言的天，在个体生命有遭遇上的参差，非我所能控制，对人之个体生命有一个超越的限定，此亦是属于天命，是偏于气化而言之，因此它对人的超越限制才使我们感受到其庄严的意义而敬畏之。这样两面浑而为一才是全部的天之严肃与超越意义之所在。[③] 要之，对于天命、天道，乾初责重人道以尽天道，修身以俟，所以立命。

第四，养气，不暴其气。对于天命、天道，儒家是以道德践履、工夫实践来彰显天道的内容，肯定天道的存在。除了人能对“时命”有正确的态度——知命、认命、立命。另外，人能摆脱肉体形骸、感性欲望的限制，发挥人的主动性进行道德实践、道德创造，从中证悟到天道的创造性，从

---

① 参见杨祖汉《儒家的心学传统》，文津出版社 1992 年版，第 81 ~ 82 页。

② 《孟子·尽心下》。

③ 参见牟宗三《心体与性体》（上），上海古籍出版社 1999 年版，第 450 ~ 451 页。

而与超越的天道感而遂通，“道通为一”，与天地参赞化育。而人在践履道德、工夫修养实践的道德创造活动中，也就突破了这些外在限制，与超越的天道一致，而实现人超越成为万物之灵的“人”。乾初强调工夫实践，对于天道的体会亦是如此，他反对空谈天理的理学家，认为“学者求知天而不求知人，求为圣人而不求为贤人，此又宋以来学者之大蔽也”，殊不知“知人之尽，即是知天，贤人之尽，即是圣人，非有二也”[①]。虽然客观性的天道就自己存于天地之间，但要肯定其存在，只有透过人的道德实践，天道的价值、意义才能够彰显出来，也只有借由实践，人对于天道才会有真切的了解，这也是乾初批评儒者高谈性命却不着力于道德实践之意。而道德实践是与人相伴始终、永无止境的过程，这就需要养气，不暴其气。

孟子若曰：浩然之气，诚未易言也。虽然，亦不敢不一尽言之也。人得天地之气以生，故吾之气即天地之气也，至刚大者也。而天地又得吾直养之气而始实，故盈天地间之气皆吾气也，塞乎天地者也。顾刚大者气之体也，道义者气之理也。理足，故气充。刚大之塞天地也，道义之塞天地而已矣。故浩然之气，无非道也，无非义也。气与道义，其配合而无间者耶！苟有间焉，则道义非吾之有，而气从之馁矣，[②] 安所得浩然者乎！……抑孟子道性善以勉人为善，而性之善无可指，恒指情、才、气言之。故气之刚大即性之刚大，气之塞天地即性之塞天地，乃所以为善也。宋人之喻，亦姑为不善养气者设此炯戒耳。其实梏亡之后，而平旦之气犹然善者机也。苟能充之，于塞天地何有！气生生不穷，岂与夫苗之一揠不复蘖者等乎哉！故物生容有难移之质，而斯人无可自弃之理，要在善养之耳。[③]

孟子的浩然之气是“至大至刚”、“直养无害”、“配义与道”、“集义所生”的，因为与天地同气，所以刚而不馁。乾初以气言性，即是说性善需由气、情、才等生命活动来具体表现之，它们皆是性的实践因素，所以乾

① 《近言集》，见《陈确集》，第428~429页。
② 元注，谓无是气则道义亦馁，非是。
③ 《讲义二·其为气也四节》，见《陈确集》，第545~546页。

初才会说“气之刚大即性之刚大，气之塞天地即性之塞天地”。人是得天地之气而生，所以吾之气即天地之气，它是至大至刚的。而气还得配与“道义”才能实现道德创造，因为“道义”是气之“理”，此理即是人性，是根源于天的人伦之理，有天作为超越之根据。性由气、情、才等生命活动来具体表现，天道由人的心性而彰显，在道德践履工夫实践后人所证成的性体，由于其内容意义与道德创生的天命实体同一，所以是至善的。相反，如果气与“道义”配合“有间”，“则道义非吾之有，而气从之馁矣”。故人非但要不暴其气，善于存养“至大至刚”的天地之气，而且还要善于“集义”、“配义与道”，才能获得源源不断的道德实践之动力和源泉。另外，经过人的工夫修养实践而使心性充分地显现出其道德价值天道的内容和意义亦由此体现而证成。换言之，没有人的道德实践、道德创造，没有人的自觉和体证，人便毫无任何根据可说有天道存在，而天道的内容亦无从得知。由于人性源于天道，即“物生容有难移之质”，性善是天所赋予，是先天本有而普遍的、绝对至善。所以人是没有理由自暴自弃的，更不能由于自己的不努力而推诿所产生的过、恶。但人是感性和理性的存在物，在其现实生活中受到各种主客观因素的影响与限制，不可能时时刻刻都能够按道德理性去活动而体现性善本体，“人无可自弃之理”，因此，人之为善与否，关键在于“善养”其气，存心养气，亦即是工夫修养实践的问题。乾初认为性本于天道，天道则由性得以彰显展现，人只有尽心尽力实践道德才能够体会到天道的内容与创生的意义，所以他一再地强调“人道也，而天道于斯乎见矣”①，“反之吾心与性，而天在矣”②，“知人之尽，即是知天”③ 等意。

第五，人道与天道“道通为一”。天道为一个超越的本体，是宇宙万物生生不已的动力和源泉，天道不仅是人性的源头，不仅是成就道德行为的依据，而且还是宇宙万物生生不已的根源。而天道生化的意义，要在人道——人践仁履德的工夫修养实践——上见，于是，个人的道德实践（主观努力）与生生不已的宇宙天道合而为一，即人道与天道“道通为一”。如牟

① 《性解下》，见《陈确集》，第450页。
② 《尽心章》，见《陈确集》，第551页。
③ 《近言集》，见《陈确集》，第428页。

宗三先生所说："儒家惟因通过道德性的性体心体之本体宇宙论的意义，把这性体心体转而为寂感真几之'生化之理'，而寂感真几这生化之理又通过道德性的性体心体之支持而贞定住其道德性的真正创造之意义，它始打通了道德界与自然界之隔绝。这是儒家'道德的形上学'之彻底完成。"① 乾初虽未能如宋儒去架构一个精微的形上学理论，而着重在人的工夫实践处，虽然他不对道德价值作存有论的解释，而是由人践仁履德的工夫修养实践扩及至天地万物之存在界而感悟到天道实体，这是符合儒家道德的形上学之精神的。此可从他对于《中庸》的理解来看：

> 至云"情、才、气之善，必有自来，不得不推本天命"，尤洞识性要之言。虽斯人之耳听目视，手持足行，何莫非受之于天者，而况才、情、气质乎！知才、情、气之本于天，则知所谓天命之性，即不越才、情、气质而是，而无俟深求之玄穆之乡矣。惟《中庸》言天命，仍不离乎日用伦常之间，故随继之以率性之道；尤不可忘戒惧慎独之功，故又终之以修道之教。三语一直贯下，非若《乐记》分天与人而二之也。二、三节正详言修道之功，四节又指喜怒哀乐以明之，分明是言感物而动之心，非言人生而静之性也。盖性本中和，然非戒惧慎独，则无以致中和，非致中和，则无以位天地，育万物；非位天地，育万物，则不可谓之尽性至命；非尽性至命，则亦未可谓之知性知命矣。故《易》曰"成之者性也"，孟子曰"尽其心者，知其性也"。②

乾初认为《中庸》即使是言天命之事，仍不离日用伦常，故于"天命之谓性"之后而言"率性之谓道"、戒惧慎独等工夫实践，因为天道唯有通过人的率性，才能实现其具体内容。亦即是以工夫实践论证"形上"本体，天道性命是由工夫实践所证成的，此不仅为《中庸》之意，也是乾初所注重的实践之意。性体本是不偏不倚，无过无不及，发用而使生命活动皆合理，然而人受到现实感性的遮蔽而不能实现本性，需要戒惧慎独的工夫来使此中和之性体迥然呈现。儒家的学问，除了关乎个人的道德实践与修养，

---

① 参见牟宗三《心体与性体》(上)，上海古籍出版社 1999 年版，第 155 页。
② 《答朱康流书》，见《陈确集》，第 472 页。

更要推己及人，进一步向外延伸至天地万物的存在界。因为当人在实践道德时，一切存在之价值意义方能彰显出来，万物的意义才能体现。因此，人的道德实践，不只是开出道德界，亦因涉及一切存在，使一切存在成为真实的存在，而开出了存在界。此存在界是一个事事物物皆呈现着无限意义的存在界，而不是一般用思辨所思，与“我”成为主客相对，外于“我”的对象世界，或以私欲以对的世界。而这价值意义的世界，才是真实的世界，也只有在人尽其性以践德时，方能呈现。离开了人的感通与实践，存在界就成干枯的、不显价值意义之物之存在，[1] 是故乾初云：“非致中和，则无以位天地，育万物。”只有在人努力实现此中和之性体，使宇宙万物的存在都成为一个有价值意义的合理、真实存在，方是天地得其位，万物得其育。另一方面，若是不能向外推扩至天地万物，则人的尽性至命仍是不足的，因为人是处于存在界而与天地万物共存，除了重视内圣之学，即自觉地作道德实践以发展完成个人德性的人格，道德实践还会有善化一切存在之要求，当现实中有不合理的存在事物，会让人兴起此不合理的存在不应存在，或此存在并非真实存在的想法，于是希望透过一己的努力实践而使不合理的存在成为合理的存在。[2] 故人所追求的无限之化境，不只是主体之事，还要遍润一切存在，使主客通而为一，这才是道德实践的完成，此即是乾初“非位天地，育万物，则不可谓之尽性至命”之意。

乾初虽并不着重于宇宙论、形上学的建构，若以此而认为他没有对超越的天道有所体悟，则是有问题的。他只是没有分解地立说，并非没有对天道的体悟。因为乾初认为，对天道的了解，是透过人的道德实践而证悟，除此之外别无他法，即便是由经典著作或儒者讲学来展示一个精微的“形上”理论，没有躬行实践，对于天道是不会有真切的了解。天道是人性超越的根据，由此保证了人成圣的必然性，而人也借由践德尽性而契合天道，体现到人与一切存在的无限意义，天道的具体意义，亦因人的道德实践而彰显。因此，人所要做的，不是汲汲于天道之奥秘的探索，而是去实践此人皆有之善性，对于天道自然能够有所领会而遥契之。天道创生万物，并且作为宇宙万物的存在之根据，所以当人借由践德而呈现天道的具体内容

---

① 参见杨祖汉《中庸义理疏解》，鹅湖出版社 1984 年版，第 14～15 页。

② 参见杨祖汉《当代儒学思辨录》，鹅湖出版社 1998 年版，第 133～134 页。

意义时，一切存在也在此时成为一个价值意义的真实存在，于是人的实践除了个体主观的道德意义，亦能延伸扩及客观的存在界，消融了物我的对立，使人能浑然与物同体，达至一个圆满的化境。这些意思，乾初在其言论中皆有涉及，虽着墨不多，若能仔细体会其文义，仍能见其对天道的深刻感悟。领会他“知人之尽，即是知天”[①] 的思想，故重视实践而反对空谈“人生而静以上”之本体，自能体会其“本天而责人”[②] 的用心。

二、人欲正当处即天理

（一）问题之由来

1. 乾初对“欲”的理解

> 圣人之心无异常人之心，常人之所欲亦即圣人之所欲也，圣人能不纵耳。……欲即是人心生意，百善皆从此生，止有过不及之分，更无有无之分。流而不反，若贪愚之俗，过于欲者也。割情抑性，若老、庄之徒，不及于欲者也。贤人君子，于忠孝廉节之事，一往而深，过于欲者也。顽懦之夫，鞭之不起，不及于欲者也。圣人只是一中，不绝欲，亦不从欲，是以难耳。无欲作圣，以作西方圣人则可，岂可以诬中国之圣人哉！山阴先生曰：“生机之自然而不容已者，欲也；而其无过不及者，理也。”斯百世不易之论也。[③]

乾初对人的七情六欲予以肯定，“欲”是人人皆有，不能杜绝，乾初引蕺山之言，从“人心生意”、“生机之自然”来讲“欲”，扩大了“欲”的

① 《近言集》，见《陈确集》，第428页。
② 《性解上》，见《陈确集》，第448页。
③ 《无欲作圣辨》，见《陈确集》，第461页。

范围，提升了“欲”的哲学意义，[①] 把“欲”提到“百善皆从此生”的地位。“所欲与聚，推心不穷，生生之机，全恃有此。”[②] “欲”不可以有无论，只能以“过”或“不及”论，老、庄之徒“割情抑性”，不及于欲；贪愚之徒，流而不反，过于欲者也；圣人亦人，岂能无欲？岂能不穿衣吃饭？“圣人之心无异常人之心，常人之所欲亦即圣人之所欲也，圣人能不纵耳。”圣人依一“中”字而行，不绝欲，亦不纵欲。“无欲作圣”，诬中国之圣人哉！对“欲”的承认，是“百世不易之论”。

> 男女之欲、血肉之味决不可绝。……今即以至粗者言之：男女不交，则生人灭绝；戒杀牲，则兽蹄鸟迹交中国矣。究之：无人；财物亦岂能独生；无人物，则天地亦岂能虚立！[③]

从“男女之欲”肯定欲不可绝。没有“人欲”，人类就无法存在和延续，所谓“天理”又从何谈起？

在孔子那里，对“美味”、“声色”、“货利”、“好名”等发乎耳、目、口、腹的感性欲望和追求富贵名利的个人利益予以肯定。如对“美味”，他说“食饐而餲，鱼馁而肉败，不食。色恶，不食。臭恶，不食。失饪，不食。……不得其酱，不食。”[④] 孔子自己提倡“食不厌精，脍不厌细”，对色、香、味是颇为挑剔的。孟子也对耳、目、口、腹之欲予以肯定，他说：“口之于味也，有同耆焉；耳之于声也，有同听焉；目之于色也，有同美焉。至于心，独无所同然乎？心之所同然者何也？谓理也，义也。圣人先得我心之所同然耳。故理义之悦我心，犹刍豢之悦我口。”[⑤] 孔子把“声色”、“男女之欲”看做与“饮食”同等重要，他对此持一种“不远人情”

---

① “欲”的哲学意义，是指它能促进个性发展和社会发展，可参见恩格斯所说：“在黑格尔那里，恶是历史发展的动力借以表现出来的形式。这里有双重的意思，一方面，每一种新的进步都必然表现为对某一神圣事物的亵渎，表现为对陈旧的、日渐衰亡的，但为习惯所崇奉的秩序的叛逆，另一方面，自从阶级对立产生以来，正是人的恶劣的情欲——贪欲和权势欲成了历史发展的杠杆。”（《路德维希·费尔巴哈和德国古典哲学的终结》，见《马克思恩格斯选集》第4卷，人民出版社1976年版，第233页）

② 《与刘伯绳书》，见《陈确集》，第469页。

③ 《复朱康流书》，见《陈确集》，第128页。

④ 《论语·乡党》。

⑤ 《孟子·告子上》。

的态度，子曰：“吾未见好德如好色者也。”[①] 又说：“君子有三戒：少之时，血气未定，戒之在色；及其壮也，血气方刚，戒之在斗；及其老也，血气既衰，戒之在得。”[②] 孔子对男女情欲肯定的同时，也要求此要符合礼义，以礼义戒之。荀子同样承认人的感情欲望，认为是“生而有”、“天之就”的，“凡语治而待去欲者，无以道欲而困于有欲者也。凡语治而待寡欲者，无以节欲而困于多欲者也。有欲无欲，异类也，生死也，非治乱也。欲之多寡，异类也，情之数也，非治乱也。欲不待可得，而求者从所可。欲不待可得，所受乎天也……性者、天之就也；情者、性之质也；欲者、情之应也。……故虽为守门，欲不可去，性之具也。虽为天子，欲不可尽。”“饥而欲食，寒而欲暖，劳而欲息，好利而恶害，是人之所生而有也，是无待而然者也，是禹、桀之所同也。……好荣恶辱，好利恶害，是君子小人之所同也”[③] 肯定人的感性欲望的合理性和存在的必然性，“欲”是天生的，是不可否定的，只有“多寡”而已。凡人、圣人（君主）皆有“欲”，而且也永远不会满足，既然“欲不可去”、“欲不可尽”，那么只能“顺”而加以节制，即“制礼义以分之，以养人之欲，给人之求。使欲必不穷于物，物必不屈于欲，两者相持而长”[④]。孔子也不否定对富贵名利之类的个人利益的追求。子曰：“富与贵是人之所欲也。”“富而可求也，虽执鞭之士，吾亦为之。”“君子疾没世而名不称焉。”[⑤] 这是对富贵、名声、地位的追求。孟子同样不否定对美色、富贵名利的追求，“欲贵者，人之同心也”，“人亦孰不欲富贵”，“好色，人之所欲……富，人之所欲……贵，人之所欲”。[⑥] 要之，孔子、孟子对“美味”、“声色”、“货利”、“好名”等人的各方面的感性欲望和人对物质利益的追求予以“不远人情”的肯定。乾初肯定人的七情六欲的观点与孔、孟的观点是相近的。而这些方面宋明理学家则将其视为与天理不相容的“人欲”和“私欲”而否定。应该说理学家并不可能

---

① 《论语·子罕》。

② 《论语·季氏》。可参见杜维明对这段话的解释：“青少年应警戒过分沉湎女色，这样做与其说是对性行为本身的反感，不如说是因为这样的举动会给人的身心发展带来有害的后果。”（杜维明著：《人性的自我修养》，中国和平出版社1988年版，第36页）

③ 《荀子·正名》、《荀子·荣辱》。

④ 《荀子·礼论》。

⑤ 《论语·里仁》、《论语·述而》、《论语·卫灵公》。

⑥ 《孟子·告子上》、《孟子·公孙丑下》、《孟子·万章上》。

连吃饭穿衣和传宗接代这些正常的饮食男女之欲也反对，他们把这些称为“天理”，把超出这些范围的过分欲求称为“人欲”，如朱熹说：“饮食者，天理也；要求美味，人欲也。”① “‘饥食渴饮，冬裘夏葛’，何以谓之‘天职’？曰：这是天教我如此。饥便食，渴便饮，只得顺他。穷口腹之欲，便不是。盖天只教我饥则食，渴则饮，何曾教我穷口腹之欲?”② 饥则食，渴则饮，“冬裘夏葛”，这些欲求是“合当如此”的，是人人必需的，即“天职”，这种“欲”不但不应灭，而且只能“顺”，而“穷口腹之欲”的美味就是“私欲”，应去！要求美味是不合乎道德（天理）的，这与孔子、孟子对美味的看法是大不相同的。

即使释家也有肯定“欲”的情况，如智俨的《华严内章门等杂孔目章》卷二《十欲章》就说：“欲有两种：一、虚妄欲，此即有断；二、非虚妄欲，此即不断……若三乘义中，诃其妄欲，则不许欲。”所谓“非虚妄欲”，即指“饮食”之类，佛教徒也不至于愚蠢到不让人吃饭，而有些教派如南传上座部佛教、正一派道教还允许教徒结婚。所谓“妄欲”，即指“要求美味”之类，这是“不许欲”的。③ 不论儒家、道家，还是释家对维持人类生活的基本的感性欲求，是肯定的。

就儒家来说，明末清初学者对“欲”的看法与孔、孟、荀的观点有一致性。乾初说：“饮食男女皆义理所从出，功名富贵即道德之攸归。”④ “富贵福泽，人之所欲也；忠孝节义，独非人之所欲乎？虽富贵福泽之欲，庸人欲之，圣人独不欲之乎?”⑤ “欲非止一端，要之，‘名利’二字其大端也。”⑥ “道不离日用，虽饮食男女，无非道之所存。”⑦ 乾初所认同、肯定的“欲”是多方面的，从“饮食男女”到“功名富贵”再到“忠孝节义”，

① 《朱子语类》卷十三，见《朱子全书》第14册，上海古籍出版社、安徽教育出版社2002年版，第389页。

② 《朱子语类》卷九十六，见《朱子全书》第17册，上海古籍出版社、安徽教育出版社2002年版，第3250页。

③ 《大正藏》卷四十五《诸宗部二》。参见姜广辉《陈确思想研究》，载《中国哲学史》1996年第1~2期。

④ 《无欲作圣辨》，见《陈确集》，第461页。

⑤ 《近言集》，见《陈确集》，第425页。

⑥ 《名利》，见《陈确集》，第419页。

⑦ 《书尔旋讲师扇头》，见《陈确集》，第407页。

从凡人之欲到圣人之欲，无所不在，即“欲非止一端”，“欲”就是“道（理）之所存”，而“欲”的核心是“名利”。综上所述，在乾初看来，“欲”、“名利”是中性的。

2. “欲”与“公”、“私”

“欲”或“人欲”问题极其复杂，古往今来，对此问题可以说是众说纷纭。毫无疑问，“欲”具有两面性，从积极方面看，它能促进个性和社会的发展；然而，在中国古代哲学中，包括儒家哲学在内的几乎所有学派都不同程度地看到了“人欲”的负面影响，人的欲望具有不自满足的性质，人欲膨胀，就会侵犯别人的权益，从而发展为恶。为了避免恶欲膨胀，思想家一般都倡导人们以社会性的道德理性来控制自然性的感性欲望，于是，就有了对待“人欲”的不同态度：一是在理、欲统一下的“以理节欲”观，[①] 如孔子的“克己复礼”，孟子的“养心寡欲”，荀子的“以利节欲”，陈乾初的“理以制欲，私不胜公”。二是在理欲对立下的“存天理，灭人欲”，如“二程”、朱熹、王阳明等。以“人欲”为“私”，以“天理”为“公”。他们抽象地论证“天理之善”为“公”，而贬损、压抑被作为“人欲之恶”的“私”，认为“公”才是合理和正当的，而“私”却是负面的应当予以灭除，“私人领域”与“公共领域”处于紧张的矛盾关系，要么“大公无私”，要么“大私无公”，“天理”与“人欲”高度紧张。不论是孔、孟、荀，还是程、朱、陆、王诸大儒及明清时期的思想家，他们讲理欲问题，都要涉及公与私的问题。

---

① 王育济：《天理与人欲：理学理欲观演变的逻辑进程》，齐鲁书社1992年版，第1～17页。“导言”部分值得参考，王氏认为中国古代儒家理欲观演变的基本脉络经历了三种形态：一、以理为本的理欲统一观；二、理欲对立观；三、以欲为本的理欲统一观。王氏把孔、孟、荀、李觏、胡宏、陈亮、叶适划归第一种，宋明诸大儒如“二程”、朱熹、王阳明划归第二种，明末清初的启蒙思想家如陈确、吴廷翰划归第三种，把王夫之、戴震归为“以欲为本的理欲辩证统一观”。我们认为明末清初思想家尤其是陈确的理欲观仍然应属于第一种形态，即是“以理为本的理欲统一观”，如果要作出区别，那就是：他们统合了宋明诸大儒理欲分离观，而向孔、孟、荀理欲统一观回归。所以，我们认为中国古代儒家理欲观的演变线索是：以理为本的理欲统一→理欲分离→更高程度上以理为本的理欲统一。实际上，仍然是两种形态的理欲观。

“私”字古文作“厶”,[①] 与“公”字相对，意在以“公”灭“厶”，即“私”的含义是与“公”相对应。一是指维持人生命的自然需求（如穿衣吃饭等）；二是指人追求、满足自身欲望及欲求的动机和行为（如功名富贵、男女之欲，甚至私心杂念等），这些需求、欲望和欲求在公（理）的范围内才是合理的，反之，就是一己之私欲。《尚书·周官》说：“以公灭私，民允其怀。”《诗经·小雅·大田》说：“雨我公田，遂及我私。”可见，凡属于一己者则为私欲。在现实中，则有以权谋私、假公济私、损公肥私的现象，因此，人们提出要“斗私”、“治私”、“灭私”。孔、孟、荀看到人的感性自然欲望的正当性与合理性而加以肯定，同时他们也看到了不合道义的“人欲之私”、“一己之私欲”对社会与他人的危害性。孔子提倡对感性自然欲望满足的原则是“从心所欲不逾矩”，即用理性规范、道德理性来节制欲望，在道德理性规范下去追求感性欲望的满足，就是“公”，反之就是“私欲”。道德理性即是内在于心的“仁”，他提倡“克己复礼为仁”。所以，满足感性欲望和追求富贵名利必须符合礼义，“克己”就是让“欲不逾矩”。孔子肯定对富贵的追求，但坚持“（富贵）不以其道得之，不处也；贫与贱是人之所恶也，不以其道得之，不去也”。“不义而富且贵，于我如浮云。”[②] 不符合道德理性的富贵、美味、名声是不能追求的。所以，孔子要人加强道德修养，有了道德修养，人就能“克己”，能够安贫乐道，因为他心中有“道义”。君子有道德修养，道义内在于心，能够自恃，能够克制不合理的“欲”，所以能“饭疏食饮水，曲肱而枕之，乐亦在其中矣”[③]。子曰：“君子喻于义，小人喻于利。”“君子怀德，小人怀土；君子怀刑，小人怀惠。”[④] “君子谋道不谋食。……君子忧道不忧贫。”[⑤] “君子食无求饱，居无求安。”[⑥] “士志于道，而耻恶衣恶食者，未足与议也。”[⑦] “士而怀居，

---

① 《说文解字注》载：“不与姦厶相淆也。公私字本如此，今字私行而厶废矣，私者，禾名也。”（许慎撰、段玉裁注：《说文解字注》，中州古籍出版社2006年版，第436页）

② 《论语·里仁》、《论语·述而》。

③ 《论语·述而》。

④ 《论语·里仁》。

⑤ 《论语·卫灵公》。

⑥ 《论语·学而》。

⑦ 《论语·里仁》。

不足以为士矣。”[①] 人是现实生命中活生生的感性存在物，“不谋食”、“不怀居”的人是无法生存的，那种毫无感性物欲的、抽象的、纯粹的道德化身，在现实生活中是不存在的。否定人的感性物欲追求也就是否定人本身。然而，人与动物的根本区别在于有无道德理性和精神品格，而不是饥食渴饮一类的自然本能，只有注重道德理性的追求，注重精神品格的完善，才能体现出人性的最高存在。

孟子也是从道德理性（心、性）即从“大伦”的角度肯定人的感性欲望，“男女居室，人之大伦也”。“尽其心者，知其性也。知其性，则知天矣。存其心，养其性，所以事天也。”[②] 程子曰：“心也、性也、天也，一理也。自理而言谓之天，自禀受而言谓之性，自存诸人而言谓之心。”[③] 孟子确认“仁义礼智根于心”，人的七情六欲本是禀受天而来，是内在于人心中的，是人性之一，所以道德理性与感性欲求应该是统一的。道德理性是“仁义礼智”之心，是“大体”，是“义”，是“公”，人的自然感性欲望的满足与追求是“小体”，是“私”，是“利”。孟子强调“先立夫其大”，立其大，仁、义、礼、智之心（道德理性——大体）就不会为耳、目、口、腹之欲所夺，而且这些感性欲望也会因之成为道德理性的载体，这是“先义后利”，即“仁义”立，“利”、“欲”会不求而至。“养心”即“养其大者”，“寡欲”即节制其“小者”。再如“王如好货，与百姓同之，于王何有？……王如好色，与百姓同之，于王何有？”[④] 把“好货”、“好色”之心推及百姓，与民同富，与民同乐，“好货”、“好色”之“欲”也就升华为“仁政”，此即所谓“私”升华为“公”，道德理性与感性欲望、义与利、公与私达到了统一。反之，“仁义”不立，“先利后义”，人就会沦为感性欲望的奴隶，个人欲望和一己之私利就会压倒道德理性，就会出现孟子所说的“上下交征利而国危矣”。如果说孔、孟更多的是从人对道德理性（社会道德规范）的自觉认同和道德修养来讲“克己节欲”、“养心寡欲”，即由己不由人的内在的道德自律，荀子则从社会外在规范（社会权威——礼、分、

---

① 《论语·宪问》。

② 《孟子·万章上》、《孟子·尽心上》。

③ 朱熹：《孟子集注·尽心章句上》，见《四书章句集注》，中华书局1983年版，第349页。

④ 《孟子·梁惠王下》。

圣王）来节制人的感性欲求。这样，节制人的自然感性欲望和个人一己私利的克制，既应靠内在的自觉，又离不开外在社会权威的强行规范，在此基础上处理道德理性与感性欲望、理与欲、义与利、公与私，在理论上就比较深刻和全面了。[①] 孔、孟、荀虽然肯定人的感性物欲的必然性与合理性，但在道德理性与感性物欲的对比中，他们强调道德理性的绝对性、至上性，而声色、财货、富贵、利益等感性欲求是相对的、不确定的，因而不能不潜伏着重道德理性轻感性物质欲求的倾向。宋明理学家正是在张扬这种倾向而提出“存天理灭人欲”[②] 的。

宋明理学家对“人欲”或“私欲（一己之私）”予以高度警惕。道德理性（天理）能不能有效控制现实中人的感性物质欲望（人欲，尤其是对“一己之私”的控制）。答案是肯定的。程朱“析心与理为二”，即人心与道心（天理）是有区别的，因为他们认为能感觉认知的“心”具有一种感性的含义，潜伏着人欲的可能性，程朱称之为“人心”，而有别于纯粹至善的道心[③]。理学家对心与理、人心与道心、人欲与天理作出了严格的判分，表现出理欲对立的观点。程子曰：“理者，天下之至公。”“‘人心’，私欲，故危殆。‘道心’，天理，故精微。灭私欲，则天理明矣。”“理与心一，而人不能会为一者，有己则喜自私，私则万殊，宜其难一也。”“‘人心’，私欲也；‘道心’，正心也。”“义（义理）与利（利欲），只是个公与私也。”[④]“道心”即是道德理性，是天理之“至公”，天理是普遍的、至上的、绝对的、超越万事万物之上的精神本体。与道心相对的是“人心”、“人欲”、“私欲（一己之私）”是指人的感性自然存在和基于这种存在而发的感性自然欲求，还指对富贵名利等的追求。“二程”这种天理与人欲、公与私的对立，还可从其弟子谢良佐《上蔡语录·中》来看：“天理与人欲相对，有一份人欲，即减一份天理；有一份天理，即减一份人欲，人欲才肆，天理灭

---

① 参见王育济《天理与人欲：理学理欲观演变的逻辑进程》，齐鲁书社1992年版，第41~43页。

② 参见王育济《天理与人欲：理学理欲观演变的逻辑进程》，齐鲁书社1992年版，第18页。

③ 参见吴震《阳明后学研究》，上海人民出版社2003年版，第7页。

④ 《程氏遗书》，见（宋）程颢、程颐《二程集》，中华书局1981年版，第917页、第312页、第1254页、第256页、第176页。

矣。”另外，“二程”把感性物欲的存在（人欲）或“嗜欲”视为天理不彰的原因，“人心莫不有知，惟蔽于人欲，则亡天理也。”“昏于天理者，嗜欲之乱耳。”①

朱子说“人自有人心、道心，一个生于血气，一个生于义理。饥寒痛痒，此人心也；恻隐、羞恶、是非、辞逊，此道心也”。②“道心，是义理上发出来的，人心，是人身上发出来的。虽圣人不能无人心，如饥食渴饮之类；虽小人不能无道心，如恻隐之心是。”③ 在“二程”看来，“人心”、“人欲”、“私欲（一己之私）”通通与天理相对峙，都应该在“消灭”之列。在朱子看来，“人心”指人的基本的感性欲求，人人皆有，圣贤也不能免。朱子说“‘人心，人欲也’，此语有病。虽上智不能无此，岂可谓全不是?”“程子曰：‘人心，人欲也。’恐未便是人欲。曰：‘人欲也未便是不好。”“如饥饱寒暖之类，皆生于吾身血气形体，而他人无与，所谓私也，亦未能便是不好。”④ 朱子认为不能笼统地讲“人心”不好，朱熹与其他儒者一样认可人的感性欲求，而“人欲”或“私欲（一己之私）”应“灭”。但如果一定要把发乎于“血气”自然的感性欲求说成是“人欲”或“私欲”，那也无可非议，所以朱子说“人欲便也是天理里面做出来。虽是人欲，人欲中自有天理”。正是在这一个意义上，朱子说“天理人欲，无硬定底界”⑤。但是，朱子与“二程”一样，天理与人欲的对峙，主要就是公与私的对立。⑥“欲是情发出来的。心如水，性犹水之静，情则水之流，欲则水之波澜，但波澜有好的，有不好的。欲之好的，如‘我欲仁’之类；不好的则一向奔驰出去，若波涛翻浪；大段不好的欲则灭却天理，如水之壅

① 参见（宋）程颢、程颐《二程集》，中华书局1981年版，第123页、第1194页。

② 《朱子语类》卷六十二，见《朱子全书》第16册，上海古籍出版社、安徽教育出版社2002年版，第2013页。

③ 《朱子语类》卷七十八，见（宋）朱熹《朱子全书》第16册，上海古籍出版社、安徽教育出版社2002年版，第2665页。

④ 《朱子语类》卷七十八，见（宋）朱熹《朱子全书》第16册，上海古籍出版社、安徽教育出版社2002年版，第2664页、第2663页；卷六十三，第2012页。

⑤ 《朱子语类》卷十三，见（宋）朱熹《朱子全书》第14册，上海古籍出版社、安徽教育出版社2002年版，第388~389页。

⑥ 参见王育济《天理与人欲：理学理欲观演变的逻辑进程》，齐鲁书社1992年版，第135页。

决，无所不害。”[1] 朱子肯定一部分“人心”——人的自然感性物欲，如维持生命的“饮食”、传宗接代的“男女之欲”，这些是人必须的、普遍的，即是“公”、是天经地义的“天理”，是“好的欲”。而“要求美味”、追求男女情欲则被视为“人欲”或“私欲（一己之私）”，是“不好的欲”而被否定。

明代理学家较具代表性的有关“欲”与“公”、“私”的观点：

（1）王阳明坚持理欲对立观。

“天理人欲不并立，安有天理为主，人欲又从而听命者？”“去得人欲，便识天理。”“减得一分人欲，便是复得一分天理。”“只要去人欲、存天理，方是功夫。静时念念去人欲、存天理，动时念念去人欲、存天理。”“必欲此心纯乎天理，而无一毫人欲之私，此作圣之功也。”[2] 可见，王阳明在“天理人欲不并立”这点上与朱熹的观点是一致的。只是在朱子那里，天理外在，而在王阳明那里，天理内在于“心”，王阳明说：“人心是天渊。心之本体无所不该，原是一个天。只为私欲障碍，则天之本体失了……如今念念致良知，将此障碍窒塞一齐去尽，则本体已复，便是天渊了。”[3]“存天理去人欲”只能在“人心”这个“天渊”中进行。在王阳明看来，良知就是天理的显现：“良知是天理之昭明灵觉处，故良知即是天理。”[4]“心即理”，心像一面镜子，若被尘垢（人欲）蒙蔽了，天理就不能显现，必须“痛加刮磨一番”，即做“致良知”工夫，才能使天理从人欲的蒙蔽中显现出来。在这一层意义上，饮食男女、七情六欲等人的感情欲望在朱熹那里还有一定程度存在的合理性，还是理当如此的“天职”。在阳明看来，七情六欲完全变成了私欲或导致欲的“蔽”，“七情有著，俱谓之欲，俱为良知

---

① 《朱子语类》卷五，见（宋）朱熹《朱子全书》第14册，上海古籍出版社、安徽教育出版社2002年版，第229页。

② 《传习录》上、《传习录中·答陆原静书》，见（明）王阳明《王阳明全集》卷一、卷二，上海古籍出版社1992年版，第7页、第66页。

③ 《传习录》下，见（明）王阳明《王阳明全集》卷三，上海古籍出版社1992年版，第95~96页。

④ 《传习录中·答欧阳崇一》，见（明）王阳明《王阳明全集》卷二，上海古籍出版社1992年版，第72页。

之蔽"[1]。"父之爱子，自是至情。然天理亦自有个中和处，过即是私意。人于此处多认作天理当忧，则一向忧苦，不知已是'有所忧患，不得其正'。大抵七情所感，多只是过，少不及者。才过便非心之本体，必须调停适中始得。就如父母之丧，人子岂不欲一哭便死，方快于心？然却曰'毁不灭性'。非圣人强制之也，天理本体自有分限，不可过也。""无事时将好色、好货、好名等私逐一追究搜寻出来，定要拔去病根，永不起复……只思一个天理。到得天理纯全，便是何思何虑矣。"[2] 因为"七情所感，多只是过"，一过便是"私意"，而非"天理"，所以，人最好是无欲无情、无思无虑，将"好色、好货、好名"等这些人欲之"私"搜寻出来，定根拔去，才能得粹然至善的天理。在阳明，要消灭的"人欲"（私欲）范围比朱熹更广了。

（2）刘蕺山坚持理欲统一。

"欲与天理，只是一个。从凝处看，是欲；从化处看，是理。""生机之自然而不容已者，欲也。欲而纵，过也；甚焉，恶也。而其无过不及者，理也。"[3]"欲与天理，只是一个"并非"欲"就等于"天理"，[4] 而是指天理通过人欲来表现，天理寓于人欲之中（中国哲学术语称为"理在气中"），人欲受天理制约和规范。人所有的欲求，不论是感性欲望或精神欲求都是"生机之自然而不容已"的，即都是"天理"所赋予的，是不能否认的。关键在于所"欲"要顺应天理、合乎天理。"欲纵"会产生"过"，"欲甚"会产生"恶"；过于纵欲或过于节欲（寡之又寡以至于"无欲"）都是违背

---

① 《传习录》下，见（明）王阳明《王阳明全集》卷三，上海古籍出版社 1992 年版，第 111 页。

② 《传习录》上，见（明）王阳明《王阳明全集》卷一，上海古籍出版社 1992 年版，第 16 页。

③ （明）刘宗周：《学言》上、《原旨·原心》，见《刘宗周全集》第二册，浙江古籍出版社 2007 年版，第 364 页、第 279 页。

④ 王育济对此的解释是"欲本身即是天理"（参见王育济著《天理与人欲：理学理欲观演变的逻辑进程》，齐鲁书社 1992 年版，第 238 页），欠妥也！并且把刘蕺山、陈确、王夫之、顾炎武等明末清初思想家的理欲观归结为"以欲为本的理欲统一观"。以欲为本、欲即天理，因为"本"是一切事物和现象的根据，这种理论是有危险的，由此就可推出纵欲主义的合理性，这是我们不能认同的。蕺山、乾初等人重视"欲"的理论前提仍然是"天理"，这与孔、孟、荀是一致的。况且王育济所引蕺山语（见本页注4所引）本身推不出"欲本身即是天理"。

“天理”的，故说“其无过不及者，理也”。所以，蕺山对“欲”界定的范围是很广的。从“公”与“私”说，“假令此己不立，虽声色货利，亦天理边事。若为己而设，即道德性命，亦人欲边事。天理人欲，本无定名，在公私之间而已。学者尝将此己放在天地间，做公共一物看，已是大家主人翁。”① 顺应天理、合乎天理“欲”，因为去除了“一己之私”，即是“公”，所以蕺山认为如果为学求仁没有“一己之私”，虽声色货利，亦天理边事，相反如果为学求仁仅仅为“一己之私”而设，即道德性命，亦人欲边事。如此，蕺山认为“天理人欲，本无定名，在公私之间而已”。“己欲”（私）要符合公共之欲（公），人欲合乎天理，将个人（己）之欲置于“公共一物看”，自己就是主人翁。“曰人心，言人之心也；曰道心，言心之道也，心之所以为心也。非以人欲为人心，天理为道心也”②。从人心、道心来看，人心即人欲，道心即天理，道心是心之所以为心的根据，即人欲以天理为根据，人的所欲所求必须符合天理，只有这样的欲求才是“公共”的，反之，就是“私”的。

（3）乾初的公私观。

以上我们勾勒了两种理欲观或两种公私观，不论是理欲统一论者还是理欲对立论者，在处理理与欲和公与私的问题上，基本的倾向却是相同的：以理制欲（或先理后欲、先义后利）和以公制私（或先公后私）。然而明末清初的学者对“私”作出了与传统迥异的解释，乾初作《私说》，对“私”的观念作了颠覆性的诠释，兹录全文于下（为叙述，段前加了序号）：

（一）或复于陈确子曰：“子尝教我治私矣。无私实难。敢问君子亦有私乎？”确曰：“有私。”

（二）“有私何以为君子？”曰：“有私所以为君子。惟君子而后能有私，彼小人者恶能有私乎哉！夫君子之于人，无不敬也，然敬其兄与敬乡人必有间矣。君子之于人无弗爱也，然爱其兄之子与邻之赤子亦必有间矣。如是，则虽曰爱己之子又愈于兄之子，

---

① （明）刘宗周：《学言》上，见《刘宗周全集》第二册，浙江古籍出版社2007年版，第363页。

② （明）刘宗周：《中兴金鉴录七·帝鉴篇》，见《刘宗周全集》第五册，浙江古籍出版社2007年版，第281页。

奚为不可！故君子之爱天下也，必不如其爱国也，爱国必不如其爱家与身也，可知也。惟君子知爱其身也，惟君子知爱其身而爱之无不至也。”曰：“焉有吾之身而不能齐家者乎！不能治国者乎！不能平天下者乎！君子欲以齐、治、平之道私诸其身，而必不能以不德之身而齐之治之平之也。则虽欲不正心以修身，得乎？”故曰：“自天子以至于庶人，一是皆以修身为本。”此非忘私之言，深于私之言也。

（三）且子独不见夫愚夫妇之私其子者乎？食必欲其饱也，衣必欲其暖也。出与邻儿斗，则必助其子以斗邻儿。闻人誉其子，则輾然喜，毁其子，则艴然怒。可不谓之能私其子者乎？然饱之而伤脾矣，暖之而伤肺矣。助之斗则长其傲，喜誉而恶毁则养其恶矣。伤脾伤肺而疾痛时有，长傲养恶而不肯以终其身，又可谓之能私其子者乎？

（四）彼贤父母之能私其子者，则不然。见其食也常夺之，衣也常脱之。出与邻儿斗，则反右邻儿而责其子。闻人誉其子，必不敢谓已然。其毁之也，又必不敢谓不然。可谓之能私其子者乎？然饱暖不过则鲜疾患，责其子，不自贤其子，则有所惩瓶而日进于德。又可不谓之能私其子者乎？

（五）然则孝子之所以私其父，忠臣之所以私其君，贤友之所以私其友，恭弟之所以私其兄，贞夫之所以私其妇，亦必有道矣。彼小人之所谓私其身者，非能爱其身者也，所谓私其君父朋友者，非能爱其君父朋友者也；所谓私其兄弟妻子者，非能爱其兄弟妻子者也。贼害之而已矣，挤之于穽焉而已矣。而岂若君子之能私乎！

（六）是故君子之心私而真，小人之心私而假，君子之心私而笃，小人之心私而浮。彼古之所谓仁圣贤人者，皆从自私之一念，而能推而致之以造乎其极者也。而可曰君子必无私乎哉！桀、纣之以天下予人，公之至也。舜、武之尊富享。保而无弗备也，私之至也。如是，则虽曰君子有私而小人无私，亦可。

（七）问者跃而起曰：“吾闻吾子之言，方求私之不暇，而暇私之去乎?”陈子曰:“然。知所以求之,斯知所以治之矣。”①

此文主要观点概括如下:(1)乾初肯定君子亦有“私”。把“私”与理想人格“君子”结合在一起,甚至认为君子之所以为君子,恰恰是通过“私”来规定的。传统儒家认为君子与小人的区别在于“公”与“私”,君子有“公”所以为君子,如君子“大公无私”,小人有“私”所以不能成为君子,小人“大私无公”。乾初把原来只与“小人”同流合污的“私”也赋予君子而使之变成“君子”的特性,这种看法是独特的。(2)君子之私与小人之私不同,即真假之“私”。按照乾初的逻辑,“君子之心私而真,小人之心私而假,君子之心私而笃,小人之心私而浮。彼古之所谓仁圣贤人者,皆从自私之一念,而能推而致之以造乎其极者也。”“小人”因不能具有真正意义的“私”被定位为小人,反之,能够具有真正意义的“私”的才是君子。自私故能自爱,自爱而后能爱人,重点只在“推而致之以造乎其极”。古代的所谓仁圣贤人,皆从“自私一念”而成就,并能推己及人,福泽天下。这就是君子之私,舜、武之尊富享,可谓有私,“私之至也”,确能保天下而不失;而像桀、纣这样“无私”到“公之至也”,结果丧失天下。所以乾初认为“虽曰君子有私而小人无私,亦可”。乾初以“敬”、“爱”为例论证:君子具有普遍的爱敬之心,但这种爱敬之心因与自己关系的远近而有差别。敬其兄要超过敬乡人。爱自己的儿子要超过爱自己兄弟的儿子,爱自己的家和爱自己要超过爱别人的家和别人。由于爱敬自己爱敬其身,君子懂得正心以修身,然后以修德之身平治天下,他还引《大学》“自天子以至于庶人,壹是皆以修身为本”。认为此“深于私之言也”,有私、有欲方能有为,有为方能泽被天下。君子正是由于知道爱自己,他才能把爱扩展到广大的范围中(即从“自爱”和“爱己”中推及对他人乃至社会的爱);他才能把“齐家”、“治国”和“平天下”这种伟大的使命看成是自己“私人”的责任(“私诸其身”)。这与“古之学者为己”的思想是相通的。(3)“私”而有道,正当与非正当之“私”。这种意义上的“私”,被乾初认为是一种从利己到利人的“私”,是合乎道的“私”。他说:“孝子之所以私其父,忠臣之所以私其君,贤友之所以私其友,恭弟

① 《私说》,见《陈确集》,第257~258页。

之所以私其兄，贞妇之所以私其夫，亦必有道矣。”私其父母、私其君、私其友、私其兄、私其夫等行为都要合乎“道”，即正当之“私”，此即“人欲正当处”；反之，就是非正当之“私”［参看引文第（五）段后半部分］。这里的关键是乾初重新界定了“私”，把“私”建立在“道”和“合理性”的基础之上。譬如，真正“私爱”自己子女的父母，一定是以合理和恰当的方式去爱。如果采取不合理和不恰当的方式去爱，他的主观愿望虽然是“私爱”其子，但实际上的结果却是有害于他的子女，引文第（四）段和第（三）段即讲这种不恰当的私爱对子女的危害。因此，真正的“私”就是合乎其道的。不合乎其道的“私”则是虚假性的小人之“私”。所以乾初最后要求以真正的正当之“私”，治虚假的非正当之“私”。与之对应，乾初的理欲观表现在公与私方面，就是“人欲恰好处，即天理也”，这种恰到好处的“欲”，也可以说就是他的合乎其“道”的“私”。明末清初学者为“私”的观念进行申辩，与乾初持相同论调的思想家还有李贽、顾炎武等，在此不具述。无论如何，这种公私观已不同于传统儒学公私观。“公”不是通过灭私来实现，而恰恰是要通过以“私”为起点去达到“公”，即“合天下之私以成天下之公”（顾炎武语）。没有作为起点的天下之“私”，也就没有后继的“天下之公”①。

（二）人欲正当处即天理

乾初反对宋明理学家“存天理灭人欲”的主张，特别是对“私”和“欲”予以足够的重视，对宋明理学理欲观作出重大突破，从而建构一个新的理欲观。“天理人欲”一词，首见于《礼记·乐记》：“人生而静，天之性也。感于物而动，性之欲也。物至知知，然后好恶形焉，好恶无节于内，知诱于外，不能反躬，天理灭矣。夫物之感人无穷，而人之好恶无节，则是物至而人化物也。人化物者，灭天理而穷人欲者也。”② 这一段文字，一向为宋儒所服膺，由于人欲的无限贪求性，会对天理造成危害，他们提倡“存天理灭人欲”，要人有力量捍御“人欲”，如朱子要求“不以人欲害其天

① 参见王中江《明清之际“私”观念的兴起及其社会关联》，载《湖南社会科学》2003 年第 4 期。

② 王文锦译解：《礼记译解》（下），中华书局 2001 年版，第 529 页。

德之刚”。他们在工夫上主张默坐澄心，或涵养主敬、或察识端倪，以达到“不动心”的境界（即周濂溪的君子主静慎动），使“心”无时无刻不专一于“天理”（或曰诚体、或曰中），体认天理，就能不受物欲的诱惑，不徇于贪欲、私欲，一切行为发而皆中节。

首先，对天理与人欲的关系，乾初是以“欲”为首出吗？

乾初确实强调“欲”，如说“天理正从人欲中见”、“从人欲中体验天理”① 等，从乾初强调“欲”的言论中，学界认为他是以“欲”为首出，② 从而认为乾初抹杀了天理的超越性，而且学界进一步认为乾初在理论上就沦为一种下堕的自然主义，天理便只是依现实经验上的准则，失去其超越性、绝对性的附属物。对此问题，我们在第二章“性善本体”和第三章“自然性与超越性”已论述，在此不妨再稍作叙述。乾初认为性为天所命，乾初以“物必有则”③ 而论天，“刚柔不偏而粹然至善”④ 的天理（道）是超越的、绝对的、必然的，以天道为根据的性体同样是具有超越性的，这样才能保证道德践履工夫修养实践的方向。天道性命的内容与意义要依靠人道（实践）来表现彰显，人道（实践）的方向要由天道（理）来贞定，此即乾初常引孟子“尽心—知性—知天”的思路。天道赋予了性体超越性和先天具足的内容，⑤ 人尽心尽力扩充性善本体，表现性善彰显性体，证成

---

① 《无欲作圣辨》、《近言集》，见《陈确集》，第461页、第425页。

② 刘述先先生说：“明末清初的思想，由泰州学派转手，像陈确一类的人开始肯定‘欲’，以之为首出的观念，根本脱离了心性之学的规模，梨洲已无法力挽狂澜。”（《黄宗羲心学的定位》，浙江古籍出版社2006年版，第109页）郑宗义说乾初的思想“根本不能认肯本心性体，其天已全幅塌落于人欲中。……如此以欲为首出，则两欲相侵时，如何求人欲恰好处便顿成一难题了。”郑宗义的根据是陈乾初说过“人心本无天理，天理正从人欲中见。”（《明清儒学转型探析——从刘蕺山到戴东原》，香港中文大学2000年版，第217页）郑宗义的观点乃与其师刘述先先生的一致。王育济认为刘蕺山、陈确是“以欲为本”（参见郑宗义著《天理与人欲：理学理欲观演变的逻辑进程》第三章“第五节”相关论述，第236~255页）。对乾初的思想得出这样的结论，根据还来源于黄梨洲对乾初批评“必从人欲恰好处求天理，则终身扰扰，不出世情，所见为天理者，恐是人欲之改头换面耳”。（黄宗羲：《与陈乾初论学书》，见《陈确集》，第149页）

③ 《尽心章》，见《陈确集》，第550页。

④ 《性解上》，见《陈确集》，第448页。

⑤ 人性先天具足，乾初说：“虽圣乎，于人之性曾无毫末之加焉。”（《圣人可学而至论》，见《陈确集》，第151页）“要虽仁至义尽，岂于天命之性有加毫末耶。”（《答朱康流书》，见《陈确集》，第473页）

性体，从而达到“知天”。因此，乾初思想中，天理与人欲的关系，并非是以“欲”为首出，而仍然是保持天理的超越性，以天理为首出。故乾初认为“欲是人心生意，百善皆从此生”，他虽然注重“欲”，提高了“欲”的地位，但是不能因此而认为他把“欲”提升到超越了“天理”的位置，亦不能因此而认为他将“天理”下拉到等同于“欲”的“形而下”的经验层次，[①]“理”与“欲”之间仍然存在着距离，并不能说“理”变成了与“欲”同处于相同层次的东西，或说“欲”就是“理”。当乾初说“人欲恰好处即天理也”、“人欲正当处即天理”之中的“即”，不可理解为“是”，而是指“相即不离”之意，天理就寓于人欲之中（朱熹也有类似观点），[②]人欲“正当处”、“恰好处”就体现了天理，这与上文所讲，正当的君子之“私”是合乎“道”的思想一致。

总之，在天理与人欲的关系中，乾初仍然坚持“理以制欲，私不胜公”。[③]即反对理欲分立，“理”不等同于“欲”，“理”为首出，“欲”受“理”的制约。这样的言论还有：

> 过天理一分，便是人欲。
>
> 欲胜理为小人，理胜欲为君子，绌欲从理，儒者克己之学也。
>
> 宾昏丧祭，循礼而不循俗；日用饮食，从理而不从欲。
>
> 所谓居易，只是循理，所谓行险，只是从欲。[④]

这些都明显地表达了乾初是把“理”放在第一位，用道德理性制约感性欲望，也就是说，乾初突出“欲”，并非就是要人纵欲，而是强调满足欲望必须依循天理。如果超出天理去满足欲望，这就是小人之欲（一己之私欲），即上文说的小人之“假私”，所谓“欲胜理”者，而不是君子之“真私”，理胜欲为君子。所以，乾初认为儒学的“克己”是“绌欲从理”。在

---

① 参见杨于萱《陈确人性论研究》，2008 年台湾国立中央大学硕士论文，第 52 页。

② 即使强调“存天理灭人欲”的朱子也说过“人欲便也是天理里面做出来。虽是人欲，人欲中自有天理。”（《朱子语类》卷十三，《朱子全书》第 14 册，上海古籍出版社、安徽教育出版社 2002 年版，第 388 页）

③ 《胃脾颂》，见《陈确集》，第 357 页。

④ 《撤主议》、《与刘伯绳书》、《近言集》、《名利》，《陈确集》第 195 页、第 469 页、第 431 页、第 419 页。

现实生活中，人不是任凭欲望所摆布，而是依“理”（道德理性）行事，如在“宾昏丧祭”中，“循礼”在日用饮食中“从理”。这样循理能满足人的欲望，这种人欲是合乎天理的，就是他所说的“人欲正当处即天理也”，即“居易循理”。就另一层意思说，人是感性存在物，不可能事事“居易循理”，有时会出现“行险从欲”的情况，这种“欲”是不正当、不合理的，即小人之“私”，是假私。这就必须以“理”为依据来对治这些不合理的“欲”，将它们纯化为“天理”，转化为符合天理的行为。乾初这种“循理”而行、“理以制欲”、使“欲”顺理、合理的观点，与孟子“从其大体为大人，从其小体为小人”的观点是一致的，“小体”即为“欲”，而“大体”则为“理”，“理胜欲为君子，欲胜理为小人”。通过以上分析，乾初之学是“以欲为首出”，这种观点有失公允，我们的观点是，乾初之学是“以理为首出”，不是下堕的自然主义。

其次，人欲恰好处——人欲的界限。

宋明理学家过多地看到了“人欲”的负面影响，要人“存天理灭人欲”，将理、欲对立起来，并对“人欲”采取了压抑的态度。在孔、孟那里，只讲“克己复礼”、“养心寡欲”，至宋代理学家则讲“寡欲以至于无”。当然，应该把这句话理解为少私欲以至无私欲，这样我们不至于误解理学家“淑人淑世”的良好愿望。但是，“存理灭欲”的主张发展到后来，在具体现实生活上对于天理与人欲之间的取舍，逐渐地出现了偏颇的倾向，使得天理成了严苛而僵化的教条，反而渐失圣人那种宽容广大的气象。① 对这种情况，长期以来理学的意识形态、义理价值系统一直就定位在“存理灭欲”基调上。然而关键问题是，一方面，由于“严辨理欲”实际上并没有实质性的确定的界限规定，朱熹也说“天理人欲，无硬定底界”②。于是就只能在默坐澄心、反求诸己的“诚意”、“正心”层次上，尽其在“我”地默默从事。另一方面，则理学家所要求净尽的“人欲”，自然是不包括养生送死，饮食男女的“仰事俯畜”等基本生养之道，理学对此是归在“天理”一面的，只有不合于天理的“人欲”才是理学所要对治的，故曰“饮

---

① 参见王瑞昌《陈确评传》，南京大学出版社 2002 年版，第 414 页。

② 《朱子语类》卷十三，见《朱子全书》第 14 册，上海古籍出版社、安徽教育出版社 2002 年版，第 389 页。

食者，天理也；要求美味，人欲也”。“合道理的是天理，循情欲的是人欲。”[①] 于是乎当落在实在界的现实生活中时，当理学的“无欲”、“灭欲”主张与传统划分尊卑贵贱等级的阶级社会结合时，上层则出自“齐家”、“广嗣”目的的广有良田、广蓄姬妾等行为，并不会被视为违“理”。但是下层百姓之饥啼号寒、垂死冀生等现实欲求，却很容易被以“存理灭欲”作为口实而加以漠视、压制。[②] 当“尊者以理责卑，长者以理责幼，贵者以理责贱，虽失谓之顺”时，当下层社会面对来自上层社会的道德压迫时，就只能默默背负“卑者、幼者、贱者以理争之，虽得谓之逆”的道德责难了。故乾嘉义理学集大成者戴震对此挞伐道：“其责以理也，不难举旷世之高节，著于义而罪之。”尊者高高在上以责下层时，悬诸其心中的价值标准往往是一个绝难达到的旷世高节；如此一来就很难避免“人死于法，犹有怜之者；死于理，其谁怜之”[③] 的“酷吏以法杀人，后儒以理杀人”了。[④] 因此理学家讲“存理灭欲”、“无欲”，在社会实际生活中，并无可操作性，而且主要是针对下层百姓的。所以自从明末清初肯定情欲、重视自我价值追求，民众的意识日渐觉醒以来，种种上层文化与民间社会思想的矛盾冲突，已经使得传统理学价值系统难以再片面、单向地领导、维系社会思想。乾初提出新理欲观对“人欲”的肯定，又要求“居易循理”，求人欲的正当处、恰好处。表现出在明清之际新的社会价值观背离传统理学价值观，价值重心从理念世界向现实世界转移，乾初努力揭示出一种新的、正确的方向以指引当时的社会思想。乾初说：

人欲不必过为遏绝，人欲正当处，即天理也。如富贵福泽，人之所欲也；忠孝节义，独非人之所欲乎？虽富贵福泽之欲，庸人欲之，圣人独不欲之乎？学者只时从人欲中体验天理，则人欲即天理矣，不必将天理人欲判然分作两件也。虽圣朝不能无小人，要使小人渐变为君子。圣人岂必无人欲，要能使人欲悉化为天理。

---

① 《朱子语类》卷十三、卷七十八，见《朱子全书》第14册、第16册，上海古籍出版社、安徽教育出版社2002年版，第389页、第2670页。

② 参见姜广辉《陈确思想研究》，载《中国哲学史》1996年第1、2期。

③ 上引文具见戴震《理十》，见《孟子字义疏证》，中华书局1982年版，第10页。

④ 戴震：《与某书》，见《孟子字义疏证》，中华书局1982年版，第174页。

君子小人别辨太严，使小人无站脚处，而国家之祸始烈矣，自东汉诸君子始也。天理人欲分别太严，使人欲无躲闪处，而身心之害百出矣，自有宋诸儒始也。①

他认为如果严辨天理、人欲太过，反而会扼杀了许多合乎人性的欲望、情感、爱好，例如道德情感、人伦之至情等，那么人就会变得冷峻严酷，丧失人心那种活泼的生气。将人欲逼得太过，天理亦变得枯槁而无生生之机了。严辨理欲，“人欲无躲闪处，而身心之害百出矣”。严辨君子小人，“使小人无站脚处，而国家之祸始烈矣”。所以对于人欲，并非要过度地去遏止灭绝之，而是使它无过无不及，出之正当处、恰好处，此时即是天理的呈现。当然乾初所谓的“人欲”，已经不仅仅是宋明儒“存天理灭人欲”中与天理和善相对的“贪欲、私欲”，在乾初那里，“欲”的范围十分广泛，一方面除了包括宋明理学要灭的“欲”，另一方面包括饮食男女的生理、心理的感性欲望等。后一方面的“欲”是“中性”的，如朱子所说“天理本多，人欲便也是天理里面做出来。虽是人欲，人欲中自有天理”。② 朱子所指的“欲”即是此意，此即乾初所说“从人欲中体验天理”。另外，“人欲正当处，即天理也”，只有正当处的人欲——君子之欲（君子之私）——才是天理；相反，不正当处（不恰到好处）的人欲——小人之欲（小人之私）——非是天理，这是乾初反对的。乾初曾说人欲“止有过不及之分”，过与不及的人欲，都是不正当、不恰好的，这种人欲便不能称之为天理。所以，当人欲无法依循着天理而发，就要努力“使人欲悉化为天理”，使小人渐变为君子，让人欲能够发而中节，无过无不及，那么，此时的人欲便是悉化为天理之呈现。

乾初反对“无欲”之说：

陈确曰：周子无欲③之教，不禅而禅，吾儒只言寡欲耳。圣人

---

① 《近言集》，见《陈确集》，第425页。

② 《朱子语类》卷十三，见《朱子全书》第14册，上海古籍出版社、安徽教育出版社2002年版，第388页。

③ 周濂溪的“无欲”指无“一己之私欲”、无贪欲或无小人之欲（假私），并非是去除任何感性欲望。从这一个角度，可说乾初不擅解濂溪之意，如他说“真无欲者，除是死人”。（《与刘伯绳书》，见《陈确集》，第469页）

之心无异常人之心，常人之所欲亦即圣人之所欲也，圣人能不纵耳。饮食男女皆义理所从出，功名富贵即道德之攸归，而佛氏一切空之，故可曰无，奈何儒者而亦云耳哉！确尝谓人心本无天理，天理正从人欲中见，人欲恰好处，即天理也。向无人欲，则亦并无天理之可言矣。①

梨洲针对这段话批评：

气质人心是浑然流行之体，公共之物也，人欲是落在方所，一人之私也。天理人欲，正是相反，此盈则彼绌，彼盈则此绌。故寡之又寡，至于无欲，而后纯乎天理。……必从人欲恰好处求天理，则终身扰扰，不出世情，所见为天理者，恐是人欲之改头换面耳。②

乾初认为，“无欲”说不是儒家的传统。“无欲”是佛老之学才讲的，儒家只言寡欲，“寡欲”并非“无欲”，“犹《易》言节饮食，非教人废饮食也。克己亦非无欲义。克其非礼之己，而真己自在，安可克耶？故曰‘为仁由己’，曰‘欲仁仁至’。克者，胜之之辞，非灭之之词。”③可见，乾初主张寡欲、节欲、克欲。乾初进一步说：

孟子曰：“可欲之谓善。”佛氏无善，故无欲。生，所欲也，义，亦所欲也，两欲相参，而后有舍生取义之理。富贵，所欲也，不去仁而成名，亦君子所欲也，两欲相参，而后有非道不处之理。推之凡事，莫不皆然。即兄所指“酒色财气”四字，二氏惟恐不远之，若仇雠然；君子则何尝一概谢绝，但无适而非理耳。如不为酒困是酒中之理，不淫不伤是色中之理，不辞九百之粟是财中之理，不迁怒是气中之理，虽指为道中之妙用，奚为不可？太王好色，公刘好货，文王、武王皆好勇，固是孟子曲诱时主之言，却正是近情之言。所欲与聚，推心不穷，生生之机，全恃有此。而周子以无立教，非禅而何，五伦悉是情种，佛则空之，万物皆

---

① 《无欲作圣辨》，见《陈确集》，第461页。
② 《与陈乾初论学书》，见《陈确集》，第149页。
③ 《与刘伯绳书》，见《陈确集》，第469页。

吾同爱，老则遗之，故曰无。儒者亦云尔乎?①

以孔子“欲仁仁至”的“仁”为欲，以孟子“义亦我所欲”的“义”为欲，则“欲”可仁可义，即是“天理”了。问题在于，可欲还是不可欲，正当之欲还是非正当之欲，君子之欲还是小人之欲。这与他《私说》的原则是一致的，如公刘好货，文王、武王好勇，对“酒色财气”之欲，等等，在人欲中求无过不及，从自私而自爱推而爱人利人，推而大之，便能造福百姓、泽福天下，如此看来，真唯恐君子不有所欲了！乾初“近情”言私、欲，宋儒、佛老则“避之如雠”，归于无欲，“无欲之欲，更狡于有欲”。

明代的何心隐也有类似的观点，认为儒家历来讲节欲、寡欲，到周敦颐才讲“无欲”，“廉溪之无欲，亦无欲观妙之无欲乎?”② “无欲观妙之无欲”即指无欲说源于老子“无欲以观妙”，也就是说，周敦颐提出“无欲”说，是吸收了佛老的思想，对儒家理欲观作出了创造性的发挥。“二程”、朱熹等都认为“无欲”说是对孔、孟“圣学”的阐发，“无欲”是“圣学之要”，“无欲以学圣”。“孟（子）云寡欲，《礼》云‘欲不可纵’，周子偏云无欲：故云禅学。”③ 乾初认为“无欲”之教是禅障，如佛老的无，一切空之。乾初言“人心本无天理”，应是表示人的本心内并无一个现成、固定僵化的规矩、准绳来限制本心的活泼生气。这里的“天理”是一分殊之理，而不是天理之本然。他只是强调人心之“活”，而不是有一个规矩、准绳的框架充塞其中。④ 另外，“天理正从人欲中见”、“无人欲则无天理之可言”，乾初的意思是天理寓于人欲之中，天理要靠人欲来表现。类似这样的说法，朱子也讲过：“有个天理，便有个人欲。盖缘这个天理须有个安顿处，才安顿得不恰好，便有人欲出来。”⑤ 乾初说“天理正从人欲中见”，大概相当于朱子所说“这个天理须有个安顿处”之意。乾初说“人欲恰好处，即天理”，相当于朱子“才安顿得不恰好，便有人欲出来”之意。⑥ 乾初除了强

---

① 《与刘伯绳书》，见《陈确集》，第468～469页。

② 《何心隐集》，中华书局1960年版，第42页。

③ 《答朱康流书》，见《陈确集》，第474页。

④ 参见王瑞昌《陈确评传》，南京大学出版社2002年版，第416页。

⑤ 《朱子语类》卷十三，见《朱子全书》第14册，上海古籍出版社、安徽教育出版社2002年版，第388页。

⑥ 参见王瑞昌《陈确评传》，南京大学出版社2002年版，第416页。

调天理需要人欲来表现，关键还在于他强调人欲必须是“正当处”、“恰好处”，才能说在“人欲”中表现了天理。人欲“正当处”、“恰好处”的根据就是天理，天理内在于心中。人之所欲正当还是不正当、恰好还是不恰好，要问诸本心所安还是不安，乾初说：“道不必予问，问诸心而已。心所不安者必勿为，如是而已。”[①] 心所不安者必勿为，即不“正当”、不“恰好”的“欲”勿为。

梨洲的批评也有道理，从现象上去衡量判定理欲的界限，是很困难的，正因难以划分，“人欲恰好处”的说法可能让人有机可乘，假借理之名以逞一己之私欲，这天理岂不是“人欲之改头换面”？但梨洲从理欲互为消长的表面现象上看，可谓对乾初之意并不能深人体会。[②] 若只从人心的一己之私求自利，本心岂能安、岂能无愧？对这种恶意的私欲（小人之私），乾初何尝不主张去之，所谓“克其非礼之己”、“绌欲从理”，正是此意。反之，若顺乎自然、合理、有节制的需要去取，穿衣吃饭何妨天理公道？故梨洲代表传统理学家的观点，从人心之出发点而言，理欲互为消长，私欲绝无应存在的理由，私欲尽去才能存心大公，虚己利物。故梨洲与乾初两人的意见只是角度不同，去恶向善的目标仍是相同的。曰存天理去人欲，难也；曰于人欲中求无过不及，从自私而自爱推而爱人利人，岂不是平实易行。[③]

乾初把“欲”的意义扩大加深，不再只是与天理和善相对的贪欲、私欲的恶的一面，而是发诸人心自然感性欲求。这些感性欲求一方面包括饮食男女，于此，当顺而节之；另一方面也包括了发诸本心的道德自觉，如孟子所云“理义之悦我心，如刍豢之悦我口”，“人之性善如水之就下”，如《大学》“如好好色、如恶恶臭”，此向善、好善、悦理义之心是自然而然的，此心之发而为欲，此欲焉得不善！也就是蕺山所云“生机之自然而不容已者为欲”的深义了。兼此二义，人欲不但不必杜绝更可巧妙地涵盖“理”于其中，乾初将“人欲”作如此的发挥，不但使天理人欲相辅相成，

---

① 《过旧居》，见《陈确集》，第403页。

② 参见古清美《陈乾初理学思想探讨》，见《明代理学论文集》，大安出版社1990年版，第325页。

③ 参见古清美《陈乾初理学思想探讨》，见《明代理学论文集》，大安出版社1990年版，第325页。

而非相对立，更可使义理化在“欲”之一字中，更平实近人地表现出来。①

三、恶源于习

儒家主张人性本善，肯定人人皆有此成圣的根据。然而人在现实生命活动中却由于不同原因的阻碍而使性善本体无法完全地呈现出来，有时甚至表现出“过”、“恶”。宋明理学家把恶的根源归咎于“气质之性”，“性”为“於穆不已”、“无声无臭”的天之所命，本天道而来，即“性”与“天命”、“天理”、“天道”同属一层次，是粹然至善的。但由于人的气质、禀赋不同，表现出人的“气质之性”不同。朱子分出理、气，谓性是理、情是气，他赞同张横渠之说“形而后有‘气质之性’，善反之，则天地之性存焉。故‘气质之性’，君子有弗性者焉。”② 天地之性即天命之性，是纯然不杂而至善；形而后的“气质之性”则不免善恶杂糅。以气质、人欲为恶的根源。乾初认为气质、人欲不是恶的根源，恶源于“习”，要人“慎习复性”。他认为如果以气质、禀赋为道德上的恶，那么人就会由于气质禀赋上的差异而推诿自己所犯的过与恶，这根本不利于克服过与恶。恶源于“习”，人必须尽心尽力于道德实践，在善与恶、天理与人欲之间，能够自我做主，把一己之私欲悉化为天理，使过恶转化为善。因为人“习于善则善，习于恶则恶矣。故习不可不慎也”③。

李明辉把“恶”区分为两种类型：“道德之恶”和“自然之恶”，前者是依道德观点而说的“恶”，后者只是自然的缺陷，本身无道德意涵。举例言之，生理上的残疾是一种“自然之恶”，但未必是一种“道德之恶”。宋明儒士虽未明白地作这种区分，但既然其心性之学旨在成就道德人格，他们所讲的“恶”自然是以“道德之恶”为主；只有当“自然之恶”间接成为道德实践的障碍时，他们才必须考虑“自然之恶”的问题。④ 宋明理学家

① 参见古清美《陈乾初理学思想探讨》，见《明代理学论文集》，大安出版社 1990 年版，第 323 页。

② （宋）张载：《正蒙·诚明篇》，见《张载集》，中华书局 1978 年版，第 23 页。

③ 《气禀清浊说》，见《陈确集》，第 455 页。

④ 参见李明辉《朱子论恶之根源》，载《国际朱子学会议论文集》，中央研究院中国文哲研究所筹备处 1993 年版，第 553 页。

认为人由先天禀赋而有气质上的种种殊异，“气质之性”会限制性善本体的呈现，粹然至善的性体由于受气质的遮蔽便产生了“恶”的问题。乾初反对宋儒以气质论“恶”，他说：

> 气清者无不善，气浊者亦无不善。有不善，乃是习耳。若以清浊分善恶，不通甚矣。斯固宋人之蔽也。气清者，非聪明才智（依下文尝作“材辨”）之谓乎？气浊者，非迟钝拙讷之谓乎？夷考其归：聪明材辨者，或多轻险之流；迟钝拙讷者，反多重厚之器。何善何恶，而可以此诬性哉！观于圣门，参鲁柴愚，当由气浊，游、夏多文，端木屡中，当由气清，可谓游、夏性善，参、柴性恶耶？①

乾初认为气质的清浊并不直接表现为善恶，而只是表现出人的“迟钝拙讷”、“聪明材辨”等禀赋上的差异性。人性本善，这些气质之殊于性之善恶并无关联，不论是“气清者”还是“气浊者”，作为人之所为人的性善本体都是一致的，人人都有此性善，只要能够自觉到就能为善，这是普遍而必然的。天资、品性的良莠，并不能决定一个人之善恶与否，亦不能因而推翻人与生俱来的性体。正如“气浊者”参、柴的鲁与愚，“气清者”游、夏、端木的多文与屡中，这种情况，不能说游、夏性善，参、柴性恶。② 乾初之所以反对以人之气禀清浊而言善恶，是因为他认为气质的特征所表现出的每个人的差异性只是一种自然的特质，无关乎道德的善恶，所以以气质来说明道德的恶是不够的，即李明辉说的“人在自然方面的缺陷，本身无道德意涵”。可见，乾初更重视的是，若以人的气质禀赋为道德上的恶，便会使人性沦陷于（气质）决定论，甚至于命定论的观点，如此势必要承认有所谓的天生命定的恶人，那么人便不需要负起道德上的责任，为恶之人便可将自己的过恶诿于天赋气质之不美，如此一来，实践道德的工夫修养便失去了意义。③ 所以，从道德的观点来说，真正要为“恶”之形成负责的，还是道德主体本身；因为它本来有能力主宰感性官能，却放弃其

---

① 《气禀清浊说》，见《陈确集》，第455页。

② 参：曾参，即曾子；柴：高柴，字子羔；游：子游；夏：子夏；端木：子贡，名为“端木赐”，以上5人均为孔子学生。

③ 参见杨于萱《陈确人性论研究》，2008年国立中央大学硕士论文，第72页。

权柄，致使感性官能不受节制而流于恶。[①] 这便是乾初反对宋儒以“气质之性”为“恶”的立论基础。但实际上，宋儒讲人气质禀赋的“好坏”之别，是就人在践履道德表现性善本体的难与易而言，气质之好者易于趋向道德上的“善”；气质之不好者，易流于道德上的“恶”，并无气清者性善，气浊者性恶之意。[②] 所以乾初认为“善恶之分，习使然也，于性何有哉！”

或许可以说乾初对于宋儒的气质之说，有所误解。然而乾初所看重的是气禀差异对于道德实践的局限性与影响，要人尽心于工夫修养实践。乾初反对以“气质之性”论“恶”，为了避免气质决定论，使人以气质之不济为借口而推诿自己的过恶，而放弃努力，他要求人尽心于道德实践去体证本有的性善，这就要对治“气质之性”，他说：

> 夫学者气质之偏，要各不同，有余不足，将皆必有对治之方焉。……柔者治之以勇，浮者治之以静，未严密者治之以严密，不达者治之以达，以卓然之行治庸，以欲然之心治自是，以弘治不弘，以谅治不谅。所谓对治者非耶！[③]

乾初为八人小组“省过社”作的《诸子省过录序》，他承认人的气质是有所偏颇的，或有余，或有不足之处，这些都是需要有工夫来加以对治的，否则它会限制人的道德实践而有“过”、“恶”。对此八人气质上的种种不足，乾初提出具体的对治之方。要对治气质，再看：

> 以此见习俗之锢人，而学者气质之不易变，皆此类也。[④]
>
> 但吾辈学力未深，或宥于气质，或牵于习俗，日用动静，何处非过，何时无过？苟不细心体察，亦何由知之？古人所谓认贼作子者，往往而是，可不为大哀乎！[⑤]

可见，乾初与宋明儒士一样，看到了气质的差异性对人道德修养的限制性，“宥于气质”即是此意。因为气质不易变，习俗锢人，就从“习心”、

---

① 参见李明辉《朱子论恶之根源》，载《国际朱子学会议论文集》，中央研究院中国文哲研究所筹备处 1993 年版，第 557 页。

② 参见王瑞昌《陈确评传》，南京大学出版社 2002 年版，第 300 页。

③ 《诸子省过录序》，见《陈确集》，第 229 页。

④ 《改量》，见《陈确集》，第 441 页。

⑤ 《与祝凤师书》，见《陈确集》，第 122 页。

"习气"、"俗气"、"浮情客气"入手，"习"中自有可变之理，乾初强调尽心尽力从事工夫修养实践去克服气质对道德的局限。朱熹也说要"变化气质"，与乾初变化习气在义理上是一致的。不同的是朱子及其他宋明儒者认为"恶"的根源是"气质之性"，而乾初认为"习"才是恶的根源，气质只是构成人的材质，只对人的成德构成限制。

既然乾初认为气质之偏会影响人成就道德，影响性善本体（理）的呈现，可他又认为气、情、才皆善，以气善论性善，"性无不善，故气质亦无不善"。此二说是否存在矛盾？其实并不矛盾，因为气质之偏即是从人的自然方面的缺陷来说的，它只是一个事实问题，即人的气质禀赋上的差异性，只是一个成德的限制因素；而以气善论性善，是指性善（天命之性、天理）要通过气质流行来表现，即这是一个道德实践问题，天道需在人道上见，就是人通过践仁履德，在气、情、才这样感性生命活动中证成性善，故说"气质亦无不善"。再看下面进一步表述：

> 来教谓"止就气质言，便万有不齐，安得遽谓之善"，此蔽于习闻习见，而未尝一反而思之，故云耳也。……大抵见所谓气质，指习气说，正宋儒之所误认者。习自相远，以习为性，何翅千里！先生所谓"人只有气质之性"。谓气质亦无不善者，指性中之气言。性中之气，更何有不善耶？①

在回应刘伯绳质疑他气质无不善之说时，乾初认为有"不齐"的是习气，而他所谓的气质，是性中之气。他举了蕺山的"人只有气质之性"为证，人性本善，故亦气质无不善。其实蕺山对"气质之性"的理解已与宋儒不同。横渠、伊川的"气质之性"，是只随形躯而产生，在自然生命中表现出来的特殊性，是相对于"天地（义理）之性"的道德生命，故两者是对立而互相排斥的关系。但蕺山所说的"气质之性"意谓气质的性，是主宰气质的理，"之"字是所有格。依蕺山对"气质之性"的理解，自然不能再说有"义理之性"，因为"气质之性"已是作为气质之所以然的理。刘宗周说："凡言性者，皆指气质而言也。或曰：'有气质之性，有义理之性。'亦非也。盈天地间止有'气质之性'，更无'义理之性'。如曰'气质之

① 《与刘伯绳书》，见《陈确集》，第465～466页。

理’即是，岂可曰‘义理之理’乎？”[①] 蕺山所要强调的是，在气质之外别无“义理之性”可言，故这里的气质，便没有前儒所说的对立于性体之贬义。[②] 乾初亦不将气质视为是性体的对立面，而是以气质作为性的表现而言其无不善，故此气质是指“性中之气”，它是性的呈现，其意涵便已是不同于需要对治的“气质之性”、有过是“宥于气质”的“形而下”感性生命中的气，而是一个积极意义的性呈现的气。即便是“性中之气”，乾初亦非就将气质就完全等同于性，而是指“性之善端于气上见”之意，[③] 不可由此便认为乾初所言之性是下堕于气质之中的，如告子所言之“生之谓性”。于此，乾初为了区别出气质的限制原则与表现原则，以“气质”与“习气”两个词以区别之，这里的“气质”，当然就是指能够呈现性体的表现原则，故才能说其无不善；而此“习气”，便是上一段中所指的那些会阻碍道德实践的限制原则义的“气质”。从乾初不断地强调气、情、才无不善等论点可以看出气质的限制原则与表现原则，乾初更重视的是“气”是能够呈现天道性体的载体之义，借由“形下”的气、情、才等生命活动才能具体呈现出“形上”的天道性命的内容。[④] 这样的说法，不仅可以使人真切地体会到性善之体与超越的天道之存在，亦能让人在气上开出一道德实践的力量，不至脱离现实生命而去追寻一虚无缥缈之境。

---

① 《学言》中，见《刘宗周全集》第二册，浙江古籍出版社 2007 年版，第 418 页。

② 参见李明辉《刘蕺山论恶之根源》，载《刘蕺山学术思想论集》，中央研究院中国文哲研究所筹备处 1998 年版，第 103～105 页。

③ 乾初说：“阳明亦云：‘性之善端在气上见，恻隐、羞恶、辞让、是非即是气。’如是，则虽曰‘气质即义理’，亦无不可，犹云‘性即理’也。弟实未尝有气质即义理之说，因兄屡提驳此语，故复为拈出。”（《与刘伯绳书》，见《陈确集》，中华书局 1979 年版，第 466 页）

④ 参见杨于萱《陈确人性论研究》，2008 年国立中央大学硕士论文，第 74 页。

第四章　力行实践

儒家哲学最终的指向是以成德为目的，工夫修养实践就成为人实现道德创生和道德价值的重要环节和手段。乾初哲学是以先验的性善为理论基础、以工夫实践彰显性善为理论架构建立起来的，他注重力行实践以彰显性善、实现性善，强调“工夫即本体也，无工夫亦无本体”①，唯有透过力行实践才能契入性善本体，彰显本体之价值与意义，从而体悟天道性命。如果只是空口谈论性之本体而不去作笃实的工夫实践，这样求本体，只会“愈求而愈远”。对于天道内容的了解，亦仅能借由工夫修养来实践道德而得知，唯有透过人的道德实践，天道的意义与价值才能彰显，人对于天道才能有真切的了解。此即“尽其心者知其性也。知其性，则知天矣”②。“知人之尽，即是知天，贤人之尽，即是圣人，非有二也。”③ 由此看来，对于乾初来说，工夫实践是十分重要的，工夫论基本上延续着孟子心学一派的传统，以反求本心的逆觉体证工夫为本，再佐以后天的修养工夫，内外交养，以成就人的道德本性而达至圣人之境。

一、慎习复性

宋明理学家基本上相信人的原初状态是没有气质之杂的，所以，道德修养的最终目标是要回到人的本初状态，只要能将后天习染或气质夹杂的部分尽可能地去除，好像洗去布上的污点，则人便可以恢复本然的完善状态。可是，到明代后期，人们开始认识到人欲是不可能消除净尽的，也不

① 《与刘伯绳书》，见《陈确集》，第467页。
② 《孟子·尽心上》。
③ 《近言集》，见《陈确集》，第428页。

必消除净尽。后天的才、情、人欲、气质原来是人们天性中一个天然的组成部分，也就是说所有这些后天的东西皆有其先天性。那么，道德修养的方法及目标便不能再与以前一样，一味地灭，一味地除，以灭欲、灭气、灭才、静坐绝欲等方式来达到先天本体，而应是在承认天性中原有的夹杂为前提来思考道德修养的问题。那么，道德修养的方法便是在现实世界的实践过程中去摸索，而不是将欲望灭绝便一了百了。[①] 乾初认为性体（天道性命）有善无恶，表现性体的媒介人欲、气、情、才等也是善的。那么，人有不善，是“习”之使然，“有不善，乃是习耳”[②]。道德上的善恶之别，并非先天具有的，而是后天习染、习气所造成。“习”乃人为之失，恶并非先天所有而不移，如此言工夫修养才有意义。[③] 故“习”不可不慎。

恶根源于“习”，可以追溯到孔子“性相近也，习相远也”一语。乾初老师刘蕺山对此解释云：

> 人生而有习矣，一语言焉习，一嗜欲焉习，一起居焉习，一酬酢焉习。有习境，因有习闻；有习闻，因有习见；有习见，因有习心；有习心，因有习性。故曰：“少成若性”，并其性而为习焉，习可不慎乎？习于善则善，习于恶则恶，由生长于齐、楚，不能不齐、楚也，习可不慎乎？……人生而静，天之性也，浑然至善者也。感于物而动，乃迁于习焉。习于善则善，习于恶则恶，斯日远于性矣。无论习于恶者非性，即习于善者，亦岂性善之善乎？故曰：“性相近，习相远。”[④]

乾初说：

> 圣人辨性习之殊，所以扶性也。盖相近者性也，相远者习也。虽相远之极，至于不移，而性固未始不相近也，焉可诬乎？夫子若曰：人之性，一而已，本相近也，皆善者也。乌有善不善之相

---

① 参见王汎森《明末清初的一种道德严格主义》，见《晚明清初思想十论》，复旦大学出版社2004年版，第96页。

② 《气禀清浊说》，见《陈确集》，第455页。

③ 参见杨于萱《陈确人性论研究》，2008年国立中央大学硕士论文，第81页。

④ （明）刘宗周《习说》，见《刘宗周全集》第二册，浙江古籍出版社2007年版，第311页。

远者乎？其所以有善有不善之相远者，习也，非性也，故习不可不慎也。习相远矣，虽然，犹可移也。《书》称“圣罔念作狂，狂克念作圣”，是也。善固可自矜，而不善固可自弃乎？若夫习成而不变者，唯上智下愚耳。上智习于善，必不移于不善；下愚习于不善，必不移于善。盖移之，则智者亦愚，愚者亦智；不移，则智者益智，愚者益愚。唯其习善而不移，故上智称焉，唯其习不善而不移，故下愚归焉。习之相远，又有若斯之甚者。故习不可不惯也，而性则未有不相近者也。①

乾初推崇孔子性近习远之说，又承继着其师刘蕺山对“性相近”一语的解释，蕺山曰：“‘性相近’，以生而善者为主；‘习相远’，以习于不善者为主。”② 又曰：“‘性相近’犹云相同，言性善也。”③ 关于“性相近”之诠释，参看本文第二章第二节。在此主要谈“习”，他认为有后天之“习”，才有善恶之分，人性遂相远而不同。现实中人有善恶之别，是“习”之使然，故言“相远”。但是“习”是后天人为的，并非是先天本有的，这样“习”便有改变的可能，道德的工夫修养亦在此，即是“慎习”。所以，即使“习相远”，却还是有“可移”之理。只有“习”成而不变，才会有上智下愚之不移。故“习不可不惯也，而性则未有不相近者也”。

乾初在《性习图》中把“性相近也”释为“皆善者也”；把“习相远也”释为“始有善不善之分”；把“唯上智与下愚不移”释为“盖言习也。言相远之中，又有不移者。习善为智，习不善为愚。习善不移为上智，习恶不移为下愚。此智愚上下之所由分别也”。又引阳明的话“只是不肯移，非不可移”。可见，乾初以性善为先验，而“习”为后天善恶之分的关键，人之为智愚、圣凡之别，④ 亦是因为“习”之不同，才会有这些现实上的差异。他强烈地反对程、朱对于孔子“性相近也，习相远也”以“气质之性”

① 《子曰性相近也二章》，见《陈确集》，第458页。

② 《学言》下，见《刘宗周全集》第二册，浙江古籍出版社2007年版，第464页。

③ 《论语学案四·阳货第十七》，见《刘宗周全集》第一册，浙江古籍出版社2007年版，第513页。

④ 乾初说：“圣凡之分，学与俗而已。习于学而曰圣，习于俗而曰凡。学为己，俗为人。”（《近言集》，见《陈确集》，第427页）

言之的解释：

> 程、朱注“性相近”句，并以气质当之，是告子言性，反与孔子合矣。告子之言，果合于孔子，则孟子之言，果悖于孔子矣。子曰“惟上智与下愚不移”，承上章而言，盖言习也。谓夫习成而不变者：上知习于善，必不移于不善；下愚习于不善，必不移于善。言相远之中，又有此二者不相移易；自非然者，虽远可移。此夫子之旨也，即孟子倍蓰无算之说，却与性何预？且于才何预？故阳明子谓“是不肯移，非不可移”，斯言当矣。而程子于“不移”字中，添一“可”字，便滞。又曰“语其性则无不善，语其才则有下愚之不移”，不益支乎？朱子则统以“气质之性”言之，谓“相近之中，又有美恶一定，非习所能移者”①。子本言习，朱子偏以诬性，程子更以诬才，其乖谬如此。②

乾初认为程、朱这样的说法就如同告子的“生之谓性”，这样一来，岂不是告子之言合于孔子，而孟子之言悖于孔子？关于程朱对此问题的观点，参看第二章第一、二节。依乾初的理解，以人皆性善而言“性相近”，而以“习相远”言现实上的善恶差别。他还引了阳明之说，认为“唯上智与下愚不移”的“不移”非指不可移、不能移，而指“不肯移”。因此，他认为伊川以才言下愚之不移，朱子又说气质相近之中有美恶一定，是习所不能移的，此为诬性之说，这都是他所不赞同的。然而，若细究程、朱之义，伊川、朱子说为“气质之性”的解释不一定有误。他们将“性相近也，习相远也”与“唯上智与下愚不移”连在一起看，故此“可移”之“相近”只是气性、才性之类。③ 其所理解的“相近”，不是“相同”之意，而是指

---

① 朱子曰：“人之气质相近之中，又有美恶一定，而非习之所能移者。”程子曰：“人性本善，有不可移者何也？语其性则皆善也，语其才则有下愚之不移。所谓下愚有二焉：自暴自弃也。人苟以善自治，则无不可移，虽昏愚之至，皆可渐磨而进也。惟自暴者拒之以不信，自弃者绝之以不为，虽圣人与居，不能化而入也，仲尼之所谓下愚也。然其质非必昏且愚也，往往强戾而才力有过人者，商辛是也。圣人以其自绝于善，谓之下愚，然考其归则诚愚也。”（见朱熹《论语集注》，见《四书章句集注》，中华书局1983年版，第176页）

② 《气情才辨》，见《陈确集》，第453页。

③ 参见牟宗三《心体与性体》（上），上海古籍出版社1999年版，第21页。

“差不多”，本然之性是人人皆同的，何有“相近”之说，[1]所以此“相近”之性是指“气质之性”。若再受到后天的“习”之影响，那么人在现实中的差别便会愈加相远。而对于“上智与下愚之不移”的理解，其实程、朱的解释是与乾初之义相似的，伊川有云：“孔子谓上智与下愚不移，然亦有可移之理。惟自暴自弃者则不移也。”“性只一般，岂不可移？却被他自暴自弃，不肯去学，故移不得。使肯学时，亦有可移之理。”[2]有下愚之不移是因为其自暴自弃不肯学，实与乾初强调“不移”是“不肯移”之意相同。只是在这个地方，程、朱的说法较为偏向对于现实气性的影响与限制，而乾初则是据此来肯定人之性善与恶源于习的说法。

乾初接着说：

> 清者恃慧而外驰，故常习于浮；浊者安陋而守约，故常习于朴。习于朴者日厚，习于浮者日薄。善恶之分，习使然也，于性何有哉！故无论气清气浊，习于善则善，习于恶则恶矣。故习不可不慎也。“习相远”一语，子只欲人慎习，慎习则可以复性矣，斯立言之旨也。[3]

不论气清者还是气浊者，其践仁履德为善与否都是“为仁由己”的，故曰“习于善则善，习于恶则恶”，所强调的是人的抉择，并非由气质决定。从习能改变人，说明“为善”是“愿不愿”而非“能不能”的问题，完全在个人的主观心志上，[4]即“只是不肯移，非不可移”。可见，乾初以“习”作为恶之根源，是就其可能性来说。关于这样的意思，乾初在回答他人对于人性皆善却又有善恶之不齐的疑问中，亦可看出：

> 或曰：继善成性之旨，则闻命矣。若夫善恶之不齐，判然婴孺；叔虎之生，知其必灭羊舌。性有不善，昭于前册，又可没耶？

---

① 朱子曰：“‘性相近’，以气质言；‘性善’，以理言。”“问：‘性相近，是本然之性，是气质之性？’曰：‘是气质之性。本然之性一般，无相近。’”（《朱子语类》卷四十七，见《朱子全书》第15册，上海古籍出版社、安徽教育出版社2002年版，第1624页）

② 《伊川先生语·四》，《河南程氏遗书》卷十八，见《二程集》，中华书局1981年版，第204～205页。

③ 《气禀清浊说》，见《陈确集》，第455页。

④ 参见詹海云《清初学术论文集》，文津出版社1992年版，第243页。

曰：鄙哉若言！告子固云“以尧为君而有象”，凡此形据，孟子岂不知之！正如其父攘羊，证之何为？未足卖直，适彰悖乱耳，何必傲象，丹朱、商均，系尧、舜亲子，岂曰不教，卒无能改于其德，似皆性成，而实非然也。朱、均自甘不肖，若肯改行率德，直旦夕间事，谁能御之？叔虎覆宗，偶符向母之言。假使叔虎闻言，早自祓濯，必不至此。①

乾初认为丹朱、商均、象、叔虎此辈不肖之人，是因为他们“自甘不肖”，不能“早自祓濯”，所以只要“肯改行率德”便能为善，亦即是自我内心的抉择为善或为恶才是善恶之关键所在。乾初云“今之为不善者，皆自弃其所可能”②，也是在强调之所以有不善是因为人不愿、不肯去经由实践来让人的性善呈现出来，故人一旦选择去习于恶，那么恶便由此而出。相反的，若能笃行践履人本有之性善，自然所作所为便都会是善的。于此，或许有人会质疑乾初“习于善则善，习于恶则恶”的说法，表示善与不善都是后天习成之意。然而，乾初不断地强调性善，亦即人一旦自觉要去为善，便都可以为善来说，人之性是善的，故此处并非如告子“性犹湍水也，决诸东方则东流，决诸西方则西流”③ 所说的意思，而是强调人之为善为恶，关键取决于人的尽心尽力，亦即是人的实践与否，能够决定人的道德价值。“习”是后天工夫，能使人的行为趋向于善或恶，但在背后决定要习善或习恶的，并非“习”本身，而是人的自由意志之抉择。

既然“恶”根源于“习”，善“习”对于人性善的体现和完成是极其重要的。“习于善则善，习于恶则恶”，“习”是可好可坏的，所以要慎之，要培养善“习”，去除恶“习”。“习”不是天生不变的，它有一个变化生成的过程，“习不可不惯也”，所以从事道德修养的人要时时刻刻不能放松，每时每刻都要做慎习复性的工夫了。乾初虽然认为气质非“恶”之根源，但气质对人成德确实构成一种限制因素，尤其是现实生命活动中各种“习心”、“习气”、“俗气”、“浮情客气”等对于成德的危害性，不慎之，就会成为“恶”。乾初曾作《去气说》：

---

① 《性解下》，见《陈确集》，第 450 ~ 451 页。
② 《原教》，见《陈确集》，第 457 页。
③ 《孟子·告子上》。

善哉言酒！故酒之至者，无酒气者也；茶之至者，无茶气者也。……非惟茶酒为然也，今之时文、诗、古文，其工者吾未尝不欲呕也。非惟茶酒为然也，今之时文、诗、古文，其工者吾未尝不欲呕也。非惟诗文为然也，其所为名士，所为善知识，人必皆望而知之矣，有气故也。……“孟子曰：‘吾善养吾浩然之气。’何如?”曰：“所恶于气者，为其有习气也。惟善养气，则无之。故孟子曰‘难言’。口且不可得而言，况目可得而见之乎！故曰：‘君子之所不可及者，其惟人之所不见乎！’又曰：‘上天之载，无声无臭。’至矣！”①

乾初此处“去气”，即去除“习气”。“酒之至者，无酒气者也；茶之至者，无茶气者也。”还有那些令人欲呕的时文、诗文、古文，因其充满文气。再推广到人，像孟子说“养吾浩然之气”，克服了“习心”、“习气”、“俗气”、“浮气”，善养正气，去除了身上的“习气”，就达到了“上天之载，无声无臭”的至善境界。然这个境界极难达到，“口且不可得而言，况目可得而见之乎”，故曰“难言”。那么，只能在工夫修养践仁履德中，慎之又慎，慎习复性。人在生活中要自我做主，处处求其中节，而又不随波逐流，“事事不轻放过，是时习真传，是求放心要诀，是戒惧不睹闻实功。”②

既然乾初以“习”作为恶之根源是就其可能性来说，“慎习复性”何以可能？事实上，人之为不善，关键并非取决于“习”的本身，“习”是被决定的，它并无主动性。人的“过”、“恶”应该归诸于可以决定“习”于善或“习”于恶的人的意志。即“习”是外在的、表面的现象，恶就不是根源于“习”，而是根源于“意”。乾初这似乎又回到被其所消解了的他的老师蕺山所认肯的“意”，关于此问题，参看第五章“《大学辨》主旨”部分。在此我们要说明的是在乾初哲学中“意”又从何而来“恶”？在蕺山，“意”是善良意志，“意为心之主”，是心之“主宰”，“过”、“恶”产生于一念之妄，“念”是感于外物而动的感性意识（蕺山在工夫上要“化念归心”），必须“诚意”、“慎独”、“戒慎恐惧”，使内心毫不松懈不敢有一念

① 《去气说》，见《陈确集》，第268页。
② 《复吴裒仲书》，见《陈确集》，第97页。

之妄，即在“意根”上建立善的主宰，强调“诚意”来贞定道德实践的方向。在乾初，则是以“正心”来贞定道德实践的方向，因为人人具有性善，只要“正心”，此道德仁心具有生生之不容已的创生动力，辅以力行实践，就能表现出道德行为，彰显性善。乾初认为人之“不善”或“过、恶”是由于“自暴自弃”而放弃了改过的力行实践，自暴自弃又是由于人没有坚强的意志而陷溺，在日常生活中养成各种习气（习心）、恶习，而意志的培养得靠“正心”工夫。这样说来，乾初的“正心”说与蕺山的“诚意说”在目的上是一致的，在思路上也与蕺山的有相似之处，只是没有蕺山的“诚意说”分得那样细微。虽然他合“意”于心，把工夫都化约为“心”上来做，但“意”终究没有完全消解掉，仍然有蕺山所谓“意”、“念”的影子。故乾初与蕺山的思想是相通的。归根到底，乾初“慎习复性”的意图很明确：人必须为其恶行而负起责任，因为为善还是作恶都是个人自己的抉择。

具体说来，“慎习”要做到两点：一是认识到“习”对于“性”的重要意义，《性自命出》曰：“养性者，习也。习也者，有以习其性也。”要通过教育、学习培养善“习”，去除恶“习”，因为“习”是可好可坏的，故要慎之。二是在日用伦常中抓住每一个细节，事事不放过，力行实践以改过，王汎森说：“习不是天生不变的，它有一个变化生成的过程，所以从事道德修养的人在每一刹那都要做慎习复性，也就刻刻不能放松了……‘慎习复性’的工夫便不再只是静坐，而是在生活的每一行为中自我检查并进行转化。……‘慎习’以‘复性’是一方面承认现实之不可抗拒，另一方面控制自我。”① 做到以上两点，“复性”就有可能。

二、体证本心的工夫

孟子以“本心”作为性善的根据，认为仁、义、礼、智等道德法则，恻隐、是非等道德情感皆“根于心”，心即是仁、义、礼、智之理，亦即仁义内在于心。阳明说“心即理”，而“本心”即是“良心”，是人所固有

---

① 王汎森：《明末清初的一种道德严格主义》，见《晚明清初思想十论》，复旦大学出版社2004年版，第97～98页。

的，良心即是人的良知。故要了解道德之理，便要在心上做工夫，而不是缘外物以求理。然由心上求理，并非是以心明理，而是要去开显“心即理”的本心，因此，如何使本心能够真实地呈现，便是最重要的工夫。孟子言“学问之道无他，求其放心而已矣”即是此意。良知本心虽然人人本有，然为私欲、气质以及内外种种主观感性条件所阻隔而无法呈现出来，故要做致良知的工夫，使本心呈现时自觉地意识之。要想自觉地使其必然呈露，则必须通过逆觉体证[1]而肯认之。肯认之并以其为体，只要能反己逆觉本心，即如孟子所说“求则得之”，便能有真正的道德实践。在逆觉到自己的本心，便要进一步操存扩充，使人能够时时觉之、时时呈现，让本心成为生命的主宰，此便是所谓的“逆觉体证”。凡顺孟子下来者，如象山，如阳明，皆并非不知气质之病痛，亦并非不知教育、学问等之重要，但此等后天的工夫并非本质的。故就“内圣”之学之道德实践说，若仅以教育、学问等后天工夫的助缘为主，则是本末倒置。“内圣”成德之教，道德实践的工夫，必从先天开工夫，而言逆觉体证也。此中本质的关键仍在良知本身之力量。良知明觉若真通过逆觉体证而被肯认，则它本身即是私欲、气质等的大克星，其本身就有一种不容已地要涌现出来的力量。[2]

（一）“心”在工夫论中之地位

乾初对“心”的理解，可从两个方面来看：一是指认识之心，即心是思虑器官，“盖心职思虑而兼聪明之官”[3]。二是指道德本心，此心与天道性命贯通，“心为一身之主……吾心者，亦事物之权衡，义理之绳准也”[4]。此“心”即孔子之“仁”、孟子之“本心”、阳明之“良知”、蕺山之“独体”，心为一身之主，心在工夫实践中居于主宰地位。所以，乾初认为尽心以知性，则可知天矣。

---

① 牟宗三先生认为，良知（道德本心）人人本有，它虽是超越的，亦时时不自觉地呈露。人在做力行工夫呈现此良知，即致良知，在此致中即含有警觉的意思，而即以警觉开始其致。警觉亦名曰“逆觉”，即随其呈露反而自觉地意识及之，不令其滑过。故逆觉中即含有一种肯认或体证，此名曰“逆觉体证”。（牟宗三：《从陆象山到刘蕺山》，学生书局 1979 年版，第 230 页）

② 参见牟宗三《从陆象山到刘蕺山》，学生书局 1979 年版，第 230 ~ 231 页。

③ 《答张考夫书》，见《陈确集》，第 587 页。

④ 《答张考夫书》，见《陈确集》，第 587 页。

1. “心”之含义：道德本心、仁义之心

> 盖存乎人者，孰无仁义之心！呼尔与之，乞人不屑；蹴尔与之，行道之人勿受。虽杀人行劫之盗，见孺子入井，必有怵惕恻隐之心。小人闲居为不善，无所不至，见君子而后厌然揜其不善而著其善，此则小人之良心也。故虽极恶之小人，其心未尝不知善之当为与不善之不可为，但虽心知之，而不能力致之，以必为善而必不为不善耳。①

仁义之心，人皆有之，就如孟子所说“一箪食，一豆羹，得之则生，弗得则死。嘑尔而与之，行道之人弗受；蹴尔而与之，乞人不屑也”②。即使是行乞之人，在面对生与死的抉择，亦有羞耻之心而弗受此呼尔、蹴尔之食，故此道德本心是人皆有之并随时都可以呈现的，即使在极端的情况下也能表现出来的，因为它是超越的，能超越生命形躯的限制。乾初更进一步说，就算是杀人行劫者，看到孺子入井都会有怵悌恻隐之心，即此四端之心是人人所有的，是普遍的，不论高低贵贱，甚至是为恶之人，都具有此仁义之心。小人闲居为不善，无所不至，但是当他看到君子，便会掩饰其不善，此即小人的良心呈现。道德本心人人本有，只是在小人身上表现为小人之私心。所以就算是极恶之人，其实其内心很清楚地知道善之当为与恶之不当为，心之是非善恶之判别很明确，而且此知是知非之心是每个人都有的，现实中的差异只在于人能不能依循此良知（道德本心）而行，并以之作为其生命活动的主宰而彰显、实现之。以上可知，乾初所论的“心”是一个超越的道德本心，而不是程、朱“形而下”的“心”。所以，乾初论“心”仍然是沿着孟子、陆王心学、蕺山一系之思想脉络，即“心”仍然是一个超越的道德心。如：

> 良知犹言良心，致良知犹言尽心。而阳明子沾沾以致良知为言者，亦是牵于《大学》致知之说而为之词耳。阳明子深痛世之人皆放失其良心，故发此论以救之，至仁之心也。诚使斯人皆心良心之心，言良心之言，行良心之行，天下岂复须治耶！虽唐、

① 《答张考夫第三书》，见《陈确集》，第600页。
② 《孟子·告子上》。

虞至今存，可也。[1]

良知非他，即吾所谓本心是也；致良知非他，即吾所谓兢兢无负其本心是也。

或曰：蕺山先生以慎独为学，而吾子序祝子之书，只（刊本作“单”）提“本心”二字，其毋乃废先生之教（刊本作“训”）矣乎？曰：独者，本心之谓，良知是也。慎独者，兢兢无负（刊本作“失”）其本心之谓，致良知是也。[2]

孟子所说道德本心是超越的，自发、自律、自定方向的。而此本心即是天命下贯于人的性，它是彰显性之所以为性者，故才可言“尽其心者，知其性也”[3]。依孟子之意，本心是自发自决，自我做主，其所本之理即在心之自发处显。此心此理若可随时呈现，则于本心呈现时，作逆觉体证之工夫，当下警觉，操存而勿失，扩充而使大，便是“内圣”之学最本质的工夫。乾初认为阳明的良知即是人之本心，这样用阳明心之本体来解释吾之本心，是很适合的，人皆“心良心之心，言良心之言，行良心之行”。阳明的“良知”概念总括孟子的四端之心，曰：“良知只是个是非之心。是非只是个好恶。只好恶就尽了是非，只是非就尽了万事万变。是非两字是个大规矩。巧处则存乎其人。”[4] 这是把孟子的“是非之心”与“羞恶之心”两者合一而收于良知上讲。阳明又云：“良知只是一个天理自然明觉发见处，只是一个真诚恻怛，便是他本体。故致良知之真诚恻怛以事亲便是孝，致此良知之真诚恻怛以从兄便是弟，致此良知之真诚恻怛以事君便是忠。只是一个良知，一个真诚恻怛。”[5] 此是以“真诚恻怛”说良知，而真诚恻怛，从“恻怛”方面说是仁心，从“真诚”方面说则恭敬之心亦含摄其中。如是，孟子所并列说的四端之心一起皆收于良知。[6] 因此阳明的良知已是比

① 《答张考夫第三书》，见《陈确集》，第600页。

② 《辑祝子遗书序》，见《陈确集》，第239页、第240页。

③ 参见牟宗三《心体与性体》上，上海古籍出版社1999年版，第41页。

④ 《传习录》卷下，见《王阳明全集》卷三，上海古籍出版社1992年版，第111页。

⑤ 《传习录》中、《答聂文蔚》，见《王阳明全集》卷二，上海古籍出版社1992年版，第84页。

⑥ 参见牟宗三《从陆象山到刘蕺山》，学生书局1979年版，第217~218页。

孟子所言的是非之心之含义来得要丰富得多，良知知是知非，使会好善恶恶，此即是羞恶之心；而良知亦是真诚恻怛，此即是恻隐之心，故阳明是把本心的恻隐、羞恶、是非等作用，以知是知非之知来统括，亦即是使本心的意义在“知”中显发出来。而乾初直指阳明的良知为本心，认为阳明的致良知即是孟子的“尽心”，除了可以显示出乾初对于阳明之学理解之深中肯綮，亦可由此了解到乾初之本心，是承继由孟子之本心到阳明的良知，甚至是蕺山的“慎独”之学，都是在“心即理”的基础上而言“心”的。

乾初以其师蕺山“独体”论“心”。“深求独体，最是山阴先生第一要义，而力行工夫自不可阙。”① “独者，本心之谓”，在蕺山看来，心体与性体指的都是独体，它们也可以说是独体的两个方面，性体就是天，就是那不可睹闻、幽隐微妙而又“於穆不已”的独体。性也是不可离开心而说的，它是心之所以为心，作为天的心体其实就是性体了。② “夫性，本天者也。心，本人者也。天非人不尽，性非心不体也。心也者，觉而已矣。觉故能照，照心尝寂而尝感，感之可以喜而喜，感之可以怒而怒，其大端也。喜之变为欲、为爱，怒之变为恶、为哀，而惧则立于四者之中，喜得之而不至于淫，怒得之而不至于伤者。合而观之，即人心之七政也。七者皆照心所发也，而发则驰矣。众人溺焉，惟君子时发而时止，时返其照心而不逐预感，得易之逆数焉。此之谓后天而奉天时，盖慎独之实功也。”③ 天必须透过人的道德实践以彻尽其奥蕴，否则天不成其为天，性亦必须透过心之自觉以体证之，否则性不成其为性，然而天与人、心与性究不能直接等同。如果人的道德实践未能纯乎其纯，而达到极致，也就是未能真正立人之极，此时人便不能配同与天，而是后于天，所谓“后天而奉天时”。同样地，此时人的心亦不能是无限的宇宙心或“形而上”的实体，它是有限的，只能为道德界的主宰，却不能是存在界的根源。当然，这个有限的心并不表示它就是经验的、感性的。心是觉心，此觉心与经验心不同，然而并非意谓觉心即完全独立于经验心之外。就如性体在心体中看出，觉心也是在经验心中看出。借用蕺山自己的话，觉心是照心。所谓“寂然不动，感而遂通”

---

① 《与吴仲木书》，见《陈确集》，第73页。

② 黄敏浩：《刘宗周及其慎独哲学》，学生书局2001年版，第85页。

③ 《易衍·第八章》，见《刘宗周全集》第二册，浙江古籍出版社2007年版，第139页。

（《易传》语），此照心是寂而常感的，感而为喜怒哀乐，乃至变而为喜、怒、哀、惧、爱、恶、欲之人心之七情或七政；照心也是感而常寂的，即常照于七情而不逐于感，使复返于喜怒哀乐之性情之正。众人溺于七情之发，此时的心便是经验心。君子则照于七情而不溺于驰逐，是以通过此慎独之实功，七情复合于四情之本，此时的心便是照心。心之为经验的与否端赖觉或不觉。在自觉的状态下，心便是照心或超越的本心了。于是，我们可以总结谓蕺山心宗的心是照心，是一个超越的心体。

2. 心在工夫论中之地位

“心”在乾初的工夫论学说中占有重要地位，乾初认为“学莫先正心”、“正心为指南之针”[①]，“吾心停当，道理自无不停当，故曰‘先正其心’，故曰‘从心所欲不踰矩’。从心不踰，正吾心极停当时也”，[②] 这仍是对蕺山“尊心”思想的继承。

先师云“无心外之学”，岂欲单提直指，而废学问之功也哉！谓离心不可以言学耳。[③]

先正心于格致，以心为一身之主。凡格、致、修、齐、治、平之事，皆吾心为之。[④]

乾初认为蕺山所说的“无心外之学”，并非单提本心而偏废学问的修养工夫，而是要强调“离心不可以言学”。儒家的“为学”，除了追求专门知识的“学问”外，最重要的是，儒家“为学”是以修德“成圣”为目标的，即学问是以躬行实践、践仁履德、成就理想人格为目的。可见，其工夫实践的核心即在于“心”，心为一身之主，格、致、修、齐、治、平之事，皆吾心为之，所以要先正心。

学失教衰，无人不昧其本心，无事不丧其本心，而犹覆之以义理之言，玄之以性命之旨，若可跨孔、孟而上之。言以近佛者为精，书以非圣者为经，晦蒙蔽塞，积五六百年。人安得不禽，

① 《答格致诚正问》，见《陈确集》，第559页。
② 《近言集》，见《陈确集》，第425页。
③ 《答沈朗思书》，见《陈确集》，第574页。
④ 《答沈朗思书》，见《陈确集》，第573页。

而中国安得不夷狄乎！于此时而犹然与学者说本体，说作用，说未发已发，动静显微，转增幻惑。惟有亟提其本心之良，使之自证自合，庶其将有真学术、真人品出于其间。不宁惟是，儒者果有意穷理尽性之学，而将究所谓博学、审问、慎思、明辨、笃行之功也者，舍吾本心之良，又复何所致其力哉！舍之，则博是徒博，学是伪学，而凡所谓问、思、辨、行者，亦无之而非伪也。①

这是从反面来讲“正心”的重要性，由于本心不“正”，无人不昧其本心，无事不丧其本心，本心不“正”，故“学失教衰”。就当时的学风来说，人们为学不依本心而行、不做切实的工夫修养去复其本心，反而只是空谈虚悬之性命义理之言，以为这样就能够超越于孔、孟之上。乾初反对空谈“形上”之事，认为离却人事、不务实践，但求了悟一个虚悬于人之外的恍惚无何有之乡，这与佛教禅学相似，而人却误以此为精微高深之学。此即“言以近佛者为精，书以非圣者为经”，空言心性本体的作用，说未发已发，动静显微，而无笃实之工夫，国家（明朝）安得不亡于夷狄？人安得不禽？这些都是由于此风气之晦蒙蔽塞不断积累所造成。然而怎样做才是真正的成圣之学？乾初认为唯有“提其本心之良，使之自证自合”，这样才能养成真正的学术与人品，把握住此人皆有之的道德本心，则学问思辨之事才能够真正的对于人的成德成圣有所帮助。相反的，若舍弃此本心之良，则本心不“正”，那些后天的工夫修养便只是流于伪学。也就是说，乾初除了强调“提其本心之良，使之自证自合”为首要、本质的工夫之外，也表达了一切工夫修养实践皆要以本心为根据，才是真正的成德之学，这也就是蕺山的“无心外之学”之意。乾初重视“心”，强调“正心”，还可从下面“尊心”思想看：

先生尊心之论，正欲人尽心以知性，即孟子之旨。盖尊心乃所以尊性也。故曰：无心外之性，无心外之理，无心外之学，无心外之道。故即心即性，即学即道，是一统功夫。谓之慎独可也，谓之致良知亦可也。②

① 《辑祝子遗书序》，见《陈确集》，第240页。
② 《与刘伯绳书》（戊戌），见《陈确集》，第620页。

> 此来伏读先生尊心之训，粗有警发。先生每云“无心外之性，无心外之理，无心外之学”，而归其功于慎独，可谓破末学之藩篱，造羲、姚之堂奥矣。①

这可说是乾初对其师蕺山“尊心”立场的恰当的理解，他认为蕺山的尊心之论是继承孟子之旨，是要让人通过工夫实践去努力求尽其心，以体证到天命下贯到人道德之本性。乾初受到蕺山尊心之论的影响，陈确的文集中尊心的言论处处可见。乾初认为，此心更是性、理、学、道的枢纽，由本心的呈现后所产生的道德活动，才能体证、真正了解到人之本性的意义，故尽心是知性唯一的路子，由此而言“无心外之性”；本心即是道德之理本身的具体活动，即是道德之理自身的呈现，由此而言“无心外之理”；学与道，皆是为了成就人的德行品格，唯有反求诸心才是成德之教、成德之学的本质、第一义的工夫，由此而言“无心外之学”、“无心外之道”。故“尊心之论”是心、性、学、道的一统功夫，此即慎独，此即致良知，“尊心之论”是能破除末学之藩篱的。

3. 尊“心”与不信“心”之分

同门挚友、程朱学派学者张考夫批评乾初辨《大学》为伪是信心太过。张考夫认为心不可信，他说：

> 虽知秉彝之良不可自牿，而沈沦流俗，正学未闻，信心直往，陷于戎狄之道者，种种而是，悔不可追也。即先人葬埋一节……徇俗毕事，自后祸乱相寻，不遑改葬，至今尚在浅土。每一念及，如不欲生。……弟于此益信古训之不可不式，而一心之未可全恃以裁决事物也。当先人入士之日，诸所举动，此心岂以为非是而故为之，但以穷乡末俗，习闻近说，未知从事傅文约礼之学，徒信礼义之生于心，而不知气拘物蔽以后之心，所知所觉，已非礼义之本然。据其一时私见，目为礼义而执持之，孰知所执之礼义者，非礼之礼，非义之义！……此学于古训乃有获之一言，为百世学者不易之矩法，而后儒单挈心宗，动夸精一者，其弊适足以

① 《与刘伯绳书》，见《陈确集》，第576页。

张异帜，敦彝伦，率斯人于无所忌惮而已。[1]

盖人心不能无蔽，蔽则所见皆偏，偏则于彼势重，则于此益轻。是以古之人立规矩以为方圆，立准绳以为平直。独无此心之可信哉！以为信心之有蔽，不如规矩准绳之无失也。[2]

考夫认为“秉彝之良”的“义理之性”虽在心内。但心除“秉彝之良”的“义理之性”外，还有“气质之性”的情在其中。由于心不是理，理在心外，因此，心不可避免地会受“气拘物蔽”的影响，此时若以“心”为准则，则不免会纵私为祸，故考夫认为心“未可全恃以裁决事物”，而是要正视客观的规矩准绳，透过格物致知的工夫后，使心能够依照作为“规矩准绳”的“理”而行，此即是程朱一派所主张的“格致须在正心前”之意。所以不能直信吾心就是理，而“以一心裁决事物”，唯有透过“学于古训”的格物致知工夫，才能得到理。

乾初反驳曰：

吾兄又云：“信心之有弊，不如规矩准绳之无失。”诚哉是言！第规矩准绳故在也，大匠用之而成，拙匠用之而败，则非规矩绳墨之异，而所以用规矩绳墨者之异也。岂亦所谓“运用之妙，存乎一心”者耶？乃一道着“心”字，便以西来直指之说诬之，是使后之学者绝口不敢言心学也，岂通理哉！弟观象山、阳明集中，亦并无直指心体之说。若其近似者，虽程、朱书中亦有之，岂独陆、王！凡论人，须使心服，乃不当附和雷同，以相毁诋。以西来罪陆、王，竟是莫须有之狱，岂止如来教所云“以嫌疑杀人”而已哉！[3]

“心”是“事物之权衡，义理之绳准”，信心之有蔽是因为“拙匠用之而败”，而“非规矩绳墨之异”，此是人弊而不是法弊。也就是说，“心”即是规矩准绳，甚至“运用之妙，存乎一心”，不能因为人于现实中所表现出

---

① 张履祥：《答陈乾初·二》，见《杨园先生全集》上，中华书局2002年版，第32～33页。

② 张履祥：《答陈乾初·一》，见《杨园先生全集》上，中华书局2002年版，第29页。

③ 《答张考夫第三书》，见《陈确集》，第601页。

来有弊就认为这是人心之过，关键只在于能不能善用此心，使此“事物之权衡，义理之绳准也”之心能够呈现出来。

乾初不同意程朱理学分人心与道心。

> 人心惟危，人欲也。道心惟微，天理也。（明道）
>
> 人心私欲，故危殆。道心天理，故精微。无私欲则天理明矣。（伊川）①

程朱理学以“道心”为理，以“人心”为欲，“惟微”包含精微、微妙的意思，“惟危”包含着危险的意思。既然以“惟危”之“人心”为人欲，所以“心”之“危”就是殆、危险之意。乾初反对心分为二的观点，又承继蕺山“无心外之学”的说法，主张以“心”主持学问工夫，因此对“危”有不同的理解：

> 虞廷开口说“惟危”二字，便是千圣宝符。惟危故微，惟危故精，惟危故一，惟危故中。此“惟危”二字，直为尧兢舜业写照。先生云：“人心之外，更无道心。”卓哉师言！后儒看坏人心，错解“危”字，遂与圣学去而万里。②
>
> 本心者，道心也。③

“后儒”即是指“二程”、朱熹等理学家，乾初反对后儒将人心看成是坏的，认为“人心惟危，道心惟微”中，并非如后儒所解释的，“惟危”是“危险”、“危殆”之意，故以人心为恶。乾初所以为的“惟危”二字是“尧兢舜业写照”，也就是“戒慎恐惧”之意。可见在乾初所理解的心是义理之绳准，是道德法则，心即理。另外，亦无人心、道心之别。不同于程朱一派，认为生于形气之私者为人心，原于性命之正者为道心。④至此可以看出乾初论“心”，与程朱一派实是有根本性的差异。

---

① 《河南程氏遗书》卷十一、卷十九，见《二程集》，中华书局1981年版，第126页、第312页。

② 《与刘伯绳书》，见《陈确集》，第576页。

③ 《辑祝子遗书序》，见《陈确集》，第239页。

④ 朱子曰：“心之虚灵知觉，一而已矣，而有人心道心之二名何欤？以其或生于形气之私，或原于性命之正。”[《中庸章句序》，见（宋）朱熹《四书章句集注》，中华书局1983年版，第14页]

（二）逆觉体证本心

牟宗三先生认为，良知（道德本心）人人本有，它虽是超越的，亦时时不自觉地呈露。人在做力行工夫呈现此良知，即致良知，在此致中即含有警觉的意思，而即以警觉开始其致。警觉亦名曰“逆觉”，即随其呈露反而自觉地意识及之，不令其滑过。故逆觉中即含有一种肯认或体证，此名曰“逆觉体证”。此体证是于日常生活中随时呈露而体证，故此体证亦曰“内在的逆觉体证”，言其即在日常生活而不隔离，此有别于隔离者，隔离者则名曰“超越的逆觉体证”①。在乾初学说中，与阳明和蕺山心学的工夫论一样，“内在的逆觉体证”本心的工夫之论述随处可见。

1. 求放心

乾初体证本心的工夫，不同于程朱学派“半日静坐，半日读书”、涵养察识、进学致知的方法。

> 吾兄乃以“求放心”一语为未足，驳云：“孟子何以有七篇？”弟则以孟子七篇皆是“求放心”注脚，试举一二章证之，而其余可例推矣。《孟子》之一章，言仁义也；其二章，言与民同乐也，亦仁也。《求放心章》曰：“仁，人心；义，人路也。”求放心所以求仁也，而义尽是矣。故曰皆“求放心”之注脚也。岂惟七篇，自唐、虞、三代以来，至于濂、洛，至于姚江、山阴，未有易此者也。“学问之道无他”，孟子岂欺我哉！②

> 学问之事，诚非眇识所窥；然尝妄测前修，求其指要。窃谓如孔之“时习”，曾之“日省”，虽微有深浅疎密之未同，要并是不放心之学。故孟子直以一语断之曰：“学问之道无他，求其放心而已矣。”自唐、虞至战国二千余年，圣人相传心法，一语道破。学者用功，断不外此。由斯而进之，虽精一执中之学，何以加于是乎？故不放心则自能格致诚正，自能修齐治平；放心则所谓格致非格致，所谓诚正非诚正，所谓修齐治平非修齐治平矣。③

---

① 牟宗三：《从陆象山到刘蕺山》，学生书局1979年版，第230页。
② 《答沈朗思书》，见《陈确集》，第574页。
③ 《与张考夫书》，见《陈确集》，第583页。

乾初认为孟子七篇皆是“求放心”的脚注，如《孟子》第一章，“言仁义也”；《孟子》第二章，“言与民同乐也，亦仁也”。其他章节依此类推，求仁求义，“仁，人心；义，人路也。”仁至义尽，所以放心也。乾初认为，学问之事，虽然极其高深，非眇识所能窥透，然而求其指要，可归结为求放心之学。乾初认为儒学这一要旨自唐、虞、三代以来，甚至到宋明儒学程朱学派、阳明心学、蕺山之学，圣人相传心法，代代相传，“未有易此者也”。故孟子说：“学问之道无他，求其放心而已矣。”孟子岂欺我哉！故此，乾初认为逆觉体证本心便是一切工夫的开端，必须在自觉地意识本心的基础上，其他一切工夫修养实践才能表现本心之意义或价值，故言“学者用功，断不外此。由斯而进之，虽精一执中之学，何以加于是乎?”纵使如孔子言“时习”、曾子言“日省”，看似工夫进路有所不同，然而无论工夫的深浅疏密各有不同，实际上都只是“不放心”之学。所以，不放心则自能格致诚正，自能修齐治平；放心则所谓格致、诚正、修齐、治平非格致、诚正、修齐、治平。所谓的“放心”，乾初说：

> 《论语》之“终食不违”，《中庸》之“戒慎不睹，恐惧不闻”，呜呼！至矣。盖小心与虚心相类，而“小”字较有持循。心小则析理深而赴义必，故心之小者必虚，而虚者未必能小。故曰：“学问之道无他，求其放心而已矣。”放心不是此心全放出在外，倘于危微精一之学分毫体贴未尽，即是心所不到处，即是放心。……未能至于无不善，是心放处；有不善未尝不知，又是放而不放处。①

正因为“心”时时有放失的可能与危险，而不放心，求放心，乾初认为“求”的含义，就如《论语》之“终食不违”，《中庸》之“戒慎不睹，恐惧不闻”，时时小心，小心故能“警觉”（逆觉）到本心不放失本心、自觉意识的本心，而做逆觉体证的工夫去呈现本心，则“析理深而赴义必”，此即体悟到本心，意识到本心，而能尽心尽力做工夫实践把本心中的善性实践出来、表现出来，所谓“赴义必”也。小心故能虚心，虚心故能尽心于工夫修养实践，孜孜为善。所以乾初认为本心并不会放失于外，它存在

① 《近言集》，见《陈确集》，第427~430页。

于人“心中”！无所谓得失收放。本心只存在于人是否觉之、是否逆觉之、是否意识之、是否存养之，这决定着本心或显或隐。所以乾初强调对于“危微精一之学”的体贴只要有分毫未至，就是心所不到处，亦即是若没有戒慎恐惧、战战兢兢地达至“精一”而无不善，便是“放心”，即丧失本心。所以，求放心是“求”放失之心。此外，“求放心”不是往外求取一些自己所未具备的、求理于外在的事物，而是本心之自求，逆觉本心自己，这即是孟告的义内义外之别。乾初说：

> 夫不反诸其心，而惟事物之求，此义外之说也，阳明子辨之审矣。若亦不能不反诸其心，则弟向所云“心正则格致皆正，心偏则格致皆偏，必不可先格致于正心”者，疑亦非甚缪之说也。①

如果只在事事物物上求本心，那是义外之说。因为事事物物之理就在心中，我们必须超越形体物质感性习气的限制，反求诸心，将人人本有的道德本心显现出来，以道德本心作为我们生命活动的主宰，这就是“求放心”的工夫之所在，也就是逆觉体证。因为心正则格致皆正，心偏则格致皆偏，正心的工夫尤显重要，“正心”即“求放心”，“求”回放失的本心即是“正心”。如乾初所言“学者只为重重习气所蔽，去得一重，又染却一重，不得出头。时时提醒此良心，常作得主张，便是一日千里之学，愿仁兄先我着鞭也”②。此即在本心呈现时自觉地意识之，并能自我做主，这才是最根本的工夫，故说“一日千里之学”。

2. 求心安

心安与否也是儒家逆觉体证本心的表现之一。“安”的概念出于《论语·阳货》篇中的“宰我问三年之丧”章。宰我认为守丧三年太久，孔子对宰我提出的理由未作直接回答，而是反问他：“于女安乎？”当宰我回答“安”而离去之后，孔子便说：“予之不仁也。”③ 可见，孔子所说的“不

① 《答张考夫第三书》，见《陈确集》，第597页。

② 《复吴仲木书》，见《陈确集》，第92页。

③ 宰我问：“三年之丧，期已久矣。君子三年不为礼，礼必坏；三年不为乐，乐必崩。旧谷既没，新谷既升，钻燧改火，期可已矣。”子曰：“食夫稻，衣夫锦，于女安乎？”曰：“安。”“女安则为之！夫君子之居丧，食旨不甘，闻乐不乐，居处不安，故不为也。今女安，则为之！”宰我出。子曰：“予之不仁也！子生三年，然后免于父母之怀。夫三年之丧，天下之通丧也。予也，有三年之爱于其父母乎？”（《论语·阳货》）

安”之感，实是与“仁”有着密切的关系，因为当本心流露不安之感，便能够证明彰显仁心地存在，仁心是在人的不安处显现的。[①] 每个人皆会有不安之感，这种真实感受无须理论的预设。即从这种不安之感，人是可以体会到自己是有仁心地存在的，而孔子便是从这里来提点人的仁心。牟宗三先生更进一步地指出，这样的“不安”之感，亦即是孟子所谓的恻隐之心或不忍人之心，这就是“仁”所具备的特质之一——觉，它不是感官知觉或感觉，而是悱恻之感，成语“麻木不仁”便指出了仁的特性是有觉而不是麻木。[②] 乾初将本心安与不安的问题作进一步的发挥，阐述对本心的逆觉体证：

> 昔贤所谓坐下功夫，在家言家，在馆言馆，务求心安理当。且于既安中求未安，已当中求未当，乃是真学问。[③]
>
> 有问道者，予曰：“道不必予问，问诸心而已。心所不安者必勿为，如是而已。”[④]

乾初认为为学的目标是求心安理当，于“安中求未安，已当中求未当”，“求心安”乃是古今圣贤所做的力行工夫，这才是真学问。至于“问道”，不论是天道还是人道，都要求诸道德本心，从逆觉本心为起点，因为天道性命内在于本心，人道之所当为还是不当为，判断的标准是本心之安还是未安，“心所不安者必勿为”也！

> 此未安之心，即圣人与我同然之心。知其未安而必求其所以安，即是礼，不必又从鄙人问所以善后之道也。[⑤]
>
> 人之所以不死，心而已矣。心之所以不死，安与不安而已。……先生行先生之志，众人行众人之志，皆以求乎心之所安而已。嗟乎！使天下之人，有心而皆知所不安，知所不安而皆思所以安

---

① 参见王邦雄、曾昭旭、杨祖汉《论语义理疏解》，鹅湖出版社 1982 年版，第 22 页。

② 参见牟宗三《中国哲学的特质》第五讲，上海古籍出版社 2007 年版，第 29 页。

③ 《与沈朗思书》，见《陈确集》，第 118 页。

④ 《过旧居》，见《陈确集》，第 403 页。

⑤ 《答查石丈书》，见《陈确集》，第 78～79 页。

之，天下奚患不治！①

乾初认为，人之所以为人，圣人之所以为圣人，就在于人有此道德本心，就在于圣人有此未安之心，有此同然之心，知其未安求其所以安，未安之心不仅是作为是非判断的标准，心之未安，就要进一步地求心之所安。在不安处有所警惕而勿为，积极地要使自己的一切行为念虑皆为心之所安者。存此道德本心而不放失，戒慎恐惧，求心安理当。而心之不死，就在于有否安与不安之感，也就是有觉而不麻木。此外，求心安，关键还要进一步扩而充之，即"求其所以安"、"思所以安之"，使道德本心能够呈现出来，依循心之所安而行，有真切笃实的道德行为产生。一方面，乾初所言的未安之心，并非是一种经验的感性情绪，因为此未安之感是心之所发，虽说"未安"是本心之呈现，而此所发之心是"圣人与我同然之心"，它是一种超越而普遍的道德本心。另一方面，由本心所发之"未安"之感，亦是即心即理，是人在现实生命中道德本心的真实呈现，而不是受到外物的刺激影响下所有的形气之感，故乾初所言"知其未安"、"求其所以安"的工夫，并不是任形气感性而行，而是一本心之逆觉体证的工夫。②

3. 在日用伦常中"求"心安理当，体证本心

乾初引述蕺山的论述：

先生《答祝子初见问学书》曰："道不远人，只就日用寻常间，因吾心之已明者而一一措诸践履，便是进步。"曰："如今日骤遇期丧，自是本心迫切处，不肯放过，即与之制服制礼，何等心安理得。此外，更求道乎！"曰："心所安处，即是礼所许处。"曰："惟大节目不可不自勉，亦只是时时挑动良心，自有不容已者。"此先生之教也。亦宁惟初见之书而已，由是而益推之，谓先生之言无之非发明本心之教，其亦可也。倘学者读先生、开美之书而兴起焉，人人无负其本心，而又加之学，则是天之未丧斯文，

① 《众议建吴磊庵先生祠疏》，见《陈确集》，第370页。

② 杨于萱：《陈确人性论研究》，2008年国立中央大学硕士论文，第101页。

而虞廷精一之心，庶其复传于今后也。[1]

乾初在《辑祝子遗书序》中引述蕺山《答门人祝开美》书信之语来表达“心安”与否问题的观点：道不远人，道就存乎吾心中，人要在日用伦常中依循“心之已明者”去践仁履道；此道在日用伦常中即为礼，事事循“礼所许处”而行，“时时挑动良心”，心中自然产生一种“不容已”的力量抗御气拘物蔽的限制，尤其是在本心迫切处，不肯放过，就能心安而理得。乾初认为先生此发明本心之教，欲人人无负其本心，则于圣学“虞廷精一”之学复传于后世也。这种“在家言家，在馆言馆”，强调要在人伦日用中逆觉体证本心之坐下工夫，乾初反对通过静坐等冥思玄想的方式来把握、反求本心，认为“学者惟不肯切实体验于日用事为之间，薄素位而高谈性命，故卤莽粗浮耳”[2]。乾初认为应于人伦日用中的事事物物求心安，不能脱离日用而去体证本心（道）。

> 不知家庭日用，处处有尽心功夫，即处处是尽性功夫，吾辈只是当面错过耳。今学者言道，并极精微，及考其日用，却全不照管，可谓之道乎？弟所以惓惓于素位之学者，固今日贫士救时之急务，即学者他日入道之金针也。[3]

践仁履德的尽心工夫就在家庭日用中，日用伦常中处处有尽心工夫，尽心工夫即是尽性工夫。乾初认为逆觉体证本心并非是离开日用伦常去空谈道德学问，若是隔离于日用俗务才能够逆觉体证到本心，仅从静坐来观未发之气象为工夫进路，如此便是“蒲团见空悟，流毒良不轻”[4]。故乾初认为尽心的工夫应切实体验于日用事为，此实为牟宗三先生所谓的“逆觉体证”，即是“此体证是在其于日常生活中随时呈露而体证”。主张由日用中体道，并非意味着乾初即以日常经验的事物为道，或是如朱子认为要透过格事事物物来穷理而使心能够去摄取理之后而具此理。就事随物上“体

---

① 《辑祝子遗书序》，见《陈确集》，第241页。按：先生（蕺山）《答祝子初见问学书》，书信原名《答门人祝开美·一》，编入《刘宗周全集》第四册（浙江古籍出版社2007年版，第375页）。

② 《与刘伯绳书》，见《陈确集》，第470页。

③ 《与刘伯绳书》，见《陈确集》，第620～621页。

④ 《子舆篇》，见《陈确集》，第651页。

证”本心，乾初云：

日用言道者，辟之则废食而求饱也，终不可得饱矣。泥日用是道者，辟之四体具而为人，而遂谓土木偶之果无以异乎人也。果无以异乎人哉！①

先民有遗训：养病贵心安。斯言固云达，亦恐有未全。身心本一体，苦乐正相关，身苦心亦苦，安得常泰然！惟能不扰乱，亦不妄忧煎。讵能役至神，营营逐世缘！②

可见乾初的主张在日用中去体道，但并不是表示日用本身即为道。③ 面对当时虚玄而荡的学风，乾初不断地强调笃实、力行。因此，乾初认为工夫修养是在应事接物中求放心、求心安。

三、改过实践

（一）知过改过

在人成就道德、成就圣贤上，后天的工夫修养虽然不是本质的工夫，只是助缘的工夫，然而这并不意味着后天的工夫修养不重要而否定其价值与意义。乾初云：

窃尝验之，虽是事从心生，然心亦从事生。如人有善念，始有善事，此何待言。假如吾人日行善事，又安得复有恶念乎？书之所为，即夜之所梦，不可不察也。所以古人用功，贵内外交养。如心体一时未得乾（干）净，更外考之于事；行事一时未得安稳，又内求之于心。如是养去，吾身吾心渐有体段，不可强制也。

强制之学，如盗贼革面，终防窃发。孟子不动心工夫，只是养气；养气工夫，只是集义。此外岂别有持志之法乎？虽诗文习气，何必尽除。诗文亦道也，但不当为街俗之文，以致离道之远

① 《道俗论·下》，见《陈确集》，第171页。
② 《先民诗》，见《陈确集》，第675页。
③ 参见王瑞昌《陈确评传》，南京大学出版社2002年版，第434～435页。

耳。大约吾心吾身要使时留余地，使得舒展为佳，所谓生趣也。若过于桎梏，其弊正与放心等。①

对于道德上的工夫修养实践，乾初认为“贵内外交养”，因为主体的人与客体的物之间是会互相影响的，即“事从心生，心亦从事生”。一方面，纵使是由心而发为现实具体的行动，事物亦在本心的呈现下展现其真实的意义；另一方面，外在的环境、事物等的影响，亦能有助于本心的显发、把握，就好像人有好的念头，便会去做好事，这是很容易理解的，然而如果能够每天都去做好事，那就不容易；有不好的念头，就好像是一种潜移默化的效果，在善的环境或氛围之下，较不会有引发恶念之机缘、机会。所以当本心偶有昏昧不明之时，可以透过一些外在的修养来贞定之，而面对事物时又可反求诸心来稳当其行为判断。经过如此的内外交养，人的身心是逐渐地、不断地实践道德，而不是强制之学，将僵挺生硬、偏枯干瘪的教条框架限制吾心吾身，认为诗文习气皆须尽除，而是在事中、物中来实践道德，否则过于桎梏身心，其流弊是与放失本心一样的。故在强调反求本心之逆觉工夫之余，乾初亦不排除后天修养工夫的意义，相反的，他肯定其对成德修养的价值，只要能够内外交养，后天之学对于人的道德实践仍是其帮助的。

从乾初的人性论看来，他重视实践履行，认为性善本体需在工夫修养、道德实践下才能呈现、实现出来，其言“扩充尽才始见性之全”，便是在实践的意义下，彰显性善本体，并且使其不间断地全幅朗现，故除了先天的逆觉体证之工夫，亦要从现实生活上的后天行为实践来着手，这是就其崇实尚质的精神来看，他不喜空谈讲论，而强调切实地身体力行；不喜静坐冥想，而强调要于日用中体道，这些都可以看出来，乾初对于后天的工夫修养，是不可能偏废的，再加上面对着当时束书不观的狂荡虚玄之风，更是要透过这些切实的后天工夫来加以防堵，在先天的逆觉体证工夫与后天的修养工夫内外交养之下，便可达到成德入圣的终极目标。

乾初“改过”思想在其强调力行实践的工夫论中极为重要，标志这一思想纲领的一句话是“知过改过，便是圣学”②。这与他注重工夫实践的为

① 《与吴仲木书》，见《陈确集》，第137页。
② 《与祝凤师书》，见《陈确集》，第122页。

学主张一致，乾初要人事事身体力行，见善必迁，知过必改，并且要戒慎恐惧，时时小心，细加搜剔，从有过得无过，以达到“无过求有过，不至至善不止”① 的圣学境界。

无疑，乾初“改过说”显然是受到其师刘蕺山的影响。不过，我们在此先对儒学“改过说”作简单的叙述。“人非圣贤，孰能无过”，圣人和凡人都不可避免地犯错误，② 正所谓“无心之谓过，有心之谓恶，无心之过，圣人不免”，③ 所以每个人有必要时常“改过迁善”。儒学“改过说”有着丰富的儒家思想资源，在汗牛充栋的儒家典籍中，对“过”、“恶”、“知过”、“改过”、“知过改过”、“改过迁善”等，论述可谓不胜枚举。④“改过说”是儒家的道德修养工夫论的理论基础，是实现儒家理想人格、成就圣人（成德）的重要手段。

孔子强调“行己有耻”⑤，认为知过是人们进行道德修养的起点，提出

---

① 《近言集》，见《陈确集》，第427页。

② 人人都不可避免犯有过错，孔子曰：“过也，人皆见之。”（《论语·子张》）、孟子曰：“人恒过。”（《孟子·告子上》）《左传》：“人谁无过?”（《左传·宣公三年》）

③ 此为吴震先生所概括的话（见《“证人社”与明季江南士绅的思想动向》，载《中华文史论丛》2008年第1期，第132页，注3），这句话颇值得参考，“无心之谓过”，出典在《尚书正义》“宥过无大，刑故无小。过误所犯，虽大必宥。不忌故犯，虽小必刑。”而“有心之谓恶”，则是后儒的诠释。“圣人不免”，参见《孟子·公孙丑下》“然则圣人且有过与?”曰：“周公，弟也；管叔，兄也。周公之过，不亦宜乎? 且古之君子，过则改之；今之君子，过则顺之。古之君子，其过也，如日月之食，民皆见之；及其更也，民皆仰之。今之君子，岂徒顺之，又从为之辞。”

④ 通过“e-考据”检索《四部丛刊》：“过”（正文）6014条、（注文）6002条，“恶”（正文）6010条、（注文）6000条，“善”（正文）6005条、（注文）6000条，“改过迁善”（正文）23条，“迁善改过”（正文）27条、（注文）3条，“改过”（正文）487条、（注文）39条，“慎独”（正文）208条、（注文）19条，“克己”（正文）159条、（注文）29条，“克己复礼”（正文）57条、（注文）6条；检索《四库全书》：“过”（正文）525171条、（注文）116933条，“恶”（正文）236868条、（注文）65728条，“善”（正文）444751条、（注文）141106条，“改过迁善”（正文）261条、（注文）79条，“迁善改过”（正文）496条、（注文）109条，“改过”（正文）4519条、（注文）953条，“慎独”（正文）989条、（注文）251条，“克己”（正文）6310条、（注文）1190条，“克己复礼”（正文）1127条、（注文）209条。《论语》中，仅“过”就出现32次，吴震先生就指出：“孔子《论语》中，经常是善过对举，而非善恶对举。”（见《“证人社”与明季江南士绅的思想动向》，载《中华文史论丛》2008年第1期，第132页，注3）虽然这些统计中，并非都指“过错”、“过失”等，但说明“改过说”这项思想资源的丰富性。

⑤ 《论语·子路》。

“自讼”、“自省”、“自反”① 等知过改过方法。曾子说：“吾日三省吾身，为人谋而不忠乎？与朋友交而不信乎？传不习乎？”（《论语·学而》）曾子每天多次自我反省，其主要内容为：替别人做的事是否忠实尽力，与朋友的交往是否诚实守信，对老师传授的学业是否扎实复习。孟子继承和发展了自省、内讼的修养方法，他说：“反身而诚，乐莫大焉。”又说：“有人如此，其待我以横逆，则君子必自反也。”“行有不得者皆反求诸己。”他还说：“仁者如射，射者正己而后发，发而不中，不怨胜己者，反求诸己而已矣。”② 他这些论述的意思是，如果一个人通过反身自省，感到自己是忠诚踏实的，那便是最大的快乐。如果有人对自己蛮横无理，作为有道德的人首先要反身自问是否有不对的地方。任何行为如果没有得到预期的效果，都要反身自责。这就好比射箭比赛一样，自己如果已经尽力而为，还不能取胜，绝不应该怨恨别人获胜，而应该反过来寻找自己失败的原因，这才是有道德的人应该采取的态度。总之，无论对人对事，都要首先从自省自己入手。所以，无心之过，圣人不免，圣人岂无过，阳明就批评那种圣人无过的观点，“人皆曰人非尧舜，安能无过？此亦相沿之说，未足以知尧舜之心。若尧舜之心而自以为无过，即非所以为圣人矣。”③ 明白这一点，就是知过，知过即是知耻，老子强调“自知者明”④。我们就必须知过改过力行实践，不放失自己的过恶，更不能自暴自弃而放弃道德修养。到明末刘蕺山之《人谱》，儒家“改过”说始能完整地、彻底而透体地完成。⑤

在蕺山《人谱》一书中对“过”之种类与成因，以及改过的方法有着

---

① “躬自厚”、“求诸己”（《论语·卫灵公》）、“内自省”（《论语·里仁》）、“内自讼”（《论语·公冶长》）。

② 《孟子·尽心上》、《孟子·离娄下》、《孟子·离娄上》。

③ （明）王阳明：《寄诸弟》，《王阳明全集》卷四，上海古籍出版社 1992 年版，第 172 页。

④ 《老子》第三十三章。

⑤ 牟宗三先生认为：“自孔子提出改过这一观念后，人皆说改过，说过恶，盖过恶是日常现实生活中很容易意识到者，然大皆是就现实生活之皮而现象学也说此改，说此过。自刘蕺山之《人谱》始能完整地、彻底而透体地说之，因而可使吾人有一确定之概念。”（参见牟宗三著《从陆象山到刘蕺山》，学生书局 1984 年再版，第 536 页）

系统性的说明。[①] 乾初对蕺山的《人谱》极为推崇：

> 有蕺山先生之《人谱》在，此确所欲从事而未能者。凡学人治疾之方，悉备于此，愿与我子和共之。子和试服膺此书，将备百行而跻圣人之域，眴息间事耳。岂特忿悁之去而已哉！
>
> 弟所欲仪型一二而未能者，先生之言与行也。所日奉为程式，欲修以寡过而未能者，先生之《人谱》也。
>
> 吾辈功夫只须谨奉先生《人谱》，刻刻检点，不轻自恕，方有长进。舍此，别无学问之可言矣。[②]

黄宗羲说："《人谱》一书，专为改过而作。"[③] 学人治疾之方，"备百行而跻圣人之域"的良方皆在此书。乾初非常重视蕺山《人谱》的"知过改过"学说，谨奉蕺山先生《人谱》，乾初欲与好友周子和共勉之，日奉《人谱》为程式，奉行先生之言与行，欲修以寡过而未能者。时时刻刻检点过错，事事不轻自恕，力行实践，见善必迁，知过必改，达至圣学之域。此所谓"知过改过，便是圣学"。乾初重视《人谱》知过改过的实践精神，从事"改过"的工夫修养实践，弘扬蕺山的"改过"思想，组织了一个八人小组的"省过社"，八人"次第陈《日史》于前。直会廉《日史》所犯之多寡轻重而差其罚。《日史》无欺己之言，司罚无阿众之笔"[④]。《日史》应该毫不隐瞒地记载己过，包括心中所想的、看得见或看不见的错误行为一律自动坦白地写在"日史"中，在"直会"时公诸他人，会友之间应客观地扮演控诉者的角色，然后公开纠过定罚。[⑤] 另外，恽仲升、祝开美也服

---

① 关于《人谱》的改过思想，学界有极多论述。可参见吴震先生《"证人社"与明季江南士绅的思想动向》"五、以'改过'重建道德秩序"，载《中华文史论丛》2008 年第 1 期，第 132 页还可参见王汎森《明末清初的人谱与省过会》"三、刘宗周《人谱》的特色"，载《中央研究院历史语言研究所集刊》第六十三本，第三分，1993 年，第 679 ~ 712 页。

② 《送周子和归山阴序》、《答吴仲木第二书》、《与戴一瞻书》，见《陈确集》，第 238 页、第 572 页、第 106 页。

③ 黄宗羲：《答恽仲升论子刘子节要书》，《南雷文定》五集，卷一，见《黄宗羲全集》第十册，浙江古籍出版社 2005 年版，第 224 页。

④ 《诸子省过录序》，见《陈确集》，第 228 页。

⑤ 王汎森：《明末清初的人谱与省过会》，载《中央研究院历史语言研究所集刊》第六十三本，第三分，1993 年，第 706 页。

膺《人谱》，乾初说“善乎老友恽仲升之言曰：‘吾辈检身之功，惟当奉刘先生《人谱》。其讲改过之学，可谓极详。舍此，又何学之讲乎？’”①

知过谓智，改过谓勇，无不知、无不改谓仁。

> 余尝作《知仁勇三言疏》，谓知过之谓智，改过之谓勇，无不知、无不改之谓仁。岂惟三书疏而已，举千圣心法，皆尽此知过改过中。世儒谓“惟圣人无过”者，妄也。圣人有苦自知，直从千兢万业中磨炼得出圣人人品。子曰：“假我数年，五十以学《易》，可以无大过矣。”……学圣人者，舍克己改过何由乎？②

人不可能无过，“圣人无过”的说法其实是虚妄的，孔子也决不敢说自己无过，而只敢说无大过。圣人之所以无大过，就在于“自知”，自知过错谓智，然后能够克己改过，改过谓勇，无不知、无不改谓仁。故曰“千圣心法，皆尽此知过改过中”，圣人品格是从千兢万业中磨炼得出的。所以“克己改过”是学圣之方。

“过”是无时无处不在的，人身处处是过，乾初举出了二十种日常过错，“痼疾种种，与我周旋不舍”③。然而，对这些过错，人们往往由于约定俗成的“习气”、“习心”而浑然不觉、不自知而自己却安之若素，以致浑身是过却无任何不安之感。乾初致力于批判流俗，常说人如果肯流俗自安，则尽无错处，尽可自安。“苟不仅安流俗而已，则日用动静之间，处处是过，必有怵然不敢一息宁者。”④“自是”之人认为自己“吾无不是”，此四字是“害人陷阱，其毒甚深”⑤。乾初认为正因为人喜自是自安的“习气”，“心”（良知）有可能对种种过错浑然不觉、浑然不知，甚至认贼作子。如在《自盗招词》中，他借窝藏在自己心中的“盗”的口气说“有子之心，以为我窝主，有子之肝胆肾肠，以为我内党，耳目手足，以为我外党”⑥，

---

① 《会永安湖楼序》，见《陈确集》，第233页。

② 《近言集》，见《陈确集》，第431页。

③ 这二十种过错是：“妄想、多言、浮动、忿怒、忽略、闲废、自是、自炫、妄用、鄙吝、营求、遗忘、昏怠、踞慢、依达、执著、更张、无恒、自欺、欺人。”（《坐箴》，见《陈确集》，第354页。）

④ 《与祝凤师书》，见《陈确集》，第109页。

⑤ 《雨牕漫笔》，见《陈确集》，第420页。

⑥ 《自盗招词》，见《陈确集》，第255页。

充分说明了一切过错都是来源于自欺自是。“过”既然有自己的五脏六腑作为内党，那么一一警发便不是一件太容易的事。所以乾初也和他的许多前辈一样面临过一个难题：常人的良知并不是能永远有效地监督自己，告诉自己哪些是应该省改的。[①] 从内心（良知）深处来寻找“过”的根源，这确实继承了其师蕺山《人谱》的思想。虽然人人有过，人通身是过，但这并不可怕，可怕的是“过而不改，是谓过矣”[②]，重要的是要能够知过、改过，乾初要人克己改过，克服自欺、自是，才能自知、自省、自反，才能有效地知过改过。

君子不患人之不己知，患不自知也。[③] 学问之道无他，惟时时知过改过。无不知，无不改，以几于无可改，非圣而何！上之，若颜子之不远复，有不善未尝不知，知之未尝复行，几于圣矣。次之，亦若子路人告之以过则喜，犹为贤者之事。下之，则如世俗之恶闻已过，终至于过恶日积，人莫敢言，真下愚不移矣。或问：颜子只自知自改，好修者能之。至子路之喜，更出常情之上，何反不若颜子？曰：圣贤之过甚微，或似过而实非过，或若无过而实有过，或偶失之无心，[④] 或事出于不得已，皆非他人得知，而已自知之。自知自改，此大贤以上独步工夫，非颜子何足以当之，外此，则心粗气浮，易于得过而不自觉，甚至众人皆知之而我尚未知。如子路之过，必待人告，此真是子路粗浮本色，然子路却具高明勇决之姿。高明故闻而能喜，勇决故喜而能改，可不谓贤乎？下此，更无学问之可言矣。然则为子路难，为颜子更难。吾何以知人之所不知而改之？曰：戒慎乎其所不睹，恐惧乎其所不闻，则能自知而自改矣。戒惧者，求放心之功也。故曰：“颜子未到圣人地位，只是心粗。”谓其未能至于无不善故也。未能至于无不善，是心放处；有不善未尝不知，又是放而不放处。故曰：“不

① 王汎森：《明末清初的人谱与省过会》，载《中央研究院历史语言研究所集刊》，第六十三本，第三分，1993年，第707页。

② 《论语·卫灵公》。

③ 元注：自知谓知己过，颜子而下，罕见其人。

④ 元注：即是放心。

远复。”复既不远，则颜子之去圣亦不远矣。若言其至，虽圣人不能无过。如颜子之学，仲尼而下诚未易见，独以好学许之，岂虚也哉！①

孔子曰：“不患人之不己知，患不知人也。”乾初把后半句改为“患不自知也”，并自注：“自知谓知己过，颜子而下，罕见其人。”任何人包括圣人都不可能无过错，关键在于人应该警觉自己的过错、省察自己的过错、自知己过，时时知过改过，力行实践，一直达到“无不知，无不改，以几于无可改”时，便可谓圣。乾初把知过改过分为三个层次：颜渊能够自知己过，有不善未尝不知，知之未尝复行，几于圣矣，为知过改过之最高境界；子路是面对他人告知其过则喜，为次之；世俗之人（“自是”之人）厌恶听到别人批评自己的过错，到最后过恶日积月累，也没有人敢告诉他，这就是乾初所谓的“下愚不移”。颜渊之所以高于子路，是因为有时过恶之隐微，并非是他人所能得知的，只有自己知道，能够在察知自己的过恶后而改之，经过自我反省之后能积极地去改进，颜子自知自改，此乃大贤。然而子路之过是要由他人来告知，没办法自觉到自己的过恶，甚至众人皆知，就唯独他不自知，故说子路是“粗浮本色”。但是子路能够闻过而喜，并且改之，可谓改过之勇，仍是属于贤者之辈。而“下愚不移”的世俗之人（“自是”之人）放失本心，过而不自知，恶闻己过，过而不改，自欺欺人，无学问之可言矣。怎样才能“知人之所不知而改之”，乾初认为要“戒慎乎其所不睹，恐惧乎其所不闻”，在日常间做戒惧的工夫，即使是在幽暗而不为人所见闻之处，仍能反求放失之本心而矜持之，就能自觉己过而自改之。对于良心（良知）自知其过，人能知过改过，这是毫无疑问的，乾初说：

阳明先生无可如何，故专言良知二字，即孟子之苦心。乃言未脱口，而学者又争窃良知以去，奈何哉！刘先生有云：“有不善未尝不知，是良知；知之未尝复行，是致知。”此王门真血脉。萝

① 《近言集》，见《陈确集》，第429～430页。

石[1]亦云："所谓良知，只是能知过；所谓致良知，只是能改过。"吾友祝子尝向同人言迁善改过之学，而当时有以先致知为言者。嗟乎！舍迁与改，而又何知之致乎！[2]

从孟子的"道德本心"到阳明的"良知"，再到蕺山的"独知"，良知是能知是知非的。故"有不善未尝不知"即是良知；"知之未尝复行"即是致知；良知能自知其过，致良知即是能改过。乾初认为此乃王门真血脉，并且祝开美从阳明良知和致良知言迁善改过之学，这些表明乾初相信良知能自知其过，可他更强调致良知，力行实践以改过。所谓"舍迁与改，而又何知之致乎"也！

虽然"良心炯炯，有过自知"[3]，但由于心之吊诡，"过、恶"逃过了良知的检察，过恶由心生。用王汎森先生的话来说，良知是被"私欲之诡辩"蒙蔽了。因为在省过、改过的过程中，被控诉者和控诉者都是同一个"心"，由善恶交杂的"心"去反省善恶交杂的人，常常是有如狂人自医其狂，因而有不能认识潜习锢蔽或是"认贼作子"的困境。为了解决这个困境，逐渐发展出两种办法：第一是"省过会"之类的组织，借助于会友的帮助来认识、纠举自己的过错。第二是不再只是从内在心性上的锻炼下手，因为内在于人心的道德境界是无法看见的，而且只从心性上下手，其效果常是不能持久的，所以人们日益相信只有从表现在外的行为下手，由外而内才能奏效。[4] 就乾初来说，除了内在的体正本心的工夫外，外在的行为有三个方面：一是"省过会"成员开会互相纠过，二是提倡读书，助人自识己过，三是力行实践以改过。如同明清时期的"功过格"劝善运动一样，乾初提倡通过知过、省过、力行实践以改过等活动来解决良知自知的客观化问题。

乾初认为上智之人才能"无过不知，无过不改"，"中人不能尽知，亦

---

① 董澐字子涛，又字复宗，号萝石，海昌人，盖乾初之前辈。年六十六始游姚江，听阳明讲学，遂师事之。人或非之。曰："吾自从吾所好。"因号从吾道人。

② 《龙山告先师友文》，见《陈确集》，第343页。

③ 《坐箴》，见《陈确集》，第354页。

④ 参见王汎森《明末清初的人谱与省过会》，载《中央研究院历史语言研究所集刊》，第六十三本，第三分，1993年，第680页。

不能尽改”，“下愚不知过，知亦不改”，圣愚之分，在此而已。[1] 而现实中上智之人毕竟不多，在日用动静间，中、下之人身在过中，却毫不自知，为能避免“认贼作子”的危险，省过社、省过会就成为纠过的必要组织，成员通过“日史”、“日谱”把错误行为（过、恶）记录下来，开会互相纠正，这成为改过的重要手段。乾初还在家中厅堂的客人座上贴了《黏客座》：说自己由于“疎顽”，过恶已经积累太多，希望惩改，可是“自以为当局之迷，未若旁观之镜”，所以昭此告示，请求来访的客人尽情指出他的过错。[2] 这是改过的第一个外在辅助手段。乾初提倡读书学习古圣先贤的道理来助人知过。“会读书”、“深心读书”、“自觉自家不是”，经典中蕴涵的知识有助于明理而使人自知其过，此为改过的第二个外在辅助手段。

> 力行工夫自不可阙……力行之功，莫先改过。吾人日用，过失最多，自圣人且不能免，何但后学。细心体察，当自知之。知之即改，改而不已，功夫纯熟，渐不费力。圣贤学问，端不越此。若明知是过而不即改，曰“此特在外者，不须亟亟，吾当求之独体”，此自欺欺人，不可之大者也。知过之心，即是独体；知而不改，便为有体无用，非其体矣。又于此外求独，何翅千里。[3]

乾初认为只停留在知过阶段是不够的，故力行实践就是改过的首要工夫。乾初指出，人在日用伦常中过失最多，圣凡难免。我们必须细心体察，才能知过；还必须力行实践以改过，并且要持之以恒，改之不已，省之不已，不断省改，“只求日减”，功夫越纯熟，过越少，这就是圣贤学问。相反的，若是知其过而不改，而认为不需致力于此外在的修养，只要求之独体即可，乾初认为这样是自欺欺人的说法，因为知过改过之心，即是独体，而非是离开此知过改过之心来求独体，此即蕺山云“有不善未尝不知，是良知；知之未尝复行，是致知”。知而不改，便为有体无用，即脱离了力行

---

① 《与祝凤师书》，见《陈确集》，第122页。

② “确夙以疎顽，猥积罪过，衰老知悔，欲渐惩改，又自以当局之迷，未若旁观之镜。所望仁人君子，闵其无知，以确过差面相倾告。其或下愚之性，终迷不悟，则至于再，至于三，至于徵色发声而不舍予焉，真恩同生我矣。谨请。”（《黏客座》，见《陈确集》，第380页）

③ 《与吴仲木书》，见《陈确集》，第93页。

实践以改过的“体”，“非其体矣”。这里同样贯穿了乾初的“工夫即本体也，无工夫亦无本体”的思想，不能离开工夫以求“体”。力行实践是有效改过的首要工夫。

（二）知过改过之一助

知过改过是为成就圣贤，立志与为学是圣贤学问的最得力助缘。“立志”为先，立志就是“‘孝弟、谨信、亲爱、学文’八字，终身行之不尽。从此发个愿，决要依此八字做工夫，便是立志，即孔子所谓志学也”。为学是“行之不已，便是好学，即孔子所谓时习也。天下可悦可乐之事，无逾此者。欲寻孔、颜乐处，从此八字寻之，有余矣。工夫到极至处，即是不逾矩境界”[①]。立志以后须为学，为学包括求知和践仁履德、学习做人（即安身立命），“夫学，非第以读书作文为也。……子弟之患，不在无文而在无行，行立则文从之矣。古来但有无行文人，必无白丁圣贤”[②]。

立志是后天工夫修养的第一个次序，立志与上文所论“正心”之地位和意义有相似之处。乾初引阳明语：“学莫先于立志。”[③] 认为，为学之道在于先“正”于“诚”，先正心后格物。他说：“吾之先正于诚，先正心后格物，而统诚于身耳。分意于心，则支甚矣；先诚于正，则舛甚矣。此《大学》之蔽也。夫诚是到头学问，而正为先端趋向、相去远甚何待辨乎?”[④]“正”即“正心”，是指“志学”、“志道”、“志仁”之类。在他看来，“志学则心正”，“志道则心正”，确立了以“道”为习行目的的志向，就是“正心”。因此，“正心”并非去欲主敬，而在于“立志”，并为实现志向而身体力行以趋于“至善”，他说：

> 确窃以为学者但言虚心，不若先言立志，吾心先立个主意：必为圣人，必不为乡人。次言实心于圣人之学，非徒志之而已，事事身体力行，见善必迁，知过必改。终言小心于圣人之学，细

① 《书钱氏孤便面》，见《陈确集》，第408页。

② 《寄刘伯绳书》，见《陈确集》，第113页。

③ 《学谱》，见《陈确集》，第464页。阳明曰：“夫学，莫先于立志。志之不立，犹不种其根而徒事培拥灌溉，劳苦无成矣。”（《示弟立志说·乙亥》，《王阳明全书》卷七，《文录》四）

④ 《大学辨》，见《陈确集》，第555页。

加搜剔，须从有过得无过，转从无过求有过，不至至善不止。[①]

“志”是什么？孟子曰：“夫志，气之帅也。”以志率气，持其志，而不暴其气。[②] 阳明曰：“夫志，气之帅也，人之命也，木之根也，水之源也。”[③] 所以“志”即是为学的紧要大头脑、为学的主心骨、为学的“先端趋向”[④]。故“立志者，为学之心也；为学者，立志之事也”。[⑤]“立志”是人为学和道德生命之心，是人现实生命活动和道德践履努力的方向，因此乾初强调先立志，为心先立个主意，立“必为圣人，必不为乡人”之志。立下成德成圣之志，还需要进一步的身体力行，践履道德，见善必迁，知过必改。即如《论语》所云“终食不违”、《中庸》之“戒慎不睹，恐惧不闻”，不容须臾懈怠，时时刻刻都要小心谨慎，从察知自己的过错而改至为无过，进而逐渐地趋于无过之后，就只是求未尽善之处，此即为“无过求有过”，没有达到至善的目标是不会停止的，足见其修道成德的进程是如此的任重道远、死而后已，工夫实践并非一蹴而就，而是要不断地努力学习、实践道德，从不善逐渐趋近于至善，这样渐进的工夫，就现实的生命上来说，是极其必要的。故乾初强调先立志，然后经过身体力行的工夫修养实践，不断地知过改过以达至善之境。

这样，心中立起了成德入圣的目标，确立了“志学”、“志道”、“志仁”的志向，也就建立了正确的人生理想，以此为标准，就可以审视人己之过失，察究万物之情状。审视人己之过失，就可以通过道德修养的实际践履除去过失；察究万物之情状，就可以审时度势、有目的地进行齐家、治国、平天下的实际活动，这才是真正的格物致知。

故学莫先定志，志为圣贤，而后有圣贤之学问可言。格物致知，犹言乎学问云耳。故曰：志于功名者，富贵不足以移之；志

---

① 《近言集》，见《陈确集》，第427页。

② 《孟子·公孙丑上》。

③ 《示弟立志说·乙亥》，《王阳明全书》卷七，《文录》四。

④ 乾初说：“夫诚是到头学问，而正为先端趋向，先后之势，相去远甚，何待辨乎？”（《答格致诚正问》，见《陈确集》，第559页）

⑤ 《书朱守谐卷·甲申》，见《王阳明全书》卷八，杂著《文录》五。

于道德者，功名不足以移之。[①] 故志于富贵，则所格所致皆富贵边事矣；志于功名，则所格所致皆功名边事矣；志于道德，则所格所致皆道德边事矣。此非格致之异，而吾心之异焉也。故子曰“吾十有五而志于学”，志于圣人之学也。[②]

所“志”的方向决定为学方向，故“学莫先定志”。立志圣学，则致力于成德入圣之学。格物致知即是学问之事，而当人之定志于功名富贵，则其所格所致便会皆为功名富贵之事，亦即是人之心志一旦沉迷于物欲中，便会以功利之心来权衡一切，并且终日汲汲营营于富贵功名之事，如此是无法成就道德善性的；相对地，若以成德成圣为志，则人之所格所致便会是道德之事，而人的生命活动才会趋于合理，以臻圣贤境地。故乾初以孔子“吾十有五而志于学”为例，言其所志之学为圣人之学，孔子一生践德成圣之历程，便是由此十五岁时之立志所决定，人若不知立志，或是所立之志不当，便会失去人努力奋发的正确的人生方向，也就无法成就德性之人格。由于人的志向会影响着人奋发前进的方向，甚至可以使人积极地朝向所立之志的目标迈进，故所立之志为何，便是关键所在。当人志于名利，那么在为人处世上便会以利害计较之心来度量一切，更甚者，为了达成自身的利益而不择手段、为非作歹，即便表面上去行善，其存心动机亦非出于道德良知，而是为了求取名利，如此人只会愈趋下堕，自是无法成德入圣。因此，所立之志必是以道德为依归，志为圣贤。

乾初立志之说确实与其师蕺山“辨志”有相似之处。

刘先生曰：学须有决为人、不为禽兽之志。苟不辨此志，则讲说领受，俱是回护禽兽机穽。即良心乍呈，亦如鬻去家产，偶复从此经过，虽眼眼认得，不为我有。[③]

蕺山说，为学要立志为人而不是为禽兽。若不辨明此为学之志，则可能陷于禽兽之陷阱而不知。不明此为学之志，即使口谈讲诵圣学，即使心

① 王阳明也有类似的说法：“志于道德者，功名不足累其心；志于功名者，富贵不足以累其心。”［《与黄诚甫》（癸酉）《传习录》下］

② 《答格致诚正问》，见《陈确集》，第559页。

③ 《学谱》，见《陈确集》，第464页。

中也有良知的一刹那呈现，虽然认得，但如过眼云烟，良心只是匆匆流过，不为自己所有，因为心无定向，良心被物欲私心遮蔽。“以为‘良知’中本无一切对待，由其说，将不率天下而禽兽食人不已！”[①] 这是蕺山对阳明后学流弊及儒学危机发出的警告。在晚明儒士看来，“为人、不为禽兽”、“不为圣贤，即为禽兽”，人禽之界限如此清晰，已经要通过“立志”、“定志”来确立为学方向、贞定人生方向。通过“立志”圣学，然后力行实践道德，就可以矫正阳明后学“玄虚而荡”、“情识而肆”的流弊而恢复圣学。为学须立志，立志后仍须力行实践，才是真学问。可见，乾初强调立志之重要意义。乾初的“立志说”还可与象山的“辨志”相参看，象山云：

> 窃谓学者于此，当辨其志。人之所喻由其所习，所习由其所志。志乎义，则所习者必在于义，所习在义，斯喻于义矣。志乎利，则所习者必在于利，所习在利，斯喻于利矣。故学者之志，不可不辨也。[②]

只有首先确立为学方向，然后身体力行、实践道德，才能成德入圣，而后才有圣贤之学问可言。故“学者之志，不可不辨”。象山强调立志的重要性，如说“民之于道，系乎上之教，士之于道，由乎己之学，然无志则不能学，不学则不知道，故所以致道者，在乎学，所以为学者，在乎志”[③]。象山这里说的“习”显然指人的后天努力、力行实践。人所立之志决定所习的内容，“习”的熏陶培育了人的价值观念、人生目的与意义，“习”成人性、培养理想人格。人志于义，即立君子之志，则人生的价值重点、努力的方向即在于成德入圣，所力行实践的内容都与成德入圣有关，此即“喻于义”。反之，即是“喻于利”。象山对《论语》“君子喻于义，小人喻于利”的体会，认为以义利判君子小人，所以，义利之辨，也就是“辨志”。象山这种观点与乾初“习于善则善，习于恶则恶”、“必为圣人，必不为乡人”和蕺山“须有决为人、不为禽兽”之志是一样的。

---

① 刘宗周：《重刻王阳明先生传习录序》，见《刘宗周全集》第四册，第31页。

② 陆九渊：《讲义·白鹿洞书院论语讲义》，见《陆九渊集》卷二十三，中华书局1980年版，第275页。

③ 陆九渊：《杂著·论语说》，见《陆九渊集》卷二十一，中华书局1980年版，第264页。

还有“志学”、“志道”、“志仁”的问题，乾初的这些论述进一步深化了“立志”的问题：

子曰：“吾十有五而志于学。”志学则心正矣，而后有立、不惑、知命之可言。至于耳顺，从心而化矣，惟至诚为能化也。此正、诚之说也。又曰：“志于道。”志道则心正矣，而后有据德、依仁、游艺之可言。据之依之，而亦诚矣。此又正、诚之说也。①

正心，如孔子言志学、志道、志仁之类。②

乾初引用孔子十五岁立志圣学的志向来说明立志是为学的主导，立志圣学则心正，心正则至诚，至诚则能化。此即，从三十而立、四十而不惑、五十而知命，至六十而耳顺，到七十从心所欲不逾矩的圣学境界。同样，志于道则心正，心正则至诚，而后有据于德、依于仁、游于艺之化境。有了立志圣学的志向，然后身体力行，做任何事都不放过工夫修养实践。

此事事不放过工夫，又从一种真切向上心生来。学者立发个真切向上心，时时惟恐堕于禽兽，那敢因循，那得轻放过一事，那能不深求义理之精微！此真切向上心，即孔子所谓志学也。此志未立，但云读书穷理，无异作梦，所谓有知无行，卒归于无知者也。此志既立，自然知之即行，行又求知，所谓知行并进者也。二者相去，何啻天壤，而儒释之辨即在其中，惜同志中未有能承当此意者。由此言之，确辈且未可谓志学，何暇高谈性命乎！言之可为于邑。能承当者，非裒仲而谁？以事事不放过之心体之，必有泮然冰释者，当无复疑吾言也。③

立为圣学之志，即存有一种真切向上心，此即孔子之志学，“心为一身之主”。学者立此真切向上心，在日用伦常中时时戒慎恐惧，唯恐堕于禽兽，事事不放过，修身以俟，以人道尽天道，探求天道性命之精微。倘若圣学之志未立，只云泛穷物理，为学就失去了方向，有知无行，也等于无知。这已涉及知行问题，在此不赘。总之，乾初反复强调，立志在为学中

---

① 《答沈朗思书》，见《陈确集》，第574页。
② 《答张考夫书》，见《陈确集》，第587页。
③ 《复吴裒仲书》，见《陈确集》，第97页。

的首位，就像正心在工夫论中的地位一样重要，“学莫先定志”。而且，立志之后须为学，力行实践，事事不放过，以身体道，恢复圣学，这是儒者义不容辞的责任。

乾初所讲的“为学”包括两层意思，一是“为学原不在多言，顾力行何如耳”、“行之不已，便是好学”① 的力行实践；二是“学未始废读书，而不止读书；读书未始非学，而未可谓学”、“故不能读书、不能治生者，必不可谓之学”② 的读书求知。乾初以“力行”诠释“为学”，他说：

> 善夫朱子之释学曰：“效也，觉也。”又曰：“习其事也。”其言学审矣。凡书之言学者，皆可以推之矣。往读乡前辈黄贞父“终日不食”节文，以力行诠“学”字：“思不如学”，犹云“知不如行”。以此见前辈虽工时文，不苟附会。求之今人，虽学道者或未解此，不已异乎！③

学问并非只是空谈，而是要力行实践。所以乾初说“思不如学”，犹云“知不如行”。乾初强调力行实践的重要性，这并不意味着抹杀了“思”、“知”等思辨的意义，而是要以力行实践为前提，思辨的作用才能把道德实践加以反省、贯通、扩充，否则思辨只是空想空谈。乾初认为：“夫学，非第以读书作文为也……子弟之患，不在无文而在无行，行立则文从之矣。古来但有无行文人，必无白丁圣贤。弟尝谓士人修身立行，使尽如今日子弟家之学文，专心致志，则渐摩之久，必有可观。”④ 所谓“为学”，并非只是读书作文，而是要力行来实践道德，能力行就能出真知。能够代表乾初力行实践的为学主张莫过于这句话：“学固不可不讲，然毋徒以口讲，而以心讲，亦毋徒以心讲，而以身讲，乃得也。”⑤ 以心讲学，以口讲学，以身讲学，身体力行，这本是儒家道德学说的重要传统，乾初主张回到这一传统。乾初《圣人可学而至论》表达了他力行实践的为学主张：

---

① 《与黄太冲书》、《书钱氏孤便面》，见《陈确集》，第 408 页、第 148 页。

② 《学解》、《学者以治生为本论》，见《陈确集》，第 462 页、第 159 页。

③ 《学解》，见《陈确集》，第 462 页。

④ 《寄刘伯绳书》，见《陈确集》，第 113 页。

⑤ 《答张考夫第二书》，在这封书信中对这一观点的相近表述有好几条，如“《易》言穷理尽性，可见未穷之理不可以为理，未尽之性不可以为性”等。（《陈确集》，第 592 页）

今天下之不可必得者，莫富与贵若矣。然而贾之巧者或富，士之敏者或贵。彼制于天者而犹若是，而况制于我者乎！孟子曰“求之有道，得之有命，是求无益于得也，求在外者”，富贵之谓也，“求则得之，舍则失之，是求有益于得也，求在我者也”，圣学之谓也。夫求富贵而不得，犹不失为贫贱也，然且人人知求之，求之不得而不敢或惰焉。若夫不为圣人，直为非人而已，而人顾莫之学。学之可必至，而犹弗之学也，是必下愚而已矣。①

他认为圣人是可学而至的。乾初所引孟子的话，根据杨伯峻《孟子译注》解释：“（有些东西）探求，便会得到；放弃，使会失掉，这是有益于收获的探求，因为所探求的对象存在于我本身之内。探求有一定的方式，得到与否却听从命运，这是无益于收获的探求，因为所探求的对象存在于我本身之外。”② 富贵是“制于天者”，对于人来说是外在的、偶然的，并非人所能控制掌握的。追求富贵利达虽然有正当的方法，却是得之有命，外在的环境、际遇，都不是人所能主宰的，故未必求之便可得到。而道德本心是反求即得的，因为道德本心是人所固有，只要求此道德本心并力行实践之是必然可得的。这就是“求则得之，舍则失之”的圣学，这是人可以自做主宰的，且此道德本心就是人之所以为人的价值意义，并非由富贵利达来决定。践仁履德、施善淑世是人所要尽的必然义务，人求富贵而不得，是无损于其为人的价值，但是如果人不去求仁义道德，便是孟子所谓的“禽兽”、乾初所谓的“非人”，便失去了人之所以为人的价值与意义。人对于学可必至的圣学却不愿意去学，而对于自己所不能主宰的外在富贵却汲汲营营地去追求而不敢怠惰，乾初认为这样的人就是自暴自弃而“不肯学”者，即是孔子所说的“下愚”者。

乾初《学谱》所引先圣前贤的语录，也都蕴涵力行实践的为学主张之意，把蕺山的“慎独”之教理解为力行实践。另外要强调的是，乾初以为学是否力行实践作为标准划分学问的真与假。

学问之事，先论真假，次论是非。……古来王伯之辨，圣学

① 《圣人可学而至论》，见《陈确集》，第151~152页。
② 杨伯峻：《孟子译注》，中华书局1990年版，第302页。

曲学之分，悉于斯判之，可不察乎！先生之学，只是一真。今学者反求功夫，只向一“真”字搜索，庶为善学先生者。……今世所谓假道学有三种：一则外窃仁义之声，内鲜忠信之实者，谓之外假；一则内有好善之心，外无力善之事者，谓之内假；又有一种似是而非之学，内外虽符，名义亦正，而于道日隔，虽其亦假。破此三假，然后可以语学矣。①

蕺山先生的“慎独”之学是讲力行实践的，所以是“真”学问。善学先生者，也正是从工夫修养实践处入手。所以，自古以来的王霸之辨、圣学曲学之分，皆在于对真假是非的区分，而区分的标准是力行实践。乾初划分三种“假道学”：外假之学徒有仁义之名，而无仁义忠信之实；内假之学虽有仁义忠信之内容，但无笃实的工夫修养、实践道德；第三种“假道学”是内外名实皆符，也有工夫修养（如默坐澄心），但这样的为学目标和价值依归指向的是“形上玄远”的义理，为学离日用伦常、离道益远。特别是在晚明玄虚而荡，情识而肆的学术风气下，心口不一、背离道德的“假道学”现象大行其道。乾初破“假道学”的呼吁意义重大，唯有破“假道学”，才有圣学（真学问）之可言。所以乾初在《老实说》中痛切地指出：诸子之学“病只在不老实。吾近亦无别功，惟学老实，然吾学老实，愈觉不老实，此所以知诸子之亦未老实也”。乾初认为：“千载而下，必有好学如孔子者焉，不如孔子之忠信也。”因为“子以四教：文、行、忠、信。子弟从之，则孝、弟、忠、信。故古之教者皆以忠信为教，其学者皆以忠信为学，文行、孝弟皆归忠信，方是圣学。……古之学者求以大吾之忠信，今之学者惟以雕吾之忠信。古今学术之不同，在此而已。”最后乾初指出：“好学则忠者益忠，信者益信，不学则忠者失其为忠，信者失其为信，是所贵于学耳。今之学者不然，深可痛也！”②

乾初认为读书不能仅限于儒家经典，“且所谓《金刚经》者，不过佛书之一也。犹之《大学》、《中庸》者，不过儒书之一也。虽圣人之言同归一致，一经可通众经，然既号为释氏，必能遍诵《楞严》、《法华》诸大部藏经，识其指归，而后谓之真释。犹之为儒者必能遍读《四书》、《五经》、

① 《寄刘伯绳书》，见《陈确集》，第111页。
② 《老实说》，见《陈确集》，第256～257页。

《性理》、《通鉴》、《左》、《国》、子、史及秦汉以来之文，而后谓之真儒。借有市人之子，偶能诵习《大学》、《中庸》，便嚣然自号为儒者，则诸儒必笑之矣。今诸君子之呶呶于是经也，又得无为诸释子所笑乎！”[①] 读书的范围很广，包括经、史、子、集。乾初强调力行实践，也未偏废读书求知的学问。

> 读书事大。今人一言一动，无有是处，只缘不会读书。能读书乃能处世，安危治乱，无适不可。反是，则动成窒碍。深心读书，自觉自家不是。不读书人，虽有过差，惘然不觉也。[②]
>
> 学未始废读书，而不止读书；读书未始非学，而未可谓学。读书而不知学，与博弈何异？而今之士者，但知以读书为学，深可痛也。举子之学，则攻时艺；博士之学，则穷经史，搜百家言；君子之学，则躬仁义。仁义修，虽聋瞽不失为君子，不修，虽破万卷不失为小人。士果志学，则必疑，疑必问，曾刍荛之勿遗，而况煌煌古训乎！何当以不能读书为虑哉！非然者，不读书，懵，多读书犹懵，恶可以言学？[③]

乾初相信读书是获得知识的途径之一，即“读书未始非学”。读书是为学的重要手段，认为学问知识与道德修养之间是有密切关系的。通过学习典籍知识，将历史中圣人为人处世的方法、为学历程、追求道德实践以及社会兴衰治乱等知识，为我所用，比较鉴别，是有助于人践履道德的工夫修养实践的。所以，乾初强调要会读书，深心读书，体会书中的义理，对照自己日常生活中的工夫修养实践，来警觉自身的过失，使自己的一言一行不失分寸。由此可见，会读书、能读书才能处世，才能做好道德修养，知识与道德之间是兼容的、有密切关系的。然而，乾初认为“读书不能身体力行，便是不会读书”[④]，仅读书“未可谓学”，读书并非就是为学的全部，君子之学所着重的是躬行仁义，能够修习仁义道德，即使是耳聋目盲之人，仍不失为君子；若不笃行实践仁义道德，即使读万卷书，仍不失为

---

① 《金刚会问》，见《陈确集》，第372页。
② 《寄诸同志》，见《陈确集》，第380页。
③ 《学解》，见《陈确集》，第462页。
④ 《书示两儿》，见《陈确集》，第384页。

小人，此即“但知以读书为学，深可痛也”。这种情况只把为学（读书）看做求知识的活动，止步于知识，而没有践仁履德的力行工夫，甚至还有“满口仁义道德”却无丝毫道德行为的“假道学”出现。这种知识与道德分裂的为学，是知而不行或者是有知无行，这是乾初所反对的，可见，读书求知最终指向仍在于力行实践。所以，志学是读书求知的方向和主脑，士果能够志于学，求道若渴，在为学过程中“则必疑，疑必问，曾刍荛之勿遗，而况煌煌古训乎！何当以不能读书为虑哉！”若不能志于学，即使读书万卷，都是懵懂之人，无深切体会，无道德实行，更无“为学”之可言。所以，读书求知与践仁履德的力行工夫是为学的两个方面，读书并非为学的全部。道德实践是核心、关键，知识能够解决人在为学过程中迷惘、困惑的问题，有助于进德修业、力行实践。

四、知行合一

知行合一是乾初力行实践哲学的核心。

在明末清初，针对“知先行后”、“重知轻行”、“有知无行”、“知行相离”、学不切实的弊病，乾初倡导“心知力行”[①] 的工夫实践哲学，但他并不否定“知”，强调知与行的紧密联系。在“知行”问题上，乾初服膺于阳明“知行合一”学说，不同意朱子“知先行后”。他认为“言知行合一，天下始有实学”[②]。如果主张“知先行后”，必会“重知轻行”，最后沦于“有知无行”。但是乾初也并不赞成阳明“良知以外更无知”仅把“知”限制在德性之知的观点。对于知行过程，乾初提出“知无穷，行亦无穷；行无穷，知愈无穷”的“知行先后之间，如环无端”的看法。此与王船山“知必以行为功”、“力行而后知之真”[③] 的主张正相辉映。

首先，乾初否定了《大学》以“以知为始事”的“知止”说，强调“心知力行”，认为“行”是“知”的前提，是认识的基础。

---

① 乾初说：“盖所谓闻道者，心知力行，与道无间之称，而非徒知解及之也。”（《答张考夫书》，见《陈确集》，第594页）

② 《圣学》，见《陈确集》，第442页。

③ （清）王夫之：《尚书引义》卷三，《说命》中二，见《船山全书》第二册，岳麓书社1996年版，第314页。

欲见屋外步，则必须行出屋外，始能见屋外步。欲见山前步，则更须行过山前，始能见山前步。所谓行到然后知到，正以此也。

人谓行路须识路，① 我谓识路须行路。登路问路问即行，于家讲之终不明；于家讲之虽已明，起而行之仍如盲。知行本合今分之，阳明复生其如台。②

“行到然后知到”，乾初认为行（实践）是知（认识）的源泉，乾初把朱子“人谓行路须识路”颠倒过来，为“识路须行路”，意即“行”先于“知”，“知”源于“行”，并且是“行到然后知到”，这与阳明所说“不行不可谓知”相近，在前文第二章中我们提到，乾初承继孟子“尽心、知性、知天”来讲力行实践，体现性善，才可谓知性，此仍然贯穿着“行到然后知到”的思想。再如他说：

譬如乱后而至京师，风波荆棘，不容不访，但走在路上，虽至愚极蠢之人，必能问讯，必能到京。若终日坐在家里，虽聪明强记之人，将两京十三省路程稿子倒本烂熟，终亦何益！后儒格致之学，大率类此。

古人之学，皆走在路上问路；今人之学，皆是坐在家里问路者。③

“在路上问路”是“动”（力行实践）中求理，这是“古人之学”（即孔孟之学）。“坐在家里问路”是“静”中求理，这是“今人之学”（即宋明理学）。这个例子生动地说明了“行到然后知到”的思想及仅有“知”是

① 朱子曰：“如人行路，不见，便如何行。”（《朱子语类》卷九，见《朱子全书》第十四册，上海古籍出版社、安徽教育出版社2002年版，第303页）

② 《答张考夫书》、《行路歌》，见《陈确集》，第588页、第693页。

③ 《答朱康流书》、《以能问于不能以乡问于寡说·书后》，见《陈确集》，第474页、第542页。

不够的，甚至“不知”也可以行。[①] 所以乾初反对朱子“知先行后”[②] 的说法，“夫先知后行，则必有知无行，而究归无知，真可痛也!”[③]“行”不但是“知”（认识）的源泉，又是“亲切若真”的认识（正确的认识）的衡量准则，他说：

> 吾人终日说西溪梅好，未始决一日之行，安得亲切若真。[④]

要有正确的认识，必须力行实践之后才可能得到。

其次，知行合一。乾初常常称赞阳明“知行合一”，他说：

> 阳明子“知行合一”之说，决可与孟子道性善同功无疑。
>
> 阳明子言“知行合一”。“知行无先后”，“知行并进”，真是宋儒顶门针子。
>
> 姚江之合知行……有光复圣道之功。
>
> 《中庸》已分知行，阳明子偏欲合知行。《大学》明言先后，阳明子偏言知行无先后。……阳明子合知行，为知而不行者一辈而发。[⑤]

乾初多次提到阳明“知行合一”具有与孟子“道性善”般的“光复圣道之功”，“知行合一”不但是为《大学》、朱子“知先行后”说所开的良

① 参见詹海云《陈乾初大学辨研究：兼论其在明末清初学术史上的意义》，明文书局 1986 年版，第 114 页。

② “知先行后”是朱子早期在认识论上所持的观点。朱子说“论先后当以致知为先。论轻重当以力行为重”（《朱子语类》卷九，见《朱子全书》第十四册，第 299 页），这和他“须先致知而后涵养”（《朱子语类》卷九，见《朱子全书》第十四册，第 303 页）的说法是一致的。

③ 《与刘伯绳书》，见《陈确集》，第 576 页。

④ 《与沈朗思书》，见《陈确集》，第 115 页。

⑤ 《答查石丈书》、《答查石丈书》、《答张考夫第二书》，见《陈确集》，第 569 页、第 588 页、第 567 页、第 591 页。

方，同时也是为“知而不行”一辈而发。[①] 乾初最服膺阳明“知行合一”学说，但他并非完全赞同阳明“知行合一”说，乾初认为：“于象山之说，未许者十之三四，于阳明之说，未许者十之一二。”[②] 乾初主张“知行先后之间，如环无端”[③] 与阳明“知行合一”存在着差异。

阳明“知行合一”之“知”是重在良知。

> 良知之外别无知。[④]
>
> 良知只是个是非之心，是非只是个好恶。只好恶就尽了是非，只是非就尽了万事万变。[⑤]
>
> 是非之心，不虑而知，不学而能，是谓良知。[⑥]
>
> 吾心之良知，即所谓天理也。[⑦]
>
> 此心无私欲之蔽，即是天理，不须外面添一分。以此纯乎天理之心，发之事父便是孝，发之事君便是忠，发之交友治民便是信与仁。只在此心去人欲，存天理上用功便是。[⑧]

可见阳明的“良知”不属经验知识的范畴，而是先验之知、德性之知。以“良知”为“知”，实指天理之“至善”，而虚置一个玄妙的“至善”之境是乾初所不承认的，“善”是不断发展的，并无一个绝对的“至善”境界，“善之中又有善焉，至善之中又有至善焉”。

---

① 吴震先生认为：阳明强调知行合一，是有其针对性的：一是针对宋儒以来的“知先行后”的主流观点；一是针对当时社会上普遍存在的“知而不行”的思想现象。在阳明看来，前者是因，后者是果。所以，有必要首先打破“知先行后”的观念，才能从根本上纠正“知而不行”的现象，而“知行合一”正是对症之良药，用阳明自己的话来说，正可以“正人心、息邪说”（参见复旦大学哲学系中国哲学教研室编《中国古代哲学史》下，上海古籍出版社 2006 年版，第 679 页）。

② 《答张考夫第三书》，见《陈确集》，第 599 页。

③ 《答格致诚正问》，见《陈确集》，第 560 页。

④ 《答欧阳崇一》，《传习录》中，见《王阳明全集》，上海古籍出版社 1992 年版，第 71 页。

⑤ 《传习录》中，见《王阳明全集》，上海古籍出版社 1992 年版，第 241 页。

⑥ 《答聂文蔚书》，《传习录》下，见《王阳明全集》，上海古籍出版社 1992 年版，第 173 页。

⑦ 《答顾东桥书》，《传习录》中，见《王阳明全集》，上海古籍出版社 1992 年版，第 113 页。

⑧ 《传习录》上，见《王阳明全集》，上海古籍出版社 1992 年版，第 2 页。

阳明“知行合一”之“行”重在产生动机的“念”上，其“知行合一”讲的是道德意义的知行，是追求道德意念的动机世界与道德实践的现实世界的和谐完整统一，道德意念（特别是出于心性体认的道德意念）一旦萌动，即是行。

> 我今说个“知行合一”，正要人晓得一念发动处，便即是行了；发动处有不善，就将这不善的念克倒了，须要彻根彻底，不使那一念不善潜伏在胸中；此是我立言宗旨。[①]
>
> 知行本体，原来如此。[②]
>
> 知行体段亦本来如是。[③]

这里所说的“本体”概念，意谓本来状态、本来属性，而与良知本体或心之本体中的“本体”概念所具有的“本质”不同。阳明是说，知行合一是知行本来所具有的状态，是一种本然关系而不可分割。[④] 对于知行分离，阳明指出：

> 此已被私欲隔断，不是知行的本体了。未有知而不行者，知而不行只是未知。圣贤教人知行，正是安复那本体。[⑤]

朱熹是从认识论的角度谈知行问题，而从这一角度来看，知与行可以是一种辩证的、逻辑的关系，两者在根本上是一种对应的关系，亦即分属两端而又互相作用的关系。因此，知在先、行在后或知行并进互发，这在具体的认识过程或行为过程中，都是一种可能的状态，朱熹一方面说“知先行后”，另一方面又说“知行并进”，这是分别就认识过程和行为过程而言的，但其根本前提却是知与行毕竟是两回事。在知行活动的过程中，道

---

① 《传习录》下，见《王阳明全集》，上海古籍出版社1992年版，第96页。

② 《传习录》上，参见陈荣捷《王阳明传习录详注集评》，学生书局1998年版，第5条，第33页（本文所引《传习录》条目数字，皆据陈荣捷《王阳明传习录详注集评》此书，不一一注明）

③ 《答友人问·丙戌》，见《王阳明全集》卷六，上海古籍出版社1992年版，第208页。

④ 参见复旦大学哲学系中国哲学教研室编《中国古代哲学史》下，上海古籍出版社2006年版，第679页。

⑤ 《传习录》上，见《王阳明全集》，上海古籍出版社1992年版，第5条。

德主体、良知意识是否参与其间，则在朱熹的问题领域之外。阳明提出“知行本体”概念，是从道德实践的角度强调知行本来就是“合一”的这层含义。这是因为，德性之知和道德之行在具体的道德实践过程中必然是一时并在、同时显现的，不可能彼此隔绝、互不相关的，也并不存在一先一后的关系。[①] 阳明指出：

> 只说一个知，已自有行在，只说一个行，已自有知在。[②]
>
> 知者行之始，行者知之成；圣学只一个工夫，知行不可分作两事。[③]
>
> 知行原是两个字说一个工夫，这一个工夫须著此两个字，方说得完全无弊病。[④]
>
> 知行工夫本不可离。只为后世学者分作两截用功，失却知行本体，故有合一并进之说。真知即所以为行，不行不足谓之知。[⑤]

所谓“知者行之始，行者知之成”，意同“知是行的主意，行是知的工夫”[⑥]，这是就知行的结构关系而言，强调了知对行的统率作用；行对知的实践意义。但是，知是否就是单纯的知性活动？行是否就是单纯的行为动作？两者是否可以互不相关？这在阳明看来，则是不能认同的错误观点。若就工夫的层面看，儒家“圣学”所讲的工夫只有一个，不能说知有知的工夫，行有行的工夫，不能将知行分作两个工夫进程来理解。在这里，阳明强调了必须在行为过程中来统一把握知行关系，行固然是指工夫实践，而且知也是工夫实践。所谓“工夫”，不仅仅是指一般意义上的社会实践这

① 参见复旦大学哲学系中国哲学教研室编《中国古代哲学史》下，上海古籍出版社 2006 年版，第 680 页。

② 《传习录》上，参见陈荣捷《王阳明传习录详注集评》，第 5 条，学生书局 1998 年版，第 33 页。

③ 《传习录》上，参见陈荣捷《王阳明传习录详注集评》，第 26 条，学生书局 1998 年版，第 65 页。

④ 《答友人问·丙戌》，见《王阳明全集》卷六，上海古籍出版社 1992 年版，第 209 页。

⑤ 《传习录》中，参见陈荣捷《王阳明传习录详注集评》，第 133 条，学生书局 1998 年版，第 166 页。

⑥ 《传习录》上，参见陈荣捷《王阳明传习录详注集评》，第 5 条，学生书局 1998 年版，第 33 页。

样一种外部的行为，更为主要的是指道德意识或德性知识在现实中展现自身的实践过程。这又是从“知行工夫”上说“知行合一”，阳明不仅从知行的本来状态而言，两者是合一的；而且从工夫论的角度看，知行也必然是合一的。应当说，这后一层意思在阳明的知行观中也非常重要，充分反映了阳明重视“力行”的思想特色。这里的问题阳明基本上是从两个角度来阐述的：一是知行都是“就用功上说”；一是“一念发动便是行”①。就第一方面而言，即乾初所讲的实行、实践、力行之“行”，但他不赞同“一念发动便是行”。乾初“知行合一”强调心知力行，知之必行，即是认识论中实践意义上的知行，是具体认识行为中知与行的实践活动的相互作用、相互推进。行不仅仅停留在“一念发动”处或停留于知，在坐而论道和起而行之之间，乾初更重视后者。这样的例子很多，如：

> 读书不能身体力行，便是不会读书。
>
> 言考亭、阳明之学皆是，不必纷争，要身体力行之耳。
>
> 实心于圣人之学，非徒志之而已，事事身体力行，见善必迁，知过必改。
>
> 若见善不迁，知过不改，虽悟“知行合一”，何益？……知行合一，知行并进，知行无先后，言甚凿凿，顾不知自反之身心力行，果何如也！
>
> 以力行诠“学”字：“思不如学”，犹云“知不如行”。
>
> 人但知舜之知在行前，而不知舜之行又在知前。盖惟其行之笃，故求知也益详；亦惟其知之详，故力行也弥笃。行之笃，故求知益详，诚则明也；知之详，故力行弥笃，明则诚也：一之至也。一之，斯存之矣。②

乾初认为如果知之不行之，虽悟“知行合一”，何益？那就是“思不如学”、“知不如行”。乾初对“知性”的表述，也是从力行的角度上说的，

---

① 参见复旦大学哲学系中国哲学教研室编《中国古代哲学史》下，上海古籍出版社2006年版，第681页。

② 《书示两儿》、见《陈先生》、《近言集》、《侮圣言》、《学解》、《舜明于庶物一节》，《陈确集》，第384页、第402页、第427页、第460页、第462页、第547页。

"未有不尽心而能知性者"①，"学者果若此其尽心，则性善复何疑哉!"② 所以说，他是强调道德践履、力行实践的"知行合一"，知行的关系是"行之笃，故求知也益详"，此即"诚则明"；而"知之详，故力行也弥笃"，此即"明则诚"。

> 《中庸》固言"诚则明"、"明则诚"，是知不明不可以为诚，而不诚亦不可以为明。故言诚而明在其中，言明而诚在其中。其言择执，亦犹是也。学问思辨，皆是行时工夫。如学事父则无所不用其孝，学事君则无所不用其忠，然不敢谓忠孝之已至也。故又须审问、慎思、明辨，以求其至当者而笃行之。要之，笃行之后，又何可一日而废学问思辨之功也哉！……故"知行"二字，如围棋家辘轳劫，至局终方了，安分前后?③
>
> 学者用功，知行并进。故知无穷，行亦无穷；行无穷，知愈无穷。先后之间，如环无端，故足贵也。④

要之，乾初继承发挥了阳明"知行合一"中"知行工夫"、力行实践的一面，提出知行并进，重视实行的实践主义"知行合一"观，即"良知未可谓知，必实致其良知于行，然后可谓之知，此'知行合一'之说也"⑤。

"知行合一"说是中国哲学的重要概念和精神智慧。阳明提出这一原创性命题，他是对宋代理学（尤其是朱熹）知行观"知先行后"、"重知轻行"、"知而不行"现象的矫正、突破。乾初继承发扬了阳明"知行合一"说，其"知行合一"与阳明有何异同，有什么创新处，其地位如何？下面对这些问题作一个简单小结。

阳明"知行合一"之"知"是重在良知，"良知以外更无知"，即是先验之知、德性之知。乾初之"知"属于经验知识的范畴，是通过学习、力行实践得到的。阳明"知行合一"之"行"重在产生动机的"念"上，其"知行合一"讲的是道德意义的知行合一，是追求道德意念的动机世界与道

---

① 《与张考夫书》，见《陈确集》，第583页。
② 《性解上》，见《陈确集》，第447页。
③ 《与张考夫书》，见《陈确集》，第584页。
④ 《答格致诚正问》，见《陈确集》，第560页。
⑤ 《答张考夫第三书》，见《陈确集》，第599页。

德实践的现实世界的和谐完整统一，道德意念（特别是出于心性体认的道德意念）一旦萌动，即是行。是“知行本体”与“知行工夫”的合一。乾初不赞同“一念发动便是行”，其“知行合一”所讲的“行”是实行、实践、力行，即在心上做工夫只能是求知活动，还不是真正的“行”。这一点与朱子有相似之处，即知而后行，但乾初强调心知力行、知之必行。乾初讲的是认识论中实践意义上的“知行合一”，是具体认识行为中知与行的实践活动的相互作用、相互推进。

在知行关系中是否真知的标准问题，那就是力行笃实，乾初与阳明是一致的。阳明的“致良知”就已包含“知行合一”的观点，知是指良知，行是指致良知。阳明说：“行之明觉精察处，便是知；知之真切笃实处，便是行。若行而不能明觉精察，便是冥行……所以必须说个知。若知而不能真切笃实，便是妄想……所以必须说个行。元来只是一个工夫。”[①]“真切笃实”本应指实践行为，“明觉精察”本应指求知活动，而在阳明的上述叙述中，两者却颠倒了过来，表述为“知之真切笃实”、“行之明觉精察”，阳明这样说的意旨是：在知行工夫的过程中，都要求做到明觉精察和真切笃实，即在行的过程必须有知的参与，而知的过程也必须有行的参与，“知之时”固然要求“明觉精察”，但更要求做到“真切笃实”；“行之时”固然要求“真切笃实”，但更要求做到“明觉精察”。[②] 当徐爱提出——人们知道见父当孝、见兄当弟的道理，却不曾行孝行弟，可见，知和行分明是两回事——这样的疑问。阳明指出：此“已被私欲隔断”，已经“不是知行的本体了”。“未有知而不行者，知而不行只是未知。”有知必有行，知而不行就已经不是“知行合一”了，故是“未知”，不是真知。乾初对阳明这一观点极其赞赏，并在此基础上发展出力行实践的哲学纲领，如乾初说“知性善，而又不力于善，即是未知性善”[③]。“尽心于善，自知性善”，“心知力行”，乾初把孟子的“尽心知性说”解释为“未有不尽心而能知性者”[④]，等等，

---

① 《答友人问·丙戌》，见《王阳明全集》卷六，上海古籍出版社 1992 年版，第 208 页。

② 参见复旦大学哲学系中国哲学教研室编《中国古代哲学史》下，上海古籍出版社 2006 年版，第 684～685 页。

③ 《圣学》，见《陈确集》，第 442 页。

④ 《与张考夫书》，见《陈确集》，第 583 页。

这些观点在前面章节已经阐述，在此不赘。总之，虽然乾初对“知”、“行”含义的理解与阳明有异，在力行、笃行上见“真知”，却与阳明相同。从这一点也可以驳斥有人说阳明是“以知代行”或“销行归知”的批评了。①

对于知与行的过程，乾初提出知行“如环无端”说，这是他的发明。“学者用功，知行并进。故知无穷，行亦无穷。行无穷，知愈无穷。先后之间，如环无端，故足贵也。”②“如环无端”是从宇宙论角度论述知行循环不已的无限过程，宇宙世界无限，知亦无限，行亦无限，“行”产生“知”，“知”指导“行”，“行”验证“知”，“知”带动“行”，知行就是如此循环不已的，即这是从客观来说知行“如环无端”，从人的主观认识能力来看也是“如环无端”的，乾初说“君子之于学也，终身焉而已，则其于知也，亦终身焉而已”③。乾初所说的“于学”除了求知的活动外，主要还是指人进德修业、践履道德的圣贤人格修养过程，这一点前面已有论述，不赘。我们要强调的是，乾初已经从宇宙论的知行“如环无端”上升到道德论的知行“如环无端”。这可以与阴阳“知行无始说”并列。这样，乾初就认为“善”是不断发展的过程，并无一个绝对的“至善”境界，“善之中又有善焉，至善之中又有至善焉”。所以，人追求“（性）善”的道德行为过程也就是一个永无止境的过程，“善之未至，既欲止而不敢；善之已至，尤欲止而不能”，结论就是“夫学，何尽之有！……君子之于道也，亦学之不已而已”④。以上就是乾初知行“如环无端说”的含义，这是他对中国哲学知行学说的贡献。在乾初，作为贞定道德实践方向的“性善”本体是不可增损的，因为它是人人与生俱来的，但它与人追求“（性）善”的道德行为过程相始终。

---

① 王船山批评阳明知行观的实质是“以知代行”或“销行以归知”。（王夫之：《尚书引义》卷三，《说命》中二，见《船山全书》第二册，岳麓书社1996年版，第312页）

② 《答格致诚正问》，见《陈确集》，第560页。

③ 《大学辨》，见《陈确集》，第554页。

④ 上引文皆出自《大学辨》，见《陈确集》，第553~555页。

第五章 《大学》非圣经

乾初认为《大学》非圣经贤传，非孔子、曾子之书，应黜还《戴记》。从迹、理上辨《大学》为伪，认为“三纲领”中用了三个“在”字，把一贯之道强分为三，流于支离，而“八条目”就更加支离舛谬。反对心意二分，“合意于心”。由于对“意”的消解，改蕺山的“诚意”为“诚身”，“统诚于身”，所以，为学之工夫次第是：正诚格致，“先正于诚”，以“正心”为主脑，但又说“学莫先立志”，“正心”与“立志”何为先？乾初没有解决。黄梨洲认为乾初的“志”等于“意”，所以，本书认为乾初不如遵师说“意为心之主”。他认为“知止”是“一知无余事”，因而认为《大学》近禅，此为乾初辨《大学》最大的失误。但这也正中明末清初“有知无行”、“知而不行”之弊病，为学术转型和改变学风而不啻为开风气之先的良药。故《大学辨》虽然存在诸多不足，辨《大学》为伪经实属“下药过猛”①，但确实为扫除因《大学》一书所造成的迷雾，及删汰宋明儒学“性理之支言”起了“清其流务其源”② 的作用，力图使儒学回复到孔孟圣学、内外交修、力行实践的轨道上。

一、《大学》之结构

（一）《大学》之结构

《大学》原为《小戴礼记》四十九篇中的第四十二篇，在唐代韩愈以前

① 乾初说：“今《葬书》、《大学》之为狂药久矣，予向亦尝饮之而狂者也，今暂而醒耳，又安必其弗终饮乎！亦姑为切切之争而已矣。”（《瞽言序》，见《陈确集》，第424页）

② 《答查石文书》，见《陈确集》，第569页。

的千余年间，虽有郑玄的注，孔颖达的正义，但并未引起学者普遍而特别的重视。韩愈著《原道》引“古之欲明明德于天下”一段，及《大学》的“诚正修齐治平”内容，以批评佛老玄虚之学，以为尧、舜、禹、汤、文、武、周、公、孔子之道，皆在于此，使得《大学》中的儒家思想逐渐受到重视；宋仁宗又以《大学》、《中庸》赐新第进士王拱，于是发明其义者日众，《大学》的地位更加显著。后司马光著《大学广义》一卷，[①] 成为《大学》独立于《礼记》、单行别出之始；《宋史》关于臣子以《大学》“诚意”、“正心”劝导人主行修身之事的记载颇多。[②] 程伊川又以《大学》为“孔氏之遗书”，认为是孔门相传教法所在。朱子复穷毕生心力作《大学章句》，对《大学》著力表彰，将《大学》列为首卷，与《论》、《孟》、《庸》并为“四书”，并综述“二程”之言曰：“‘大学，孔氏之遗书，而初学入德之门也。’于今可见为学次第者，独赖此篇之存，而《论》《孟》次之。学者必由是而学焉，则庶乎其不差矣。”[③] 继承伊川之意，明白标出“圣经贤传”[④] 之说以示儒学正统；又认为“旧本颇有错简，今因程子所定，而更考经文，别为序次”[⑤]，补足格物致知之传，彰显伊川穷理致知之教。此举不但使《大学》成为程朱义理的根据，也使《大学》尊儒排佛及崇教化、反功利的意义确定。其后经过朱子后学的发扬，元仁宗将其定为科举必考科目，更使朱子《大学章句》的影响加巨。所以，从此以后，《大学》就成为宋明理学家论学之重镇，唐君毅先生认为“八百年来之学者，盖无不童而习之。……吾昔尝观宋明至今中国儒学之发展，实大体有类于绕大

① 《宋史·艺文志一》卷二〇二，志第一五五。

② 如《宋史·列传第九十五·吕公著传附子希哲传》载：“诏（希哲）以为崇政殿说书。其劝导人主以修身为本，修身以正心诚意为主。其言曰：‘心正意诚，则身修而天下化。若身不能修，虽左右之人且不能谕，况天下乎?”《宋史·列传第九十六·范镇传附从孙祖禹传》载：“（范祖禹）首上疏论人主正心修身之要，乞太皇太后日以天下之勤劳、万民之疾苦、群臣之邪正、政事之得失，开导上心。”《宋史·列传第一六六·杜范传》又载：“端平元年，改授（杜范）军器监丞。明年，入对，言：‘……近者召用名儒，发明格物致知，诚意正心之学，有好议论者，乃从而诋訾讪笑之，陛下一惑其言，即有厌弃儒学之意。此正贤不肖进退之机，天下安危所系，愿以其讲明见之施行。’”（分别见《宋史》，中华书局 1985 年版，第 10778 页、第 10795 页、第 12279 页）

③ （宋）朱熹：《大学章句》，见《四书章句集注》，中华书局 1983 年版，第 3 页。

④ “右经一章，盖孔子之言，而曾子述之。其传十章，则曾子之意而门人记之也。”[（宋）朱熹：《四书章句集注》，中华书局 1983 年版，第 4 页]

⑤ （宋）朱熹：《大学章句》，见《四书章句集注》，中华书局 1983 年版，第 4 页。

学中所谓八目之次第一周”[1]。历来，学者不论是尊朱或反朱，都以《大学》为据，[2]因为：(1) 大学是理学家排斥佛老的依据；(2) 大学是孔门相传教法所在；(3) 大学是“外王”事业的基础。[3]自程朱之后，《大学》作为“入德之门”成为儒家必读之经典，而由于《大学》本身的结构、义理的思路、作者及书名的疑团，遂使《大学》成为宋明六百年理学争难的焦点。阳明对朱子《大学章句》深为不满，而主张恢复古本之旧。至此，《大学》一书乃显出三种结构之形式：一是《礼记》书中的《大学》，亦即阳明所谓的“古本”；二是颁为官学的朱子《大学章句》，是为“改本”；三是学者心目中的《大学》“原本”。[4]

1. 古本《大学》

《礼记·大学》并无章节之分，据孔颖达疏文看来，似分《大学》为三大段：[5]

第一大段，言“三在”之事，自“大学之道”至“此谓知之至也”。而又可分为三节，“大学之道……近道矣”为一节，阐明“三在”；“知止

① 唐君毅：《中国哲学原论·导论篇》，中国社会科学出版社2005年版，第181页。

② 除朱熹外，朱子后学真西山作《大学衍义》，称《大学》为“百圣传心之要典”、“圣学之渊源，治道之根柢”(《大学衍义序》，见《西山先生真文忠公文集》卷二十九)。明代邱濬作《大学衍义补》。阳明对《大学》极为推崇，其“致良知”教，亦不能不套在“大学”上来讲。阳明不满意朱子《大学章句》，努力恢复古本《大学》，长时间对《大学》进行研究，作《大学古本旁释》、《大学古本原序》、《大学古本序》和《大学问》及《传习录·上》的部分语录都集中地论述《大学》思想。刘宗周推尊《大学》，作《大学古文参疑》、《大学古记》和《大学古记约义》，认为“是篇特中天下而立，永为学问鹄，虽六经可以尽废”。(《刘宗周全集》第一册，浙江古籍出版社2007年版，第641页）历代有关《大学》的著述更是不胜枚举。朱竹垞《经义考》卷一百五十六至卷一百六十一所列单讲《大学》之书即达189种之多。若加上与《中庸》合讲之《大学》论著、《四书》类著作中的《大学》部分，以及散见于宋元明人文集中的讲说《大学》之文，估计自宋至清初，考订、注释、演绎、衡论《大学》的著作当在千种以上。所以，唐君毅先生认为：“吾昔尝观宋明至今中国儒学之发展，实大体有类于绕大学中所谓八目之次第一周。”

③ 参见詹海云《陈乾初大学辨研究：兼论其在明末清初学术史上的意义》，明文书局1986年版，第14~21页。

④ 李纪祥：《两宋以来〈大学〉改本之研究》蔡仁厚“序”，学生书局1988年版，第1页。

⑤ 孔疏分《大学》为三大段，参见李纪祥《两宋以来大学改本之研究》，学生书局1988年版，第20~21页。

……能得”为一节，覆说止于至善之事；“古之欲……此谓知之至也”为一节，阐明明德之理。

第二大段，言诚意为本。自“所谓诚其意者”至“此谓知本”。孔疏云：“所谓诚其意者”自此以下至“此谓知本”，广明诚意之事。郑注、孔疏均极为重视诚意，故言“大学”，疏云“先从诚意始”。于“此谓知本”结句，郑玄注云“本谓诚其意也”，疏云：“此谓知本者，此从上‘所谓诚意’以下言此‘大畏民志’以上，皆是诚意之事。意为行本，既精诚其意，是晓知其本，故云此谓知本也”。故郑注章句不以“此谓知本”一句附于听讼一节，而以之为整个诚意章之收束。其意盖视诚意为“大学”之始，又为“大学”之本。此一大段又可以分为三节，“所谓诚其意……故君子必慎其独也”为一节，阐明慎独为诚意之本。“曾子曰……大畏民志”为一节，杂引经传以明诚意之事。“此谓知本”一节，作为整个诚意章的收束。

第三大段，自“所谓修身”至末，均覆说前经之理，全文又可分为四节。“所谓修身……在正其心”为一节，此覆说前修身正心之事。“所谓齐其家……不可以齐其家”为一节，重明前经齐家修身之事。“所谓治国……此谓治国在齐其家”为一节，覆明前经治国齐家之事。“所谓平天下……此谓国不以利为利以义为利也”为一节，覆明前经平天下在治其国之事。

蔡仁厚对古本《大学》问题分析言：

> 第一，首段主要在提揭“三纲领”、“八条目”……第二，其余各段，则依次阐明首段八条目中之后六目。……据此，可以看出首段是《大学》之总纲，是全书的中心义旨之所在。次段以下，则是就首段加以申述。但依据三纲领、八条目的体系而言，我们又可以看出两处疑点：（1）照古本章节之结构形式看，并没有明白阐释了“纲领”的文字。（2）对于八条目中之“格物”、“致知”两目，亦即首段中“欲诚其意者先致其知”、“致知在格物”二句，亦没有明文予以分别阐释。①

① 转引自李纪祥《两宋以来〈大学〉改本之研究》，学生书局1988年版，第34页。（蔡仁厚：《大学分章之研究》，见《宋明理学·南宋篇》，学生书局1980年版，第148～150页）

李纪祥指出蔡仁厚提出的两个疑点，是历代《大学》改本学者，甚至也是宗古本者所欲解决的重点问题之所在①。可见《大学》一书存在的问题是历代学者争难的焦点。

2. 程、朱《大学》改本之结构②

明道《大学》改本之结构形式：三纲—三纲释文—八目—八目释文。

伊川《大学》改本之结构形式：三纲、八目—格、致释文—三纲释文—诚、正、修、齐、治、平释文。

朱子改本《大学章句》，共分经一章，传十章（“正心修身传”以前，为朱子所改订部分，“正心修身传”以后，朱子并未更动）。

经一章：“大学之道”至“未之有也”。

传之首章，释明明德：“康诰曰”至“皆自明也”。

传之二章，释新民：“汤之盘铭曰”至“君子无所不用其极”。

传之三章，释止于至善：“诗云邦畿千里”至“此以没世不忘也”。

传之四章，释本末：“子曰听讼”至“此谓知本”。

传之五章，“盖释格物致知之义，而今亡矣。闲尝窃取程子之意以补之”，即格物补传。

传之六章，释诚意：“所谓诚其意者”至“故君子必诚其意”。

传之七章，释正心修身：“所谓修身在正其心者”至“此谓修身在正其心”。

传之八章，释修身齐家：“所谓齐家在修其身者”至“此谓身不修不可以齐其家”。

传之九章，释齐家治国：“所谓治国必先齐其家者”至“此谓治国在齐其家”。

传之十章，释治国平天下：“所谓平天下在治其国者”至“以义为利也”。

朱子综合“二程”改本，分“经、传”与“纲、目”，将《大学》之“经”视为孔子之经，“传”视为曾子之传，使大学与《论语》、《孟子》、

① 李纪祥：《两宋以来〈大学〉改本之研究》，学生书局1988年版，第34页。

② 此参考了李纪祥《两宋以来〈大学〉改本之研究》，“二程改本”、“朱子改本”，学生书局1988年版，第51页、第60～65页。

《中庸》并列，而成为孔、曾、思、孟一贯之作，明白标举出圣人之遗旨在“三纲”，实行节次在“八目”。朱子为后儒留下改本之“典范”，但也遗留了“问题”。立“本末”传，而无“终始”传，实令人有突兀之感，包括“格物补传”等，确招后人不满。[①] 可见朱子“改本”仍然没有完全解决《大学》存在的问题。

（二）《大学》之义理结构

《大学》义理架构由“三纲领”、“八条目”构成，“明明德、亲民、止于至善”及“格物、致知、诚意、正心、修身、齐家、治国、平天下”就是《大学》的“三纲领”、“八条目”。“三纲领”脱胎于《尚书·尧典》，“克明峻德，以亲九族，九族既睦，平章百姓，百姓昭明，协和万邦，黎民于变时雍。”《大学》主要表达“大学之道”的内容与实践步骤。“三纲领”是总纲，“八条目”是工夫实践的次第步骤。内容简明扼要，提纲挈领，层次分明，指出儒家“内圣外王”的理想世界。“大学之道”是学做大人的方法，可说是儒家“内圣外王”的方法，由个人内心修养开始，表现于行为，在生活中感化他人。由个人心性直通家、国、天下，由主观的实践到客观的实践。即儒家首重道德实践，成圣成贤的根本要点。全篇内容综合孔、孟的思想，表达出儒家的伦理学是顺人之情，由亲及疏，由近而远。《大学》建构以“明明德”为基础，以“亲民”为目标，以“止于至善”为终极理想的德治社会。

《大学》开篇即言：

> 大学之道，在明明德，在亲民，在止于至善。知止而后有定，定而后能静，静而后能安，安而后能虑，虑而后能得。物有本末，事有终始，知所先后，则近道矣。古之欲明明德于天下者，先治其国；欲治其国者，先齐其家；欲齐其家者，先修其身；欲修其身者，先正其心；欲正其心者，先诚其意；欲诚其意者，先致其知；致知在格物。物格而后知至，知至而后意诚，意诚而后心正，

---

① 后儒对朱子改本遗留问题的批评，参考李纪祥的分析。（李纪祥著：《两宋以来〈大学〉改本之研究》，“《大学章句》分释”、“朱子改本之意义”，学生书局1988年版，第65～75页）

心正而后身修，身修而后家齐，家齐而后国治，国治而后天下平。[①]

“明德”是每个人与生俱来的美好德行，它是上天赐予每一个人不待外铄的道德本性。“明明德”是自觉地彰显这与生俱来的本性，阳明“致良知”即是彰显此内在于心的光明德性，唐君毅先生曾说：《大学》之明明德，“乃以人之明德，上原于天之明命，而为一内在人心之光明之德。所谓明明德，亦非另一以明，明此内在之明德，而只是明德之自明。由是而大学之全文之精神，乃以内在于心之明德之能自明，为第一义”[②]。“明明德”是由内心的充实而表现于行为，达到内心与行为一致。但这种先天固有的光明德性并不是永存不衰的，它有时又会被人的欲望所蒙蔽。“明明德”的目的就是要把这种蒙蔽人们明德的欲望除去，使人本有的灵明德性得以光大显扬。朱熹注曰：“明，明之也。明德者，人之得乎天，而虚灵不昧，以具众理而成民万事者也。但为气禀所拘，人欲所蔽，则有时而昏，然其本体之明，则未尝息者。故学者当固其所发而遂明之，以复其初也。”[③] 朱子的这一解释是很得当的。为防止人的生命受感性物欲的牵引而“陷溺”，人必须通过自我内在的省察，在自己心灵的活动中自觉体悟明德的存在，必须确立心灵（即明德、良知、道德本心）的主宰地位，即自我做主。一方面，人通过自身的道德修养，克服人欲的一己之私、私心杂念，恢复人本来具有的光明的德性，也就是孔子讲的“克己复礼为仁”；另一方面，人通过知识的学习修养，明确每个人与生俱来都具备光明的德性。即“明明德”讲的是“内圣”功夫。

“亲民”，“亲民”有二义：一是作新民；二是由亲及疏，仍作“亲民”。就第一层意思来说，“亲”与“新”古字可以互相通用，而《大学》中的“亲”字多作“新”字解，“亲民”当做“新民”解。如《大学》曾引《尚书·汤之盘铭》曰：“苟日新，日日新。”《康诰》曰：“作新民。”

---

① （宋）朱熹：《大学章句》，见《四书章句集注》，中华书局 1983 年版，第 3 ~ 4 页。

② 唐君毅：《中国哲学原论·导论篇》，中国社会科学出版社 2005 年版，第 210 页。

③ 朱熹：《大学章句》，见《四书章句集注》，中华书局 1983 年版，第 3 页。

《诗》曰："周虽旧邦，其命维新，是故君子无所不用其极。"郑玄对以上所举"亲"字的解释是："君子日新其德，当尽心力，不有余也。"[①] 可以看出，"亲"作"新"解，正合《大学》本意。就第二层意思来说，人通过"明明德"，确立道德的人格，以身作则，树立榜样，又通过礼乐教化，以启迪他人自觉，使他人自做主宰，去除物欲，不断提升自己的德性，显发天赋的光明德性，这就是"亲民"。从个人自己修身立德，外推到家、国、天下百姓，即"己立立人"。在此意义上，"新民"与"亲民"意思是一致的。《大学》"三纲领"先讲"明明德"，即申展自己的明德，在此基础上再去帮助别人，使人人都能像自己一样去除旧维新，即孔子所谓"己欲立而立人，己欲达而达人"。孟子"先知觉后知，先觉觉后觉"，最后达到至善的境界。"新民"即《礼记·学记》所说："是以化民易俗，近者悦服，而远者怀之，此大学之道也。"由仁心的不容已地不断推扩，直推向至善。至善没有实指定义，只是虚词，表示迈向无以复加之境。由道德实践成就人的道德性与伦理性。换句话说，人一旦自觉，便要求自我真实化，自己实现自己，即由修己、安人而造成完美的人格。因此，"亲民"讲的是"外王"功夫。

"止于至善"，是指《大学》所要求达到的最高理想。朱子解释："止者，必至于是而不迁之意。至善，则事理当然之极也。言明明德、新民，皆当至于至善之地而不迁。盖必有以尽夫天理之极，而无一毫人欲之私也。"[②] 我们认为朱熹的这种解释是不当的。《大学》之右传三章对"止于至善"作过解释，《大学》云："《诗》云：'邦畿千里。惟民所止。'《诗》云：'缗蛮黄鸟，止于丘隅。'子曰：'于止，知其所止。可以人而不如鸟乎！'《诗》云：'穆穆文王，于缉熙敬止！'为人君，止于仁；为人臣，止于敬；为人子，止于孝；为人父，止于慈；与国人交，止于信。"[③] 所以"止于至善"，即人们通过"明明德"及"新民"达到了仁、忠、孝、敬、慈、信的最高理想境界，这种解释正合《大学》原意。"三纲领"中，以"明明德"为主，"明明德"实为"亲民"与"止于至善"的总纲领，而

---

① 《礼记正义》引。

② （宋）朱熹：《大学章句》，见《四书章句集注》，中华书局1983年版，第3页。

③ （宋）朱熹：《大学章句》，见《四书章句集注》，中华书局1983年版，第5页。

“亲民”、“止于至善”则是“明明德”的申展。“亲民”、“止于至善”的内容又含于“明明德”之中。

“八条目”中，由格物至平天下是顺取方向，即物有本末，由内在道德修养向外推展，以至于齐家、治国、平天下，即三纲八目的实施是以修身为起点的，从道德主体的转化至客观世界的转化。由平天下至格物是逆转方向，即事有终始，由外向内逆推，客观世界由道德主体建立，即先有目标然后回溯工夫起点。无论是顺取或逆转，皆可回环互用。格物、致知、诚意、正心、修身都是讲“明明德”的；齐家、治国、平天下是讲“新民”的。如朱熹说：“修身以上，明德之事也齐家之下，新民之事也。”[①]人既能自修其明德，又能兼推及他人，使他人也能像自己一样去恢复本来纯洁灵明的德性，则齐家、治国、平天下的目的就实现了，也就是达到“至善”的境界了。《大学》认为“物有本末”就是指以修身为本，以家、国、天下为末。所以《大学》又说：“自天子以至于庶人，壹是皆是修身为本。”而“知止、定、静、安、虑、得”，是内在修心工夫的次第程序，是正心的基本工夫。“内圣之学”的实践方法是格物、致知、诚意、正心，此为道德自我的建立。个人不仅仅满足于内在自我道德修养的完成，而是在此道德心驱使下，人心与外界“感而遂通”，以齐家、治国、平天下为目标，进一步实践“外王之道”。实践的方法由亲及疏、由近至远，建构人文化的理想世界。

二、辨《大学》之原因

（一）《大学》一书存在的问题

1. 作者与成书年代

台湾学者李纪祥认为：《大学》之作者，旧有几种说法：（1）大学有两位作者，此为朱子所说，大学分经、传，经是孔子所述，曾子所作；传为曾子所述，门弟子所作。（2）为子思所作，此为王柏（字鲁斋，公元

① （宋）朱熹：《大学章句》，见《四书章句集注》，中华书局1983年版，第4页。

1197—1274年)、丰坊[①]所主张。(3) 为刘歆所作，此为宋星所主张。(4) 非圣人之书，即《大学》非孔门之遗书，此乃杨简之言。此外，尚有今人卫挺生以为系周文王所作，陈元德以为系汉人戴圣所作，赵泽厚以为系董仲舒所作，凡此诸说，皆无确实之证据。近年来，对《大学》作者之考订，已转为对《大学》成书年代之考订，如梁启超《老孔墨以后学派概观》第三节“孔子所衍生之学派”指出此书之成立，在孟、荀之前；黄建中《孔子及早期儒家》，胡适《中国古代哲学史》亦持此看法；徐复观《先秦儒家思想结构之完成》以为系秦代儒者所作；林政华《大学中庸之作者与章次考辨》谓成于战国晚期；日人武义内雄《大学篇成立年代考》谓作于汉武帝时人之手，傅武光《四书学考》从之；成中英《战国儒家与孟子思想体系》谓作于孟子之后，劳贞一《大学出于孟学说》，陈盘《大学出于孟学说初稿后案》亦均主张之，尚有胡止归《大学之著作年代及其与中庸思想同异比较研究》亦持此看法。种种说法，仍甚分歧。但此种趋势显示，近人之研究大学年代问题，已由考订“作者”之漫无可据，而谨慎地缩小至《大学》本身之成书年代上，但亦仍未能获有结论，殆因受限于史料之故。而其中亦有一渐趋一致的观点，即以为大学之作者系属性善系统的一支。[②]

2.《大学》的名称

郑玄《三礼目录》说：“名曰大学者，以其记博学可以为政也。”[③] 因为《大学》所载的是从事政治的博大的学问，故以“博学”称之。唐代杜佑的《通典》以为“大学为上庠”，也就是说《大学》是指古代的学宫。朱子一方面把《大学》这书当做学校教人之法。他说：“大学之书，古之大

① 丰坊（公元1492—1563年？或公元1500—1570年?)，明代著名藏书家。字人叔，一字存礼，后更名道生，字人翁，号南禺外史，明鄞县（今宁波）人，宋丰稷十五世孙，其父熙为弘治（公元1488—1505年）时大礼议名臣。丰坊为嘉靖二年（公元1523年）进士，授吏部（一说礼部）主事，改南考功主事，因吏议免官。作伪石经《大学》，因为联系到一个理学史上的重大问题——“格致”，竟在学界广为流传，影响了包括刘宗周在内的大儒。[伪石经《大学》，参见王汎森《明代后期的造伪与思想争论——丰坊与〈大学〉石经》，见《晚明清初思想十论》，复旦大学出版社2004年版，第30~32页；李纪祥：《两宋以来〈大学〉改本之研究》，“第四章 明代改本(上)——伪石经《大学》”，学生书局1988年版，第133~142页]

② 参见李纪祥《两宋以来〈大学〉改本之研究》，学生书局1988年版，第2页。

③ 见孔颖达《礼记注疏》卷六十，解题。

学所以教人之法也。"[①] 所谓"古之大学"就是古代的高等教育机构。朱子认为《大学》这书的得名，是取义于古代的学校。另一方面朱子却说："大学者，大人之学也。"此说则以为《大学》的得名，是取义于大人之学。前说，与杜佑无异。后说是朱子之新解。朱子以《大学》为"大人之学"，视《大学》为成圣成贤之书。此说，宋明六百年来少有人提出异议。唯朱子于《大学》之外，又作《小学》，则颇遭非难。[②] 程朱教法，有所谓"涵养须用敬，进学在致知"[③]。朱子以为《大学》自致知始，其前尚少一个涵养用敬阶段，从而依此在大学之前，应有小学此一阶段。于是，朱子为求教法更为完备，以小学为操存涵养之地，且明言须先有此工夫，大学始有实地可据，是以把小学、大学连接成为学习必有之阶段。[④] 毛奇龄曾批评朱子作《大学》补传，又创为《小学》一书的做法是"东补西补，未免太烦"。大体而言，伊川"涵养须用敬，进学在致知"，确实会使人将涵养与致知分为两截。而依程朱对《大学》的看重，也有可能使人流于穷究事理，产生"身心了无交涉"的弊病。[⑤]

3. 大学之错简

大学之错简即大学的改本问题，实际上是关于《大学》的义理结构之争。后人认为古书流传既久，难免简次错乱不能衔接，大学中或有读其文义而觉不通畅者，即归诸简编之错乱，为求归之于正，乃有改本之产生。但晚清以前，未有较进步之简牍知识，故虽云简错、虽曰移简之正，但实多以"义"为据，而非以"简"作为订正之基础，以"义"为据，则必牵涉各人之观点不同，因而各改本之参差甚大。[⑥] 宋明儒诸家皆以一己之学说见解注入《大学》，追求他们心目中的《大学》"原本"、《礼记》书中所谓的《大学》"古本"以及各种各样的"改本"。故于《大学》文本横议蜂

---

① 朱熹：《大学章句序》，见《四书章句集注》，中华书局 1983 年版，第 1 页。

② 参见詹海云《陈乾初大学辨研究：兼论其在明末清初学术史上的意义》，明文书局 1986 年版，第 41 页。

③ 《程氏遗书》卷十八，见《二程集》，中华书局 1981 年版，第 188 页。

④ 参见詹海云《陈乾初大学辨研究：兼论其在明末清初学术史上的意义》，明文书局 1986 年版，第 42 页。

⑤ 参见詹海云《陈乾初大学辨研究：兼论其在明末清初学术史上的意义》，明文书局 1986 年版，第 42 页，注 64。

⑥ 参见李纪祥《两宋以来〈大学〉改本之研究》，学生书局 1988 年版，第 3 页。

起，改本迭出，蔚为大观。[①] 乾初的《大学辨》就是在“大学终是疑案”[②]的背景下，企图从根本上对这些难题作一个彻底的解决。

（二）乾初作《大学辨》的原因

《大学辨》写定于1654年6月3日，乾初五十一岁时。乾初作《大学辨》的原因，詹海云概括为五点：（1）《大学》使蕺山重实践之精神未受重视；（2）《大学》造成理学的是非纷争；（3）《大学》的教法不符合孔孟讲学精神；（4）《大学》混淆儒释疆界；（5）《大学》促使士风浮华不实。[③]

乾初认为《大学》盛行之后，学者不去讲求“孝弟忠信之实”，却用心于“义理精微之旨”，理学家们多是坐而论道却不起而行之，言义理时头头是道，到了实际却百无一用，这种风气到明末达到极致，《大学》就是造成士风浮华不实的根源。“五百年来，学者大抵皆为《大学》所困。”“自大学之教行，而学者皆舍坐下工夫，争言格致，其卑者流为训诂支离之习，高者窜于佛老虚玄之学，道术分崩，圣教衰息，五百余年于此矣。”这些状况使乾初“深可痛也”、“痛哭流涕长太息者也”，为了止息“宋以来五百余年学人支离附会，纷纭争辨之端”，不得已就要“黜《大学》还《戴记》”[④]。

乾初对《大学》由尊信到怀疑，最后竟然否定《大学》是圣贤之书。他说：

---

① 蔡仁厚：《两宋以来大学改本之研究·序》，学生书局1988年版，第1页。

② 刘蕺山于崇祯二年（公元1629年）据高景逸《古本大学》改动《大学》原文，写成《大学古记约义》。晚年，觉“此书多未定之见，拟存之笥中”（刘汋：《蕺山刘子年谱》，见《刘宗周全集》第六册，浙江古籍出版社2007年版，第121页）。南明福王弘光元年（公元1645年）再成《大学古文参疑》，并自述编纂缘起说：“大学之为疑案也久矣。古本、石本昔疑案也。程本、朱本、高本皆疑案也。而其为格致之完与缺，疏格致之纷然异同，种种皆疑案也。呜呼！斯道何繇而明乎。宗周读书至晚年，终不能释然于大学也。积众疑而参之，快手疾书，得正文一通，不敢辄为之解，听其自解自明，以存古文之万一，犹之乎疑也而滋愿矣，因题之曰：参疑。”（《刘宗周全集》第一册，浙江古籍出版社2007年版，第608页）蕺山对《大学》的这番心情，正是深研《大学》后最无可奈何的疑惑。临终时，蕺山又说：“（此书）过于割裂……命削之”（刘汋：《蕺山刘子年谱》，见《刘宗周全集》第六册，浙江古籍出版社2007年版，第164页）。

③ 参见詹海云《陈乾初大学辨研究：兼论其在明末清初学术史上的意义》“第四章陈乾初对大学的辩难”，明文书局1986年版，第67~89页。

④ 《答张考夫第三书》、《答沈朗思书》、《答萧山来成夫书》，见《陈确集》，第601页、第574页、第612页。

《学》、《庸》二书，纯言经济，而世不察，谓是言道之文，真可哑然一笑。①

弟于《大学》，信程、朱之说者四十余年矣，信阳明之说者踰年，信己之说者踰月，而皆弃之。其所信弥深，其所弃弥速，而终以为《大学》非圣经。弟始疑于《大学》，自格致之说，既而觉"古之欲明"全节之支离，既而觉"知止"节之必为禅学，既则于《大学》全篇无不疑矣。统俟《大学辨》成，以质之高明。②

乾初说"信己之说者踰月"，是在四十九岁的时候，《与吴仲木书》这封书信对《大学》有所肯定，将《大学》之旨，定位在"纯"言经济上，没过多长时间乾初就对《大学》的义理产生了疑问，先对"正心"在"格致"前后的问题上有所怀疑，继而对"八条目"的次序有怀疑，继而对止、定、静、安、虑、得有所不满，以为言知不言行，必为禅学。乾初对晚明这种空虚学风进行反省，将"虚论"与"禅"相关联，而主张"力行实践"、"实学"、"实理"、"实益"。他说：

今之学者，大抵皆舍其所已明，而日求其所未明。无论未明未必能求，藉舍求得，犹只是已明故智。要皆未离乎虚知见而已。未离乎虚知见，即未离乎禅。此宋以来学者大病，弟每痛此入于骨髓，深欲与同志一洗斯惑也。

弟细反病根只欠协实功夫。略欠切实，便是不诚，便是虚浮之学。③

为挽救学不切实之病，发扬蕺山重言行一致的实践精神。乾初认为蕺山重视践履"有光复圣道之功，而于大学之解，终落落难合"④。是因为蕺山依附《大学》讲诚意，此却遭到同门的忽视。宋明六百年学术史上的程朱、陆王之争更是围绕于《大学》原本、宗旨等问题上走迷宫，寻不出一

① 《与吴仲木书》，见《陈确集》，第74页。

② 《答吴仲木书》，见《陈确集》，第570页。

③ 《复吴裒仲书》、《与吴裒仲书》，见《陈确集》，第97页、第117页。

④ 乾初说："姚江之合知行，山阴之言一贯，皆有光复圣道之功，而于大学之解，终落落难合。"（《答查石丈书》，见《陈确集》，第567页）

个正确的答案。[①] 理学家把《大学》看做是圣人之经典、批佛的理论依据，在乾初看来，“大学之教”是“吾道而异端焉”[②]，不可不亟辩也。“异端”本是宋明儒者对佛老之学的贬斥。理学家在创建理学的过程中虽然袭用过佛教的逻辑推理和哲学思辨，但还是对佛教抱着高度的警惕与戒备，特别是在涉及纲常名教、伦理道德观方面的内容时，对佛教的批判义正词严而未尝稍假辞色。从阳明后学开始，儒者们不仅在“形上”学的认识论、方法论上袭用佛教，而且就纲常名教、伦理道德的一些“践履性”、“形而下”的方面也向传统儒学提出了大胆的质疑：他们要彻底否定二氏为“异端”的说法，他们明目张胆地要求混同儒释疆界而援佛入儒。明亡以后，亡国之痛的激荡尤其使乾初一辈学者把儒学界援佛入儒视为误国之左道而深恶痛绝之。在这种社会思潮下，乾初对理学的援佛入儒作进一步的清算，《大学辨》正是他严守儒释疆界、批判理学援佛入儒治学立场的典型表现。对宋明理学的清算，首先是否定《大学》不再具有经学的地位，乾初“窃欲还《学》、《庸》于戴《记》，删性理之支言，琢磨程、朱，光复孔、孟，出学人于重围之内，收良心于久锢之余，庶无忝于所生，差有辞于后死云耳。”“大学首章，非圣经也；其传十章，非贤传也。”[③] 颠覆《大学》在理学中的地位，釜底抽薪，从而论证理学家标榜的“圣人之学”的根据不足。这种思想无疑是向权威挑战，后果可能极为严重，然而不说又心有不安，所以仍著之于篇，名曰《大学辨》。乾初说：“确幸窃闻山阴之遗教，因申明其未尽者，著于篇，至万余言。”[④]

《大学辨》一经问世，学者们都不以为然，甚至极力攻击乾初，就连同师门兄弟如黄宗羲、张履祥、刘伯绳等也对《大学辨》不满，多次与乾初辩难，但这并没有动摇乾初的决心。乾初说：“无端举二千余年绝无证据之《大学》，而强以为圣经，而尊之《论》、《孟》之上，则喜新立异之讥，在

---

① 参见詹海云《陈乾初大学辨研究：兼论其在明末清初学术史上的意义》，明文书局 1986 年版，第 67 页。

② 乾初说：“异端而自为异端焉，不必辩也，吾道而异端焉，斯不可不亟辩矣。异端而人知其为异端焉，不必辩也；异端之倍道益甚，祸世益深，而人犹未觉其为异端焉，斯不可不亟辩矣。……异端而自为异端焉者，佛之为佛，老之为老是也；吾道而异端焉者，《大学》之教是也。”（《书山阴语抄后》，见《陈确集》，第 166 页。）

③ 《书大学辨后》、《大学辨》，见《陈确集》，第 599 页、第 552 页。

④ 《哭吴子哀仲文》，见《陈确集》，第 332 页。

程、朱固无以自解于昔日矣。"[①] 乾初又责怪王守仁"不直攻《大学》",只"与朱子争格致之解",非但不能息纷争,而且为朱子之说所压倒。对于阳明之尊信古本《大学》,他说:"昔阳明子尊信古本《大学》,谓失于过信孔子则有之,非故去朱子之分章而削其传也。……吾又以阳明子之信古本,去程朱所见仅一间矣。"[②] 乾初发现《大学》的文字架构与"知行合一"说未相符合,有离则双美之意,因而对阳明以《大学》说"知行合一"表示遗憾,乾初说:"阳明'知行合一'之说,决可与孟子道性善同功,惜亦回护《大学》,故其说终落落难合,良是恨事。"[③]

乾初对刘宗周尊信《大学》不愿妄加批评,言语间也多有所回护,说:"先生始则欲从古本,继又欲从石经,非真以古本、石经之为至也,直是求其说而不得,又转而之他,亦礼失求诸野,无可奈何之意耳。"[④] 即认为刘宗周不是真尊信《大学》,由于窥见其中不妥当的地方,所以想从古本《大学》,丰坊伪石经《大学》[⑤] 本中寻求答案,因没有成功才转到程、朱的改本《大学》,所谓"礼失求诸野"之意,实在是无可奈何的。这样的说法既排斥《大学》,又避免触及蕺山。乾初看出阳明、蕺山的学说无法顺畅地疏通《大学》,不如将《大学》摈于圣典之外,则"死结"可解。[⑥] 他说:"故阳明先生之言'致良知'也,山阴先生之言'慎独'也,以疏'格致'而非以疏'格致'也,皆以吾学之所得而救《大学》之敝焉云耳;而救之而无可救,勿如黜之而已矣。"[⑦] 余英时先生认为乾初排斥《大学》有其学术上的发展过程。他说:"他之所以对《大学》的真伪发生兴趣,主要是要解决义理系统上的困难。陆、王一派从来不满意朱子的《格物补传》,从王阳明到刘宗周,尤其为了《大学》的问题伤透了脑筋。……现在陈确则用

① 《翠薄山房帖》,见《陈确集》,第565页。

② 《辨迹补》,见《陈确集》,第564页。

③ 《与刘伯绳书》,见《陈确集》,第576页。

④ 《答张考夫书》,见《陈确集》,第588页。

⑤ 刘宗周虽知丰坊石经《大学》为伪,自言"酷爱其书",犹云"虽或出于后人也,何病?况其足为古文羽翼乎!"故其自订改本《大学古文参疑》,即以石经《大学》为蓝本。(《刘宗周全集》第一册,浙江古籍出版社2007年版,第607~608页。)

⑥ 黜还《戴记》,辨《大学》为伪书,非圣经贤传,乾初仍未解决《大学》一书的问题。

⑦ 《大学辨》,见《陈确集》,第558页。

快刀斩乱麻的手段，干脆断定《大学》非圣经，乃后世的伪作，把这个复杂问题简单地解决了。”① 我们认为问题并不能简单地解决，参看第四节。

三、《大学辨》主旨

（一）从“迹”上辨《大学》非圣经

乾初从“迹”上，即从考证上辨《大学》。一是从《大学》所引孔子、曾子之言及孔孟以来学术发展驳斥《大学》非孔、曾所作。

> 《大学》两引夫子之言，则自“于止”、“听讼”两节而外，皆非夫子之言可知。一引曾子之言，则自“十目”一节而外，皆非曾子之言可知。由是观之，虽作《大学》者绝未有一言窃附孔、曾。而自汉有《戴记》，至于宋千有余年间，亦绝未有一人谓是孔、曾之书焉者。谓是千有余年中无一学人焉，吾不信也。而自程朱二子表章《大学》以来，至于今五百余年中，又绝未有一人焉谓孔曾之书焉者。谓是五百余年中，无一非学人焉，吾益不信也。
>
> 作《大学》者初未尝假托孔、曾一字，如篇中两引夫子之言，一引曾子之言，则外此皆非孔、曾之言可知。又自春秋历汉、唐，千有余年，真儒辈出，绝未有一人以《大学》为孔、曾之书者，此迹之显然者也。②

乾初认为《大学》凡引孔子、曾子的话都明白标出，因此，未指明的部分，都不应被肯定为孔子、曾子所作。乾初认为由汉至唐，“真儒辈

① 余英时：《清代思想史的一个新解释》，见《历史与思想》，联经出版社1979年版，第146页。

② 《大学辨》、《答张考夫书》，见《陈确集》，第558页、第585页。

出"[①]，未有学者以《大学》为"圣经"、"孔曾之书"。即使首先提出道统说、第一个表章《大学》的韩愈也只是说"传曰：古之欲明明德于天下者……"然而《大学》被视为孔、曾所作是由"二程"提出而经朱子加以明确的，但其论证都十分勉强。伊川只有"孔氏之遗书"语，并未明说就是孔子亲笔所撰。标明《大学》是"圣经贤传"的朱熹作《大学章句》时以经传分释《大学》并附为孔、曾之意，其言"右经一章，盖孔子之言，而曾子述之。其传十章，则曾子之意而门人记之"，无经文佐证，也只能说"无他左验"，他们自己也仍然不敢确定《大学》作者的身份。故用臆测（臆）、恐怕是（盖）、不敢肯定（盖）的语词，来说明《大学》的作者。因此，《大学》为"孔曾之书"的说法，在乾初看来是十分值得怀疑的。

《大学》首章，非圣经也。其传十章，非贤传也。程子曰："《大学》，孔氏之遗书"，而未始质言孔子。朱氏则曰："右经一章，盖夫子之意，而曾子述之，其传十章，则曾子之意而门人记之也。"古书"盖"字，皆作疑词。朱子对或人之问，亦云"无他左验"，且意其"或出于古昔先民之言也，故疑之而不敢质"，以自释"盖"字之意。程、朱之说如此，而后人直奉为圣经，固已渐倍于程朱矣。虽然，则程朱之于《大学》，恐亦有惑焉而之察也。《大学》，其言似圣而其旨实窜于禅，其辞游而无根，其趋罔而终困，支离虚诞，此游夏之徒所不道，决非秦以前儒者所作可知。

唯伊川独臆为孔氏遗书，而未敢质言孔子。朱子亦云"无他左验"，意其或出古昔先民之言也。故疑之而不敢质，以自释"盖"字之义。[②]

二是认为从《论语》中找不出孔子及其弟子谈论《大学》的证据。

---

① 据詹海云先生对比道："朱子认为汉唐以来，由于学问发生偏差，无一真儒，使得'圣学（指《大学》）泯没不传'，（见《大学章句序》，第2页）乾初不同意朱子的看法，认为汉唐是'真儒辈出'。汉唐儒者不重视《大学》，正是因为无人相信《大学》是孔曾之书。"（参见詹海云《陈乾初大学辨研究：兼论其在明末清初学术史上的意义》，明文书局1986年版，第102页，注12）

② 《大学辨》、《辨迹补》，见《陈确集》，第552页、第562页。

孔、孟之言《春秋》，不一而足，而未尝一及所谓《大学》也。非惟《春秋》为然也。即其所尝删定《易》、《诗》、《书》、《礼》、《乐》，于二十篇之中，皆三致意焉。……而绝不及《大学》，何也？……“中庸”二字，夫子亦每言之，而独不及“大学”，何也？岂孔孟诸弟之贤皆未足以语此乎？抑诸贤已皆默喻而无俟提撕者耶？如樊迟之徒，于仁智之说似皆可晓然笃信而力行之者，犹再三疑问不已，而于格致之说则独有冥契者耶。[1]

在乾初看来，《春秋》是孔子“用心良苦”之作。[2]《易》、《诗》、《书》、《礼》、《乐》是孔子所删定的往圣著作，在《论语》二十篇中一再被孔子提及。即使是不能肯定为子思所作的《中庸》，[3]孔子也常提到“中庸”二字，却独于《大学》未曾言及。不但孔子未言，即孔门诸弟子也“未闻、未问、未说”《大学》。甚至被理学家一致重视的“格致”问题，也未见孔门弟子提出疑问。这与朱子所说的“外有以极其规模之大，而内有以尽其节目之者也。三千之徒，盖莫不闻其说，而曾氏之传独得其宗，于是作为传义以发其意”[4]的情况完全不同，这一切证据的显示，使乾初更不相信《大学》是孔门所传之书。

三是从文句、词汇证《大学》非秦以前著作。乾初追踪《大学》文句的来源，知“三纲领”脱胎《尧典》、“八条目”根据《孟子》，但是语意都比不上《尧典》、《孟子》的精湛。他说：

---

① 《辨迹补》，见《陈确集》，第563页。

② 乾初说：“《春秋》正王事之书，大义凛然，岂《大学》之肤缪可比？商《诗》、偃《礼》，竝擅能家，至于《春秋》笔削之间，游、夏莫赞。故夫子曰：‘其义则丘窃取之矣。’故曰：‘知我者惟《春秋》，罪我者惟《春秋》。’斯其志良苦矣。故曰：‘吾志在春秋。’孟子曰：‘《诗》亡然后《春秋》作。’又曰：‘孔子惧，作《春秋》，《春秋》作而乱臣贼子惧。’”（《辨迹补》，见《陈确集》，第563页）乾初借此说明《大学》不能与《春秋》相提并论，并用来驳斥张考夫说他否定《大学》，就如王安石废弃《春秋》，动摇了儒学的根源。（参见詹海云《陈乾初大学辨研究：兼论其在明末清初学术史上的意义》，明文书局1986年版，第101页，注8）

③ 乾初对《中庸》作者是否为子思所作，也十分怀疑。他说：“即《中庸》一书，世儒皆言是子思所作，吾未知其真伪何如。然‘中庸’二字，夫子亦每言之，而独不及大学，何也。”（《辨迹补》，见《陈确集》，第563页）

④ 朱熹：《大学章句序》，《四书章句集注》，中华书局1983年版，第2页。

"在明明德，在亲民，在止于至善"……三言皆脱胎《帝典》……《帝典》"克明"句下贯一"以"字，使文理灿然，而此下三"在"字若三事然，则不通矣……"古之欲明明德于天下"云云者，尤非知道者之言也。……孟子之释恒言，提一"本"字，何等浑融！大学纷纷曰"欲"曰"先"，悉是私伪，何得云诚。[1]

《大学》"三纲领"，即"在明明德，在亲民，在止于至善"，虽然脱胎于《尚书·尧典》："克明峻德，以亲九族，九族既睦，平章百姓，百姓昭明，协和万邦，黎民于变时雍。"但就文法言，《尧典》在"克明峻德"下用"以"字下贯，说明以下诸事原为一事。但是《大学》在"三纲领"上用了三个"在"字，就使"明明德"、"亲民"、"止于至善"成为分别独立的三事，所以《大学》"三纲领"不如《尧典》纯粹。"八条目"中的"修身齐家治国平天下"是根据《孟子·离娄上》"人有恒言，皆曰天下国家，天下之本在国，国之本在家，家之本在身"。但是孟子用"本"来说明"身家国天下"的关系，《大学》用"欲"用"先"，不免掺杂"私伪"，因此也不如《孟子》浑融。乾初认为《易》、《诗》、《书》等先秦经典中没有专论"明"字，未有如《大学》"明明"的用法，由此判定《大学》不是先秦之书。

古人之学虽不离乎"明"，而未尝专言"明"。推之《易》、《诗》、《书》可见，恶其逃于虚焉故也。而《大学》首言"明明"，固已倍矣。[2]

詹海云先生指出："乾初此语，颇有语病。乾初反对《大学》'明明德'以其逃于虚，此针对朱子解释'明德'为'虚灵不昧以具众理而应万事者也'言。但此义为朱子新解，若纯就《大学》言，'明明德'只是一'发扬光明德性'之义而已。至于'易诗书未尝专言明'，经查《十三经引得》亦与事实颇有出入。《诗经》中有'帝迁明德'、'予怀明德'、'不明尔德'、'敬明其德'、'其德克明'，《易经》有'君子以自昭明德'、'以神明其德'、'以通神明之德'，《书经》有'克明峻德'，凡此，均可见《诗》、

---

① 《大学辨》，见《陈确集》，第553~555页。
② 《大学辨》，见《陈确集》，第553页。

《书》、《易》之‘明德’与《大学》原始义之‘明德’均可相通。‘明’作为动词亦屡见《诗》、《书》、《易》中。而《易经》的‘自昭明德’、《书经》的‘克明峻德’与《大学》‘明明德’语义均相近。《易经》的‘神明其德’则颇涉虚玄之义。”[①] 可见，乾初以“明”字的用法来论证《大学》非先秦典籍，有失审矣。

四是从《大学》在宋代始受重视的原因深究，乾初认为是受帝王提倡所致。他说：

> 自宋仁宗特简《中庸》、《大学》篇赐两新第，上有好者，下必有甚焉，学者辄相增加附会，致美其称，非有实也。[②]

由于宋仁宗的提倡，促成学者研究《中庸》、《大学》的风气。“下必有甚焉”的学者，难免“增加附会”些本不属于《大学》的内容。程朱的“孔氏遗书”、“圣经贤传”的说法，在乾初看来就有可能是在此种“增加附会”风气下的产物。[③] 所以，乾初从史料的鉴定上，认为《大学》是“孔曾之书”的说法很难成立。因此，他以为对待《大学》最好的方法是：“黜还《戴记》，以仍《大学》之旧。”[④] 如此，才能扫除一切附会之说，“为孔、曾雪累世之冤，为后学开荡平之路”[⑤]，还《大学》本来面貌。

(二) 从“义理”上辨《大学》不符合孔孟宗旨

乾初《大学辨》通过对《大学》“三纲”、“诚意正心说”和知行关系三个方面的辩驳，否定了《大学》在宋明理学中的地位，而力图回到孔孟儒家力行实践之为学宗旨。

1. 从《大学》“三纲”方面辩驳

乾初对《大学》“三纲”中“三在”把为学分为割裂的“三事”进行批驳，认为“夫道，一而已矣”，“下学而上达”一气贯通。

---

① 参见詹海云《陈乾初大学辨研究：兼论其在明末清初学术史上的意义》，明文书局1986年版，第100页，注5。

② 《辨迹补》，见《陈确集》，第562页。

③ 参见詹海云《陈乾初大学辨研究：兼论其在明末清初学术史上的意义》，明文书局1986年版，第104页。

④ 《答查石文书》，见《陈确集》，第568页。

⑤ 《答查石文书》，见《陈确集》，第567页。

乾初先对“大学”与“小学”之分进行批驳，认为作为“大人之学”的“大学”一词并不是先秦所特有的，先秦只有“太学”。

“大学”、“小学”，仅见《王制》，亦读“太”。作为“大学”者，疑即本此。

“大学”字最不经。……《传》称“十五入大学”，盖例夫子十五志学之言而云，亦谓弟子所隶之学，非学问之学也，当读“泰”。后儒罔识，附会成书，固已悖矣。宋儒又补《小学》，即同汉儒之作《大学》。而《大学》文绝浮诞，更下《中庸》数等。古人置其篇于《深衣》、《投壶》之后，当有见。①

乾初认为孔孟从没言及大学，那么大学一词应是后来才有的。因为，“大学”（太学）的名称，见于《礼记》中《大学》、《王制》等篇，与小学一样，均是指学校而言。② 朱熹将大、小学的区分由学制引申到学问内容上，解“大学”为“大人之学”，把“小学”作为“大学”的初级准备阶段，因学问内容不同而分出学问层次的高低：“古者初年入小学，只是教之以事，如礼乐射御书数及孝弟忠信之事。自十六七入大学，然后教之以理，如致知、格物及所以为忠信孝弟者。”“小学是直理会那事，大学是穷究那理”③，乾初一方面认为将学问区分先后大小有悖于孔子的“下学上达”、“蒙养即圣功”之教，一方面严守学校与学问的分别，反对汉儒和宋儒对二

---

① 《大学辨》、《辨迹补》，见《陈确集》，第553页、第563页。

② 《礼记·王制》：“天子命之教，然后为学。小学在公宫南之左，大学在郊。天子曰辟雍，诸侯曰頖宫。”《礼记·学记》：“古之教者，家有塾，党有庠，术有序，国有学。比年入学，中年考校。一年视离经辨志，三年视敬业乐群，五年视博习亲师，七年视论学取友，谓之小成；九年知类通达，强立而不反，谓之大成。夫然后足以化民易俗，近者说服，而远者怀之，此大学之道也。”《礼记·祭义》：“祀乎明堂，所以教诸侯之孝也。食三老、五更于大学，所以教诸侯之弟也。祀先贤于西学，所以教诸侯之德也。耕籍，所以教诸侯之养也。朝觐，所以教诸侯之臣也。五者，天下之大教也。”（《礼记译解》，王文锦译解，中华书局2001年版，第167页、第514页、第700页）

③ 《朱子语类》卷七，见《朱子全书》第14册，上海古籍出版社、安徽教育出版社2002年版，第268页、第269页。

者的等同和会通，因而把《大学》、《小学》的成书都斥之为“附会”。①

乾初认为这种附会，将学问分为大、小两个阶段，导致为学支离，因此是“非知道者之言”。对此他以孔子的学问之道“一以贯之”进行批驳。他说：

> 首言“大学”云者，非知道者之言也。子言之矣：“下学而上达。”夫学，何大小之有！……吾又乌知小学之非即大学也？吾又乌知小学之不更胜大学也？夫道，一而已矣，古《易》称蒙养即圣功。古人为学，自少至老，只是一路，所以有成。今乃别之为大学，而若将有所待也，则亦终于有待而已矣。②
>
> “大学”字最不经。子曰“下学而上达”，又曰“蒙以养正，圣功也”，恶小大之可分？③

朱熹区分大学、小学的不同内容：

> 小学……教之以洒扫、应对、进退之节……大学……教之以穷理、正心、修已、治人之道。④
>
> 古者小学已自养得小儿子这里定，已自是圣贤坯璞了，但未有圣贤许多知见。及其长，令入大学，使之格物、致知，长许多知见。
>
> 小学是事，如事君、事父、事兄、处友等事，只是敎他依此

---

① 乾初说：“大学……非学问之学也，当读‘泰’。后儒罔识，附会成书，固已悖矣。宋儒又补小学，即同汉儒之作大学。”（《辨迹补》，见《陈确集》，第563页）乾初批评朱子另成《小学》一书，是不了解“小学”一名的原义，就同汉儒误解原为学校之义的“大学”为学问之义，写成一部《大学》的书。因此，他认为朱子的《小学》、汉儒的《大学》都是“附会成书”。按：据詹海云先生《陈乾初大学辨研究：兼论其在明末清初学术史上的意义》：《小学》一书，成于南宋孝宗淳熙丁未（公元1187年）。此书因成于众人之手[以刘清之（子澄）出力最多]，加以编成时间短促（仅两年），朱子也说“漏落也多”（《朱子语类》卷一百〇五，见《朱子全书》第17册，上海古籍出版社、安徽教育出版社2002年版，第3449页）。刘蕺山批评《小学》内容“引喻精微，有老师宿儒所不能究者”，和自订体例不符（见刘宗周《古学记序》，《刘宗周全集》第四册，浙江古籍出版社2007年版，第36页）。

② 《大学辨》，见《陈确集》，第553页。

③ 《辨迹补》，见《陈确集》，第563页。

④ （宋）朱熹：《大学章句·序》，见《四书章句集注》，中华书局1983年版，第1页。

规矩做去。大学是发明此事之理。

"问：'大学与小学，不是截然为二。小学是学其事，大学是穷其理，以尽其事否？'曰：'只是一个事。'"①

学之大小，故有不同，然其为道则一而已。是以方其幼也，不习之于小学，则无以收其放心，养其德性，而为大学之基本。及其长也，不进之于大学，则无以察夫义理，措诸事业，而收小学之成功。②

朱熹把小学当做大学以前的下手处。小学与大学代表两种不同课程的学习阶段。小学是学习"洒扫应对进退之节"、"礼乐射御书数"、"忠信孝弟"、"事君事父处兄处弟"等事，并从这些学习上成为圣贤"坯璞"。大学则是发明小学所习事物之理，并验收小学教育的成果，"收小学之成功"。小学与大学的区分在于"事"与"理"之别，但"为道则一而已"，朱子认为小学与大学之间也不是截然二分，而是学习对象和目的的统一，与其"即事可以穷理"的认识论精神是一致的，乾初显然没有意识到朱熹这一理论上内在一贯的联系，但是，包括朱子在内的宋明理学家，其理论重心和价值指向是义理之学，实际上仍是将"学"分成两截而最终是"逃于虚"。乾初所不满在于，《大学》将"学"一分为二，客观上造成了以"事"为下，以"理"为上的"有待"。而圣学是一贯的，乾初认为"夫道，一而已矣"，"为学，自少至老，只是一路"，实不能划分为二。此是承袭其师蕺山所持的"《大学》是一贯的血脉，不是循序的工夫"③之观点，上达和圣功的内容即包含在下学中（"上达工夫，只在下学"④）。孔子的"下学而上达"、《易经》的"蒙养即圣功"才是孔门教法、成圣之功。"下学而上达"是说下学与上达的内容并无不同。上达虽是精微，但是上达的内容在下学

① 《朱子语类》卷七，《朱子全书》第14册，上海古籍出版社、安徽教育出版社2002年版，第268页、第269页、第270页。

② 《大学或问》，见《朱子全书》第6册，上海古籍出版社、安徽教育出版社2002年版，第505页。

③ 《答吴仲木第二书》，见《陈确集》，第572页。

④ 《答张考夫第三书》，见《陈确集》，第598页。按：据詹海云先生《陈乾初大学辨研究：兼论其在明末清初学术史上的意义》：乾初把"下学而上达"与"蒙养即圣功"并列而言，"而"字，就有"即"义。明末清初学者都用自己的话解释"下学而上达"（如顾亭林），以强调"下学"的重要，乾初亦不例外。

中即已蕴有。“蒙养即圣功”，是说启蒙儿童的道理和成圣的道理是一致的。不能认为启蒙之学是小，成圣之学是大。非是小学只致“事”，只有“行”；大学才教“事之理”，专重“知”。如此，将使“学”分成两截，使人终身不得见“道”，停于“有待”的阶段。况且大学、小学的说法，也不见于孔门。相对于朱熹，乾初试图提高以“事”为学习对象的下学地位，以“下学”实现“上达”，以人道尽天道，这与他注重工夫修养的力行实践哲学之精神是一致的。

然后，对《大学》“三纲”的批驳。

乾初认为“明德”、“新（亲）民”、“止于至善”本是一体：“新民即在明德之中，至善又即在明亲之中。”[1]《大学》用三个“在”字将其并列为三件事，是虚妄和夸大之言，结果要么“逃于虚”，要么违背君子“非有所亲疏于民”之道：

> 古人之学虽不离乎明，而未尝专言明。推之《易》、《诗》、《书》可见，恶其逃于虚焉故也。而《大学》首言“明明”，固已倍矣。且古之君子，非有所亲疏于民也；而有以民饥民溺为己责者，有以一夫不被泽为耻者，又有箪瓢陋巷以自乐者，而其道则靡不同。此古人之学，所以能善因乎时势而莫之有执也。今使推高禹、稷，尹为大人之学，而贬绝颜子为小人之学，则可笑矣。故君子之学不言新民而新民在，言新民而新民反不在。亦犹吾向之论学也，不言“大”而大见，言大而大或不见也。[2]

朱子以“虚灵不昧”的本体之性解释“明德”，[3] 又曰：“天之赋予人物者谓之命，人与物受之者谓之性，主于一身者谓之心，有得于天而光明正大者谓之明德。”[4] 可见，朱子将“明德”寓于抽象的道德之心而言，具

---

① 《大学辨》，见《陈确集》，第553页。

② 《大学辨》，见《陈确集》，第553页。

③ 朱子曰：“明，明之也。明德者，人之所得乎天，而虚灵不昧，以具众理而应万事者也。但为气禀所拘，人欲所蔽，则有时而昏；然其本体之明，则有未尝息者。故学者当因其所发而遂明之，以复其初也。”（《大学章句》，见《四书章句集注》，中华书局1983年版，第3页）

④ 《朱子语类·大学经上》卷十四，见《朱子全书》第14册，上海古籍出版社、安徽教育出版社2002年版，第432页。

有了承于天的本体意义。乾初对“明明德”的解释，未见有更深一层的发挥。但乾初以“恶其精微”的重视力行实践态度斥之为“逃于虚”，实质是坚持“明德”只能从“德行”上说，而不能从“德性”上说；从道德行为的层次上说，而不从本源心性的层次上说。① 对于《大学》“三纲领”、“八条目”开出“亲民”的“外王”事业，乾初认为那是“徒务虚名之夸大”（乐观的假设），不仅不适合自己所处时代的需要，同时也不是人人能行。“君子之学不言新民而新民在，言新民而新民反不在”，是说要以孔子“毋必”之心行事，不预求成效。夏禹、后稷、伊尹、颜回虽然事业不同，但是与圣人之道都相符合。而使他们事业发展不同的原因，乃是由于“时势”的改变。乾初生处明清政权交替之时，认为颜子之学更较禹、稷、尹之学切合时代，可作为知识分子“出处进退”的准则。② 所以他认为讲“新民”、“治国平天下”就是“推高禹稷尹为大人之学而贬绝颜子为小人之学”，这种看法不但不能了解孔子“下学而上达”的精神，同时也不能“善因乎时势而莫之有执”。所以，乾初认为《大学》分“亲疏”之别、分“大人之学”和“小人之学”的高下，不合于君子等视“平天下”之业和与民同处的“自乐”之举。而古人之学是一贯而实在，所以《大学》之言是“私伪”：

---

① 根据詹海云先生指出：清初姚立方（际恒）也否定《大学》，他对“明明德”的批评，可以作为乾初反对“明明德”之说的参考。姚际恒指出“明德”与佛家“妙明直心”、“妙觉明性”、“元明明觉”、“心如明镜台”的说法相近，可以成为会通儒释的桥梁。从朱、姚二家正好相反的说法看，乾初认为《大学》的“明”、“明明”具有抽象的意义，不应用来讲儒学具体的“德”，并不是没有根据及用心的。立方说：“明明德，古无此语。据后引康诰曰‘克明德’，帝典曰‘克明峻德’，按：德，释名：‘得也’，得事宜也。是德乃人生躬行所自得之善。帝典‘峻德’，赞其大也。德在吾身，处于隐微。明者，光辉发越，如日月之明，以照临天下也。故史臣以是赞尧，而康诰亦同其文焉。是德犹本体，明犹功用之谓。今云明明德，于德上加明字，又别以明德上加明字，则以明德为本体，明明德为功用，便堕入空虚，同于释氏。如释氏所云妙明直心、妙觉明性、元明明觉等义矣。单主心体，遗却事为，与吾儒有毫厘千里之别。……秀（指神秀）之所言……心如明镜台，明德也。时时勤拂拭，明明德也。……故此明明德，盖已逗露北宗之禅，而与吾儒克明峻德、克明德之旨，相隔天渊也。”（参见詹海云著《陈乾初大学辨研究：兼论其在明末清初学术史上的意义》，明文书局1986年版，第108页）

② 参见詹海云《陈乾初大学辨研究：兼论其在明末清初学术史上的意义》，明文书局1986年版，第110页。

其曰“古之欲明明德于天下”云云者，尤非知道者之言也。古人慎修其身也，非有所为而为之也，而家以之齐，而国以之治，而天下以之平，则固非吾意之所敢必矣。《孟子》释恒言，提一“本”字，何等浑融！《大学》纷纷曰“欲”曰“先”，悉是私伪，何得云诚！①

乾初认为《大学》以“欲……先……”言“齐家治国平天下”正是犯了孔子所说的“毋必”。“有所为而为”也自必预期一定会如此，那就是“悉是私伪，何得云诚”。“不诚”与“必”正是犯了“不实”之病。《大学》之错，正在“家国天下”等名目上的夸大而造成实际践履上的蹈空：“君子之道……苟当于理，虽小，大也；其未当，虽大，小也。……学不务实，而惟悦于名目之夸大，此亦表章《大学》以来学者之深病也。”② 可见，与其辨大、小学一样，乾初仍是从其注重力行实践、笃行实修的角度立论。

2. 对《大学》“格致诚正”工夫次第的批驳

（1）正心，消“意”以归“心”。

乾初强调“心”在认识过程中的前提作用，心为“身之主”，反对心意二分：

既言“正心”，不当复言诚意。既先诚、正，何得又先格、致？夫心之与意，固若此其二乎？……③

乾初站在王学和蕺山学尊心的立场，突出“心”的地位，即“正心”是“先端趋向”。但又与他的老师蕺山之学“意为心之所存，非所发”④ 不同。“意为心之所存”是蕺山批评阳明“将意字认坏”⑤ 而发展出的独特学说，“意”即是“意根”，它与“独体”、“心体”、“性体”具有同等的地位

① 《大学辨》，见《陈确集》，第555页。

② 《答张考夫第三书》，见《陈确集》，第597~598页。

③ 《大学辨》，见《陈确集》，第554页。

④ 蕺山云：“意者，心之所存，非所发也。朱子以所发训意，非是。”（《学言上》，见《刘宗周全集》第二册，浙江古籍出版社2007年版，第390页）

⑤ 《良知说》，见《刘宗周全集》第二册，浙江古籍出版社2007年版，第318页。

和意义。并且蕺山认为“意为心本”，是心之“主宰”[1]。一方面，“意”作为一种意识指向，构成心体中的先验意识，即指“意”是心的自主意识，而不是指凌驾于心体之上的实体存在，即“意”是善良意志。“念”是恶，“过、恶”产生于一念之妄，“念”是感于外物而动的感性意识（蕺山在工夫上要“化念归心”），必须“诚意”、“慎独”、“戒慎恐惧”，使内心毫不松懈而不敢有一念之妄，即在“意根”上建立善的主宰，强调“诚意”来贞定道德实践的方向。心若无“意”作为其主宰，则心只是一团血肉之心，心体之意义便无由确立。另一方面，正因为“意”是“心”之“所存”，所以实践工夫之关键并不在于“正心”而在于“诚意”，刘宗周提出了独特的“诚意”说。即刘宗周坚持了“以意为本”和“以诚意为极则”这两个观点，并构成了其诚意学说的实质内涵和主要特色。[2] 乾初把蕺山学说中的“意”消解了，而归之于“心”，反对《大学》把“正心”、“诚意”并列而言，故他说“既言‘正心’，不当复言诚意”，乾初对蕺山“诚意”说存而不论，“弟于先生，无言不悦，惟诚意、已发、未发之说虽极精纯，然弟意欲且存而不论”[3]。乾初把蕺山“诚意”工夫都化约到“心”上来做，都在“正心”这一环节来完成，合“意”于“心”，要把“意”消解掉。之所以如此，是因为乾初认为如果心意二分，会造成内外的分隔和修、齐、治、平等力行实践工夫的无法落实。这与他反对把“心”分为人心道心、欲心、理心的立场是一致的。合“意”于“心”，在“正心”的主导下，内外交修，慎独诚身，力行实践。

另外，乾初还把“正”解释为“敬”，他说：

> “正”亦可释“敬”，《易》“君子敬以直内”是也。心惟敬，故致知而无不致，格物而无不格。山阴先生曰：“主敬之外，更无穷理。”至哉斯言！程子亦曰“入道莫若敬”，又曰：“未有致知而不在敬者”，则固已知正心之先于格致矣。又曰“致知存乎所养，

---

① 蕺山云：“心之主宰曰意，故意为心本，不是以意生心，故曰‘本’。犹身里言心，心为身本也。”（《学言下》，见《刘宗周全集》第二册，浙江古籍出版社 2007 年版，第 447 页）

② 参见复旦大学哲学系中国哲学教研室编《中国古代哲学史》下，上海古籍出版社 2006 年版，第 761 页。

③ 《与刘伯绳书》，见《陈确集》，第 471 页。

养知莫善于寡欲”，非正心乎？[1]

“正心”就兼指居敬、涵养等内修工夫。

(2) 诚身，统“诚”于“身”。

乾初把蕺山“诚意说”归结为“正心”，改“诚意”为“诚身”，认为凡言“诚”者，“多兼内外言，《中庸》言诚身，不言诚意。诚只在意，即是不诚。”[2] 即乾初理解的“诚”是兼内外言，“内”即指内心，“外”即指外界事物，他说：

修身而身修，齐家而家齐、治国而国治，平天下而天下平矣。如是，则可谓之诚矣。……子曰：“吾十有五而志于学。”志学则心正矣，而后有立、不惑、知命之可言。至于耳顺，从心而化矣，惟至诚为能化也。此正、诚之说也。又曰：“志于道。”志道则心正矣，而后有据德、依仁、游艺之可言。据之依之，而亦诚矣。此又正、诚之说也。[3]

诚是到头学问，而正为先端趋向。

凡言诚者，皆兼内外言（自注：子“毋意”。中庸、《孟子》皆言诚身，不言诚意）；凡言独者，皆兼动静言（自注：朱子以动静分戒惧慎独，亦非是）；正、修、齐、治、平皆是诚，心、身、家、国、天下皆有独，必不可专言诚于意，必不可专言慎独于诚意者，亦理也。曰学无止，知亦无止者，亦理也。曰下学上达，何分小大者，亦理也。

学先正、修，而积久以至于诚，至于诚则圣矣。

又不当先诚于正，谓诚是诣极地位，而正修是进德工夫，相去远甚。周子亦曰：“夫圣，诚而已矣；诚则无事矣。”盖正修之尽处是诚。正心，如孔子言志学、志道、志仁之类，那得更在诚后，盖《大学》之误，全在以意言诚。诚止在意，即是不诚。凡言诚者，皆兼内外言。故《中庸》曰“诚身”，孟子曰“反身而

---

① 《大学辨》，见《陈确集》，第556页。
② 《大学辨》，见《陈确集》，第555页。
③ 《答沈朗思书》，见《陈确集》，第574页。

诚”。盖修、齐、治、平皆是诚，非徒意之而已也。①

乾初反对《大学》并列讲“正心”与“诚意”，认为“《大学》之误，全在以意言诚”：

诚只在意，即是不诚。朱子之解“诚意”曰：“实其心之所发。”心之所发也，欲修也，欲齐、治、平也。而苟有未正、未修、未齐治平焉者，则是心之所发犹虚而不实也，而何以谓之诚乎？故曰“诚者非自成己而已也，所以成物也”，又曰“反身而诚，乐莫大焉”，并兼物言。是故言诚可不更言正，修、齐、治、平，而分别若此者，则是所谓诚者非诚，所谓正者非正，所谓修者非修也。②

在乾初看来，“诚”代表着“到头学问”、“诣极地位”。说“诚身”就能“兼内外”，符合“诚”的本义；若说“诚意”，就是“意之而已”，就是“偏内而遗外”，不是真正的“诚”。他明确地说：“曰‘诚身’，便已合内外、彻始终而为言，与《大学》之‘诚意’迥别；而明善即诚身中事，正是阳明‘非知不可谓行，非行不可谓知’之旨，而非有先后也。”③ 可见，“诚身”的“诚”是从内到外、从知到行，“诚”落实到“身”就是身体力行。

蕺山这样来阐述《大学》中“意”为心之本，他说：“《大学》之教，只要人知本。天下国家之本在身，身之本在心，心之本在意。意者，至善之所止也。”④ 要人“知本”，慎独工夫须从“诚意”做起，从“意根”上入手。⑤“慎独是学问第一义。言慎独，而身、心、意、知、家、国、天下

① 《答格致诚正问》、《与吴裒仲书》、《与刘伯绳书》、《答张考夫书》，见《陈确集》，第559页、第581页、第576页、第586~587页。

② 《大学辨》，见《陈确集》，第555~556页。

③ 《答恽仲升书》，见《陈确集》，第608页。

④ 《学言上》，见《刘宗周全集》第二册，浙江古籍出版社2007年版，第390页。

⑤ 蕺山区别了《中庸》之慎独与《大学》之慎独：“《中庸》从不睹不闻说来，《大学》从意根上说来。独是虚位。从性体看来，则曰莫见莫显，是思虑未起，鬼神莫知时也。从心体看来，则曰十目十手，是思虑既起，吾心独知时也。然性体即在心体中看出。”（《学言上》，见《刘宗周全集》第二册，浙江古籍出版社2007年版，第381页）

一齐俱到。故在《大学》为格物下手处，在《中庸》为上达天德统宗、彻上彻下之道也。"[1] 而"意"就是慎独的主脑。朱子解"诚意"为："诚，实也。意者，心之所发也。实其心之所发，欲其一于善而无自欺也。"[2] 要达到无自欺，是通过格物穷至事物之理，无所不知则意可得充实（诚），意实而心正。

乾初则认为如此解释是使"诚"的对象局限在了内在意念（以意言诚），而使实践工夫落在虚而不实的"意"上，不符合其重视力行实践的要求（"诚只在意，即是不诚"）。并且，乾初认为朱子以"心之所发也"界定"意"，无疑又是给"心"造出一个相对的概念，这与《大学》并列讲"诚意"与"正心"，同样是"心分二厥"。他举《孟子》和《中庸》"反身而诚"说，推出"身"作为内修外行实践工夫的枢纽，"诚"是兼内外言，"诚者非自成己而已也，所以成物也"。《孟子》、《中庸》只言"诚身"不言"诚意"，就是以"身"为枢，使"诚"兼指外在的家、国、天下和内在的心，内在的"正修"之德以"身"为对象，对外的修、齐、治、平实践工夫则尽以"身"为主体。相对于虚幻无形的意念，真实实在的"身"显然更适合乾初所要求的在现实世界展开力行实践的主体需要。

黄梨洲承继蕺山学而认为"意"是心之主，不赞成《大学辨》，原因就在于他与乾初对"意"的理解存在分歧。但梨洲后来对《大学辨》的态度有改变，参看"附论"第二节，认同心意合一，并且认为乾初虽然不讲"意"，但讲"志"，这个"志"就是"意"，他在《刘伯绳先生墓志铭》中说：

> 大略圣贤言心有二端，《语》、《孟》之言心也，合意、知、物，而言者也，合意、知、物而言者，故不言诚意而诚意在其中。如求放心，必有所以求之之道，操则存其求之之道也，非即诚意之慎独乎？心之所之谓之志，非心即志也，所之者意也。由志学而后能从心，非即意诚而后心正乎？《大学》之言心也，分意、知、物而言者也，分意、知、物而言者，非外心以言意，即心而

---

① 《学言上》，见《刘宗周全集》第二册，浙江古籍出版社 2007 年版，第 396 页。

② （宋）朱熹：《大学章句序》，见《四书章句集注》，中华书局 1983 年版，第 3～4 页。

指其最初之几曰意。盖必言意而心始有主宰，言诚而正始有实功也。[①]

乾初说：立志就是从此发个愿，依照“孝弟、谨信、亲爱、学文”八字做工夫，终身行之不尽，便是立志，即孔子所谓志学也。[②]“发个愿”与梨洲说“心之所之谓之志”是一个意思，故梨洲认为“非心即志也，所之者意也”。按梨洲，“意”即是“志”，“志”代替了“意”的作用和地位。立志就具有相当明确的指向性，乾初在多个地方论述此问题，如：

志于学，则一言一动自然着实，岂肯漫然！古之学者为己，只是有志，今之学者为人，只是无志。[③]

唯真志于学者，则必能读书，必能治生。……士苟志学，则岂唯能读书治生而已哉！修、齐、治、平，悉于斯焉取之。而有未能者，亦必不可谓之学。故曰：士惟志学而已矣。[④]

志于功名者，富贵不足以移之；志于道德者，功名不足以移之。[⑤]

古今人不大相远。今之人志于荣贵而荣贵至，古之人志于圣贤而圣贤至。非今人之与圣贤者远，而古人之与圣贤者近也，由志与不志耳。[⑥]

“志与不志”是能否成就圣贤的关键，志于圣贤而圣贤至，志于功名富贵而功名富贵至，志于圣学，则必能读书，必能治生，必能修、齐、治、平，则一言一动自然着实，反之，沦于平庸者、小人者甚至禽兽者则是无志矣。乾初这一观点同样可用来解释其性善说，为善者、实现性善者必有志于善，为恶者、自暴自弃者则是无善志。

乾初“立志”说同样还是“意不意”、“愿不愿”之问题，“发个愿”

---

① 黄宗羲：《刘伯绳先生墓志铭》，见《黄宗羲全集》第十册，浙江古籍出版社2005年版，第315页。

② 《书钱氏孤便面》，见《陈确集》，第408页。

③ 《与沈朗思书》，见《陈确集》，第115页。

④ 《学者以治生为本论》，见《陈确集》，第159页。

⑤ 《答格致诚正问》，见《陈确集》，第559页。

⑥ 《送谢浮弟北上序》，见《陈确集》，第242页。

即与“意”、“意愿”有关，即常说的“意志”、“心志”等，乾初仍然回避不了“意”的问题，这是他理论体系中存在的矛盾。另外，“立志”与“正心”之间的矛盾。“立志”为先还是“正心”为先？乾初一方面说“学莫先定志，志为圣贤，而后有圣贤之学问可言。”另一方面又说“学莫先正心”①。“志”与“心”，是以“志”率“心”，还是以“心”统“志”？依《大学辨》，“心”为主导，那么“志”由“心”发出，“志”从属于“心”，此即“学莫先正心”。但正如上引文，乾初又把“志”放在第一位，而“心”从属于“志”。如果按梨洲，“志”即是“意”，那么乾初消解“意”就无必要和毫无意义，不如尊从蕺山“诚意说”。这是其理论体系没有解决的，也说明《大学辨》本身存在不完善之处。

（3）格物、致知。

乾初认为致知、格物即是以吾心致之、吾心格之。心为一身之主，存心公恕，后能知己之过，知物之情。知己之过，故修之而无勿致；知物之情，故齐、治、平之可以一贯也。即乾初所理解的致知、格物是为力行实践、修身改过服务，仍然与治平天下一气贯通，不仅仅为“格致”而格致，修之、改之、力行之则“无勿致”，无不“格”，此即“以吾心致之、格之”。这与他立志、为学的立场是一致的：

> 所谓致知、格物者，非即以吾心致之，吾心格之乎？心者，身之主也。存心公恕，夫后能知己之过，知物之情。知己之过，故修之而无勿致；知物之情，故齐、治、平之可以一贯也。今不先求之正心，而欲徐徐俟之格物之后，正所谓“倒持太阿，授人以柄”，鲜不殆矣。心之不正，必且以未致为已致，未格为已格，又孰从而定之？《传》不云乎：“心不在焉，视而不见，听而不闻，食而不知其味。”而况能致知格物云尔乎？②

此外，《答格致诚正问》曰：

> “正心”之于格致，则“正心”为指南之针，格致乃辨方之盘，针摇不定，虽盘星灿然，度分刻画又安所取正乎？故学莫先

① 《答格致诚正问》，见《陈确集》，第559页。

② 《大学辨》，见《陈确集》，第555页。

定志，志为圣贤，而后有圣贤之学问可言。格物致知，犹言乎学问而云耳。①

“正心”为指南之针，格致乃辨方之盘。《大学》以“格致”在“诚正”前，格致工夫便失去了“正心”的方向主导，那就是本末颠倒、“倒持太阿”，他认为理学家是离“心”言学。所以乾初说：“后正心而先格致，则驰外而荒。”② 关于“正心”与为学、立志等的关系，可参看“第四章”。需要指出的是，乾初把“正心”置于为学工夫之首位，这是发明了蕺山的“慎独诚意”之教，他在与刘伯绳的书信中说：“比来伏读先生尊心之训，粗有警发。先生每云‘无心外之性，无心外之理，无心外之学’，而归其功于慎独，可谓破末学之藩篱。”③ 他即以“心外无学”为宗旨重新确立一条由“正修”至“诚”而达于圣功、格致贯彻始终的顺序关系。

学先正修，而积久以至于诚，至于诚则圣矣；自未有诚先于正者。若乃格致之功，则自幼而壮而老，靡时可间，大概与《中庸》之慎独相近，所谓须臾勿离者也，乌得云学之始事。④

吾之先正与诚也，盖欲合意于心，而统诚于身焉耳。分意于心，则支甚矣；先诚于正，则外甚矣。⑤

乾初重新厘定正、诚、格、致的先后关系，承袭其师刘蕺山反对分心为二、心分善恶的观点，否定朱子心、意二分之说。他认为《大学》分言心、意，致使宋儒支离本体、气质而言性、言学，所以要以“心外无学”为宗旨消除人们对《大学》的支离，强调身体力行的工夫修养实践，回到孔孟圣学践仁履德的为学之路上。以上这段话道出了乾初的为学之工夫次第和方向：“合意于心”、“统诚于身”、“先正于诚”，以“正心”为主导，慎独诚身，诚身为本，内外交修，力行实践，达到救世济民、平治天下的目的。

---

① 《答格致诚正问》，见《陈确集》，第559页。
② 《答沈朗思书》，见《陈确集》，第575页。
③ 《与刘伯绳书》，见《陈确集》，第576页。
④ 《与刘伯绳书》，见《陈确集》，第576页。
⑤ 《答格致诚正问》，见《陈确集》，第559页。

3. 对《大学》“知止”的批驳

乾初认为,《大学》知行关系最根本的错误在于“知止”,这其中包含了对“止”和“善”两个概念理解的不当。他说:

> 《大学》言知不言行,必为禅学无疑。此一篇之纲也。何以知之?以《大学》先格致,而归重知止焉故也。①

《大学》曰:

> 《诗》云:“邦畿千里,惟民所止。”《诗》云:“缗蛮黄鸟,止于丘隅。”子曰:“于止,知其所止,可以人而不如鸟乎?”《诗》云:“穆穆文王,于缉熙敬止。”为人君,止于仁;为人臣,止于敬;为人子,止于孝;为人父,止于慈;与国人交,止于信。

朱子认为这是对“止于至善”的解释,②“止于至善”是《大学》“三纲领”的核心,朱子解“至善”为“事理当然之极”,“无一毫人欲之私”,③是统摄天下的至理,而与具体的各事物之理是分殊关系。乾初并不认同这一说法,而是从认识的发展过程和力行心知的实践角度来解释“至善”。

> “至善”,未易言也;“止至善”,尤未易言也。古之君子,亦知有学焉而已。善之未至,既欲止而不敢;善之已至,尤欲止而不能。夫学,何尽之有!有善之中又有善焉,至善之中又有至善焉,固非若邦畿丘隅之可以息而止之也。而《传》引之,固矣。……辟适远者未启行,而遥望逆旅以自慰曰“吾已知所税驾也”,知止则知止矣,而止故未有日矣。……且吾不知其所谓“知止”者,谓一知无复知者耶?抑一事有一事之知止,事事有事事之知止?……君子之于学也,终身焉而已,则其于知也,亦终身焉而已。故今日有今日之至善,明日又有明日之至善,非吾能素知之

① 《答沈朗思书》,见《陈确集》,第572页。

② 朱子曰:“右传之三章,释止于至善。”(《大学章句》,见《四书章句集注》,中华书局1983年版,第6页)

③ 《大学章句》,见《四书章句集注》,中华书局1983年版,第3页。

也，又非可以一概而知也，又非吾之聪明知识可以臆而尽之也。……是故以尧、舜之神焉而犹病，文王之圣焉而“视民如伤，望道而未之见”。……天下之理无穷，一人之心有限，而傲然自信，以为吾无遗知焉者，则必天下之大妄人矣，又安所得一旦贯通而释然于天下之事之理之日也哉！……圣人有不知，不害其为圣人也；以不知为知，斯下愚之甚者矣。……圣人有不能，不害其为圣人也；以不能为能，斯不肖之尤者也。……君子之于道也，亦学之不已而已，而奚以夸诞为哉！学之不已，终将有获，而不可以豫期其效。豫期其效以求知，则浮伪滋甚。今即所谓知止者真知止矣，然犹知之而已耳，于道浩乎其未有至也。而遽歆之以定、静、安、虑、得之效，长夸心而堕实行，必此焉始矣。禅家之求顿悟，正由斯蔽也，而不可不察也。[①]

乾初从主、客观上对人的认识能力和认识的性质作了探讨，认为“知之不足恃，亦已明矣”[②]，所以他否定“以知为始事”的“知止”说。对于“止”这个概念，乾初认为《大学》所说的“止”有四层含义：一是指“有止境”而言，二是“停止”，三是“静”，四是“豫期其效”的心理。[③]第一层的“止”与“善”是“无止境”的含义，正好相反。“善”是无止境的，而“邦畿”、“丘隅”是有止境的。因此，“止”只可用在有止境的事物，不可用在无止境的事物。所以乾初说《大学》引用“邦畿”、“丘隅”的“止”，说明“至善”的“止”是“固矣”（不适、固执）。第二层的“止”即求善的过程是永不停止的，“善之未至”，不敢不努力。“善之已至”，又要更加努力。君子求善，就是如此永不停息。第三层的“止”是“静”，在乾初看来，重静必会“离事求理”、“含动言静”、“重知轻行”。宋儒“半日读书、半日静坐”和“坐在家里问路”的“求善”方法，正是由重“止”发展而来。他说：“至相传要诀，以半日静坐、半日读书为为学之法，然乎否与？孟子之‘必有事’，《中庸》之‘须臾勿离’，读书耶？

① 《大学辨》，见《陈确集》，第553～555页。

② 《答张考夫书》，见《陈确集》，第585页。

③ 参见詹海云《陈乾初大学辨研究：兼论其在明末清初学术史上的意义》，明文书局1986年版，第117～119页。

静坐耶？禅和子受施主供养，终日无一率，尝半日打坐参禅，半日诵经看语录，便了却一生，使吾儒效之，则不成样矣。"[1]"必有事"、"须臾勿离"才是孔门精神。乾初批评"半日静坐、半日读书"是效法"禅和子终日无一事"的做法，不是儒家之学。第四层的"止"，"未至而知止"即是"豫期其效"。是"浮情"、"虚伪"，也就是"不实"，它和孔孟尚实的精神并不相符。

乾初以为，既然学问没有穷尽之时，"至善"也并非一个确定可见的境界可以停止或停留，认为"善"是不断发展的，并无一个绝对的"至善"境界，"善之中又有善焉，至善之中又有至善焉"。乾初与朱子对于"至善"的歧见在于乾初只承认有个别具体事物的理，却否认有一个可以尽赅天下古今事物之变而无遗的理。朱子则认为一事一物固有理，但个别具体事物的理，可以被统摄于一个尽赅天下古今事物之变而无遗的"理"中，而这个"理"，就是绝对的、唯一的"至善"（至高的善）。所以，乾初指出"知止于至善"实质是使"一知无复知者"。若说知止是一时一事皆有知止，则他日之知非今日之知，如何可言止；若说一知则无复知，而立刻可得"定静安虑得"之境，恐怕圣贤也不敢如此说。连文王尚曰"视民如伤，望道而未之见"，若凡人说知止，不是自傲妄言，便是不明事理。既然"天下之理无穷，一人之心有限"，那么，为学不仅不能素知（现在就知）、一概而知、臆而尽之，就是尧、舜、文王等圣人也有"遗知"处。故学者只当日日求进步，力行实践，学之不已，就会知之不已。对于至善境界，即使能知，也不可能一蹴而就。未能到而谈知止，必然流于夸诞浮伪了（夸心而堕实行）。因此，乾初认为朱子《格物补传》讲"一旦豁然贯通，心之全体大用无不明"的境界，不但是一句虚话，而是更类似于顿悟，所止于"事理当然之极"的至善，真是"去禅弥近"了。乾初的结论是"善无至境"，"知"同样也没有止境。乾初提出了"善"和"知"的新内涵，而对"止"进行了否定。因此，为学求知没有终极、穷尽的目标或"至境"，而是永远开放、不能停止的过程，即息息不止的"终身焉"。由于对认识过程、力行实践的强调，乾初更能积极地看待"知"与"不知"的关系，而不是好高骛远地预求知之后的"贯通"效果。"圣人有不知，不害其为圣人

---

① 《学解》，见《陈确集》，第462页。

也”；而以不知为知，即是下愚之人。所以，乾初认为讲“知止”是“斯旨难通”，“知止”就是以知为始事而“豫期其效”，即使知的行动停止而“道有未至”，就使所谓“定、静、安、虑、得”成为夸大的虚言，乾初将之斥为“禅学”，对《大学》“知止”以及作为“知止”之功效的“定、静、安、虑、得”全盘否定。

> 夫知止之说，不攻自破。将深言知止，则白首而无穷期；浅言知止，则未宜即有定、静、安、虑、得之效。……浅言知止，则亦不得不浅言定、静、安、虑、得，而大学之旨索然矣。观下文物格知至之义，则决非浅言知止可知。……夫“知之非艰，行之惟艰”，自古言之。定、静、安、虑悉属止功，固不费丝毫气力；虑亦是空思索，未有力行深造之功也；何遽至于能得乎？①

所以“知止”一说，不攻自破。“知止”如果是“浅言”，则因“一事有一事之知止，事事有事事之知止、时时有时时之知止”，那么“定、静、安、虑、得”的效验也将只是“浅言”，如此一来；“大学之旨索然矣”。因此，“知止”必是“深言”，唯有“深言知止”，才能“一知无复知”，而有“定、静、安、虑、得”的效验。但是“一知无复知”是永远不可能达到的，即使“白首也无穷期”。由于“定、静、安、虑、得”只是说“知止”的效验，而这种效验“未有力行深造之功”，那么又如何能“有得”呢？因此，乾初认为“定静安虑得”只是“虚设”罢了。但张考夫不同意乾初这样理解“知止”，他说：

> 若以知止一字为疑，则“緜蛮”、“穆穆”二节，明有疏义，禅乎非禅，不待辨而决也。②

考夫认为有所止指的是各有所当行之则，如人子当孝，人父当慈，并非知此即不复进。故张考夫认为大学都在讲“行”，如修、齐、治、平之类，何可言其重知而不重行。但乾初以“知止”疑大学是“不知妄作”，乾初在答复另一位友人沈朗思书及《大学辨》中，从另一角度解释为何大学

---

① 《答沈朗思书》，见《陈确集》，第573页。
② 张履祥：《与吴仲木》，见《杨园先生全集》卷三，中华书局2002年版，第65页。

讲修、齐、治、平，而精神上仍是重知。

> 《大学》盖曰一“知止”而学已无余事矣，此《大学》之供案也。后又遽进而求之格致，皆为知止起义耳。物格而知至者，知止也。故“物格”节文气绝似“知止”节。又若曰一格致而学已无余事矣，又《大学》之供案也。故以其前之归重知止，而知上文明、亲、至善之言之为虚设也；以其后之归重格致，而又知上文诚、正、修、齐、治、平之言之皆为虚设也。惟“修身为本”一言，最为切实，然已大悖前义矣。故读《大学》之全文，而又知“修身为本”之言之亦为虚设也。弟谓《大学》竟是空寂之学者，盖以此也。彼二氏之学，何尝不兼言作用；听其言，若且体用兼得者，要归于虚无寂灭而已矣，《大学》之谓也。
>
> 《大学》之教近禅，惟禅门单言觉，谓一觉已无余事，惟《大学》单言知，谓一知已无余事。
>
> 故《大学》言知不言行，必为禅学无疑。虽曰亲民，曰齐治平，若内外交备者，并是装排不根之言。其精思所注，只在“致知”、“知止”等字，竟是空寂之学。①

乾初认为《大学》讲“知止”给圣学造成严重的后果：学已无余事。因为《大学》首章云知止，而后有定静安虑得，又教人“知所先后”，意指必须先能知止，亦即是以知止为首要工夫；又云“欲明明德于天下者，先治其国……先致其知，致知在格物”，故虽言修、齐、治、平，而归结到底，最重要的工夫仍是格物。“八条目”以“格致”为下手工夫之始，“三纲领”又以“止于至善”为最后归宿。因此，在“归重知止”的前提下，其他二纲、六目都同“虚设”。这样前面强调知止，使明、亲、至善为虚设；后面用八目来衬托出格物重于一切，故使修、齐、治、平皆为虚设。在乾初看来，“明明德、亲民”，“诚意、正心、修身、齐家、治国、平天下”等二纲六目，从他们的排列顺序看，好像是“内外交修”，但在“归重知止”所造成的“一知止无余事”、“一格致无余事”，它们只不过是装点门

① 《答沈朗思书》、《与吴裒仲书》、《大学辨》，见《陈确集》，第573页、第581页、第557页。

面的话，而且“止于至善”与“格致”又只说得个“知止”，“知止”根本是不可能的空话。因此，他批评《大学》只是“空寂之学”，与禅学“一觉无余事”相近，而与“学而不已”的儒学相远。故如仔细观之，就《大学》本文分出轻重本末，就会发觉全文精神仍是以格物为重、以知止为本的。重知，必高谈性命，体悟精微，流于空虚。重行，才会留意人伦日用，强调践履，崇尚笃实。而重格物、知止，对圣学的后果是严重的，“后正心而先格致，则驰外而荒；归重知止，则诞而堕于禅，故辨之最详”①。重知，是虚，是佛学所重。重行，是实，是儒学所重。因此，知行之辨，就是儒释的疆界。②“驰外而荒”、“诞而堕禅”，即是儒学衰微之因，所以，乾初认为只有否定《大学》，才能使儒学由越讲越精微的性理之学，回到崇尚笃实践履的孔孟儒学。同时，还可彻底扫除程、朱、陆、王夹杂佛学之处。故乾初不惜悖于程朱，见责诸友，而坚持《大学》必为异端之论，必告诸后世而后已。③

> 弟《大学辨》中所亟争者，惟在先格致而归重知止。
>
> 《大学》之非圣经，至公之论也。以《大学》还《戴记》，至平之事也。知止之为禅学，格、致、诚之不可先于正心，至当之说也。使仆得订定此书，以俟后圣，虽死无恨。④

乾初亟辩《大学》非圣经，尤其对“知止说”猛烈抨击，还《大学》于《戴记》，以俟后圣，使儒学回复到孔孟力行实践的圣学之轨道上，这才是乾初的心迹。

① 《答沈朗思书》，见《陈确集》，第575页。

② 参见詹海云《陈乾初大学辨研究：兼论其在明末清初学术史上的意义》，明文书局1986年版，第84页。

③ 参见古清美《陈乾初理学思想探讨》，见《明代理学论文集》，大安出版社1990年版，第338页。

④ 《答沈朗思书》、《答查石丈书》，见《陈确集》，第575页、第569页。

四、《大学辨》评价

对于《大学辨》一书的评价可以折射出乾初哲学之特色。乾初《大学辨》出，引起当时学界的热烈争论。据朱彝尊《经义考》记载："于时闻者皆骇，桐乡张履祥考夫、山阴刘汋伯绳、仁和沈兰先甸华、海盐吴蕃昌仲木，交移书争之。"[①] 其同门朋友吴蕃昌责备他"不能发明师说，而又忽为新论，以驾出其上"[②]。以上学者激烈批判《大学辨》，以张履祥为最，他们都倾向于程朱理学，认为乾初属于陆王心学一系，乾初批判《大学》就是依门户之见批判程朱理学。

张履祥（字考夫，公元1611—1674年）青少年读阳明、王龙溪的书并受其影响，中年曾问学于刘宗周，但后来转向程朱学，非王学。考夫对《大学辨》的批判体现为两点，一是认为乾初受王学影响太深，有一种先入为主的成见，所以才会对程朱理学进行批判。他说：

> 盖兄于王氏之书，读之熟而信之深，故一种傲然自以为是，前无往圣，后无来哲，目前侪辈皆可弟子视之之意，有不自知其然而发见者，固非可以口舌急卒争也。仁兄于洛、闽之书，岂云不读？只是以先入者为主，而操我见以权衡之，未尝逊心抑气，而奉之以为规矩准绳。[③]

张考夫认为正因为乾初以王学之见"先入为主"，傲然自以为，"操我见以权衡"其他学说。所以，"操我见而读书，即如《论》、《孟》等书，岂无无忌惮之徒，从而指摘，肆其妄议者？何况洛、闽遗书哉！"[④] 对张考夫门户之见的指责，乾初认为是不成立的，"弟辨《大学》，既异程、朱，

---

① 朱彝尊：《经义考》，见《陈确集》，第42页。（朱彝尊：《经义考》，中华书局1998年版，第838页）

② 《答吴仲木第二书》，见《陈确集》，第572页。

③ 张履祥：《答陈乾初》，见《杨园先生全集》卷二，中华书局2002年版，第29页。

④ 张履祥：《答陈乾初》，见《杨园先生全集》卷二，中华书局2002年版，第29页。

亦倍陆、王矣"[1]。即程、朱、陆、王都视《大学》为经典，而乾初则辩驳《大学》为非圣经。乾初一再声明反对门户之见，其曰："宗程、朱者，以此议王氏之学；宗王氏者，亦以此议程、朱之学，岂复有定论乎?"[2] 乾初认为学问之是非岂可以门户之见来论，是而是焉，非而非焉。乾初又引象山答晦庵的话："甲与乙辨，方各是其说。甲则曰愿某乙平心也，乙亦曰愿某甲平心也。平心之说，终难明白，不若据事论理可也。"[3] 认为衡评学说真理性的标准不是"平心"，而是"据事论理"，如果"平心"来说，就会产生甲说甲是、乙说乙是，各是其说的混乱，学问还是"终难明白"。所以，日用伦常中力行、实践、实理、实益、实行、实事等是衡量学问是非的原则，乾初正是站在此一角度辨《大学》"言知不言行"。这又成为张履祥批判《大学辨》的第二点，即从知与行的关系来批判乾初的知行观，考夫认为《大学》无处不言行。

《大学》之书具在，自篇首至末简，何一章之不及行乎？即以知论，禅之书知，说顿说渐，总不致知者也。今之儒名而禅实者，言致知而不及格物者也。且自诚意而往，正心、修身、齐家、治国、平天下，何一而非行之事乎？仁兄归罪于此，正如折狱者以嫌疑杀人矣。[4]

此涉及知行问题上朱学与王学之争，朱子主张知先行后，阳明倡导"知行合一"。作为程朱学的拥护者，考夫赞成"知行本二"、知先行后，反对"知行合一"，他说："知行本二也，故言知先行后可也，知行并进可也，而倡为'知行合一'之说。"[5] 而乾初认为《大学》虽也言"行"，但"归重知止，诞而堕于禅"[6]，最终陷于"知而不行"、"有知无行"。这就不符合乾初重实践的为学精神，即"学固不可不讲，然毋徒以口讲，而以心讲，

---

① 《答张考夫第三书》，见《陈确集》，第601页。
② 《答张考夫第三书》，见《陈确集》，第599页。
③ 《答张考夫第三书》，见《陈确集》，第599页。
④ 张履祥：《答陈乾初》，见《杨园先生全集》卷二，中华书局2002年版，第29~30页。
⑤ 张履祥：《答陈乾初》，见《杨园先生全集》卷二，中华书局2002年版，第30页。
⑥ 《答沈朗思书》，见《陈确集》，第575页。

亦毋徒以心讲，而以身讲，乃得也”。关于此问题论述，参看第一章“思想背景”。知之行之，才是真“知”，知而不行，仍然是不“知”，乾初非常赞赏阳明“知行合一”说，力主回复到孔孟学说，这是乾初辨《大学》的一大贡献，但我们也不能厚此薄彼地认为考夫非是，实为考夫与乾初论学立场不同。

考夫与乾初之争是宋明理学（儒学）内部知与行、虚与实之争的延续，明末清初出现经世之学的动向仍然是排挤王学末流“情识而肆、玄虚而荡”之弊病。这似乎可以从势上为心性之学的衰微找到一丝解释，即如刘述先所说：“宋明心性之学并没有很好的理由一定要衰微，但由势上看，则又不能不衰微。”[①]《大学》三纲八目为儒家心性之学提供了一套好的理念，刘述先先生接着说“好的理念，也可以因种种因素，产生坏的流弊，即不能归咎于理念的本身，但理念的表达想必有不完善的地方，始可以促成种种误解；法病之外再益之以人病，乃可以江河日下，面目全非矣”[②]。从理上看，《大学》由内圣开外王之义理系统确实无隙可击（即使《大学》一书存在诸多问题），也就是说，依此一角度，乾初辨《大学》为伪书（非儒家经典），黜还《戴记》，是“因噎废食”，极为不妥！自韩愈表彰《大学》以来，尧、舜、禹、汤、文、武、周、公、孔孟之道皆在于此的《大学》为儒家提供了实践的纲领和修为的步骤，并且儒学理念和终极目标皆在《大学》体现，这是宋明理学家的共识。要否定《大学》一套义理系统、心性义理之学的理论，是不太现实的！而且乾初理论体系也延用这一系列理论、概念，如他保证成就道德、贞定人力行实践方向的性善本体即是建立在儒学传统天、道（理）、性、命之根基上等。再退一步讲，乾初如果仅仅否定《大学》是伪书，还之于《戴记》，亦无必要，黜还《戴记》，它的影响力及其义理系统仍然为儒家所认可，正如唐君毅先生所认为：《大学》影响了“宋明至今中国儒学之发展，实大体有类于绕《大学》中所谓八目之次第一周”。但宋明心性义理之学的“形上”关怀远远超过“形下”经验的外向关注，以至于外王经世方面萎缩而荡然无存（关于此，参看“导论”的相关部分阐述），儒学流于与众人生活不相干或不切实际，道德高调与人们的现

① 刘述先：《黄宗羲心学的定位》，浙江古籍出版社2006年版，第123页。
② 刘述先：《黄宗羲心学的定位》，浙江古籍出版社2006年版，第123页。

实生活不相干，儒家必失去引导人们道德生活的力量。即从势上看，乾初辨《大学》是为扫除宋明心性义理之学“玄虚而荡”之弊病，即“删性理之支言”，要人关注经世、救民，力行实践。在这一范围内，《大学辨》之价值和意义才可凸显。

作为蕺山学说的继承者，黄梨洲一方面批判《大学辨》，认为乾初以“《大学》为别传，言之过当”[①]，一方面又指出乾初与“二程”、朱子、慈湖的改疑《大学》一样是“各求其心所安而已矣”[②]，参看“附论”部分“梨洲四撰《墓志铭》及其晚年思想变化问题”。梨洲在《刘伯绳先生墓志铭》中又认为乾初不讲意，但讲志，“志”就是“意”，参看本书有关“格致诚正”内容的讨论。梨洲对《大学辨》总体是批判，但部分是认可的。

可从以下两方面对《大学辨》进行评价。

首先，《大学辨》预示考据学的兴起。乾初从“迹”上辨《大学》，对考据学有开创之功。梁启超指出，陈乾初是“用考证的眼光证明《大学》之晚出”和来历不明以及知行“失其伦序”[③]。余英时认为，清初学术由虚入实、由宋明理学转向清代考据学之因，得上溯到明代晚期程朱和陆王两派的义理之争。他指出，双方在形而上学层面的争论已经到山穷水尽的地步，不得不回到原始经典，由义理折入考证，由“尊德性”折入“道问学”。正如黄梨洲谓“读书不多无以证斯理之变化；多而不求于心，则为俗学”。余英时指出：

> 陈乾初《大学辨》之作，斩断一切藤葛，径斥《大学》为秦以后之著作。这对程、朱的“致知格物”之论，不啻为釜底抽薪。《大学辨》所争着仍在义理之是非，而所采用之方法正是考证辨伪。这里清楚地透露了考证学兴起的思想史背景。……陈乾初之《大学辨》与阎百诗之《古文尚书疏证》同属清初学术史上震撼一

① 黄宗羲：《思旧录》，见《陈确集》，第42页。按，梨洲《与陈乾初论学书》也说《大学辨》为“理学中之别传”。

② 黄宗羲：《陈乾初先生墓志铭》（四），《黄宗羲全集》第十册，浙江古籍出版社2005年版，第375页。

③ 梁启超：《中国近三百年学术史》，天津古籍出版社2004年版，第176页。

时的著作，而百诗尤为清代考证学之开山人物。[①]

也就是说，《大学辨》是在义理之是非，取决于经典的辩证背景下出现的，故《大学辨》是宋明理学到考据学转向上的一部重要作品，对学术转变发挥了重要的作用。但也有学者认为《大学辨》不宜归诸考据学，王瑞昌认为乾初所依据的主要是他心目中的“圣学”、“伪学”之判，只是辅助性地用了文献考辨方法；其目的是“卫道”，而非成就“科学研究”；是以“圣学”的守护人的姿态而从事者，而非以客观而严密的学者态度从事者，乾初辨《大学》有任意武断之嫌。[②] 乾初确实依据他心目中的孔孟“圣学”判别学问之圣与伪、真与假，辨《大学》为伪，实有任意武断之嫌。这一点，王瑞昌说得对。但认为乾初文献考辨“非以客观而严密的学者态度”，此非得当之论。乾初《大学辨》和《辨迹补》等文对“大学”词义、来源及对《大学》、《中庸》作者的文献考辨在此不赘，下面主要举几例来表明乾初对文献考辨的兴趣及“客观严密的态度”：(1)《死节论》一文从多个角度对“伯夷、叔齐非饿死”一事的考证。[③] (2) 对《葬经》非郭璞所作的考证。[④] (3) 提出《乐记》本于《荀子》的考证，他说：“《乐记》‘人生而静，天之性也’二语，本是禅宗。其书大半本《荀子》，曾何足凭!”[⑤] (4) 对“本体”二字源于佛学的考证。其曰：“‘本体’二字，不见经传，此宋儒从佛氏脱胎来者。”[⑥] 可见，乾初理论著作中（包括《大学辨》）有考据学思想的萌芽。

其次，《大学辨》中义理问题。

为了止息古本、改本、原本、伪石经本之争，为了解决《大学》诠释史上义理之纷争，解决宗周“大学终是疑案”，乾初在《大学》版本上统统不顾，黜还《戴记》；在义理上对“三纲”、“格致诚正”、知止、《大学》近禅等作出辩论。余英时先生认为乾初是“快刀斩乱麻”把这个复杂问题

---

① 余英时：《论戴震与章学诚——清代中期学术思想史研究》，生活·读书·新知三联书店2000年版，第18~20页。

② 王瑞昌：《陈乾初思想的心学定位》，载《中国哲学史》2002年第3期。

③ 《死节论》一文见《陈确集》，第152~155页。

④ 《与同社书》，见《陈确集》，第483~486页。

⑤ 《与刘伯绳书》，见《陈确集》，第466页。

⑥ 《与刘伯绳书》，见《陈确集》，第466页。

简单地解决了。我们认为问题并不能简单地解决，乾初否定《大学》是圣人之书及其在理学的地位，并不能结束这些纷争，这是一种极端的、消极意义上的做法，属于“下药过猛”。但从积极意义上说，即使改本与古本、真经与伪书等的争论都失去了意义，乾初的辨《大学》所引出的哲学问题是有重大意义的，这就是儒学内部的信仰与现实、理论与实践、真知与力行等的关系问题。所以，乾初《大学辨》是基于他对《大学》本身的见解（消除《大学》知而不行的影响，要力行实践），因为五六百年来宋明儒围绕《大学》，在文本和格物致知问题上纠缠不休，找不出令人信服的答案，为《大学》所困，影响到躬行实践这种局面和背景，无疑是激发他作《大学辨》的重要因素。另外，加上其师蕺山临终不能对《大学》释疑于心，令乾初下定决心直截了当排斥《大学》，最终，黄梨洲也认为《大学辨》“未尝背师门之旨，先师亦谓之疑团而已”①。但是，在版本上，把《大学》看做伪书，黜还《戴记》，让人不要顾及它，存而不论，这根本解决不了已经存在的诸多问题，因而此举也就毫无必要和意义。也有人认为乾初废弃《大学》是“止沸抽薪”来彻底瓦解宋明理学诸派立论相争之根基，也否定宋明以来有关《大学》的诠释，从而认为《大学辨》是反理学的著作。②“反理学”的观点有待商榷。退一步说，即使《大学》是秦以后儒者作的伪书，它的影响力及其义理系统仍然为儒家所认可。

《大学》一书应作为儒家性善论系统的著作，③ 冯友兰认为《大学》属

① 黄宗羲：《陈乾初先生墓志铭》（四），见《黄宗羲全集》第十册，浙江古籍出版社 2005 年版，第 374 页。

② 乾初确实说：“‘止沸者，抽其薪’，此探本之论也。”（《答查石丈书》，见《陈确集》，第 567 页）乾初这是过激的言论。侯外庐先生认为《大学辨》对《大学》的怀疑是对宋儒家当的抄没，因而认为乾初是反理学（侯外庐编：《陈确哲学选集·序》，科学出版社 1958 年版，第 2 页）。姜广辉受“反理学”观点影响，认为《大学辨》是乾初对宋明理学所展开的批判，他说：“清初学者之批判理学，有一釜底抽薪之特点，即论证理学家所标榜的‘圣人之学’的根据不实。……清初这种釜底抽薪式的批判，对理学的打击可以说是致命性的。陈确的《大学辨》对理学的批判，也具有这种性质。”（姜广辉：《走出理学：清代思想发展的内在理论》，辽宁教育出版社 1997 年版，第 158 页）

③ 李纪祥认为：对于《大学》研究的种种分歧，显示了一种趋势，“由考订‘作者’之漫无可据，而谨慎地缩小至大学本身之成立年代上，但亦仍未能获有结论，殆因受限于史料之故。而其中亦有一渐趋一致的观点，即以为大学之作者系属性善系统的一支。”（李纪祥：《两宋以来大学改本之研究》，学生书局 1988 年版，第 2 页）

于荀学一系，“《大学》中所说的大学之道，当亦用荀学之观点以解释之”[①]。对此，徐复观先生认为，秦汉之际，荀学之影响颇大，由战国末期以及西汉初叶，思想皆带综合性质，则《大学》一书之受有荀学影响，亦势所必然。但就其主要内容而论，则恐受孟子思想系统之影响，远过于荀子。徐复观还将冯友兰认为《大学》应以荀学的解释，主要叙述如下：

（一）《大学》“止于至善”，是来自《荀子·解蔽篇》的“止诸至足”。

（二）《大学》“有诸已，而后求诸人；无诸已，而后非诸人”，及“此之谓絜矩之道也”，来自《荀子·不苟篇》“操五寸之矩，尽天下之方”《非相篇》“圣人者，以已度者也”。

（三）《大学》言“正心”，言“心不在焉，视而不见，听而不闻”；系来自《荀子·解蔽篇》“古人心譬如盘水，正错而勿动，则湛浊在下，而清明在上”一段。

（四）《大学》言致知格物，来自《荀子·解蔽篇》“凡观物有疑，中心不定，则外物不清”一段。[②]

除冯友兰所举者外，徐复观又列举了两点：一是《荀子·致士篇》有“今人主有能明其德，则天下归之……”《正论篇》引有“《书》曰克明明德”，可能给《大学》“明明德”以影响。二是《荀子》有《修身篇》，近《大学》修身为本。[③] 以上说明《大学》受《荀子》的影响。但经过仔细分析，徐复观认为：“《大学》虽亦受有荀子的影响，但这是其次的，枝节的。其主要的立足点，当在孟学而不在荀学。所以对《大学》的解释，主要也应当以孟学为背景。孟学出于孔子、曾子、子思；亦即是应当以先秦整个儒家思想，为了解《大学》的背景。”所以，《大学》乃属于孟子以心为主

① 冯友兰：《中国哲学史》上，见《三松堂全集》第二册，河南人民出版社2001年版，第572页。

② 参见徐复观《先秦儒家思想的综合·大学之道》，见《中国人性论史·先秦篇》，上海三联书店2001年版，第241~242页。

③ 徐复观：《先秦儒家思想的综合·大学之道》，见《中国人性论史·先秦篇》，上海三联书店2001年版，第243页。

宰的系统，而非属于荀子以法数为主的系统。[1] 这样，把《大学》定位在儒家性善论系统中，那么，《大学辨》否定《大学》的义理系统，显然就与他坚持性善论的立场发生矛盾；并且《大学》一书受孔、孟的影响，同样与他主张回到孔、孟圣学，及以孔、孟学说为标准衡量学问之是与非、真与假的立场同样矛盾重重。乾初辨《大学》之义理，可得出几点评价：

第一，乾初认为，《大学》"三纲领"中用了三个"在"字，就等于把一贯之道强分为三，流于支离。"明德"、"亲民"和"至善"，本质上是"一"，但并非不可以分说，故此非确当之论。而认为"八条目"更加支离舛谬，此颇有道理。如"诚意"、"正心"、"修身"，实为一事，分立条目，似嫌过于割裂。[2]"八条目"有支离之病，宋代的杨慈湖已经论及。[3]

第二，"知止"是"一知无余事"？

朱子解释"知止"为"止者，必至于是而不迁之意。至善，则事理当然之极也。言明明德、新民，皆当至于至善之地而不迁。盖必其有以尽夫天理之极，而无一毫人欲之私也。……止者，所当止之地，即至善之所在也。知之，则志有定向"[4]。意即"知止"也很可能指识取学问之"大本"所在，确立为学的目标与方向，与孟子"从其大体"、象山"先立其大者"之说类似。知大本所在，用功方向即定。有定则无茫然不知头绪、纷然心烦意乱之苦，此即"静"、"安"。心思依止于道之大本而能静、定，虑事析理，自然少失多得。如此"浅言"，如何不可？[5] 乾初说《大学》不是"浅言'知止'"，此问题参看本章有关"知止"内容的讨论。学问由浅入深，乃自然之事，随着工夫的加深，由抽象的"知止"逐步转化为具体的"知止"，直至"深言"之"知止"，从"浅言"到"深言"，二者是相连贯的，因为认识是不断深化的。《大学》"致知"所致之"知"，未必即是"知止"之"知"，也可能指识取学问大本后所从事的具体的学问思辨工夫。[6] 既说

---

① 徐复观：《先秦儒家思想的综合·大学之道》，见《中国人性论史·先秦篇》，上海三联书店 2001 年版，第 241 ~244 页。

② 参见王瑞昌《陈确评传》，南京大学出版社 2002 年版，第 370 页。

③ 参见詹海云《陈乾初大学辨研究：兼论其在明末清初学术史上的意义》，明文书局 1986 年版，第 40 页。

④ 朱熹：《大学章句》，见《四书章句集注》，中华书局 1983 年版，第 3 页。

⑤ 参见王瑞昌《陈确评传》，南京大学出版社 2002 年版，第 374 页。

⑥ 参见王瑞昌《陈确评传》，南京大学出版社 2002 年版，第 374 页。

朱子解格致"未尝有错"，但朱子并未把"致知"解为致"知止"之"知"，况且乾初自己也曾说"格物致知，犹言乎学问耳"[①]，这岂不矛盾！故乾初认为《大学》之"知止"绝对不是"浅言"，因而是"一知无余事"，有武断之嫌。

第三，《大学》为"禅学"？

乾初说《大学》"言知不言行，必为禅学无疑"。原因有二：一是《大学》言"知"多于言"行"，是重"知"轻"行"、"知"而不"行"。二是《大学》言"明德"。"明明德"就是杂禅，"古人之学虽不离乎明，而未尝专言明。推之《易》、《诗》、《书》可见，恶其逃于虚焉故也。而《大学》首言'明明'，固已倍矣。"在儒家，"明德"是光明的德性，即人人具有的道德本心、良知本体、性善本体，说"明明德"杂于禅，这就与他的性善学说不符。还把周濂溪无欲主静、朱子观未发气象、居敬存养、察识端倪等辟之为"杂禅"。[②] 对于朱子"一旦豁然贯通"之说，认为是诱天下而禅，[③] 当有人攻阳明为禅时，乾初反攻曰："禅阳明者，正是禅耳。"[④] 这岂不矛盾，阳明就喜言"悟"，还有"龙场悟道"之经历。说《大学》"格物致知"，归重"知止"是"蒲团上生活"，又承认"格物致知，犹言乎学问耳"，"格致工夫，直与学相终始"。这样辨《大学》，确实是矛盾重重，正如张考夫所说：乾初是"以嫌疑杀人"。

第四，改"诚意"为"诚身"，合意于心，统诚于身，但又牵涉"立志"与"正心"之间的矛盾纠缠，说明《大学辨》本身存在着问题。参看本章第三节内容，此不赘述。

第五，赞成朱子对"格致"之解。

《大学》中"格物致知"之"知"的含义可能有两种：一为知性、知识之"知"，此为朱子之解；二为道德本心的良知之"知"，此为阳明所主张。对于《大学》"格致"之解，乾初赞成朱子而反对阳明，"以阳明子之贤圣，知行合一之说，决可与孟子道性善同功无疑者，奈何不直辨《大学》之非圣经，而徒与朱子争格致之解！朱子之解格致，本未尝错"。"阳明子

① 《答格致诚正问》，见《陈确集》，第559页。
② 《与刘伯绳书》，见《陈确集》，第468页。
③ 《翠薄山房帖》，见《陈确集》，第564页。
④ 《与刘伯绳书》，见《陈确集》，第620页。

之所谓致良知，合之《大学》殊落落难合，然以之诠《大学》则不可。”“阳明子曰‘格其不正以归于正’……于《大学》之说终落落难合。”[①] 既言“致知”之“知”极可能是知识义之“知”，则朱子将格致解为“穷至事物之理”，以求知为学问入手工夫，比较符合《大学》本义。王阳明将格致理解为“致良知”以正物之不正以归于正，则与《大学》原意难以契合。他只是假借《大学》发挥己说。[②] 也即是说，朱子之解《大学》，性质上近于“我注六经”，而阳明之解《大学》则近乎“六经注我”。乾初赞成朱子的“格致”之解，也是卓识。[③]

第六，认为《大学》是汉儒之作，否认《大学》是圣经贤传为孔、曾所作，这是乾初睿识。但将《大学》斥为伪书，一棒子打死，却是走向极端！《大学》本身存在的问题，如文本、作者、成书年代，因文献资料不足，不可能得到确解，可存疑。就义理问题，如《大学》之支离，后儒争言格致，有以知识讲道德的倾向，[④] 与孔、孟精神有相隔处等。牟宗三先生说：“《大学》一篇乃是就理想的太学制度而立言。虽整齐有条理，实就虚拟的教育制度而客观地以言之，实亦即形式地以言之。此固是儒家教义之所函，不能谓其非儒家之义理，然就孔孟个人之真实生命所呈现之义理、智慧言，此固远一层，而不足以由之以理解孔孟之真实生命、智慧也。……孔孟个人之所说是由其独特的真实生命而发出，是存在地发出者，而《大学》则是客观地说，形式地说，非存在地说。孔孟之真实生命之所发固可函摄此一系，但由此一系之三纲领八条目却不必能接触到孔孟之真精神，固不必能密契孔子之仁与孟子之本心也。此即所谓远一层而不免有隔者。”[⑤] 他认为《大学》是预设的目标和实践的空架子，而未决定义理的具体发展

---

① 《答查石丈书》、《辑祝子遗书序》、《答张考夫第三书》，见《陈确集》，第569页、第239页、第597页。

② 牟宗三先生认为：朱子之解大学，虽不必合《大学》原意，但“甚顺适”。阳明只是“假《大学》以寄意耳”（牟宗三：《心体与性体》上“综论”，上海古籍出版社1999年版，第17页）。阳明“致良知教自是独立一套，不过依附《大学》说之而已”（牟宗三：《从陆象山到刘蕺山》，上海古籍出版社2001年版，第327页）

③ 参见王瑞昌《陈确评传》，南京大学出版社2002年版，第372页。

④ 乾初认为孔孟圣学的为学次第是：正诚格致，不能是格致诚正，从格致始就是以知识讲道德的倾向。

⑤ 牟宗三：《心体与性体》（下）“朱子”，上海古籍出版社1999年版，第45页。

方向，后儒可以凭自身的工夫入路及体会对《大学》进行演绎发挥。邓立光、郑宗义皆受到牟宗三此说的影响。邓立光说："《大学》只是一个形式架构，可以代入朱子之说，可代入王守仁之说，亦可代入陈确之说，只要义理圆通，自无不可。"① 郑宗义说："我们仔细点破乾初观点的不称理处，乃是希望借此反映出他对《大学》其实是采取了一非常幽深曲折的解释，而其自诩坚强的迹、理之说并不是很站得住脚，但也不妨看做是他个人一种独特的诠释，在众多《大学》的解释中聊备一格。"② 所以，就《大学》义理问题上产生各种不同的学术观点和争鸣，应容许其存在，不能整齐划一，不可能以自己的观点、立场代替（凌驾）其他观点，关键是通过学术争鸣和论辩把孔、孟儒学发扬光大推向前进。要之，乾初辨《大学》中产生的思想火花不及一一，他从宋明儒士争言《大学》"格致"之解中，发现《大学》重"知"的倾向，倡导人力行实践，以救世弊，他这些思想睿智和辨学精神值得我们参考。

---

① 邓立光：《陈乾初研究》，文津出版社 1992 年版，第 116 页。

② 郑宗义：《明清儒学转型探析——从刘蕺山到戴东原》，香港中文大学出版社 2000 年版，第 204 页。

第六章　社会关怀

乾初虽然以遗民自处，坚守操志，隐居乡间，他却并未颓然辟世，而是依然抱持着世不可离、“吾非斯人之徒与而谁与”① 的儒者情怀。对于当时愈演愈烈的葬俗弊端，乾初“深痛世人惑于风水，暴棺不葬，著《葬论》、《丧实论》诸篇，大声疾呼，责人速葬。其言激切诚恳，有裨世教”②。他认为论葬的一系列作品是他最满意的作品之一，因为这些作品贯穿孔、孟学说之精神，“生平笔札纷纷，了无足取。惟论葬与世俗异……要为不失孔、孟之旨，圣人复起，不易吾言。当勤收辑，多录副本，以待后学。”③“素其位而行”，积极呼吁，不遗余力，尽其所能，改善世道人心，改革葬埋陋俗等，这些方面，具体表现了乾初力行实践哲学的为学精神，体现了乾初“居一乡则仁一乡，治一国则仁一国，相天下则仁天下”④ 的淑世之志。关于乾初论葬的著述概况及葬论思想中的天道观，参阅本文第一章和第三章的论述，乾初对葬俗、习俗的批判正是基于其“天道自然”的思想和笃行实践的为学主张。

---

① 《论语·微子》。按，乾初在《送谢浮弟北上序》中表达其出处一理之思想：“出处一理，而士或相非，不其陋与：余夙以衰病谢事，不复理经生家言。……吾闻古之君子，有所谓志不在温饱者，有自为秀才即以天下为己任者，有以一夫不被泽为耻者，有人饥己饥，人溺己溺者。古今人不大相远。今之人志于荣贵而荣贵至，古之人志于圣贤而圣贤至。非今人之与圣贤者远，而古人之与圣贤者近也，由志与不志耳。”（《陈确集》，第242页）出之志即所以不出之志，无论出仕与否，都应有以斯世斯民为己事的志向，此即一理之意。乾初对葬风、习俗的批判，正贯彻了他自己出处一理、力行实践的为学精神。

② 《许季觉槛罔极录》，见《陈确集》，第43页。

③ 《示儿帖》，见《陈确集》，第390页。

④ 《送谢浮弟北上序》，见《陈确集》，第242页。

一、素　位

明亡以后，明季士人面临殉国与做遗民的痛苦抉择。在他们的考虑中，另须兼顾忠孝的取舍问题。虽然选择了不殉国，但殉国与否的问题并不因此而解决。因为在日后的遗民岁月里，他们要生活在罪恶感之中。例如，他们或会因自己不能尽忠而感到内疚；或当想起已殉国的父兄师友而感到自卑。因此，不少遗民力图重建自信，一方面为自己的不死寻求合理的理论根据，另一方面对殉国者进行褒贬，从而肯定遗民生存的意义和价值。[①]在明清鼎革的乱世，明朝遗民如何立身处世，调适自我，寻求生存的终极目标与意义，以安顿生命、挺立个人的道德人格，便成为选择隐居行志的士人所要面临之人生课题。乾初行遗民之志，可以说是历经了内心的生死抉择与挣扎之后，形成"素位而行"的立身处世原则。"吾鳏居食淡，于世无求，宛然一老衲，要只素位而行，非有意为之也。"[②] 詹海云认为："素位说，不但平实，也给予当时不愿做清朝顺民的遗民一自处之道。于今天看来，它仍可作为吾人立身世上的座右铭。"[③]

（一）乾初奉行"素位"之渊源

乾初奉行"素位"之端倪，可追溯到他二十岁以后"薄视"举业、"欲绝意进取事"、"淡功名、薄名利"等事。明亡，乾初的师友"俱死国难"、"死忠"，密友祝渊与恩师刘宗周的"死节"，使乾初十分不安，徘徊于生与

---

① 参见何冠彪《明遗民对殉国与否的抉择及回应——陈确个案研究》，见其著《生与死：明季士大夫的抉择》，联经出版社 2005 年版，第 227 页。

② 《书尔旋讲师扇头》，见《陈确集》，第 407 页。

③ 参见詹海云《陈乾初大学辨研究——兼论其在明末清初学术史上的意义》，明文书局 1986 年版，第 3 页。另外，王琇瑜也认为："素位"是乾初立身处世的根本依据（参见国立中央大学硕士学位论文，王琇瑜《陈乾初处世思想探析：以素位、葬论思想为中心的讨论》）。

死的抉择之中，不知如何适从。[1] 乾初考虑过死的问题，最后选择不死，因此他向蕺山的亡魂解释说：

> 自去年五月长江不守，胡马横驱，所至人心崩溃，浙东、西郡县人民劫守令降附。……确窃意是时吾师必死，而传闻不一，六七月间，犹讹吾师率义旅西伐者。已渐知吾师不食死。道路之言无真月日，痴情迷惘，信疑犹半，东望号顿，不知所为。干戈满途，母老为累，弃而渡江，诚所未忍。家自老母而下，四世亲丁共三十一口，若携家东避，则力有不能，因循至今，遂踰年岁。……呜呼！吾师死矣！同学祝渊亦……死矣！……独确懦不能死，又不能编名行伍，为国家效分寸之劳，又丁口田庐，伪官所辖，输租纳税，不异顺民，愧师友而忝所生甚矣。师其以确为非人而麾之门墙外耶，岂怜确母老苟活，情亦有不得已者，姑未深绝之也![2]

乾初为了“母老”，他不但不死，而且采取不反抗的态度，归向清廷做“顺民”。由于“懦不能死”，所以他在这段时期特别推崇“能死”的人。[3]然而乾初对生与死的取舍，仍未结束。在顺治三年七月，他再一次面对由薙发问题而起的生与死的抉择。乾初虽然向清廷“输租纳税，不异顺民”，但因信奉“身体发肤，受之父母，不敢毁伤，孝之始也”的教条，相信“薙发则亏体，亏体则辱亲，亏体辱亲”便不能为人，所以一直没有薙发；

---

① 乾初隐忍苟活、懦不能死而感到惭愧的矛盾心情如下：“呜呼吾师！山阴夫子，闻之道路，绝粒而死。真耶否耶，兄知之矣。……吾师吾友，循节安理，存为明臣，没为明鬼。予生惘然，曷究厥止!”（《祭祝开美文》，见《陈确集》，第302页、第304页）“今先生（刘宗周）与开美俱死国难，而确独隐忍苟活，皇皇未知所税驾也，悲夫!”（《书祝开美师门问答后》，见《陈确集》，第392页）“郊居无一事，胡马日纵横。晚死惭师友，宵征戚母兄。……”（《郊居》，见《陈确集》，第703页）“呜呼！吾师死矣！同学祝渊亦……死矣！……独确懦不能死，又不能编名行伍，为国家效分寸之劳，又丁口田庐，伪官所辖，输租纳税，不异顺民，愧师友而忝所生甚矣。师其以确为非人而麾之门墙外耶，岂怜确母老苟活，情亦有不得已者，姑未深绝之也!”（《祭山阴刘先生文》，见《陈确集》，第307页）

② 《祭山阴刘先生文》，见《陈确集》，第307页。

③ 参见何冠彪《明遗民对殉国与否的抉择及回应——陈确个案研究》，载氏著《生与死：明季士大夫的抉择》，联经出版社2005年版，第233页。

并且认为“以不薙发死”，便能“无忝所生”。但是，当他听“闻不薙发而见执者，法未必死，而大僇辱之，终亦不免于薙发”的消息后，立场开始动摇，以为如果一旦被捕，“不杀而终薙发，则名垢身辱，而吾志不得遂，即愤而自杀，而已无解于亏体辱亲之罪”。在乾初心目中，自行薙发与被捕后强行薙发“同罪”。因此，他希望在两者之间选出一条“未甚僇辱”的途径，所以“亦思变计从俗”而自行薙发。毕竟，他仍感到“发非确之发，父母所遗之发也”，因而“不敢自擅”，于是“敬斋卜日，请命于显考而乃从事”[①]。与其说是“告先府君”，毋宁说是乾初为自己的行为作合理解释，以求心之所安。幸而他的先父“同意”他的“请命”，否则他便无法解决薙发与“亏体辱亲”之间的矛盾了。[②] 乾初因不能如刘宗周和祝渊殉国而产生的内疚感、耻辱感，而得不到解脱，因为他觉得是不忠不孝，不孝的方面如说：“薙发则亏体，亏体则辱亲，亏体辱亲，又何以为人！”不忠的方面如说：“家自司训梅冈公（陈中益）而下，于今六世，为国名儒，一旦地坼天崩，逡逻向异类乞活，犬马犹恋旧主，而况人乎！”[③] 在现实生活中，“于取予生死之际”，不“能自决”，颇有“贪恋布畏之情”，所以生活在“懦不能死”的罪恶感中，不但以自己的生为“苟活”，而且以为死才是“天下之至乐”[④]。乾初生活在“懦不能死”、“隐忍苟活”罪恶感中，他作出相应的调适：第一方面，其在顺治四年四月，“随呈本学，求削儒籍，终为农夫以没世”，并在同年，改名确，字乾初，表示坚隐不出之意。并在服饰上的特色上作变化以示消极的抗拒，曾作“明冠”、“湘冠”和“云冠”，[⑤] 戴上这些冠，乾初可能有所寄托罢[⑥]。

---

① 《告先府君文》，见《陈确集》，第310页。

② 参见何冠彪《明遗民对殉国与否的抉择及回应——陈确个案研究》，见其著《生与死：明季士大夫的抉择》，联经出版社2005年版，第235页。

③ 参见何冠彪《明遗民对殉国与否的抉择及回应——陈确个案研究》，见其著《生与死：明季士大夫的抉择》，联经出版社2005年版，第238页。（乾初说的话见《告先府君文》，《陈确集》，第310~311页）

④ 《述梦记》，见《陈确集》，第216~217页。

⑤ 乾初“春戴云冠，夏戴明冠，秋戴湘冠，冬幅巾”。（《竹冠记》，见《陈确集》，第216页）“明冠”以“明”字命名，而“湘冠”又“如云开主见日与月”，而“日与月”亦为“明”字。

⑥ 参见何冠彪《明遗民对殉国与否的抉择及回应——陈确个案研究》，见其著《生与死：明季士大夫的抉择》，联经出版社2005年版，第240页。

第二方面，乾初非常珍惜“残躯”，[①] 为了自圆因孝而不能尽忠的说法，乾初重提前人“移孝即作忠”[②] 的论调，不能尽忠既为事实，唯有退而求其次，移孝作忠，以减轻不忠的罪过。[③]

第三方面，虽然乾初“隐忍苟活”，但既要生存下去，就须找出生存的意义，以弥补不能死的缺憾。而它的意义就是经世与延续文化。[④] 乾初觉得“懦不能死”固然可耻，但也觉得生存亦有意义，不要因世乱而气馁，必须“兢兢”求存。但乾初一直没有停止思考生与死的问题，为自己的生存寻找理论依据。根据何冠彪先生的总结，乾初对生死问题的哲学反思，引申出一套完整的生死观：（1）人皆有生死，不论生与死都须有意义。（2）生与死必须顺道合义而行。（3）“君臣大义”的履行不必在殉国，即使殉国，亦只是食禄者的义务（进一步把殉国的义务限制于“食禄者”身上）。这就能解释祝渊与刘宗周的“死节”。（4）“忍死”比“速死”更为艰难（强调守节比殉节困难实有深刻的用意）。那么，他的“懦不能死”不但不是怯懦，而是更为勇敢；他的“隐忍苟活”不但不是可耻，而是难能可贵。既然“速死”比不上“忍死”，无怪他理直气壮地说“何必殉死”，并指“殉死”为“好名”的表现。“忍死”胜过“速死”的说法，无疑是乾初对自己“懦不能死”所作的最后自解。[⑤] 乾初在艰难万苦中反思而提炼出的生死观为自己的“不死”提供了解答，这一系列理论在工夫实践中也就是乾初立身处世的根据，此即素位之学。

乾初素位之学即是“随其位而行其道”。“素位”本是极平常工夫，不离日用伦常，“素位而行”，乾初要人们必从日常生活中力行实践，反求本心，用心体验，时时刻刻不放松苟且，自我督促，居静内省，“学道养身”

---

① 乾初说：“守身洵为孝，戒惧勤须臾。”为了“爱兹尺寸肤”，他便“简事节食，调切心情”，希望能借助“口腹不敢纵，四体弗使劬”来“全吾天”，俾能克尽孝道（《病吟》，见《陈确集》，第650页）。

② “固难殊足忧，家祸亦可怜；移孝即作忠，亲亲宜所先。”（《告宗祠》，见《陈确集》，第632页）

③ 参见何冠彪《明遗民对殉国与否的抉择及回应——陈确个案研究》，见其著《生与死：明季士大夫的抉择》，联经出版社2005年版，第240页。

④ 参见何冠彪《明遗民对殉国与否的抉择及回应——陈确个案研究》，见其著《生与死：明季士大夫的抉择》，联经出版社2005年版，第240页。

⑤ 参见何冠彪《明遗民对殉国与否的抉择及回应——陈确个案研究》，见其著《生与死：明季士大夫的抉择》，联经出版社2005年版，第241~246页。

才是最要紧事。乾初在《与刘伯绳书》中指出：

弟谓《中庸》学问莫精于一“素”字，此他书所未及者。尧、舜之揖让，汤、武之征诛，周公之制礼作乐，孔子之笔削，皆是素位之学。素位是戒惧君子实下手用功处。子臣弟友，字字着实，顺逆常变，处处现成，何位非素，何素非道，虽欲离之，不可得矣。所谓慎独者慎此，所谓致良知者致此。知得素位彻，是明善；行得素位彻，是诚身。精微细密，孰过此乎？学者惟不肯切实体验于日用事为之间，薄素位而高谈性命，故卤莽粗浮耳。行素以诚身者，宁有此病也！……兄又谓“诚身指本体言，非功夫，素位亦得手学问，非工夫。故诚身必由明善，素位必由正己反求”，说益支离。诚之者，择善而固执之者也，犹谓非工夫，可乎？故明善亦诚身中事，非有先后也。曰择曰执，以为工夫，莫全于此矣。《素位章》开口说“素其位而行”，已将全章之旨一语道尽，下节不过反覆申明素位之义耳。素位之外，无工夫矣。素位而行，即是正己，不愿外，即是不求人；素位而行，即是居易，不愿外，即是俟命。素位不愿外，故失即反求，非素位之外，又有所谓正己反求之功也。谓素位非工夫，又从何着落一“行”字乎？①

针对伯绳“只在诚身素位做工夫，未免卤莽粗浮之病”的疑问，乾初答曰：素位不但不离日用，为“戒惧君子实下手用功处”。而且“尧、舜之揖让，汤、武之征诛，周公之制礼作乐，孔子之笔削，皆是素位之学”。可见，“素位”之义，乃是立足于“合于仁义”的基础上，尽己之能，力行实践，但求心安，俯仰无愧，故言“所谓慎独者慎此，所谓致良知者致此。知得素位彻，是明善；行得素位彻，是诚身”。唯素其位而行，方能居静慎独，方能反求诸己，也只有能事事反求，才能彻底落实“行”之意义。乾初之所以倡言“素位”，一方面乃是自身崇实黜虚的性情趋向所致；另一方面是忧心世俗儌幸虚浮、良心日昧；然绝大部分的因素则是目睹宋明以来学风决裂正道，徒务空言从事，无益修、齐、治、平而发。学者的使命是弘扬大道、推行道德教化、博施于民而能济众，倘若不能自觉己身之责任，

① 《与刘伯绳书》，见《陈确集》，第469~470页。

一味苟且，如何使民不悖礼忘义、行险外求？乾初在《与刘伯绳书》中说："而宋儒分本体、气质以言性，何得不支离决裂乎？性即是本体，又欲于性中觅本体，那得不禅！其曰'气质之性者'，是为荀、告下注脚也；曰'本体之性'者，是为老、佛传衣钵也。两者皆从何处捞摸！不知家庭日用，处处有尽心功夫，即处处是尽性功夫，吾辈是当面错过耳。今学者言道，并极精微，即考其日用，却全不照管，可为之道乎？弟所以惓惓于素位之学者，故今日贫士救时之急务，即学者他日人道之金针也。"① 乾初所以极力宣扬素位之学，无非是要学者注重根本，求其放心，良心豁然清明，自然可以人道，曾作《大道》诗表明其心志：

大道本中庸，贤知者过之。诳曰非高明，岌岌难久持。宰予侈从井，端木夸博施；五秉辱冉子，九百羞原思；慈父请子车，直士乞邻醯；厚葬酬贤友，为臣尊圣师。详观诸子意，好德故孳孳，要之不可继，微行将终亏。未若吾夫子，言论平平而。为仁自有方，曷为炫高奇，君子行素位，愿外非所期。贫者欢菽水，悬空谁能嗤！②

这首诗中，乾初位安行之志已溢于言表。

(二)"素位"之义涵

"素位"二字最早见于《礼记·中庸》：

庸德之行，庸言之谨，有所不足，不敢不勉，有余不敢尽；言顾行，行顾言，君子胡不慥慥尔！君子素其位而行，不愿乎其外。素富贵，行乎富贵；素贫贱，行乎贫贱；素夷狄，行乎夷狄；素患难，行乎患难：君子无入而不自得焉。在上位不陵下，在下位不援上，正己而不求于人，则无怨。上不怨天，下不尤人。故君子居易以俟命，小人行险以侥幸。③

平常力行实践道德，言语上的谨慎，如有做得不足之处，不敢不勉力

① 《与刘伯绳书》，见《陈确集》，第620~621页。
② 《大道》，见《陈确集》，第667页。
③ 王文锦译解：《礼记译解》(下)，中华书局2001年版，第779页。

去弥补，做得有余的地方，不敢认为到了尽头。君子言顾行，行顾言，谨守言行相应而一致，严守本分，思不出其位，故能“素其位而行”。“素，乡也。”“素其位而行，不愿乎其外”就是“乡其所居之位，而行其所行之事，不愿行在位外之事”①。“素”即“现在”、“素来”、“平昔”之意，引申为“平常、原本”的意思②。人只要安位尽分，反求诸心，“素富贵，行乎富贵；素贫贱，行乎贫贱；素夷狄，行乎夷狄；素患难，行乎患难”，绝不逾越分际行险贪得、求诸于外，就能达到“上不怨天，下不尤人”、“无人而不自得”的旷达境界。如是，自然可以知足常乐。故“素其位而行”，实乃修身处世最切实之根底工夫，唯有随分而安，反求诸己，才能修善其德，进而由己身推广于家、国、天下，达成兼济天下之可能。所以乾初认“素位”工夫不仅是人们立身处世的重要基础，亦是齐家、治国、平天下的本根所在，倘若人人尽能贯彻“素位”之旨，正己无求于人，则家、国、天下何患不安、何由不治？“素位”即为“道”，舍素位而言道，则一切尽属空言。总之，“素位”就是立身处世要从自己当下所处的地位、条件、环境等因素出发。

历代学者对于《中庸》“素位”义涵之解释，有众多独特的见解，我们录于下，以便对乾初的“素位”说能有更深入的理解。宋朝张九成认为“素位”即所谓的忠恕之道，因此“君子力行忠恕之道，正己而不求人，故处陵忽干援之中，其心泰然无丝毫之怨，以至身行于贫贱、忧患、祸难丧失、不可堪处之间，一皆以忠恕为乐，若将终身于此而不动焉，夫何怨天尤人之有？此无他，君子居忠恕以应天命而已”③。宋朝黎立武认为“素位”

① 郑玄注、孔颖达疏：《礼记正义》，上海古籍出版社1990年版，第882页。

② 参见（明）胡广等人所撰《中庸章句大全》，第94页（收录于《中国子学名著集成》第十七册，珍本初编儒家子部，中国子学名著集成编印基金会印行），朱熹解释：“素，犹见在也。”“君子素其位而行，不愿乎其外”意思是“言君子但因见在所居之位而为其所当为，无慕乎其外之心也”（《四书章句集注》，第24页）。

③ 张九成主张“素其位而行，尽其在我也；不责备于人，不愿乎外也。涵泳乎忠恕之中，郁如三春，薰如醇酎，何所往而不可乎！素犹雅素之素……吾有忠恕之道，无入而不自得，故尽其在我，不责备于人，是以戒慎恐惧不敢使一毫私意介乎其心，而宽夷平易优游怡愉，衎衎如也，融融如也，自得之道？在乎此。呜呼，忠恕其至已乎。”（张九成撰：《中庸说》，收录于《中国子学名著集成》第十六册，《中庸汇函》第41～44页）

即志士仁人修身正己之工夫。[①] 元朝许谦认为“素位”是守德君子随分中节、行其当行之自然反应，绝无一丝一毫勉强造作之姿。[②] 明朝释德清认为“素位”是“一节申上文道不远人之意，而诚学者不可矫强外求也。以其道在心而备在我，就当在我平素所处之地位率性而行，不可妄有一念外慕别求之心，才有别求之心，便不是中庸道理矣。”[③] 清代胡渭更是详论“素位”即行“道”之意。位虽万殊，道则为一，盖道为万物之根本也，故谓“行者随其位而行其道，非行其位也”[④]。此说最能涵盖诸贤众说，不但将素位之意义诠释得十分深刻，亦将君子仁者所以会“素其位而行”的背后原因鲜明点出。唯有依循大道而行，内心方能怡然自足，别无所求，若不能以至道作为生命的终极依归，内心必然外驰无厌，时时刻刻皆为物欲习气所操纵控制，如是则将终生沉溺于得失顺逆之间无法超拔，成为身不由己的一具傀儡。易言之，唯有明了素位之旨，才能深刻理解顺逆为一的道理，

---

① 黎立武说“所谓素位而行、不陵不援、不怨不尤、居易俟命皆正己之事也。”[黎立武撰：《中庸分章》（清道光辛卯六安晁氏刊学海类编本），收录于《中庸汇函》第 162 页]

② 许谦云：“君子道中庸，不过因其所居之位，行其所当然，无思出乎其位而外慕也。素位而行是正说，不愿乎外是反说，才愿乎外即是不能素位而行……盖居富贵自有富贵所当行之道，不能行所当行者固不可；而位有高下，任有大小，又当随所宜而行，若有不中其节者皆非也。居贫贱亦有所当行之道，安分乐天、不厌不慑、常守不变，若有不甘为之意皆非也。凡人非富贵则贫贱，此是人之大分，至于夷狄患难，又是上两等人或有遇之之时，亦各于其中行所当行，此所以君子无所往而不自得。”[许谦撰：《读中庸丛说》（清陆韩陛手书题记旧钞本），收录于《中庸汇函》第 248 ~ 249 页]

③ 释德清述《中庸直指》（清覆刊明刊本），收录于《中庸汇函》，第 510 页。

④ 胡渭云：“此君子士大勇自强之君子也，素，注言现在，尚总其位而言也。按：素，犹言本来之谓，盖不论所值之谓，即以为吾分之固然，玩其字义，坐实是吾所当得之位，且其字中有时字义在，犹云素其时之位也，而行者随其所居之位，总以行其道也，而字是著力语，不竟是自然语也，游氏即其位而道行乎中，若其素然。语过自然，是素其道，非素其位而行道也。且若字亦有语病，不若王㭨庵之说为近之，行者随其位而行其道，非行其位也，位不同，随其位而行者亦不同，而道非有不同也，素其位三字，正其所以能行实际也，惟居之安，则资之深，取之左右而逢原，又何愿外之有？盖尊道而行之难，正素其位而行之难也。素位即对遵字言，必知之甚明，无位非道之所在；守之甚固，无位非道之所由，然后行之必不能已。固勇即贯知行之内，而知行非勇不能尽也。愿乎其外，自不必为君子虑，而必足言之者，正为半途而废者说也。盖半途而废，皆愿乎外者之念启之，固于此抉其所由废知之隐病根由，而以明君子之不然也，言下正鞭策废者到素其位而行去耳。”[胡渭撰：《中庸诸注纠正》（清人钞本），收录于《中国子学名著集成》十七册，第 327 ~ 328 页]

此乃君子所以能够无入不自得的内在缘由。[1] 乾初“素位说”即是“随其位而行其道”，不仅是落实践履的笃实功夫、安贫乐道的立身处世之学、切合日用的平易至理，更是居仁由义的立身大道。

（三）“素位”是立身处世之道

明末清初，社会弥漫着一股以“死”为守节象征的浮滥风气，在面对生死出处问题上，乾初必须作出心安理当的选择与判断，以“素位”为准绳，安之若素、泰然自适、行当义理、“素位而行”、责己自律、持志笃行、明辨是非真假。观乾初“尝欲于《素位章》更添一语，曰‘素疾病行乎疾病’”，[2] 处贫病危厄之中，皆能勤勉行志，不因外境稍折气节。乾初深谙素位之学，合于道义者，即所当行者，谨守己身之本分，正所谓“事无大小，务求当于义理而后敢行”[3] 也。

（四）“素位”乃是极为平常的工夫

“素位”乃是极为平常的工失，故“家庭日用，处处有尽心功夫，即处处是尽性功夫，吾辈是当面错过耳”。“学者高谈性命，吾只与同志言素位之学，则无论所遭之幸与不幸，皆自有切实工夫，此学者赏受用处。苟吾素位之学尽，而吾性亦无不尽矣。今舍素位。言性命，正如佛子寻本来面目于父母未生之前，求西方极乐于此身既化之后，皆是白日说梦，转说转幻，水底捞月，愈捞愈远，则何益之有乎！或曰：如子言学，却粗俗否？曰：吾言虽粗俗，如草蔬麦饭，却可疗饥；诸子言虽精微，如龙肝凤髓，却不得下咽也。”[4] 正因素位之学平常质朴，人常视为硁硁小节，不加重视，以为唯有穷尽精微者方是大道本质，殊不知，彼所言大道者高蹈幽远、难以为继，终究是水中月影，无得捞摸，倘若“道”真如是无从触及，则古圣前贤又何须苦心设教，反复倡导言说？至道质实易操，人人皆可修持，虽极平易无奇，然无处非道，更须时刻谨慎、终食无违。曾子曰：“士不可

---

① 参见王琇瑜《陈乾初处世思想探析：以素位、葬论思想为中心的讨论》，国立中央大学硕士学位论文，第71页。

② 《与吴仲木书》，见《陈确集》，第142页。

③ 《遗祝凤师兄弟书》，见《陈确集》，第100页。

④ 《与刘伯绳书》、《近言集》，见《陈确集》，第620页、第429页。

以不弘毅，任重而道远。仁以为己任，不亦重乎！死而后已，不亦远乎！"①奉行"素位"，亦是如此，无时无刻均不可轻易放松，以仁义圣学为目标督促自我，何患离道！"素位"就在于日用常行之中，"主忠信，好问察，谨独知，行素位"，此十二字，是乾初行素位之学——圣学——的纲领："近日所欲请事者也。要所谓圣学，亦不外此。诸子岂有意乎？若夫神而明之，则存乎人。呜呼！学固未可以言尽也。"② 乾初论述"素位"是日用伦常中极为平常的工夫，洋洋大观，繁不及载，兹举其荦荦大者如下：尽心、求放心、慎习复性、志学（志道、志仁）、反求克己、知过改过等数端即是"素位"在日用伦常中的具体表现，这些方面，前文章节已有论述，在此不赘。要之，"主忠信，好问察，谨独知，行素位"即是乾初立身处世之道。

二、葬论思想

乾初"素其位而行"，积极呼吁，不遗余力，尽其所能，改革葬埋陋俗等，乾初认为"民困之最大且亟者，莫过于葬埋之无制"③，他尤为重视"葬事"，曾撰大量论葬著作，提出一系列葬论理论，他积极参加葬社，制定葬约，对葬师理论的错误与实际衍生的流弊，给予纠正，努力呼吁，积极实践，以期达到移风易俗的效果。他提出"事事求实理实益，不苟循虚名，即违道不远矣"的原则，所谓"实理"是指"自然之理"、"人情之理"，"实益"是指"经济利益"、"教化效益"。④ 乾初据此原则发展其论葬思想并作出概括总结："'及时、族葬、深埋、实筑'八字，尤是某言葬纲领。"⑤"葬法有六要：曰时，曰近，曰合，曰深，曰实，曰俭。"⑥ 改革葬俗的具体方法可概括为四个方面：及时、俭葬、族葬、深埋。

---

① 《论语·泰伯》。

② 《近言集》，见《陈确集》，第 429 页。

③ 《投当事揭》，见《陈确集》，第 362 页。

④ 参见詹海云《陈确葬论探微》，见《清初学术论文集》，文津出版社 1992 年版，第 157 页。

⑤ 《葬书自序》，见《陈确集》第 476 页。

⑥ 《六字葬法》，见《陈确集》第 494 页。乾初对"六字葬法"作解释："时不出三月，近不出乡，合谓族葬，深入地至丈以外，实谓棺外椁内以灰沙实筑之，不留罅隙，俭谓不事虚文。盖俭则必时，合则必近，深则必实。"

(一) 关于丧葬起源

孟子曰:

> 盖上世尝有不葬其亲者。其亲死,则举而委之于壑。他日过之,狐狸食之,蝇蚋姑嘬之。其颡有泚,睨而不视。夫泚也,非为人泚,中心达于面目。盖归反蘽梩而掩之。掩之诚是也,则孝子仁人之掩其亲,亦必有道矣。①

孟子从不忍之心言葬制起源,起初,人子将至亲的遗骸简单处理而"委之于壑",终究容易招致"狐狸食之,蝇蚋姑嘬之",然而人子不忍见其亲形体为虫兽水泉所噬咬毁败,"盖归反虆梩而掩之"。即丧葬是由于不忍父母曝骸野地,因而发乎良知,主动安葬先人遗体,以求良心之安。可见,丧葬仪文设立的目的:一是为求安顿先人遗体,二是借此抚慰子孙之心,换言之,圣贤制定丧葬制度的原意,乃是奠基在人伦亲情的根本之上,其内在依据即是亲情孝道的观念。

据《礼记》,齐国贵族国子高曰:"葬也者,藏也。藏也者,欲人之弗得见也。"② 乾初对"葬"的理解与《礼记》有所不同,他认为"葬"不是藏,是掩盖,故殓、殡、葬是掩之又掩。

> 夫孝子之仁其亲也,非惟不忍葬也,且不忍殓,故三日而后殓。三日之内,无时不望其亲之复生也。三日而不生,不生矣。不生,然后殓之,殓然后殡之,殡然后葬之,遑遑然务日远其亲也者。乌远诸?哀痛之心不忍之至尔也。始不忍死者之露也,为之施绞紟以掩之。犹未安于心也,为之棺以掩其衣,殡之于阼以掩其棺。又以掩之之未固而弗可以久也,为之葬于墓以固掩之。《记》曰:"葬者藏也,欲人之弗得见也。"予曰:"非也,人子之所不忍见焉也,掩之诚是也,则何为其不掩之又掩也?"③

---

① 《孟子·滕文公上》。

② 王文锦译解:《礼记·檀弓上》,见《礼记译解》(上),中华书局2001年版,第102页。

③ 《葬论》,见《陈确集》,第476~477页。

此是承继孟子从不忍之心言“葬”，乾初认为“葬”是一种基于不忍之心的情感，即生者不忍心死者曝露于外，“人子之所不忍见焉，为之葬于墓以固掩之”，如此掩盖以期达到久固之效，这是他提出深葬说的根据。

“养生”、“送死”、“慎终”之礼是中国礼乐文化的重要组成部分，更是儒家孝道的主要内容。孟子曰：“养生丧死无憾，王道之始也。”[①] 曾子曰：“慎终追远，民德归厚矣。”荀子曰：“丧礼无他焉，明死生之义，送以哀敬，而终周藏也。……事生饰始也，送死饰终也，终始具而孝子之事毕，圣人之道备矣。”[②] 曾子、荀子从敬化之功效与推行圣人之道的方法上论慎终送死之重要。于是事死如生，竭诚尽衷，克终后事，始有一个伦理道德之意义，并成为评断一个人在孝道上是否大节无亏的标准。[③] 就儒家哲学而言，“孝”是行“仁德”的起点，为道德实践的开端，[④] 所以，“生，事之以礼；死，葬之以礼、祭之以礼”[⑤] 的根源动力即是人子孝亲之思。

（二）乾初批判葬师的原因

葬师[⑥]为使人们相信先人遗体真能福荫子孙，除利用“孝道”的幌子，并提出“父子一气”、“地灵人杰”的理论，大倡龙脉地气之说，从而订定许多葬时、葬地之禁忌事宜，教人们一一遵守，勿使自己“一事失所，祸及子孙”。乾初对自己葬亲之遭遇、友人的上当受害，进而反省葬师所带来的耕田浪费、风俗败坏、亵渎儒学的弊病，站在经世之学的立场上痛加挞伐。[⑦] 詹海云先生把乾初批判葬师的原因归结为五个方面，值得参考：一是葬师主张浅葬，导致陈确先人曝尸坟外；二是葬师主择地而葬，导致人们久丧不葬，终至棺毁骸亡；三是葬师假借孝道之美名，使贤愚胥溺其中，

---

① 《孟子·梁惠王上》。

② 《论语·学而》、《荀子·礼论》。

③ 詹海云：《陈确葬论探微》，见《清初学术论文集》，文津出版社 1992 年版，第 125 页。

④ 《孝经·开宗明义章》言：“夫孝，德之本也，教之所由生也”。《春秋左氏传》言：“孝，礼之始也”。有子曰：“孝悌也者，其为仁之本与。”（《论语·学而》）

⑤ 《论语·为政》。

⑥ 葬师，俗称地理师、堪舆师、风水师。

⑦ 参见詹海云《陈确葬论探微》，见《清初学术论文集》，文津出版社 1992 年版，第 126 页。

不敢违抗；四是葬师广求葬地过巨，造成人们无力办理死者丧事，或靡费有用耕地，严重影响活人生计；五是葬师祸害世人，已及剥肤，欲经世济民，首务改革葬俗。①我们在此基础上稍作一些探索。

“养生送死”本是人之常情，但明末清初的江浙一带，厚葬之风十分盛行，“每一拭目，平原旷野，垄树弥望”，以致出现“耕夫拱手，民业日促”②的现状。随之而来的土地纠纷和宗族械斗事件不时出现。乾初认为造成这种现状的根源在于葬师。他们利用人们避祸邀福的心理，为索取钱财而摇唇鼓舌，推波助澜，使厚葬之风愈演愈烈。因此，乾初把葬师作为首要的批判对象。他一再申述：“今天下之异端为害多矣，葬师为甚……凡书之言祸福者，皆妖书也，而葬书焉甚。”③葬师“妄言祸福，隔别天亲，惟图厚利，不顾民业”④，由此而痛斥葬师所做的都是“残民以逞”⑤的行为，所以“葬说之害，复百于佛氏”⑥。并且诅咒葬师，虽百千万亿中，未有能善其后者，不是祸及自身，就是子孙灭绝，必将招致断子绝孙的命运。因为他们的所作所为是“以无为有，以是为非，隔绝天伦，广废耕地，下乱人伦，上干天刑”⑦，故其招致天伐，实属“理之必然”。

第一，葬师属内出之贼，必攻之。⑧明末清初，葬俗沉沦已极，葬师使人蒙蔽混淆，是非难辨，诉诸风水的风气至为盛行，几乎人人皆受此风所染。人们狃于谬俗，以为只有依照葬师之所言举丧才是慎终怀亲的表现，

① 参见詹海云《陈确葬论探微》，见《清初学术论文集》，文津出版社1992年版，第127~134页。

② 《与同社书》，见《陈确集》，第484页。

③ 《葬书下·甚次》，见《陈确集》，第489页。

④ 《投当事揭》，见《陈确集》，第366页。

⑤ 乾初说：“而今天下葬师如织，残民以逞。”（《与吴仲木书》，见《陈确集》第83~84页）

⑥ “弟尝谓今世佛教之害，百于杨、墨；葬说之害，复百于佛氏。弟方并力以攻葬师，未暇辟佛，因感兄教，故偶及之，非敢护己而求胜也。”（《与老友董东隐书》，见《陈确集》，第85页）

⑦ “至于葬师，虽百千万亿中，未有能善其后者。此百千万亿中，岂无一人明通诚懿，洞阴阳而尽忠计者，而天胡罚之若此之必也，盖居心虽净，而操术已乖，信妖人之伪书，废族葬之良法，以无为有，以是为非，隔绝天伦，广废耕地，下乱人纪，上干天刑，理之必然，何足深怪！”（《与同社书》，见《陈确集》，第483页）

⑧ 乾初曰：“……辟《葬说》……贼自内出者也，故攻之，犹之自治之道焉耳。虽然，自今以往，敢不惟己之忧而徒滋夫口！”（《异端论》，见《陈确集》，第166页）

从古礼而行，反而容易招惹非议。葬师主张浅葬，其目的在于方便他日迁葬，但浅葬之后往往会因水灾、风害导致土壤流失。又每易成为“乞人掘蛇，猎人掘獾”的对象，导致棺毁骸残。① 乾初早年亦曾受习俗影响浅葬先人遗骸，每思先人之遭遇，“念之几不欲生”②。反思自己和友人葬亲之遭遇，乾初力辟葬师、葬俗之非。

> 尝论异端之害，自杨、墨而后，学莫诡于二氏，佛、老而外，祸莫烈于葬师。窃以文公之欲火佛书，与温公之欲焚葬书，皆绝世之卓识，至仁大勇之事，孟子以来，二公而已。然杨、墨、佛、老，世犹知为异端，而葬书猥托仁孝，贤者皆不免焉。确是以大惧，每不忍与此辈共戴天。③

---

① 《投当事揭》：“今世俗皆惑于葬师之说，谓深则有水，苟为浅葬，浅葬不已，渐且培土高葬，名虽为葬，实同暴露。每见风雨摧残，不出数年，便已坍毁，蚁垤兔穴，以饱虫兽，乞人掘蛇，猎人掘獾，动遭开发。子孙熟视，无可如何。纵立时收拚，而棺骸残毁，冤痛曷伸！覆辙相仍，莫之惩改。此皆习俗之迷，风水之祸也。”（《陈确集》，第367页）

② 乾初曰：“先人初年遭履困阨，艰苦备尝，孝养未闻，一旦奄弃，循俗浅葬，思之几不欲生。”（《居杨桥记》，见《陈确集》，第223页）

③ 《复朱康流书》，《陈确集》，第130页。按，贤者也不免受葬师之害，如：乾初至交祝渊（开美）为替其父士奕公谋风水胜地于曹湖，不惜倾家荡产以购曹湖之地，结果“诸曹之有旁田于曹湖者，率以是致富”。又于士奕公忌日，重金乞请云栖僧设水陆忏，乾初曾规劝之，祝渊答以“某非不审也，然尝以为苟可縻吾财，疲吾形，以酬父母，虽知无益恒无辞为之。”（《祝子开美传》，见《陈确集》，第275页）再如：乾初诤友张履祥（杨园），其大父晦庵公卒后（崇祯三年，1630年），履祥本已自行择地择期，卜吉安葬，但由于村民惑于风水之说，恐履祥大父坟破坏风水，多方阻挠，因此不得下葬，乃停柩於庄上。过了十一年“盗火其庄，延及攒室”，晦庵公之棺骸竟付一炬。（苏惇元《张杨园先生年谱》，见《杨园先生全集》，中华书局2002年版，第1500页）乾初对此述之：“故先王之制……虽天子之贵，无踰年弗葬者……今则非但于此已也。有数十年不葬者，有数世不葬，数十棺不葬而终于不可知者。一朝失火，朽骨灰飞；或遇水灾，漂流天末。崇祯之戊辰，浮棺蔽河，子孙莫能辨焉。其入大海者，更浩淼不知其所往矣。虽曰天数，谓非人子之焚溺其亲，吾不信也。”（《葬论》，见《陈确集》，第447页）对此“胥愚骨溺，罕能出头”的现象，乾初心痛之。因此，以儒学来净化葬俗异端，使人们不再受其危害，乾初与张履祥一道有志于力行改革葬俗。

乾初之所以视葬师为异端，为远胜佛、老的“害之大者”，[1] 除风水之论悖道害俗、有违古训外，有很大的因素在于葬师不仅妄说祸福诳欺世俗，更“猥托”仁孝之名，利用孝子哀戚之心，主张择地厚葬，骗取钱财，致使时人不察此患之祸。司马温公深痛葬书惑世，力反葬师所言，乾初深服温公之先知卓识，哀叹时人反而把葬师所言尊奉为圭臬，行之不疑，不但曝露先人遗体，漠视圣哲遗训，甚至还认为这是尽孝道的行为，以非为是。寻风水、择葬地、以埋葬先人遗体禳利求福，庇荫子孙。乾初认为此等愚行无异饮鸩止渴，葬师之说是诱人逃于虚而不务实行，使人耽于幻想而不力行，尚汲汲营营迷不知返。乾初《甚次》一文便曾详辨葬师之诬：

> 今天下异端之为害多矣：葬师为甚，佛次之，老又次之。夫佛老之为异端，信矣。然愚者惑之，害于财已耳；知者惑之，以枯灭自废，偏私伤道已耳。罪未至于暴人骨，拆人父母，启争速狱，家破亲离，祸若此其甚者也。……若葬书之倍叛失理，尤非佛老之书之比，而儒者莫之辨。葬书诬矣，葬师又甚焉，而儒者莫之黜，又躬劝为之戒。夫乐大祸而忧小患，不思去其剥肤者，而随声以吠其至缓者，真所谓放饭流歠而问无齿决者也，亦不知类甚矣。[2]

葬师鼓吹风水，广播吉地之说，使争地、分葬之俗大起，不但开启扰攘之端，亦促使人伦秩序为之倾乱，兄弟阋墙、骨肉离析，悖理已极。而表率风化的儒生士人却鲜有能察其为媒蝎祸根者，或随波逐流，不敢逆俗，或溺于葬师孝亲之说，为酬亲恩，无辞行之，殊不知葬师诹吉择日之说乃众乱之源，乾初忧心丧葬时俗为风水所困，“贼自内出者也，故攻之，犹之自治之道耳”。

第二，葬师妄兴祸福之说以惑世欺人，欲在赚取钱财。

> “然则福祸之说何自起乎？皆妄者也。”曰：“起于葬师之欲贿

---

① “日用之礼，冠、昏、丧、祭而已，而今乃至于无冠礼之可行。……丧礼不做佛事，不设乐部，而士逡巡而未能，姑俗而已矣。然犹非害之大者也。葬法不惑风水，不拘时日，而俗无不惑而拘之者……至暴骨数世而不葬，可谓人乎？”（《道俗论上》，见《陈确集》，第169~170页）

② 《葬书下·甚次》，见《陈确集》，第389页。

也。彼知人子哀亲之心必不胜其避祸邀福之心也，而夸其辞以动之，则重贿立至，不虞夫愚夫妇之终惑其说而不悟也。非惟愚夫妇为然也，贤知之士皆终惑之而不悟也。”①

在《葬论》中，乾初指出葬师妄言祸福背后的可恶居心：从中获得实惠暴利。并且，葬师所言祸福择葬之论，实存许多疏漏，纵使葬师力图自圆其说，其欲贿昧心，仍昭然若揭，欲盖而弥彰。

第三，葬师择葬之论广求葬地，伤稼害生。

葬师为求厚利，广布葬地、伤稼害生，劳民伤财。孟子曰：“诸侯之宝三：土地、人民、政事。”② 中国历朝君王莫不视土地为至宝，土地之所以被列为国策之首，无非是以其能生稼养民故也。然而葬师却不审利害，擅兴风水择地之说，误导人们为得宝地吉穴，轻废良田耕地，腴田沃土顿成坟茔之域。为了使少数人遂其妄欲贪念，而使多数人饥饿冻馁，岂不叫人寒心哀叹！故乾初六十岁了还投揭当事，痛诋葬师，希望能借官府的力量扫除贻害万千的风水谬误。

民困之最大且亟者二端：一曰水利不讲也，二曰葬埋之无制也。此皆关系生民大故，不敢不痛切上陈。……生又闻天地之大德曰生，生人之大宝曰土。故孟子称诸侯之宝，首列土地，诚重之也。今中田一亩，岁出米、麦、豆三石以上，腴田出四五石以上，是一夫之食也。若夫桑麻瓜果之田，岁出一二十金以上，是数口之粮也。今葬师鼓其妖说，轻破民田，坏族葬之古制，使人父子祖孙曾不得同穴。每葬一棺，必博求良产，动废数亩，其茔封开广者，或至一二十亩，农民拱手，不敢复业，可为大痛。今一邑之中，终岁举葬者，不啻百家，岁废千亩，是夺千人之食也。驯致百年，便废数十万亩矣，是夺亿人之食也。大邑，田不过百万，小邑尚不足十万。由今之道，无变今之俗，欲民之无饥，不可得也。先王之制，不以死伤生，故死必择不食之地而葬。……甚有广营福地，屡葬屡迁，颠越险阻，终不成葬者。每迁一坟，

① 《葬书上·葬论》，见《陈确集》，第481页。
② 《孟子·尽心下》。

辄弃地若干亩，荒秽满目，略不加恤。废茔既广，子孙穷之，卖妻鬻子，不足赔粮。贻累世之害，夺万民之业，破伤皇土，违逆天心，异端之祸，无烈于此。故凡百葬师，天罚必重，非及身流落，则子孙灭绝，万无一全。此孽辈由己作，虽万死何惜，其如久贻天下苍生之害何!①

《与同社书》曰：

且欲以一人之朽骨，长据数亩之腴田，其茔封开广者，或更至数十亩，苟此俗不变，地何以给？民何以堪？此何异暴君污吏之多为园囿洿池以害民者乎？顾古之为暴者，国止一君，今之为暴者，一乡有数十师，一师阡数十坟。古之园囿，君可公之于民；今之坟茔，父不可公之于子。每一拭目，平原旷野，垄树弥望，率皆沃壤，耕夫拱手，民业日促，可为寒心！夫辟莱任土，犹犯王诛，以此絜彼，功罪之相去又不翅什伯千万矣。故明知之士，不以死伤生，诚达于分义之至也。……今约而计之：十亩之宅，小大内外，率容百人，曾不以为隘。死者无所复须，不过容棺，动静异宜，当倍缩于生者，而所费之地更百于生，此何义也？作俑无后，故天罚之加，独惨于葬师，诚不可不惧。②

乾初认为葬师之危害更甚于暴君污吏，暴君污吏枯竭民力，恣欲大兴土木，广造城池园囿，虐民而使民生凋敝，然而城池园囿有朝一日终可公之于民，所虐者亦仅止于一时。而葬师择葬，表面看来虽不若暴君昏吏屡兴民役的残酷暴烈，但其后果却远比营建园囿洿池要来得深远长久。盖世人遵奉葬师之言，葬必择穴，“每葬一棺，必博求良产，动废数亩，其茔封开广者，或至一二十亩，农民拱手，不敢复业”，长久下来，农田尽废，不但百业为之萧条，还会导致民无可食之地的窘境。“以浮生之多故，所居则必有寝室焉，爨室焉，米薪之室焉；犹不能无交游宾客之往来也，则又必有客馆焉，儒则有书室焉，农则有圃场焉，犹未闻无地而给之。”③ 是以生

① 《投当事揭》，见《陈确集》，第366~367页。

② 《与同社书》，见《陈确集》，第484页。

③ 《葬论》，见《陈确集》，第477页。

人需地良多，然死者长眠九泉无所复需，而耗费之地反而更胜生人，此无异以活口养民之腴田殉赠形骸朽灭之亡者，不但对死者无益，百年之后，生人亦将无土地可供使用。《与吴仲木书》云：

> 今天下葬师如织，残民以逞，贤愚胥溺，罕能出头。某诚私心痛之。今人弃粒米于秽土，便共以为不仁。若迺良田连亩，岁出米麦豆数十斛，耕夫一家之命，成仰于此，一旦夺为坟茔，永废农业，较弃粒米之罪，已相去几万万亿，莫可推算。自非大不得已，何忍议此？而民之狂惑，以为旧茔决不可祔，葬师决不可废。"王之地有限而秦之割无已"，遵斯道也，必复反上世之不葬矣，真可为痛哭流涕长太息者也。①

粒米之微，人尚知珍惜，良田万亩岁出民食不知无数，人反而忍心舍为坟茔，买椟还珠，重死轻生，岂不至愚！

乾初目睹葬师夺良产为坟茔，破坏生产，痛心葬俗为葬师所染污败乱，故屡次著文立论，挞伐葬师损地伤生，为广大民众代言，关注民生，他提出改革葬俗的具体方法：及时而葬、循古族葬、量力俭葬、深埋实筑。这些方面，具体表现了他的淑世情怀。总之，乾初怀抱"居一乡则仁一乡，治一国则仁一国，相天下则仁天下"的淑世之志，以"实理实益"的原则从理论上积极探索，积极疾呼，力行实践，关注民生，改革葬俗弊端，其葬论思想表现了他力行实践的为学精神，具有极高的理论价值和实践意义。②

---

① 《与吴仲木书》，见《陈确集》，第84页。

② 詹海云先生说："陈确批驳葬师的理论有浓厚的复古倾向，他反葬师改革葬俗的理论根源于《周礼》、《礼记》、《仪礼》，由此可知其有'求理学于经学'（'求义理之是非，必取证于经典'）的治学态度。此外，陈确'一以孔孟为正'、'惟古昔是从'从孝道真谛的研究上，一再说葬师之说为吾儒之异端，有'恢复孔孟'，洗刷儒学杂质的意义。"（詹海云著：《陈确葬论探微》，见《清初学术论文集》，文津出版社1992年版，第174页）

结语 乾初思想仍然属于心学一系

关于陈乾初哲学思想，内地学界长期以来都把他作为宋明理学的反叛者，认为其思想已脱离宋明理学传统，梁启超、侯外庐、衷尔钜、姜广辉等都看重乾初的“反理学”思想而将其作为近代启蒙思潮的一部分。关于黄梨洲晚年思想受了乾初的影响而改变、向乾初靠拢的问题，即梨洲与乾初思想交涉问题，钱穆、古清美、邓立光等人持此看法，这是高扬乾初思想。刘述先将其与戴东原的思想相提并论，说他“以欲为首出而开始了另一思想的典范”，刘述先、郑宗义又认为乾初之学不仅是以“欲”为首出，把它等同于告子“生之谓性”的传统，甚至是下堕的自然主义。[1] 这是把乾初的思想贬得太低。笔者认为乾初之学并未脱离宋明理学的传统，仍然属于心学一系，而且是理学的重要补充与发展。即乾初之学是对宋明理学“形上玄远”理论的扬弃，而注重力行笃实之工夫，力主回复到孔、孟儒学，有别于程、朱与陆、王之学的力行实践学说。

钱穆认为乾初思想属孟子—阳明心学一系，“陈乾初论学，渊源蕺山，上溯阳明，而推极于孟子。发挥性善之旨，最多创见”。“陈乾初辨《大学》

① 参见刘述先《理学殿军——黄宗羲》一文，吴光等主编《黄梨洲三百年祭》，当代中国出版社 1997 年版；刘述先《黄宗羲心学的定位》，浙江古籍出版社 2006 年版，第 109 页；郑宗义《明清儒学转型探析——从刘蕺山到戴东原》，香港中文大学出版社，2000 年版，第 217 页。

正是阳明良知学一极好之助论也。”[①] 钱穆先生对乾初思想的定位是中肯的，乾初思想仍然在宋明道学的大传统中，陈来认为清初和清前期的思想家仍然站在儒学的立场，“他们的哲学问题意识或哲学思考的范式仍来自理学，他们大多也肯定濂、洛、关、闽（即周敦颐、张载、“二程”、朱熹）的道学思想，反佛、崇经、重气、致用是他们共享的思想基调，他们共同的文化关怀是一扫晚明的文化混乱，而致力于儒学‘正统的重建’。”[②] 乾初哲学的问题意识仍然来自于对宋明道学之弊病的反思，其哲学思考的立足点仍然是儒学救世、经世济民、力行实践，如他提倡学者以治生为本，治生比为学还要来得迫切，这与他“人欲正当处即天理”的说法基本上是同条共贯的，虽然他重视士的个人，却并未忘记士对国家社会的责任感。[③] 其理论建构的范式仍然是理学的模式，乾初依赖阳明心学、蕺山慎独诚意之教为思想基础，琢磨程朱理学，辨别儒释疆界，删汰儒学杂质，厘清学脉，对理学核心概念作出独特的诠释，从而建构自己的思想体系。虽然乾初没有刻意去做这方面的工作，尽管其体系也没有程朱、陆王、蕺山哲学体系那样博大，但其思想仍是自成一系统的体系，形成明确的立言宗旨：力行实践。故乾初哲学思想并未脱离宋明理学之大传统，其思想仍然属于心学一系。[④] 撮其大要，形成以下几点：

第一，不同意“反理学”说，乾初所“反”的是理学玄思空谈而无著力实践的一面。批判宋明理学，这是他被误认为“反理学”的原因之一。

---

① 钱穆：《中国近三百年学术史》，商务印书馆2005年版，第42页、第54页。钱穆判定乾初思想属心学，其理由是：一、乾初对孟子、阳明及其师蕺山的敬仰。“《年谱》乾初六十岁正月三日，设姚江、山阴两先生像，拜奠呈《性解》两篇，有《祭阳明山阴两先生诗》。又有《子舆篇》云：‘子舆称性善，伯安合知行。卓哉二子言，吾道之干城。’可以见其向往矣。”二、黄梨洲在《陈乾初先生墓志铭》中称其不喜理学家言。“乾初读书卓荦，不喜理学家言。尝受一遍读之，心弗善也，辄弃去。遂四十年不阅。其后问学于山阴先师，深痛末学之支离，见于辞色。乾初括磨旧习，一隅三反。逮先师梦奠，得其遗书而尽读之，憬然而喻。取其四十年所不阅者重阅之，则又格格不能相入，遂见之论著。同辈为之一哄，不顾也。”

② 陈来：《诠释与重建：王船山的哲学精神》，北京大学出版社2004年版，第16页。

③ 余英时：《中国近世宗教伦理与商人精神》，安徽教育出版社2001年版，第196页。

④ 王瑞昌也主张乾初思想仍然属于心学一系，参见王瑞昌《陈确评传》，“第九章‘偏霸’形态的心学：乾初思想透视”，南京大学出版社2002年版。

他一生很多时间致力于学术辩论，他以孔、孟“圣学”捍卫者的姿态“辨章学术”，辨《大学》、排击佛老等。在乾初著作中确实能找出一些“反理学”的资料。① 但这是对理学的批判继承，即他所谓“琢磨程、朱”，他对周、张、程、朱与陆、王之学都有批判②吸收，甚至对蕺山的《大学》之解也不乏批判，关于这些问题，详见于前文各章，不赘。他这些批判，目的是要剔除理学中的“支蔓”与“杂质”，即如他《书大学辨后》所云：“光复孔、孟，出学人于重围之内，收良心于久锢之余，庶无忝于所生，差有辞于后死云耳。”故乾初之“反理学”不同于侯外庐等人所谓的“反理学”。

第二，不同意“自然主义”说。

---

① 如：“开美邃于理学，而确素不悦理家言。”（《辑祝子遗书序》，见《陈确集》，第239页）“（父）授《性理集要》一书，确终不能读也。”［《先世遗事纪略·父觉庵公》，见《陈确集》，第534页。按，邓立光认为《性理集要》“为明成祖时胡广等编撰的《性理大全》节本。”（《陈乾初研究》，文津出版社1992年版，第65页），是否如此，待考］黄宗羲说：“乾初读书卓荦，不喜理学家言，尝受一编读之，心弗善也，辄弃去，遂四十年不阅。其后与同邑祝渊读书，渊议论不守章句，乾初每镌之；已同问学于山阴，先师深痛末学之支离，见于辞色，乾初括磨旧习，一隅三反。迨先师梦奠，得其遗书而尽读之，憬然而喻，取其四十年所不阅者重阅之，则又格格不能相入，遂见之论著，同辈为之一哄，不顾也。”（黄宗羲：《陈乾初先生墓志铭·二》，见《黄宗羲全集》第十册，第367页）

② 如：乾初批判周敦颐近禅：“程、朱谓二氏之说过高，弥近理，则犹是禅障也。非惟程、朱为然也。虽周子乏言无欲，言无极，言主静，皆禅障也。”（《禅障》，见《陈确集》，第445页）批判朱子“知止”之说，认为朱子以豁然贯通解《大学》近禅。对陆、王之学的批判，“弟于象山之说，未许者十之三四，于阳明之说，未许者十之一二，正不敢效时贤之各护门户，是则全掩其非者。所深信不疑者，惟阳明‘知行合一’之说耳。”（《答张考夫第三书》，见《陈确集》，第599页）“然弟于阳明子……至其深信古本，及说《尽心章》等处，私心亦深有未安。于程、朱，惟表章《大学》为圣经，窃以为不然；而其他言学切实处，亦多有先得我心者。”（《与吴裒仲书》，见《陈确集》，第579～580页）乾初对于程朱之说既有否定的方面也有肯定的方面。“程、朱、陆、王，皆卓然为两代大儒；至其言学，皆不能无偏。学者正可剂其同异，以求大中，则竝是圣门之颜、闵矣。夫言语文学皆优登大圣之堂，况如四子之德行卓卓者，而重隔别之，若中国之与夷狄，不亦重可悲叹矣哉！程、朱何尝不教人存心，王、陆何尝不教人穷理，从所言之异耳。有圣人者出，必能一之。”（《与吴裒仲书》，见《陈确集》，第579页）“议者谓晦菴一于道问学，而疑其支离，象山一于尊德性，而疑其空寂，皆失其实者。晦菴未尝不尊德性，象山未尝不道问学。但在象山，则有尊德性而道问学之意，在晦菴则有道问学而尊德性之意，此亦二贤之本末也。当时二子虽所见不同，而立身行已，已并卓然无愧，所谓不同而同也。而传之后学，则亦有毫厘千里之缪，故当时皆断断持之耳，岂可独罪象山哉！”（《答张考夫第二书》，见《陈确集》，第591页）这些都说明乾初对程朱、陆王之学既有批判又有继承。

乾初以气、情、才论性善，性由气上见之，扩充而后始见性之全；又认为“天理正从人欲中见”、“从人欲中体验天理”，人欲恰好（正当）处即天理也，承认合理的“欲”、“私”。刘述先、郑宗义等人认为乾初性论思想中并无超越意义，而且是以欲为首出，甚至是告子“生之谓性”的传统，是下堕的自然主义，显然有误。“生之谓性”是人的自然属性，是“目好色，耳好声，口好味，心好利，骨体肤理好愉佚”等人所共有的生理、心理欲求，当然有其合理地位，但不能作为人与禽兽区别的那点“几希”，这一点孟告之辨已经明了，程明道对此亦有深刻阐发，参看第二章“性善本体”。

“自然主义”说忽略了一个问题：贞定工夫实践方向、保证成就道德的根据。在陈乾初思想中，仍然是内在的道德本心（即性善）。乾初说：“虽圣乎，于人之性曾无毫末之加焉。”乾初认为性善为先天本有，人人具足，既使后天修养成就圣贤，于性也不能有所增减。性善本体是超越的，要由气见性，孟子、阳明、蕺山皆以气言性，认为离开“气质之性”无“义理之性”，即程明道曰：“论性不论气，不备，论气不论性，不明。”他们以气论性，性由气上见，其思想能保持超越性。而乾初强调性由气、情、才上见，强调工夫实践，就被认为是没有超越性，而且还被认为以欲为首出，下堕为自然主义。这未免有失公允，我们认为乾初继承孟子、阳明、蕺山以来以气论性的思路，他是以理（或性善本体）为首出的，注重工夫实践去彰显“性体”的思想。要之，乾初强调气无不善，性善要于气上“见”，并不意味着他抹杀了宋儒所建构的“形而上”的性善本体，从而把性善本体下堕为“形而下”的自然主义。相反，乾初是在性善本体前提下，强调通过气、情、才来展现性善本体。

第三，不同意乾初无超越层面关怀说。

有的学者认为乾初哲学中无“形上”关怀，“缺乏形上理论建构”，其根据是他反对谈“本体”。非也！乾初并非不谈“本体”，此“本体”即是孟子所谓的道德本心（性善本体或阳明的“良知”），乾初“性善本体”源于孔孟道性善之旨，继承宋明理学中人性是先天的，即孟子所说的“天之所与我者”，认为性善人人本有，性善本于天（道），即承认性善本体的超越性，此与宋儒是一致的。但他强调性善本体的实践义，认为超越的性善本体必须靠“人道”来彰显、实现，即乾初的理论重心在于人的现实生命活动中的道德践履，强调依靠人的工夫修养实践实现性善，使超越的性体真正实现、体现出来，在这个意义上，“义理之性”与“气质之性”合一，“气质即义理”。乾初认为性善本体虽是当下本有，后天不能有所增损，然而必须经过工夫践履方可契入，并非空口谈论即可知“性善本体”，故乾初强调性善要通过“扩充尽才”的工夫修养始见性之“全”，这使性善能够在工夫实践中实现并具体地彰显，而性善本体亦在此工夫实践下被证成。所以，他反对宋儒以来由“人生而静以上”去讲性善本体，认为那是一个虚置的本体，认为仅仅口诵本体而无实行，是空洞无益的，关键是性善本体应从工夫实践上讲。

可见，乾初虽然注重道德践履、力行实践的“形下”经验层面，从“形而下之器”去契入“形而上之道”，下学而上达，强调本体要靠工夫来表现，但其思想中仍然保持着超越层面的关怀，与宋明理学亦有思想上的连续性。从思想史看，这种转向好像是思想断裂了，但从学术上看，这是学术典范的转移。因为理论与实践、理想与现实、信仰与生活、“形上玄思”与“形下建构”、本体与工夫之间是相互关联而不分裂的，是一个问题的两个方面，本体与工夫并重，本是儒学应有的。在明末清初一些人高谈心性而无实行的背景下，乾初强调“形下”的工夫实践层面，但并没有放弃“形上”的层面。

第四，“扩充尽才”说。

对于乾初“扩充尽才始见性善”的思想，蒙文通认为这是以“发展论”论人性，是深合于孟子的，并认为这是宋明理学新的进步或发展，是乾初对儒学的一大贡献。蒙氏的看法值得肯定，他看到乾初发挥孟子以来“扩充尽才”的思想价值，无疑是睿见，但不能把乾初归结到人性“发展论”。人性“发展论”认为：人性不是先验的性善，而是在后天的发展中不断形成的，即不设定先验的性善。人性“发展论”是明末清初从王船山到戴震论人性的一条重要线索，王船山讲性“日生日成”、讲“性日成，命日降”，天天日新又新，永无止境。乾初讲“人性无不善，于扩充尽才后见性善”之理路不能归入这一线索。虽然乾初“扩充尽才”以彰显性善、实现性善的工夫理路与“发展论”相似，但乾初承认先验的性善本体，认为先天的性善要靠后天的工夫实践来显现。乾初的人性论确实已不同于宋儒的人性论，其独特之处在：于性善论基础上，从工夫实践层面论人性，性由气上

"见"之，强调人性的实践义、彰显义、完成义。乾初认为性善必须由后天的工夫修养扩充，才能见"性之全"，他说："今夫一草一木，谁不曰此天之所生，然滋培长养以全其性者，人之功也。庶民皆天之所生，然教养成就以全其性者，圣人之功也。非滋培长养能有加于草木之性，而非滋培长养，则草木之性不全。"人性先天俱足，就无所谓"全"不"全"，"性全"之"全"是指经由工夫修养、力行实践，经教养成就，而使人性逐渐彰显，实现性善。总之，乾初是从工夫实践意义上论性善，其人性论是先天论与后天工夫论的统一，既具"形上"的超越性又具"形下"的经验性，人性的"形上"的超越性是保证人可能成就道德的根据，人性的形下的经验性即工夫实践又是人性展现、实现的途径。

第五，即欲见理说。

对于天理、人欲判分为二的"理、欲"对立观，乾初主张"即欲见理"，他对"人欲"、"私"作正面的肯定，在乾初，"欲"、"私"是中立的，"天理"是理想的、超越的本体，并且乾初所说的"恰当处"便是超越性的理想的境界。乾初作《私说》，对"私"观念作了颠覆性的诠释，肯定君子亦有私，参看第三章"人欲正当处即天理"。沟口雄三认为：明末清初思想家肯定"人欲"、"私"，但并没有将"天理"放逐到负面坐标上去。[①]乾初反对"无欲"说，突出"欲"、"私"，并非就是要人纵欲，而是强调满足欲望必须依循天理而行，即肯定"合理"的"欲"、"私"，用道德理性制约感性欲望，仍然是把"理"放在第一位。而超越性、理想性的天理不能离开日用伦常言之，所以他说"人欲正当处即天理也"、"从人欲中体验天理，则人欲即天理"。乾初强调在日用中体认天理，天理就在人欲中体现。乾初企图从理论方面建立起以理为本的理欲统一观，作为人们进德修业和生活实践的根据，使儒学长期以来处于对立状态的理欲观，能够从冲突对立而转向和谐一致：既不要过为抑遏人欲，也不要违背了道德实践。

第六，慎习说。

"过"与"恶"从何而来？程朱理学认为"恶"源于气质、人欲，乾初认为如果以气质禀赋为道德上的恶，那么人就会由于气质禀赋上的差异

---

① 参见沟口雄三《中国前近代思想之曲折与展开》，上海人民出版社 1997 年版，第 3 页。

而推诿自己所犯的“过”与“恶”，这根本不利于克服“过”与“恶”。故他认为恶源于“习”，因为性善是人人可以为善的根据，有“不善”出现由于人自暴自弃不尽心努力而放失了“性善”，他说：“习于善则善，习于恶则恶矣。故习不可不慎也。”这似乎涉及“意志”、“意愿”的问题，又引出以下问题：人之为不善，关键并非取决于“习”的本身，“习”是被决定的，它并无主动性。人的过恶应该是归诸于可以决定“习于善”或“习于恶”的人的意志。即“习”是外在的、表面的现象，如此，“恶”就不是根源于“习”，而是根源于“意”，乾初以“正心”工夫贞定意志、培养意志。

乾初要人“慎习”，一是认识到“习”对于“性”的重要意义，要通过教育、学习培养善“习”，去除恶“习”，因为在日常生活中，人养成各种习气（习心）、恶习，而“习于善则善，习于恶则恶矣”，故要慎之。二是在日用伦常中抓住每一个细节，事事不放过，力行实践以改过，“事事不轻放过，是时习真传，是求放心要诀，是戒惧不睹闻实功”。做到以上两点，“复性”就有可能。“慎习复性”说的意图很明确：人必须为其恶行而负起责任，因为为善还是作恶都是个人自己的抉择（意向问题）。就是说，人在工夫修养、践仁履德中，必须自我做主。

第七，改过说。

“改过”说是儒家道德修养工夫论的理论基础，是实现理想人格、成就圣人（成德）的重要手段。乾初“改过”思想在其力行实践哲学中极为重要，标志这一思想纲领的一句话是“知过改过，便是圣学”，所谓“知过改过”是指自知、自省、自反、自改。自知过错谓智，然后能够克己改过，改过谓勇，无不知、无不改谓仁。故曰“千圣心法，皆尽此知过改过中”，圣人品格是从千兢万业中磨炼得出的！这与他的为学主张一致，乾初要人事事身体力行，见善必迁，知过必改，要戒慎恐惧，时时小心，细加搜剔，从有过得无过，以达到“无过求有过，不至至善不止”的圣学境界。无疑，乾初“改过”说是受到其师刘蕺山的影响。他谨奉蕺山先生《人谱》知过改过的实践精神，从事“改过”的工夫修养实践，弘扬蕺山的“改过”思想，组织了一个八人小组的“省过社”。

乾初从内心（良知）深处来寻找“过”的根源，这确实继承了其师蕺山《人谱》的思想。虽然人人有过，人通身是过，但这并不可怕，可怕的是“过而不改，是谓过矣”[①]。乾初要人知过、改过，克己改过。克服自欺、自是，才能自知、自省、自反，才能有效地知过改过。虽然“良心炯炯，有过自知”[②]，但由于心之吊诡，过、恶逃过了良知的检察，过、恶由心生。王汎森认为因为在省过、改过的过程中，被控诉者和控诉者都是同一个“心”，由善恶交杂的“心”去反省善恶交杂的人，常常是有如狂人自医其狂，因而有不能认识潜习锢蔽或是“认贼作子”的困境。为了解决这个困境，逐渐发展出两种办法：第一是参加“省过社”之类的组织，借助会友的帮助来认识、纠举自己的过错。第二是不再只是从内在心性上的锻炼下手，因为内在于人心的道德境界是无法看见的，而且只从心性上下手，其效果常是不能持久的，所以人们愈益相信只有从表现在外的行为下手，由外而内才能奏效。[③] 乾初“改过说”，除了内在的体正本心的工夫外，外在的行为有三个方面：一是“省过社”成员开会互相纠过，二是提倡读书，助己助人识过，三是力行实践以改过。如同明清时期的“功过格”劝善运动一样，乾初提倡通过知过、省过、力行实践以改过等活动来解决良知自知的客观化问题，对儒家的“改过”说是有贡献的。

第八，知行“如环无端”说。

“知行合一”是中国古代哲学中重要的思想智慧，乾初在阳明的基础上作出了重大发挥，知行“如环无端”说就是他的发明。“学者用功，知行并进。故知无穷，行亦无穷。行无穷，知愈无穷。先后之间，如环无端，故足贵也。”即是从宇宙论角度论述知行循环不已的无限过程，宇宙世界无限、知亦无限、行亦无限，“行”产生“知”、“知”指导“行”、“行”验证“知”、“知”带动“行”，知行就是如此循环不已。即这是从客观来说知行“如环无端”，从人的主观认识能力来看也是“如环无端”的，乾初说：“君子之于学也，终身焉而已，则其于知也，亦终身焉而已。”乾初所说的“为学”除了求知的活动外，主要还是指人进德修业、践履道德的圣贤人格修养过程。这样，乾初已经从宇宙论的知行“如环无端”上升到道德论的知行“如环无端”。这样，乾初就认为“善”是不断发展的过程，并

① 《论语·卫灵公》。

② 《坐箴》，见《陈确集》，第354页。

③ 参见王汎森《明末清初的人谱与省过会》，载《中央研究院历史语言研究所集刊》，第六十三本，第三分，1993年，第680页。

无一绝对的“至善”境界，“善之中又有善焉，至善之中又有至善焉”。所以，人追求“（性）善”的道德行为过程也就是一个永无止境的过程，“善之未至，既欲止而不敢；善之已至，尤欲止而不能”，结论就是“夫学，何尽之有！……君子之于道也，亦学之不已而已！”以上就是乾初知行“如环无端”说的含义。这与他力行实践的为学精神同样是一致的，是他对中国哲学知行学说的贡献。

总之，乾初哲学是对程朱理学、陆王心学和时代问题进行反思和批判的结果，在阳明心学基础上，对蕺山学说作出了重要的发挥，尤其是在“气质之性”与“义理之性”合一、即本体即工夫、慎独说、改过说等方面，虽然在处理“意”的问题上，合意于心、统诚于身，但又涉及立志与正心的矛盾，仍然有把问题归于蕺山“意为心之主”之诚意说的倾向。所以，他是蕺山学说的继承者、发扬光大者，其思想仍然属于心学一系。

附论　梨洲与乾初思想的交涉

一、梨洲《与陈乾初论学书》

梨洲看了乾初的《性解》、《禅障》诸篇文章及乾初《与刘伯绳书》的书信，觉得乾初论性的义理有误，非正宗儒家的学问，故写了《与陈乾初论学书》（丙辰，公元1676年），乾初作答书《与黄太冲书》时已七十四岁（丁巳，公元1677年），由于“病困万状”，对梨洲提出的问题，“未能一一作答”，只写了一封简短的答书，对于思想义理部分未多作回辩，故书信内容，只有一些短短的问候语，① 书中言：

> 仁兄以硕德宏才，扩无类之教，唤醒群迷，吾道幸甚。弟病废十有五年，困苦万状，尚赊一死，不知何故，惟有冥心待尽而已。弟愚人也，何敢言学。惟是世儒习气，敢于诬孔、孟，必不敢倍程、朱，时为之痛心。《性解》数篇呈教，据褊见所及如此。是非一听天下之公，弟何敢强辨，重蒙驳正，感极涕零。病极，

① 《与黄太冲书》末尾有陈敬璋按语：“此书疑尚未完。”（《陈确集》，第147～148页）依乾初辨学性格和为学精神来看，在《与陈乾初论学书》中，首先，黄宗羲认为乾初“扩充尽才始能知性善”违背了孟子，乾初“言性善反得半而失半矣”，认为乾初不知性善；其次，不赞成乾初“人欲恰好处，即天理也”的命题，认为此“必从人欲恰好处求天理……恐是人欲之改头换面耳”；最后，黄宗羲认为乾初有反对未发、反对本体的倾向，“老兄不喜言未发，故于宋儒所言近于未发者，一切抹去，以为禅障……未发中和之体不可谓之禅，而老兄之一切从事为立脚者，反是佛家作用见性之旨也。”这些问题涉及乾初哲学的核心，乾初不可能不辨。但是，此答书确实没有写完，原因是“病极，未能一一作答”，乾初的健康状况已经使他不能写完这封书信。所以乾初在信中只说到“世儒习气，敢于诬孔、孟，必不敢倍程、朱，时为之痛心”。已暗含批评梨洲的意思。

未能一一作答，惟有痛自刻责已耳。空玷山阴之门，不能设诚制行，即一二知己，未能相喻，何况其他。为学原不在多言，顾力行何如耳。即弟所答刘世兄书，极为辞费，自以通家骨肉，直抒胸臆如此，已深悔其渎矣。

乾初不同意梨洲对《性解》、《禅障》的看法，并且间接批评梨洲“世儒习气，敢于诬孔、孟，必不敢倍程、朱”。因为乾初认为孔孟圣学是要人力行实践的，而到了程朱理学，不断地高谈本体，而于日用伦常却不见道德实践工夫。故乾初说“为学原不在多言，顾力行何如耳”，与其坐而论道，不如起而行之，表现出乾初力行实践的为学精神。乾初这封答书写完后不久便去世了，书信中虽未详细论及思想义理，但“为学原不在多言，顾力行何如耳”等语可作为乾初晚年思想定位的依据。

《与陈乾初论学书》共四段[①]，第一段是问候的话语，其他三段，乃是对乾初思想义理的讨论与批评，这封书信很短，涉及性善本体和天理人欲两个问题，却包含了后人对乾初思想的评价和看法以及乾初思想与传统宋明理学的差异。

老兄云：“人性无不善，于扩充尽才后见之，如五谷之性，不艺植，不耘耔，何以知其种之美？恻隐之心，仁之端也，虽然，未可以为善也，从而继之，有恻隐，随有羞恶、有辞让、有是非之心焉，且无念非恻隐，无念非羞恶、辞让、是非，而时出靡穷焉，斯善矣。”夫性之为善，合下如是，到底如是，扩充尽才而非有所增也，即不加扩充尽才而非有所减也。不为尧存，不为桀亡。到得牿亡之后，石火电光未尝不露，才见其善确不可移。故孟子以孺子入井、呼尔蹴尔明之，正为是也。若必扩充尽才始见其善，不扩充尽才未可为善，焉知不是荀子之性恶，全凭矫揉之力而后至于善乎？老兄虽言“惟其为善而无不能，此以知其性之无不善也”；然亦可曰“惟其为不善而无不能，此以知其性之有不善也”。是老兄之言性善反得半而失半矣。

① 黄宗羲：《与陈乾初论学书》，见《黄宗羲全集》第十册，浙江古籍出版社2005年版，第158～160页。

梨洲引了乾初《性解上》的文字，二人对性善的解释是不同的。梨洲批评乾初“人性无不善，于扩充尽才后见之”之说实坠入荀子之见，谓之“得半而失半矣”。梨洲是从本源义，从孟子“我固有之，非外铄也”来诠释性善说的，认为人性本善，是不假外求的，故即使没有表现出道德行为，是否扩充尽才，人性还是善的。如见孺子入井，人有恻隐之心，然而未发之于行动，人性还是善的。此说是就人可以为善而不为恶的先天能力而言，也是理学一贯的立场。而乾初同样以孟子性善论为宗，但强调扩充尽才始能知性善，即乾初除了强调性善的本源义外，还有责成实践完成义，故强调扩充尽才。乾初的讲法容易被视为不知先天的性善本体，有学者就认为乾初之学是后天发展论，[①] 有更多的学者站在梨洲的立场上，认定乾初的讲法有误，不合于孟子，甚至是荀子的性恶后天之学，这显然与乾初之学不符，乾初性善之说是孟子学的合理发展。[②]

性善是先天本有，人人具足，才能使自暴自弃之人无处推卸责任，“孟子更斩截言之，使自暴自弃一辈更无处躲闪”[③]。并且“合下有之”的性善本体是后天不能有所增损的，乾初曰：“虽圣乎，于人之性曾无毫末之加焉。”[④] 又曰：“今夫一草一木，谁不曰此天之所生，然滋培长养以全其性者，人之功也，庶民皆天之所生，然教养成就以全其性者，圣人之功也，非滋培长养能有加于草木之性，而非滋培长养，则草木之性不全，非教养成就能有加于生民之性，而非教养成就，则生民之性不全。”[⑤] 空口谈性善本体并不见得就知性，必须力行实践可以契入性之本体，工夫做到家才可

① 蒙文通先生说：“陈乾初说：庶民皆天之所生，然教养成就以全其性者，圣人之功也。非教养成就能有所加于生民之性，而非教养成就则生民之性不全。陈氏之说最为得当。概以朱子言理先气后，阳明言现成良知，皆不免强调一偏，皆蹈先天论之失，陈氏以发展论救之，而义始真切。”（蒙文通：《古学甄微》，巴蜀书社 1987 年版，第 146 页）不能把乾初人性论归入“发展论”，参看“结语”部分。

② 蔡家和认为，乾初不会因讲扩充尽才、讲性的“日生日成”而流为荀子的讲法，因为荀子的性恶后天之学，没有成圣的必然保证。按，蔡家和又引《荀子·性恶》：“足可以遍行天下，然而未尝有遍行天下者也。”涂之人可以为禹，但是不一定能为禹，就譬如脚可以走遍天下，实际上没有人靠两只脚走遍天下。此是荀子就后天现实义立论成圣之可能与否。（参见蔡家和《黄宗羲与陈确的论辩之研究》，载《国立台湾大学哲学论评》2008 年第 3 期，第 7 ~ 10 页）

③ 《性解上》，见《陈确集》，第 447 页。

④ 《圣人可学而至论》，见《陈确集》，第 151 页。

⑤ 《性解下》，见《陈确集》，第 450 页。

能“全其性”。善是没有止境的，根本没有一至善之境可止，“善之中又有善焉，至善之中又有至善焉”①。追求“善”的力行实践岂有结束之时，天命日新不已，同样，实践之工夫亦日新不已，故可以船山讲性的“日生日成”言之。② 这是强调力行实践去实现性善本体之义，即性善的完成义。总之，在乾初性论思想中，人通过“继善成性”，天道性命下贯而责成于人道，而责成于人道便是工夫论，乾初的工夫论，以工夫契入本体，故工夫即本体，如同阳明的致良知工夫（知行本体、工夫本体），工夫只是让本体常能做主呈现，故这实践、力行是工夫亦是本体，故不当认为工夫只是后天的。能知过改过，便是性善的呈现，故工夫可以契入本体，乾初少言本体，非不言本体，因为他认为本体是用实践而成，非口说谈颂而成。③

对于人欲问题：

> 老兄云：“周子无欲之教，不禅而禅，吾儒只言寡欲耳。人心本无所谓天理，天理正从人欲中见，人欲恰好处，即天理也。向无人欲，则亦无天理之可言矣。”老兄此言，从先师“道心即人心之本心，‘义理之性’即气质之本性，离气质无所谓性”而来。然以之言气质言人心则可，以之言人欲则不可。气质人心是浑然流行之体，公共之物也，人欲是落在方所，一人之私也。天理人欲，正是相反，此盈则彼绌，彼盈则此绌。故寡之又寡，至于无欲，而后纯乎天理。若人心气质，乌可言寡耶？“枨也欲，焉得刚”子言之谓何？“无欲故静”、孔安国注论语“仁者静”句，不自濂溪始也。以此而禅濂溪，濂溪不受也。必从人欲恰好处求天理，则终身扰扰，不出世情，所见为天理者，恐是人欲之改头换面耳。

乾初批评周敦颐讲“无欲”是受了禅学的影响，他对周子“无欲”的理解有误。在乾初看来，“欲”是中性的，人不可能无欲，虽然如此，乾初

---

① 《大学辨》，见《陈确集》，第554页。

② 古清美教授说：“船山讲性‘日生日成’，从生化不息中成性之善，更和乾初性善之论极为相似了。”（《陈乾初理学思想探讨》，见《明代理学论文集》，大安出版社1990年版，第311页）船山讲“性日成，命日降”，天天日新又新，永无止境。

③ 参见蔡家和《黄宗羲与陈确的论辩之研究》，载《国立台湾大学哲学论评》2008年第3期，第9页。

也不是要人放任欲望、为所欲为，乾初的看法是“人欲恰好处，即天理也”，此“恰好处”便是以理来规范“欲”，并非人欲就等于天理，只是天理在“恰好处”的人欲中，不能离开日用伦常来谈天理。可见乾初以天理为首出，人欲受天理的制约，乾初之学不是以人欲为首出的自然主义。梨洲与周子一样视人欲为贬义，以此批评乾初，认为乾初之言是顺着蕺山而言，然学蕺山而不类，因为蕺山言离气质无所谓性，但却不会言离人欲无所谓性，亦是说人欲与人心不同，与气质亦不同。因为就蕺山而言，心与性是不可分析，气质、义理亦不可分析，此二者的区分都不是超越的区分，而人欲与性，却是超越的区分，前者只有现实性，甚至是不良的现实性，而后者是理想性，是天理就不是人欲，是人欲就不是天理，形同水火一般。故周子与梨洲都认为要寡之又寡以至于无始可。而且梨洲认为“无欲故静”，孔安国始言之，然没有人视之为禅，何以孔安国可以言之，而周子不能言之。故梨洲认为要有一个超越的天理以贞定住，表示梨洲重道德的理想性，否则则顺着人欲而下滚。[1] 乾初与梨洲的分歧在于对人欲的理解不同，其实宋明理学家也不可能要人没有人欲、不饮食，[2] 而是要饮食中节、合乎理的“欲”。这样的人欲不见得是乾初要批评的，故乾初与梨洲在人“欲”的问题上可以相通，问题在于如何做到以理制欲，求“恰好处”的人欲，防止梨洲警告的“改头换面之人欲”，把不合乎理的“欲”当做天理。这些问题，参考本书第三章。

《与陈乾初论学书》末段：

> 大抵老兄不喜言未发，故于宋儒所言近于未发者，一切抹去，以为禅障。独于居敬存养，则未黜为非。夫既离却未发而为居敬存养，则所从事者当在发用处矣，于本源不加涵养之功也。老兄与伯绳书，引朱子“初由察识端倪入，久之无所得，终归涵养一路”，以证察识端倪之非。弟细观之，老兄之居敬存养，正是朱子

① 参见蔡家和《黄宗羲与陈确的论辩之研究》，载《国立台湾大学哲学论评》2008年第3期，第11页。

② 如朱子言：“然人莫不有是形，故虽上智不能无人心，亦莫不有是性，故虽下愚不能无道心。”（《中庸章句·序》，见《四书章句集注》，中华书局1983年版，第14页）

之察识端倪也。无乃自相矛盾乎？则知未发中和之体不可谓之禅，而老兄之一切从事为立脚者，反是佛家作用见性之旨也。老兄之学，可谓安且成矣。弟之所言，未必有当。然以同门之谊，稍呈管见，当不与随声者一例拒之也。

梨洲认为乾初有反对未发、反对本体的倾向。而乾初的意思非如此，如前所言，乾初是以力行实践契入本体，凡停留于口颂本体而不付诸实践者，乾初一律视之受了禅学影响，非正统儒学。但乾初尚不反对居敬存养，梨洲认为既然反对未发，反对本体，那么所存养是存养什么呢？故乾初所言“涵养”，必不是涵养本体，反而只是事情表里的涵养，这在朱子学而言称之为察识端倪，乾初之说不是自相矛盾吗？梨洲把乾初归于“见在良知”一类，与佛家“作用见性”等同，即只知在气上鼓动，而不知本源全体、不知未发之中。此是梨洲的判准，此判准是顺着其师蕺山而来。蕺山面对朱子学的涵养未发之中，谈得太多，而且支离，故认定未发只在已发处表现来纠正之；面对王学末流的“见在良知”之说的流弊，而以情识为良知，不懂涵养本源，才不致流为情识，这时宜说要涵养未发之中，故以江右王门的归寂守静为正宗，故可见蕺山学的中道思想，因病施药。梨洲认为乾初只学会了蕺山学的一半，即在气上实践这一半，另一半（所谓的涵养未发之中）却没有学习到，故梨洲认定乾初之学是佛家作用见性之旨，即在发用处上的不执著以言性空，还不知本体之真实。[1] 然而，乾初学说中，超越的本体（天道性命、道德本心）仍然具有一席之地，此是保证道德实践的可能之根据。这些问题参见本文第二章、第三章、第四章之“体证本心之工夫”的相关论述。乾初重力行实践去实现本体，其思想并非真能合于蕺山学，但乾初学说仍然是对儒学的继承与发展。

---

① 参见蔡家和《黄宗羲与陈确的论辩之研究》，载《国立台湾大学哲学论评》2008年第3期，第13～14页。

二、梨洲四撰《陈乾初先生墓志铭》及其晚年思想变化问题

四次撰写《陈乾初先生墓志铭》,[①] 表现了梨洲对乾初思想的看法与评价是不断变化的过程。乾初去世后，其子翼乞于梨洲撰写墓志铭。梨洲并未阅读乾初之书，只以乾初之子所给的一些生平资料，草草作志。所以《陈乾初先生墓志铭·一》由于不满乾初“扩充尽才后见性善”等人性论观点而只记其生平不述其思想义理，在学术评价上也只概括性地称：“其学无所倚傍，无所瞻顾，凡不合于心者，虽先儒已有成说，亦不肯随声附和，遂多惊世骇俗之论。……先生守之愈坚，顾未免信心太过。”[②] 批评乾初信心太过。

《陈乾初先生墓志铭·二》极为重要，是判断梨洲看法改变的依据。梨洲在读完了乾初的著作，对乾初思想有了相应的理解，觉得一稿中只记其生平不述其思想义理，愧对亡友，“今详玩遗稿，方识指归，有负良友多矣。因理其绪言以谶前过”[③]。梨洲以继承和发扬蕺山之学为志业，而蕺山之学不同于阳明学与朱子学，蕺山门人凋零殆尽，“环视刘门，知其学者亦绝少”。谁能发扬先师之学呢？梨洲看来陈乾初继承发扬了一些,[④] 但也只

---

① 《陈乾初先生墓志铭》,《陈确集》收录了一稿和二稿,《黄宗羲全集》第十册收录有一至四稿。《陈乾初先生墓志铭》作于丁巳（公元1677年），三年后（庚申，公元1680年）梨洲重撰《陈乾初先生墓志铭》，在八年后（戊辰，公元1688年）梨洲又作了三稿和四稿。

② 黄宗羲:《陈乾初先生墓志铭·一》，见《黄宗羲全集》第十册，浙江古籍出版社2005年版，第360页。

③ 黄宗羲:《陈乾初先生墓志铭·二》，见《黄宗羲全集》第十册，浙江古籍出版社2005年版，第367页。

④ 对于蕺山学之承继而言，梨洲认为陈乾初与恽仲升可担此任，然恽仲升所著《刘子节要》乞序于梨洲，梨洲不肯作序，可见梨洲认为恽仲升亦非真能承于蕺山学。(参见黄宗羲《明儒学案·自序》，见《黄宗羲全集》第七册，浙江古籍出版社2005年版，第3页)

"于先师之学十得之四五",[①] 可知梨洲认为乾初之学也非正统蕺山学,[②] 只继承蕺山学大要的十之四五。可见梨洲对乾初之学是称赞的，对其义理有了相应的理解，但还是未能同意其"必欲扩充到底言性善"之旨。梨洲说乾初"其于圣学，已见头脑"，对于孔孟之学已抓到重点，但还是有主张太过之处，即梨洲认为乾初"下药过猛之处，而理解错了前儒的看法者亦有之"[③]。最后梨洲说："从游虽晚，冥契心髓。不无张皇，而笃践履。"认为乾初从学于蕺山虽晚，但还是能懂得蕺山学说之精神：笃实践履，知过改过。梨洲已经看出了乾初朴素易行的力行实践之学。

《陈乾初先生墓志铭·三》与《陈乾初先生墓志铭·二》相比，没有多大变动，可谓《陈乾初先生墓志铭·二》的简本，其所异者，只在两点：一是将第一段中"于先师之学十得之四五"改为"十得之二三",[④] 值得注意。二是在保留乾初论学之基本点的前提下删减了引述的篇幅。而仍保留了"其于圣学已见头脑……在人不在性也"一段，亦即梨洲仍对乾初论性之旨表示了不同见解。

《陈乾初先生墓志铭·四》是最后的改定稿，与二、三稿相比，改动较大，大量删减了乾初学术观点的引述，在观点的引述与表述上均与二、三稿存在较大差异，梨洲简练地阐述了乾初思想的大要。第一段中既保留了

---

① 黄宗羲：《陈乾初先生墓志铭·二》，见《黄宗羲全集》第十册，浙江古籍出版社2005年版，第362页。

② 乾初之学非正统蕺山学，据蔡家和分析："第一，乾初反对《大学》这部书，认为是汉儒所作，而且是荀子系统下的汉儒所作，因为乾初认为学无止境，而实践亦无止尽，然《大学》却谈了知止之说，故可见乾初反对《大学》的讲法，这与蕺山以《大学》里的诚意、慎独为学问的首脑是不同的。第二，蕺山学，于已发、未发处，两面俱到，而乾初之学，不喜谈本体，只有作用处的一面，亦不同于蕺山。依于以上两点，黄宗羲认定乾初之学，合于先师处十之四五。"（参见蔡家和《黄宗羲与陈确的论辩之研究》，载《国立台湾大学哲学论评》2008年第3期，第17页）

③ 参见蔡家和《黄宗羲与陈确的论辩之研究》，载《国立台湾大学哲学论评》第35期，2008年第3期，第19页。梨洲说乾初："深中诸儒之病者有之；或主张太过，不善会诸儒之意者亦有之。"（《陈乾初先生墓志铭·二》）

④ 可参见蔡家和分析为何是"十得之二三"："蕺山重《大学》的诚意、慎独之说，而乾初视《大学》为伪书，若如此，则不合于蕺山思想就有一半了，而剩下的一半，蕺山左批朱子，右批王学末流；蕺山反对朱子的求未发之中，故重气上实践，此乾初得之矣；然蕺山另一面，反对王学末流的见在良知说，而倡未发之中之说，乾初未有所得，故得于蕺山思想只有百分之二十五。"（蔡家和：《黄宗羲与陈确的论辩之研究》，载《国立台湾大学哲学论评》第35期，2008年第3期，第21页）

三稿的“于先师之学十得之二三”之说，而最值得注意者，删去了二、三稿中“乾初必欲以扩充到底言性善”等批评乾初性论的文字，仅稍存其论性之意，[①]又新增维护《大学辨》的文字，指出乾初与二程、朱子、慈湖的改疑《大学》一样是“各求其心所安而已矣”，同时亦删去了二、三稿中的“其于圣学已见头脑……在人不在性也”一段，而补入以下一段文字：

> 人心本无天理，人欲恰好处即天理。其主于无欲者，非也。乾初论学，虽不合于诸儒，顾未尝背师门之旨。先师亦谓之疑团而已。其论《大学》，以后来改本，牵合不归于一，并其本文而疑之。即同门之友，断断为难，而乾初执说愈坚，无不怪之者，此非创自乾初也。慈湖亦谓《大学》非圣经，亦有言《大学》层累，非圣人一贯之学。虽未必皆为定论，然吾人为学工夫自有得力。意见无不偏至，惟其悟入，无有不可，奚必抱此龃龉不合者，自窒其灵明乎？是书也，二程不以汉儒不疑而不敢更定，朱子不以二程已定而不敢复改，亦各求其心之所安而已矣。夫更改之与废置，相去亦不甚相远也。[②]

无欲作圣，乾初已作《无欲作圣辨》，辨之甚详，认为无欲只能作佛，不能作圣，乾初主张天理只在“人欲恰好处”见之。作为乾初墓志铭的最

---

① 论性之文字为《陈乾初先生墓志铭·四》第二、三段，兹不具引。（见黄宗羲《陈乾初先生墓志铭·四》，见《黄宗羲全集》第十册，浙江古籍出版社2005年版，第374页）大意如前述，乾初反对宋明儒者从“人生而静”以上言性之本体，乾初认为这种空谈本体而不付诸实行的讲法是从佛学而来，即“悬空卜度，至于心行路绝，自是禅门种草”。乾初认为本体只能从力行实践、工夫契入，其他都只是卜度想象罢了。本体只在工夫中体现，能时时以工夫存养之，便是本体；否则口颂本体，更不是本体了。梨洲认为若依乾初解孟子而言，尽其心者知其性，性善虽是本体，然只在尽心的工夫处体会，不能悬空想一个本体，而不付诸实践。从力行实践看，乾初认为孟子的性善，取其完成义，是期待人能真知力行，虽不全合于孟子，然对于时代的针砭，具有重要意义，因为乾初知道孟子言性善本体是不可增减，亦是要人为自己行为负责的意思。乾初对于《易传》“继善成性”的独特见解是从力行实践角度责人道以成就天道。

② 黄宗羲：《陈乾初先生墓志铭·四》，见《黄宗羲全集》第十册，浙江古籍出版社2005年版，第374～375页。此段与梨洲《思旧录》中忆及乾初的看法相同，“乾初以《大学》层累之学，不出于孔子，为学者所哗，不知慈湖已有是言。古人力行所至，自信其心，不须沿门乞火。即以《图》、《书》为怪妄，《大学》为别传，言之过当，亦不相妨，与剿袭成说者相去远矣。乾初于先师门下，颇能有所发明。”（《陈确集》，第42页）

后定稿，也是梨洲对乾初评价的最后定论，梨洲认为，乾初虽有其独到的见解，然并未背离师门，因为乾初只强调蕺山思想的某些方面，但其反对处，并未与蕺山的义理冲突，应视乾初之学为蕺山学的某一方面的充分发展。纵使有其不合之处，蕺山会认为是疑团而交由后人各自体证。然乾初较为人所诟病处，在于认定《大学》非圣书，梨洲认为这是个人的工夫体证处，不一定要批评，况且这种讲法，杨慈湖已先明言之，亦非乾初独自见解。四稿中梨洲对乾初批评减少了，也无黄锺之寓言以讽刺乾初，[①] 这些都说明梨洲对乾初之学更有其相应的了解。

关于梨洲晚年思想受了乾初的影响而往乾初方向靠拢，持这一观点的钱穆先生、古清美、邓立光等学者就以此为依据之一，即梨洲几次改易乾初墓志铭、对乾初之学开始批评否定到最后部分赞成，梨洲删去了“乾初必欲以扩充到底言性善”等批评乾初性论的文字。无可否认，梨洲与乾初学术切磋辩论，不免导致梨洲学术态度的一些变化，与其说他向乾初靠拢，不如说他与乾初交往论辩之后深契于其师蕺山的学说，[②] 尤其是对道德践履、工夫实践学说的体悟。这些学术态度变化确切地说明梨洲理解了蕺山学重力行实践的一面而认肯了乾初“扩充尽才”说。

有学者认为梨洲晚年的《明儒学案·序》里“盈天地之心，心无本体，工夫所至即是本体”的讲法是来自于乾初“工夫即本体也，无工夫亦无本体矣”。[③] 钱穆先生说：“不得不谓其受乾初之影响者甚深。”[④] 钱穆先生推

---

① 梨洲以黄锺之喻批评乾初，参见蔡家和分析：“黄宗羲对孟子的性善说举其本源义，而乾初重其完成义，但若依于孟子而言，孟子还是就本源义而言，即‘仁义礼智，我固有之’，不假外求的意思，若依于此，宋明儒之言本体者，亦是就‘我固有之’的意思而言，不见得是受了禅学的影响。故人性本善，纵使因后天因素而无法成就此善，人性还是善的。此如同黄锺之比喻，三十九分与八十一分都是黄锺本性，人亦相同，有人善事多做了些，此人性本善；有人善事少做了些，此人性还是本善。”（蔡家和：《黄宗羲与陈确的论辩之研究》，载《国立台湾大学哲学论评》2008 年第 3 期，第 19 页）

② 应当说梨洲、乾初都承继了蕺山思想，都受了蕺山的影响，不可言梨洲的思想晚年往乾初方向靠拢。如梨洲的一气流行之义理，在《孟子师说》处，便有即气言性的想法，这都本自于蕺山而来，非只是乾初能言之。按，此问题，蔡家和有详论，参见蔡家和《黄宗羲与陈确的论辩之研究》之“黄宗羲晚年往陈乾初方向靠拢之辩驳”，载《国立台湾大学哲学论评》第 35 期，2008 年第 3 期，第 27～31 页。

③ 《与刘伯绳书》，见《陈确集》，第 467 页。

④ 钱穆：《中国近三百年学术史》，商务印书馆 1987 年版，第 50 页。

断梨洲有往乾初重工夫思想靠齐的倾向，其言：“从来言心学多讲本体，而此则重工夫。”[①] 其实不论梨洲还是乾初，“工夫即本体”的思想源于蕺山。

> 陶先生曰：学者须识认本体。识得本体，则工夫在其中。若不识本体，说甚工夫？先生曰：不识本体，果如何下工夫。但既识本体，即须认定本体用工夫。工夫愈精密，则本体愈昭荧。今谓既识后，遂一无事事，可以纵横自如，六通无碍，势必至猖狂纵恣，流为无忌惮之归而后已。[②]

陶奭龄强调识认本体的重要，良知本体一旦呈现，工夫即在其中。蕺山没有否认要识得本体，然而他并不同意陶奭龄的说法，认为在识得本体后，仍须戒慎恐惧，存养此本体而勿失，所谓“认定本体用工夫”是也。此时离良知本体之充分呈现尚有一段差距。如果不强调工夫，本体便容易放失，于是情欲抬头，吾人之生命便浸假而为种种猖狂纵恣所掩没，蕺山正是以情识为良知的功利主义![③] 可见蕺山强调当下实践，力行工夫。蕺山批评秦弘佑“识认即工夫”是以想象为本体，[④] 本体只在日用常行中，以识认为工夫，这已预设了本体是在日用常行之外，在日用常行之外的本体并非真本体，就如识认一幻象之识认并非真工夫一样。即使已真见得本体，仍需努力任持乃至扩充之以至尽，使之在日用常行中时起作用。否则良知之本体只流于恍惚之见，只停于抽象的状态而永不能落实。[⑤] 所以梨洲“心无本体，工夫所至即是本体”的思想来源于蕺山，而非是向乾初靠拢。

---

① 钱穆：《中国近三百年学术史》，商务印书馆1987年版，第29页。

② 刘宗周：《会录》，见《刘宗周全集》第二册，浙江古籍出版社2007年版，第507页。

③ 参见黄敏浩《刘宗周及其慎独哲学》，学生书局2001年版，第110页。

④ “秦弘佑谓：‘陶先生言识认本体，识认即工夫，恶得以专谈本体少之?’（宗周）曰：‘识认终属想象边事，即偶有所得，亦一时恍惚之见，不可便以为了彻也。且本体只在日用常行之中，若舍日用常行，以为别有一物，可以两相凑泊，无乃索道于虚无影响之间乎?’”（见刘宗周《会录》，《刘宗周全集》第二册，浙江古籍出版社2007年版，第509页。）

⑤ 参见黄敏浩《刘宗周及其慎独哲学》，学生书局2001年版，第110页。

三、《孟子师说》是否剽窃

对于“扩充”，梨洲《孟子师说》曰：“大人无所不知，无所不能，不过将本然之知能扩充至乎其极，其体仍然不动，故为不失。”① “扩充至乎其极，其体仍然不动”与“要虽仁至义尽，岂于天命之性有加毫末耶”，即乾初“扩充尽才”说之义理，② 这说明梨洲对蕺山和乾初“扩充尽才”说有了理解并运用于《孟子师说》的诠释中，再如：

> 恻隐、羞恶、恭敬、是非之发，虽是本来所具，然不过石火电光，我不能有诸己。故必存养之功，到得“溥博渊泉，而时出之”之地位，性之分量始尽，希贤希圣以至希天，未至于天，皆是不能尽其才。犹如五谷之种，直到烝民乃粒，始见其性之美，若苗而不秀，秀而不实，则性体尚未全也。③

性善本体、道德本心（四端之心）是人人具有的，但须存养扩充后才可能成就实现，性善才可能圆满，人才可能成圣，即能称“尽其才”。梨洲又用“谷种之喻”来表达“扩充尽才”以“全性”的思想，如五谷之种，须发芽成长，由苗至秀，由秀至实，谷性才算完全。这些思想和表述可以说与乾初有很大的相似之处，邓立光认为此等内容以至修辞都是陈确之学说。④ 这可能显得有点勉强，因为孟子也讲“扩充”，以五谷喻性，⑤ 甚至言未发之中、言先天之体之学的宋明儒者亦不反对“扩充”，此郑宗义辨之

---

① 黄宗羲：《孟子师说·不失赤子之心章》，见《黄宗羲全集》第一册，浙江古籍出版社2005年版，第108页。

② 参见邓立光《陈乾初研究》，文津出版社1992年版，第155页。

③ 黄宗羲：《孟子师说·公都子问性章》，见《黄宗羲全集》第一册，浙江古籍出版社2005年版，第136~137页。

④ 参见邓立光《陈乾初研究》，文津出版社1992年版，第156页。

⑤ 孟子曰：“凡有四端于我者，知皆扩而充之矣，若火之始然，泉之始达。苟能充之，足以保四海；苟不充之，不足以事父母。”（《孟子·公孙丑上》）“五谷者，种之美者也；苟为不熟，不如荑稗。夫仁亦在乎熟之而已矣。”（《孟子·告子上》）“后稷教民稼穑。树艺五谷，五谷熟而民人育。”（《孟子·滕文公上》）

详矣，[1] 故不可急于论断梨洲抄袭乾初的学说。

即使下面一段文字，我们也难以断定梨洲剽窃了乾初，《五谷者章》云：

仁之于心，如谷种之生意流动，充满于中，然必加艺植灌溉之功，而后始成熟。《易》言“一阴一阳之道”，道不离阴阳，故智不能离仁，仁不能离智，中焉而已。“继之”即戒惧慎独之事，“成之”即中和位育之能。在孟子则居仁由义，“有事勿忘”者，“继之”之功，“反身而诚”，“万物皆备”者，“成之”之候。“继之”者，继此一阴一阳之道。则刚柔不偏，而粹然至善矣。如曰“恻隐之心，仁之端也”。虽然，未可以为善也，从而继之，有恻隐，随有羞恶，有辞让，有是非之心焉，且无念非恻隐，无念非羞恶、辞让、是非之心，而时出靡穷焉，斯善矣。“成之”者，成此“继之”之功，即《中庸》“成己仁也，成物知也”之谓，向非成之，则无以见天降之全。到得成之，方可谓之熟；不然，苗而不秀，秀而不实，终归无用。[2]

我们把《性解上》这段文字录于下对比：

《易》“继善成性”。皆体道之全功，正对下仁知之偏而言，而解者深求之，几同梦说也。一阴一阳之道，天道也，《易》道也，即圣人之道也。道不离阴阳，故知不离仁，仁不能离知，中焉而已。故曰“一阴一阳之谓道”。即《中庸》中节之和，天下之达道也。继之，即须臾不离，戒惧慎独之事；成之，即中和位育之能。在孟子，则“居仁由义”、“有事勿忘”者，继之之功；“反身而诚”、“万物咸备”者，成之之候。继之者，继此一阴一阳之道也，则刚柔不偏而粹然至善矣。如曰：“恻隐之心，仁之端也。”虽然，

---

① 郑宗义认为黄宗羲所言，是谈后天扩充的文字，然此后天扩充的讲法，宋明儒者都能同意，即使是朱子谈先天之本体者，亦不反对后天的扩充，故不能因此而认为黄宗羲晚年往乾初思想靠近。而应该说黄宗羲的性善之说，除了执先天义外，亦鼓励人能实践此性善，即是说不反对性善完成义的讲法，亦是说不反对后天扩充的工夫。（参见郑宗义《明清儒学转型探析——从刘蕺山到戴东原》，香港中文大学2000年，第91～92页）蔡家和赞同郑宗义的观点。

② 《孟子师说·五谷者章》，见《黄宗羲全集》第一册，浙江古籍出版社2005年版，第143页。

未可以为善也。从而继之，有恻隐，随有羞恶有辞让有是非之心焉。且无念非恻隐，无念非羞恶、辞让、是非之心，而时出靡穷焉，斯善矣。成之者，成此继之之功，即《中庸》“成己仁也，成物知也，性之德也”之谓。向非成之，则无以见天赋之全，而所性或几乎灭矣。故曰：成之谓性。故曰：言体道之全功。[①]

“《易》言一阴一阳之道”至“向非成之则无以见天降之全”这段文字，确实是乾初《性解上》的原文，无大差别，只有几个字改动。邓立光说“依《孟子师说》的体例，凡引他人之文例必标示著者之名，示不掠美。引陈确之文而不标其名，反而在引文的首尾增添文句，变成自己的著述，如此既不符本书体例，亦有违学术良心！然亦以此，黄宗羲成为陈确学说的代言人。”[②] 刘述先认为邓立光发现梨洲这段文字的出处，功不可没，但其推论是错误的，原因是：一是在梨洲时代没有出版研究的压力，缺乏“抄袭”的动机；二是《孟子师说》“题词”中写得很明白，不是要自己著书立说，而是为了缅怀先师，填补蕺山未有关于《孟子》的解说与论述的空缺，才有此书之作；三是乾初与梨洲属同门，梨洲觉得这一段话不离师门宗旨，乃抄录这一段文字，乃在情理中；四是刘述先还分析了梨洲引文不提乾初名字的原因是，梨洲认为乾初思想是颇不同于蕺山学的另一形态的思想。[③] 第二、三点分析得有理，可作为反驳邓立光的依据。第一、四点分析，理由不太充分。就学术形态而言，刘述先认为《孟子师说》中，梨洲把枢纽点完全放在“心”上面，梨洲继承蕺山的一元论，思想渊源可以追溯到阳明；梨洲由先天的禀赋着眼，必肯定本源之善，现实之人不能为善，非才之罪也，更切合孟子的原意。[④] 即梨洲是真正的蕺山学的传承者，乾初之学无超越性，是以“欲”为首出的自然主义，乾初不是正宗蕺山学。故即使乾初这段话合乎师说，梨洲引之，也要隐其名，免得给人留下好像

---

① 《性解上》，见《陈确集》，第447～448页。

② 邓立光：《陈乾初研究》，文津出版社1992年版，第156页。

③ 刘述先：《论黄宗羲对于孟子的理解》，见《黄宗羲心学的定位》，浙江古籍出版社2006年版，第140～141页。

④ 刘述先：《论黄宗羲对于孟子的理解》，见《黄宗羲心学的定位》，浙江古籍出版社2006年版，第136～137页。

乾初深入蕺山思想的印象,[①] 这样解释不能让人信服。乾初思想中是否具有超越性及是否发扬了蕺山学之精神等问题，参见前面各章，在此不赘。

郑宗义参考了其师刘述先的观点，认为“邓说所谓的体例并不存在，此证诸于《孟子师说》中引用蕺山文字偶有标明但偶亦只加以改头换面可知。……事实上古人著书引前人之旧说，注明者有之但不注明者亦有之。注明者不必即今人尊重知识权利的想法，而不注明者也不必即是心存剽窃。……《孟子师说》是宗羲为了阐述蕺山思想所作。宗羲在《师说》自序中已经讲得十分明白。如此，他以蕺山弟子乾初的《性解》有些文字颇能发挥先师之意而特加引录，乃自然不过的事情，又焉能据此以诬宗羲剽窃呢?邓书无疑是较早发现并正视《孟子师说》引录《性解》，此其功自不可掩。但近一步推论宗羲剽窃及谓《孟子师说》成书于康熙二十七年（公元1688年）或以后，则义理考据，两相无当，不可从也。”[②] 郑宗义从三点说明梨洲并非剽窃：一是体例，古人著书“注明者有之但不注明者亦有之”，这种情况似乎可以解释梨洲为何不署乾初名；二是梨洲与乾初均为蕺山弟子，《性解》有些文字颇能发挥先师之意，梨洲引录无须注明，这一点刘述先已作分析；三是《孟子师说》成书年代。[③]

综合刘述先与郑宗义两位前辈学者的观点，对于梨洲《孟子师说》与乾初这一公案，我们认为：梨洲所引确实是乾初《性解上》的原文，但不可据此断定梨洲剽窃。此可说明乾初是蕺山学说的继承者、发扬光大者。

---

① 刘述先：《重访黄宗羲·新版自序》，见《黄宗羲心学的定位》，浙江古籍出版社2006年版，第2页。

② 郑宗义：《明清儒学转型探析——从刘蕺山到戴东原》，中文大学出版社2000年版，第91~92页，注18页。

③ 据吴光考证，《孟子师说》约成书于康熙七年（公元1668年）前后。（吴光：《黄宗羲遗著考》，《黄宗羲全集》第一册，浙江古籍出版社2005年版，第435页）郑宗义认为书稿成书之后，他还不断加以修订，迟至1680年左右才定稿。（郑宗义：《黄宗羲与陈确思想因缘之分析》，载《汉学研究》第14卷第2期，1996年12月，第70页）

参考文献

一、古籍类

[1] 韩愈. 韩昌黎文集校注 [M]. 上海：上海古籍出版社，1986.

[2] 张载. 张载集 [M]. 北京：中华书局，1978.

[3] 程颢，程颐. 二程集 [M]. 北京：中华书局，1981.

[4] 朱熹. 朱子语类 [M]. 黎靖德，编. 北京：中华书局，1986.

[5] 朱熹. 四书章句集注 [M]. 北京：中华书局，1983.

[6] 朱熹. 朱子全书 [M]. 上海：上海古籍出版社，合肥：安徽教育出版社，2002.

[7] 陆九渊. 陆九渊集 [M]. 北京：中华书局，1980.

[8] 陈亮. 陈亮集 [M]. 北京：中华书局，1974.

[9] 陈淳. 北溪字义 [M]. 北京：中华书局，1983.

[10] 张九成. 中庸说 [M]. 台北：中国子学名著集成编印基金会印行，1980.

[11] 王阳明. 王阳明全集 [M]. 上海：上海古籍出版社，1992.

[12] 罗钦顺. 困知记 [M]. 北京：中华书局，1990.

[13] 何心隐. 何心隐集 [M]. 北京：中华书局，1960.

[14] 刘宗周. 刘宗周全集 [M]. 杭州：浙江古籍出版社，2007.

[15] 祝渊. 祝子遗书 [M]. 济南：齐鲁书社，1997.

[16] 释德清. 中庸直指 [M]. 台北：中国子学名著集成编印基金会印行，1980.

[17] 胡广. 中庸章句大全 [M]. 台北：中国子学名著集成编印基金会印行，1980.

[18] 胡渭. 中庸诸注纠正 [M]. 台北：中国子学名著集成编印基金会印行，1980.

[19] 黄宗羲．黄宗羲全集［M］．杭州：浙江古籍出版社，2005.

[20] 黄宗羲．明儒学案［M］．北京：中华书局，1985.

[21] 陈确．陈确集［M］．北京：中华书局，1979.

[22] 陈确．大学辨［M］//续修四库全书．上海：上海古籍出版社，2002.

[23] 陈确．乾初先生遗集：四十九卷［M］//续修四库全书．上海：上海古籍出版社，2002.

[24] 张履祥．杨园先生全集［M］．北京：中华书局，2002.

[25] 吴蕃昌．祗欠庵集［M］．清嘉庆二十五年刻本．

[26] 王夫之．船山全书：第二册［M］．长沙：岳麓书社，1996.

[27] 戴震．孟子字义疏证［M］．北京：中华书局，1982.

[28] 焦循．孟子正义［M］．北京：中华书局，1987.

[29] 脱脱．宋史［M］．北京：中华书局，1977.

[30] 许慎．说文解字注［M］．段玉裁，注．郑州：中州古籍出版社，2006.

[31] 郑玄．礼记正义［M］．孔颖达，疏．上海：上海古籍出版社，1990.

[32] 郑玄．周易正义［M］．孔颖达，疏．北京：北京大学出版社，1999.

[33] 杜佑．通典［M］．北京：中华书局，1984.

[34] 杨伯峻．孟子译注［M］．北京：中华书局，2005.

[35] 杨伯峻．论语译注［M］．北京：中华书局，1980.

[36] 王文锦．礼记译解［M］．北京：中华书局，1992.

[37] 王先谦．荀子集解［M］．上海：上海书店出版社，1986.

[38] 侯外庐．陈确哲学选集［M］．北京：科学出版社，1958.

二、陈确研究专著（按著者姓名拼音排序）

[1] 邓立光．陈乾初研究［M］．台北：文津出版社，1992.

[2] 王瑞昌．陈确评传［M］．南京：南京大学出版社，2002.

[3] 詹海云．陈乾初大学辨研究：兼论其在明末清初学术史上的意义［M］．台北：明文书局，1986.

[4] 詹海云．清初学术论文集［G］．台北：文津出版社，1992.

三、论著类（按著者姓名拼音排序）

[1] 包筠雅．功过格——明清社会道德秩序［M］．杜正贞，译．杭州：浙江人民出版社，1999.

[2] 毕治国．死亡哲学［M］．哈尔滨：黑龙江人民出版社，1989.

[3] 蔡仁厚．新儒家的精神方向［M］．台北：学生书局，1989.

[4] 陈来．诠释与重建：王船山的哲学精神［M］．北京：北京大学出版社，2004.

[5] 陈来．宋明理学［M］．沈阳：辽宁教育出版社，1995.

[6] 陈来．朱子哲学研究［M］．上海：华东师范大学出版社，2000.

[7] 陈荣捷．宋明理学之概念历史［M］．台北：中央研究院中国文哲研究所，2000.

[8] 陈荣捷．王阳明传习录详注集评［M］．台北：学生书局，1998.

[9] 陈荣捷．朱子新探索［M］．台北：学生书局，1988.

[10] 陈钟凡．两宋思想述评［M］．北京：东方出版社，1996.

[11] 岛田虔次．中国近代思维的挫折［M］．南京：江苏人民出版社，2005.

[12] 岛田虔次．朱子学与阳明学［M］．西安：陕西师范大学出版社，1986.

[13] 东方朔．刘蕺山哲学研究［M］．上海：上海人民出版社，1997.

[14] 董平．浙江思想学术史：从王充到王国维［M］．北京：中国社会科学出版社，1988.

[15] 杜保瑞．北宋儒学［M］．台北：商务印书馆，2005.

[16] 杜维明．人性的自我修养［M］．北京：中国和平出版社，1988.

[17] 方立天．中国古代哲学问题发展史［M］．北京：中华书局，1990.

[18] 冯达文．宋明新儒学略论［M］．广州：广东人民出版社，1997.

[19] 冯友兰．中国哲学史［M］//三松堂全集：第二册．郑州：河南人民出版社，2001.

[20] 傅斯年．性命古训辨证［M］．南宁：广西师范大学出版

社，2006.

［21］傅伟勋．从西方哲学到禅佛教［M］．北京：三联书店，1989.

［22］冈田武彦．王阳明与明末儒学［M］．上海：上海古籍出版社，2000.

［23］沟口雄三．中国前近代思想之曲折与展开［M］．上海：上海人民出版社，1997.

［24］沟口雄三．中国前近代思想的演变［M］．索介然，译．北京：中华书局，2005.

［25］古清美．明代理学论文集［G］．台北：大安出版社，1990.

［26］何冠彪．明清人物与著述［M］．香港：香港教育图书公司，1996.

［27］何冠彪．生与死：明季士大夫的抉择［M］．台北：联经出版社，2005.

［28］何俊．西学与晚明思想的裂变［M］．上海：上海人民出版社，1998.

［29］侯外庐．中国早期启蒙思想史［M］．北京：人民出版社，1956.

［30］侯外庐．宋明理学史［M］．北京：人民出版社，1997.

［31］侯外庐．中国思想通史：第五卷［M］．北京：人民出版社，1959.

［32］侯外庐．中国思想史纲［M］．北京：中国青年出版社，1980.

［33］胡适．胡适文集：第四册［M］．北京：北京大学出版社，1998.

［34］荒木见悟．明末清初的思想与佛教［M］．廖肇亨，译．台北：联经出版社，2006.

［35］黄敏浩．刘宗周及其慎独哲学［M］．台北：学生书局，2001.

［36］嵇文甫．王船山学术论丛［M］．北京：三联书店，1962.

［37］姜广辉．理学与中国文化［M］．上海：上海人民出版社，1994.

［38］姜广辉．走出理学：清代思想发展的内在理路［M］．沈阳：辽宁教育出版社，1997.

［39］姜国柱，朱葵菊．中国历史上的人性论［M］．北京：中国社会科学出版社，1989.

［40］蒋义斌．宋儒与佛教［M］．台北：东大图书股份有限公

司，1997.

[41] 劳思光．新编中国哲学史［M］．南宁：广西师范大学出版社，2005.

[42] 李杜．中国古代天道思想论［M］．台北：蓝灯文化事业股份有限公司，1992.

[43] 李杜．中西哲学思想中的天道与上帝［M］．廖肇亨，译．台北：蓝灯文化事业股份有限公司，2000.

[44] 李纪祥．两宋以来大学改本之研究［M］．台北：学生书局，1988.

[45] 李纪祥．明末清初儒学之发展［M］．台北：文津出版社，1992.

[46] 李明辉．当代儒学的自我转化［M］．北京：中国社会科学出版社，2001.

[47] 李明友．一本万殊：黄宗羲的哲学与哲学史观［M］．北京：人民出版社，1994.

[48] 李书增．中国明代哲学［M］．郑州：河南人民出版社，2002.

[49] 梁启超．清代学术概论［M］．上海：上海古籍出版社，2006.

[50] 梁启超．儒家哲学［M］．天津：天津古籍出版社，2003.

[51] 梁启超．中国近三百年学术史［M］．天津：天津古籍出版社，2004.

[52] 林国标．清初朱子学研究［M］．长沙：湖南人民出版社，2004.

[53] 刘述先．黄宗羲心学的定位［M］．杭州：浙江古籍出版社，2006.

[54] 刘述先．刘述先自选集［M］．济南：山东教育出版社，2007.

[55] 刘述先．儒家思想意涵之现代阐释论集［M］．台湾中央研究院文哲研究所，1995.

[56] 刘仲华．清代诸子学研究［M］．北京：中国人民大学出版社，2004.

[57] 路新生．中国近三百年疑古思潮研究［M］．上海：上海人民出版社，2001.

[58] 吕思勉．理学纲要［M］．北京：东方出版社，1996.

[59] 马克思，恩格斯．马克思恩格斯选集：第4卷［M］．北京：人

民出版社，1976.

[60] 蒙培元．理学的演变——从朱熹到王夫之戴震［M］．福州：福建人民出版社，1984.

[61] 蒙培元．理学范畴系统［M］．北京：人民出版社，1989.

[62] 蒙文通．古学甄微［M］．成都：巴蜀书社，1987.

[63] 蒙文通．先秦诸子与理学［M］．南宁：广西师范大学出版社，2006.

[64] 苗润田．中国儒学史：明清卷［M］．广州：广东教育出版社，1998.

[65] 牟宗三．从陆象山到刘蕺山［M］．上海：上海古籍出版社，2001.

[66] 牟宗三．从陆象山到刘蕺山［M］．台北：学生书局，1979.

[67] 牟宗三．心体与性体［M］．上海：上海古籍出版社，1999.

[68] 牟宗三．中国哲学的特质［M］．台北：学生书局，1974.

[69] 牟宗三．中国哲学的特质［M］．上海：上海古籍出版社，2007.

[70] 牟宗三．中国哲学十九讲［M］．台北：学生书局，1986.

[71] 牟宗三．中国哲学十九讲［M］．上海：上海古籍出版社，2005.

[72] 牟宗三．圆善论［M］．台北：学生书局，1985.

[73] 倪德卫．儒家之道［M］．南京：江苏人民出版社，2006.

[74] 潘富恩，施昌东．中国古代认识论史略［M］．上海：复旦大学出版社，1985.

[75] 彭国翔．良知学的展开——王龙溪与中晚明的阳明学［M］．北京：生活·读书·新知三联书店，2005.

[76] 钱穆．中国近三百年学术史［M］．北京：商务印书馆，2005.

[77] 钱穆．中国学术思想史论丛：卷八［M］．合肥：安徽教育出版社，2004.

[78] 丘为君．戴震学的形成：知识论述在近代中国的诞生［M］．北京：新星出版社，2006.

[79] 沈善洪，王凤贤．中国伦理思想史［M］．北京：人民出版社，2005.

[80] 石元康．从中国文化到现代性：典范转移［M］．北京：生活·

读书·新知三联书店，2000.

［81］孙静菴．明遗民录［M］．杭州：浙江古籍出版社，1985.

［82］唐君毅．中国哲学原论·导论篇［M］．北京：中国社会科学出版社，2005.

［83］唐君毅．中国哲学原论·原教篇［M］．台北：学生书局，1989.

［84］田浩．功利主义儒家：陈亮对朱熹的挑战［M］．南京：江苏人民出版社，1997.

［85］王邦雄，曾昭旭，杨祖汉．论语义理疏解［M］．台北：鹅湖出版社，1982.

［86］王汎森．晚明清初思想十论［M］．上海：复旦大学出版社，2004.

［87］王凤贤，丁国顺．浙东学派研究［M］．杭州：浙江人民出版社，1993.

［88］王俊义，黄爱平．清代学术文化史论［M］．台北：文津出版社，1999.

［89］王俊义．清代学术探研录［M］．北京：中国社会科学出版社，2002.

［90］王茂．清代哲学［M］．合肥：安徽人民出版社，1992.

［91］王晓毅．中国古代哲学问题发展史［M］．北京：中华书局，1990.

［92］王友三．中国无神论史纲［M］．上海：上海人民出版社，1986.

［93］王友三．中国无神论史话［M］．福州：福建人民出版社，1986.

［94］王友三．中国无神论资料选注与浅析［M］．南京：南京大学哲学系中国哲学史教研室，1977.

［95］王玉德．神秘的风水：传统相地术研究［M］．南宁：广西人民出版社，1991.

［96］王育济．天理与人欲：理学理欲观演变的逻辑进程［M］．济南：齐鲁书社，1992.

［97］吴根友．明清哲学与中国现代哲学诸问题［M］．北京：中华书局，2008.

［98］吴光等主编．黄梨洲三百年祭——祭文·笔谈·论述·佚著

[M]. 北京：当代中国出版社，1997.

[99] 吴震. 王阳明著述选评 [M]. 上海：上海古籍出版社，2004.

[100] 吴震. 阳明后学研究 [M]. 上海：上海人民出版社，2003.

[101] 吴震. 泰州学派研究 [M]. 北京：中国人民大学出版社，2009.

[102] 萧萐父，许苏民. 明清启蒙学术流变 [M]. 沈阳：辽宁教育出版社，1995.

[103] 小野泽精一. 气的思想：中国自然观和人的观念的发展 [M]. 上海：上海人民出版社，1990.

[104] 谢国桢. 明末清初的学风 [M]. 上海：上海书店出版社，2004.

[105] 谢国桢. 明清之际党社运动考 [M]. 沈阳：辽宁教育出版社，1998.

[106] 谢国桢. 晚明史籍考 [M]. 上海：上海古籍出版社，1998.

[107] 辛冠洁. 中国古代著名哲学家评传续编：四 [M]. 济南：齐鲁书社，1982.

[108] 熊十力. 体用论 [M]. 北京：中国人民大学出版社，2006.

[109] 熊琬. 宋代理学与佛学之探讨 [M]. 台北：文津出版社，1991.

[110] 徐复观. 中国人性论史：先秦篇 [M]. 上海：三联书店，2001.

[111] 徐复观. 中国思想史论集 [M]. 上海：上海书店出版社，2004.

[112] 徐洪兴. 思想的转型——理学发生过程研究 [M]. 上海：上海人民出版社，1996.

[113] 牙含章，王友三. 中国无神论史 [M]. 北京：中国社会科学出版社，1992.

[114] 杨国荣. 王学通论——从王阳明到熊十力 [M]. 上海：三联书店，1990.

[115] 杨儒宾编. 儒学的气论与工夫论 [M]. 台北：台湾大学出版社，2005.

[116] 杨向奎. 清儒学案新编 [M]. 济南: 齐鲁书社, 1985.

[117] 杨泽波. 孟子性善论研究 [M]. 北京: 中国社会科学出版社, 1995.

[118] 杨祖汉. 当代儒学思辨录 [M]. 台北: 鹅湖出版社, 1998.

[119] 杨祖汉. 儒家的心学传统 [M]. 台北: 文津出版社, 1992.

[120] 杨祖汉. 中庸义理疏解 [M]. 台北: 鹅湖出版社, 1984.

[121] 余英时. 历史与思想 [M]. 台北: 联经出版社, 1979.

[122] 余英时. 论戴震与章学诚 [M]. 北京: 生活·读书·新知三联书店, 2000.

[123] 余英时. 现代儒学论 [M]. 上海: 上海人民出版社, 1998.

[124] 余英时. 中国近世宗教伦理与商人精神 [M]. 合肥: 安徽教育出版社, 2001.

[125] 余英时. 中国思想传统的现代诠释 [M]. 南京: 江苏人民出版社, 2004.

[126] 曾亦. 本体与工夫——湖湘学派研究 [M]. 上海: 上海人民出版社, 2007.

[127] 张灏. 张灏自选集 [G]. 上海: 上海教育出版社, 2002.

[128] 张丽珠. 清代的义理学转型 [M]. 台北: 里仁书局, 2006.

[129] 张丽珠. 清代新义理学——传统与现代的交会 [M]. 台北: 里仁书局, 2003.

[130] 张丽珠. 清代义理学新貌 [M]. 台北: 里仁书局, 1999.

[131] 张汝伦. 现代中国思想研究 [M]. 上海: 上海人民出版社, 2001.

[132] 张寿安. 以礼代理——凌廷堪与清中叶儒学思想之转变 [M]. 石家庄: 河北教育出版社, 2001.

[133] 张学智. 明代哲学史 [M]. 北京: 北京大学出版社, 2000.

[134] 赵园. 明清之际士大夫研究 [M]. 北京: 北京大学出版社, 1999.

[135] 浙江省海宁市文史资料委员会编. 海宁艺苑人物: 海宁人物资料 [M]. 浙江省海宁市, 1990.

[136] 浙江省社会科学院编著. 浙江人物志: 中 [M]. 杭州: 浙江人

民出版社，1986.

[137] 郑宗义．明清儒学转型探析［M］．香港：香港中文大学出版社，2000.

[138] 钟彩钧编．国际朱子学会议论文集［G］．台北：中央研究院中国文哲研究所，1999.

[139] 钟彩钧主编．刘蕺山思想论集［G］．台北：中央研究院中国文哲研究所，1998.

[140] 衷尔钜．蕺山学派哲学思想［M］．济南：山东教育出版社，1993.

[141] 朱葵菊．中国历代思想史·清代卷：六［M］．台北：文津出版社，1993.

[142] W. T. Stace. 冥契主义与哲学［M］．杨儒宾，译．台北：正中书局，1998.

[143] 复旦大学哲学系中哲教研室编．中国古代哲学史［M］．上海：上海古籍出版社，2006.

四、陈确研究专文（按著者姓名拼音排序）

[1] 蔡家和．黄宗羲与陈确的论辩之研究［J］．国立台湾大学哲学论评，2008，35（1）：1－35.

[2] 陈松柏．晚明“大学”动力因诠释的争议——以释德清、陈乾初为中心［J］．南开学报，2002（6）.

[3] 弗之．陈确性论三议论［J］．中国哲学史研究，1981（3）.

[4] 古清美．谈陈乾初与黄梨周辩论的几个问题［J］．幼狮学志，1983（5）.

[5] 韩立森．陈确思想的特质［J］．晋阳学刊，1990（2）.

[6] 侯虎虎．简评陈确的丧葬观［J］．延安大学学报，1998（4）.

[7] 侯外庐．介绍陈确著书中仅见刊本《葬书》的思想［J］．新建设，1957（6）.

[8] 姜广辉．陈确思想研究［J］．中国哲学史，1996（1，2）.

[9] 马渊昌也．陈确的“非本来性”儒学思想［J］//国际儒学联合会．纪念孔子诞辰2550周年国际学术讨论会论文集．北京：国际文化出版

公司，2000.

[10] 任大援．论陈确的性理哲学思想 [J]．浙江学刊，1983 (2)．

[11] 任大援．论陈确的知行观 [J] //中国哲学：第 8 辑．北京：三联书店，1982.

[12] 陶清．陈确心性学说的实质和意义 [J]．学术界，1988 (6)．

[13] 王成福．进步思想家陈确评述 [J]．社会科学辑刊，1981 (5)．

[14] 王俊义．论陈确的学术思想和学术风格 [J]．史学集刊，1988 (2)．

[15] 辛冠洁．陈确三论——陈确对程朱理学的三次发难 [J] //宋明理学讨论会．论中国哲学史．杭州：浙江人民出版社，1983.

[16] 徐令彦．试析陈确对"人性善"理论的修正和补充 [J]．河南社会科学，1999 (5)．

[17] 严健羽．陈确的哲学思想 [J] //宋明理学讨论会编．论中国哲学史．杭州：浙江人民出版社，1983.

[18] 阳征．陈确研究综述 [J]．船山学刊，2003 (4)．

[19] 张克伟．从《大学辨》看陈确对《大学》义理系统的价值重估 [J]．黄淮学刊，1995 (11)．

[20] 赵世瑜．试论陈确的忠节观 [J]．史学月刊，1998 (4)．

[21] 郑宗义．黄宗羲与陈确的思想因缘之分析 [J]．汉学研究，1996 (12)．

[22] 衷尔钜．论陈确及其哲学思想 [J]．甘肃社会科学，1992 (1)．

[23] 周丽桢．晚明释德清与陈乾初对《大学》之儒佛诠释 [J]．华梵人文学报，2003 (7)．

五、博士、硕士学位论文（按著者姓名拼音排序）

[1] 蔡恒海．陈确思想研究 [D]．彰化：彰化师范大学，2003.

[2] 陈畅．性善：指引抑或实体？——陈确思想研究 [D]，广州：中山大学，2003．

[3] 陈熙远．时代思潮与转折点上的异数：陈确思想试析 [D]．台北：国立台湾大学，1991.

[4] 刘清泉．陈确批判传统理学的思想探究［D］．新竹：国立清华大学，1997.

[5] 吕巧英．陈确的学术思想和学术风格［D］．保定：河北大学，2004.

[6] 申淑华．素位之学——陈乾初哲学思想研究［D］．天津：南开大学，2008.

[7] 王琇瑜．陈乾初处世思想探析：以素位、葬论思想为中心的讨论［D］．台北：国立台湾师范大学，2003.

[8] 薛台光．陈确生死思想研究［D］．台北：中国文化大学，2005.

[9] 阳征．陈确思想研究：以《大学辨》为中心［D］．武汉：武汉大学，2003.

[10] 杨于萱．陈确人性论研究［D］．台北：国立中央大学，2008.

[11] 周丽桢．陈乾初思想之研究［D］．高雄：国立高雄师范大学，1989.

六、相关论文（按著者姓名拼音排序）

[1] 陈立胜．儒学经传的怀疑与否定中的论说方式——以王阳明、陈确的《大学》辨正为例［J］//刘晓枫，陈少明．经典与解释的张力．上海：三联书店，2003.

[2] 何冠彪．明遗民对殉国与否的抉择及回应——陈确个案研究［J］//何冠彪．生与死——明季士大夫的抉择．台北：联经出版社，2005.

[3] 李明辉．刘蕺山论恶之根源［J］//钟彩钧．刘蕺山学术思想论集．台北：中央研究院中国文哲研究所筹备处，1998.

[4] 李明辉．朱子论恶之根源［J］//钟彩钧．国际朱子学会议论文集［G］．台北：中央研究院中国文哲研究所筹备处，1993.

[5] 李泽厚．宋明理学片论［J］//李泽厚．中国古代思想史论．北京：人民出版社，1986.

[6] 刘述先．理学殿军——黄宗羲［J］//吴光．黄梨洲三百年祭．北京：当代中国出版社，1997.

[7] 石元康．引导性的哲学与认知性的哲学［J］//贺照田．学术思想评论：第八辑．长春：吉林人民出版社，2002.

[8] 史向前．“性相近”说的衍变［J］．孔子研究，1998 (3)．

[9] 汤建荣．朱熹“体用一源”思想论析［J］．兰州学刊，2008 (7)．

[10] 王汎森．“心即理”说的动摇与明末清初学风之转变［J］//中央研究院历史语言研究所．中央研究院历史语言研究所集刊：第六十五本．第二分．台北：中央研究院中国文哲研究所筹备处，1994.

[11] 王汎森．明末清初的人谱与省过会［J］// 中央研究院历史语言研究所．中央研究院历史语言研究所集刊：第六十三本．第三分．台北：中央研究院中国文哲研究所筹备处，1993.

[12] 王汎森．明末清初的一种道德严格主义［J］//王汎森．晚明清初思想十论．上海：复旦大学出版社，2004.

[13] 王汎森．清初思想趋向与《刘子节要》——兼论清初蕺山学派的分裂［J］// 中央研究院历史语言研究所．中央研究院历史语言研究所集刊：第六十八本．第二分．台北：中央研究院中国文哲研究所筹备处，1997.

[14] 王汎森．清初思想中形上玄远之学的没落［J］// 中央研究院历史语言研究所．中央研究院历史语言研究所集刊：第六十九本．第三分．台北：中央研究院中国文哲研究所筹备处，1998.

[15] 王汎森．日谱与明末清初思想家——以颜李学派为主的讨论［J］// 中央研究院历史语言研究所．中央研究院历史语言研究所集刊：六十九本．第三分．台北：中央研究院中国文哲研究所筹备处，1998.

[16] 王中江．明清之际“私”观念的兴起及其社会关联［J］．湖南社会科学，2003 (4)．

[17] 吴震．“证人社”与明季江南士绅的思想动向［J］．中华文史论丛，2008 (1)．

[18] 吴震．十六世纪中国儒学思想的近代意涵——以日本学者岛田虔次、沟口雄三的相关讨论为中心［J］．台湾东亚文明研究学刊，2004, 1 (2)．

[19] 张岂之．论蕺山学派思想的若干问题［J］．西北大学学报，1980 (4)．

[20] 张汝伦．实践哲学——中国古代哲学的基本特质［N］．文汇报，

2004－07－25.

［21］张汝伦．作为第一哲学的实践哲学及其实践概念［J］．复旦学报，2005（5）．

［22］周积明，雷平．清代学术研究若干领域的新进展及其述评［J］．清史研究，2005（3）．

［23］朱维铮．清学史——学者与思想家［N］．光明日报，1999－03－26.

七、英文文献

［1］De Bary William Theodore. Self and Society in Ming Thought［M］. New York：Columbia University Press，1970.

［2］Chan Wing-tsit. A Source Book in Chinese Philosophy［M］. Princeton，N. J.：Princeton University Press，1963.

［3］Tu Weiming. Subjectivity in Liu Tsungchou's Philosophical Anthropology［J］//Donald J. Munroed. Individualism and Holism：Studies in Confucian and Taoist Values. Ann Anbor：The University of Michigan，1995.

［4］Tang Chuni. The Criticisms of Wang Yangming's Teachings as Raised by His Contemporaries［J］. Philosophy East and West，1973（23）．

后记

本书是在我的博士论文《陈乾初哲学研究——以工夫实践为视阈》基础上修改而成的。因此，此书得以付梓，首先衷心感谢吾师吴震先生！尤其值得一提的是，吴震先生专为本书写了序，更是对我莫大的激励与鞭策。先生硕德宏才，学识渊博，思维缜密，熟谙中国哲学原典，熟悉中国哲学研究领域的前沿问题。请教吴师问题，先生循循善诱，缜密分析解答，并指出此一问题要阅读的相关书籍和文献资料。不论是精神上还是学术上，心灵的启发和学术的训练，我都得益于先生颇多的精心指导。吴师从不硬要求我们做什么，只是慈祥地启发我们，对我取得的点点成绩也给予充分的肯定和鼓励，在鼓励中以讨论的口吻提出进一步的问题，先生的人品、学问使我受益颇多。在先生人格和学术力量感染下，此种“不容已”的力量感染，使我不得不勤奋学习！从选题、收集资料、材料整理、酝酿准备、动笔撰写、经历了长期的过程，写作期间又经过几次反复的修改完善，历经艰辛。其间的每一环节无不凝结了吴震先生的精心指导，吴师对书稿作了认真、仔细的阅读，提出宝贵的修改意见，论文倾注了吴师相当多的心血和汗水！吴师把自己珍贵的书籍、资料借我复印，这种慷慨助人的精神和对后学的关怀我将铭记终生。

对于理学“本体与工夫”，对于现实中那些高谈心性而无实行者，等等，这些问题一直困扰着我。通过对陈乾初“扩充尽才后见性之全”、“工夫即本体也，无工夫亦无本体矣”、黄梨洲“心无本体，工夫所至，即是本体”等命题的思考，选择了陈乾初作为我博士论文的研究对象。乾初“素其位而行”的立身之道仍可作为人在今世安身立命的座右铭，乾初说“知而不行，即是未知”，这可以警示现实中那些夸夸其谈而无实行的言行不一致者。每当阅读理学家的著作，发现他们针砭时弊，拯救世风，治理天下的词、句、思想，就会发出心之所同然，心生敬佩与悲悯。在与乾初的思想交游中，同样是如此，尽力以自己现实生命活动的真切体悟契入乾初哲学思想的生命内涵。

我还要衷心感谢杨国荣、陈卫平、董平、张汝伦、谢遐龄、徐洪兴、陈居渊、杨泽波、林宏星、刘康德、李若晖、郭晓东诸先生以及对我博士论文作匿名评审的两位先生，还有“云南省哲学社会科学学术著作出版资助委员会”匿名评审的两位先生，他们对我的博士论文提出了不少中肯的意见，同时也给了我不少热情的鼓励，本书在修改过程中吸收了诸位先生的建议。另外，对在论文写作过程中给予我各方面帮助的宋道贵、申绪璐、吴龙灿、言杰、吕世阳、朱锋刚等朋友表示感谢。

我还要特别感谢伍雄武先生、韩敬先生以及杨志明、雷昀、雷希、秦平诸位老师，他们是我读硕士的授业老师，正是这些可爱、可敬的老师给了我莫大的关心和帮助，带领我走上了中国哲学之路和治学之道。

本书出版得到了云南省哲学社会科学规划办公室学术著作出版资助委员会的全额资助，同时也得到了云南大学出版社的大力支持与帮助，责任编辑蔡红华、和六花女士辛勤审阅书稿，在此也一并致以诚挚谢意。书中引用其他前辈和师友的著作、论文，已随文注出或列入参考文献，在此一并致谢。

最后，我想对我的妻子刘娴、女儿汤君垚表示由衷的谢意，感谢妻子多年来给予我学术事业上的关心、理解和支持。我攻读博士学位期间和论文写作期间，没有太多的时间关心教育年幼的女儿，感谢女儿的理解。感谢父亲、母亲对我的养育和多年的教育之恩！

学习中国哲学已有二十年，才勉强写出了这本拙作，惭矣！愧矣！由于时间仓促、识见粗浅，书中定还有不足和罅漏，我敬请各位读者批评斧正，不吝赐教。

汤建荣

2010 年 3 月 18 日于昆明